김수현 드라마 전집

김수현 드라마 전집 15

세번 결혼하는 여자 2

솔

1. 대사 문장에는 띄어쓰기 원칙을 적용하지 않았다.

가장 먼저, 김수현 극본의 대사에는 마치 악보처럼 리듬이 존재한다는 것을 알면 이해가 한층 쉬워진다. 대사의 리듬과 더불어 대사의 타이밍, 대사의 전환점, 호흡의 완급, 감정선의 절제 또는 연장 등이 대본 자체에서 표현되고 있다. 따라서 문법적 원칙보다 대사의 리듬, 장단이 우선하는 이유로 띄어쓰기 원칙은 간혹 무시되고 있으며 이러한 작가의 의도를 손상시키지 않기 위해 띄어쓰기 문법을 적용시키지 않고 원본 그대로 실었다.

2. 대사에는 맞춤법을 적용하지 않은 경우가 적지 않다.

김수현 극작품의 대사는 구어체에 가까운 것으로 한글, 곧 '소리 나는 대로 읽기-쓰기'에 충실하다. 사투리가 대사에 적용될 때, 캐릭터의 어투나 억양을 강조하기 위한 수단으로 쓰일 때에도 그러하다. 곧 모든 대사의 바탕은 실제 생활 속 일상 언어의 발성이며, 때문에 공식적인 맞춤법이 적용되지 않은 경우가 많다. 외래어 또한 대부분 표기법을 적용해 사용하지 않았고, 문장부호의 사용 또한 일부 맞춤법을 적용하지 않았다.

> 예) "가께 오빠"("갈게 오빠") "늘구지 마세요 선생님"("늘리지 마세요 선생님") "택시 타구 갈께요"("택시 타고 갈게요") "어뜩해. 들으셨어요?"("어떡해. 들으셨어요?") "잔소리 피할려 그러지."("잔소리 피하려 그러지.") "친구 잘못 사겨 착한 내 아들 버렸다는 거랑 같아"("친구 잘못 사귀어 착한 내 아들…") "납쁜 자식"("나쁜 자식") "이제 여덜시야"("이제 여덟 시야") "키이"("키key")

마침표(.)를 넣지 않은 대사 문장에 대해
마침표의 유무에 따라 호흡과 말투, 대사와 대사와의 연결, 뉘앙스에서 차이가 있음을 지시하는 것으로 원본 그대로 실었다.

3. 의성어 및 의태어의 사용은 김수현 작가만의 언어를 반영하여 최대한 수정하지 않은 원문을 싣거나, 부분 삭제하였다.

　　예) '식닥식닥'(화나거나 흥분해 가만히 있지 못 하고 숨을 헐떡거리
　　는 상태), '채뜰 듯'(낚아채서 빠르게 들어 올리는 모양)

4. 작품에 쓰인 용어의 설명은 다음과 같다.

S#: S: Scene의 약자. / #: Number를 의미하는 기호.

E: Effect의 약자.
E는 여러 쓰임새가 있다. 이번 전집에서는 대체로 다음 두 가지로 쓰인다.
　　① 화면상에서 A의 얼굴 위로 B의 목소리를 나오게 할 때
　　② 특별한 음향효과를 지시할 때
　　이번 전집에서는 ①에서처럼 화면 연출상의 기법을 위한 경우로 쓰일 경우에는 전후 문맥상 반드시 필요한 경우를 제외하고 부분 생략하였다. 그러나 ②에서처럼 전화벨이나 음향효과를 위한 장면에서는 원문 그대로 E라고 표기하였다.

　　예) E 전화벨 울리고 있고 / E 볼륨 줄여놓은 피아노 연주곡.

F: Filter의 약자.
이것은 예를 들면 A와 B가 통화를 할 때, A가 화면에 나와 있는 상태에서 B의 전화 목소리를 들려줘야 하는 경우, 상대방의 목소리를 전화 저편에서 말하는 것처럼 들리게 하는 음향적 효과를 지시하는 부호이다.

오버랩: Overlap.
앞의 장면과 뒤에 연결되는 장면이 겹쳐지며 다음 화면으로 넘어가게 할 때 쓰는 부호이다. 대본에서의 오버랩은 앞 사람의 대사가 끝나기 전에 다음 사람의 대사를 겹쳐서 말하게 할 때 주로 쓰이고 있다.

인서트: Insert.
일련의 화면에 글자나 필름을 삽입하는 것을 뜻한다. 이 대본에서는 대부분의 경우 이 지시 사항은 생략되었고, 건물의 외경이나 풍경 등의 씬을 삽입할 때 주로 쓰였다.

디졸브: Dissolve.
한 화면의 밀도가 점점 감소되어 사라짐과 동시에 점차 다른 화면의 밀도가 높아져 나타나는 장면 전환 기법 중 하나. 대본에서의 디졸브는 시간이나 장소의 변화를 보여주기 위해 사용되었다.

페이드 인: Fade in.
영상이 검정색 상태에서 다음 이미지가 점차 선명하게 나타나는 장면 전환 효과를 말하는 것으로 대본에서는 'F.I'로 표기했다.

페이드 아웃: Fade out.
화면이 어두워져 완전히 꺼지는 상태. 장면의 전환, 또는 시간을 건너뛸 때 주로 쓰인다. 대본에서는 'F.O'로 표기했다.

스니크 인: Sneak in.
해설이나 대사 등이 진행되고 있는 사이에 음악이나 효과음을 서서히 삽입시키면서 점점 확대해가는 오디오 연출 용어이다.

5. 기호와 지시문에 대한 설명은 다음과 같다.

/ : 대사 속의 / 부호와 지문 속의 / 부호가 있다.

   ① 대사 속의 / 부호

   대사 도중에 나오는 / 부호는 말투, 억양을 바꿀 때, 텀term 혹은 호흡을 지시 할 때 쓰인다. 그 길이는 길 수도, 짧을 수도 있으며 바로 전 대사의 호흡을 끊고 바로 다음 대사로 빠르게 연결해야 할 때도 쓰인다.

     예) **수정**   (일어나 아들 앞으로 가 서며)너 어떻게/어디 아파? 돌았어?

   ② 지문 속의 / 부호

연출할 화면을 나열, 혹은 순서대로 지시하는 부호이다.

     예) **서연**   ???(허둥지둥 다른 손으로 무릎에 놓은 가방 휘저으며 전화 찾는/도저히 전화가 손에 안 잡힌다/브러시질 멈추고 아예 가방 내용물을 무릎에 몽땅 쏟아버린다/지갑 수첩 필통 손수건 콤팩트 립스틱 선글라스 두통약병 등등/그러나 전화는 없다/설마 하는 얼굴로 내용물들 다시 손으로 움직이며 체크/역시 없다)

   ③ 지문과 대사 속의 //

   / 부호를 겹쳐 사용한 것은 대사와 지문 모두 호흡을 위해 그대로 표기하였다. 행동이나 대사를 완전히 끊고 마무리할 때 사용되었다.

     예) 지문: (대화 시작되고 유창하게 응답하는 이모//매일 전화로 학습시키는
         영어 회화)
       대사: ····그럼 // 충격받을 준비해.

( ): 배우의 연기에 대한 지시 사항.

[ ] : 작중 정황을 지시하는 지문.
설정, 행동, 환경, 동선 등을 지시하는 부호이다.

…… : 말줄임표
    ① 대사의 말줄임표: 배우의 대사에서의 감정선에 따른 호흡의 길이를 지시하는 부호.
    ② S#의 말줄임표: 도입되는 장면에 대한 연출의 길이를 조절하라는 뜻이다.
    ③ [ ]의 말줄임표: 해당 장면에 대한 추가 연출이 필요하다는 뜻으로 쓰인다.

(오버랩의 기분): 오버랩처럼 대사가 완전히 겹치지 않고 앞 대사가 마무리될 때쯤 대사를 시작하는 것을 말한다.

        예) **이여사** 글쎄 기분 나쁜 이유가
          영주   (오버랩의 기분)엄마 내가 말하구 싶지 않은 거 그래서 알아
    내본 적 있수?

(에서): 장면의 마지막 대사 뒤에 붙여 대사 후 화면이 바로 전환됨을 나타낸다. 간혹 대사 후 바로 화면 전환을 하지 않고 그대로 두어 여운을 줄 때도 사용한다.

        예) **채린**   어머니 꿈꾸셨어요?(에서)
          S# 준모의 침실

6. 배우의 연기나 대사, 작중 정황 등 대본의 서술과 실제 방영된 드라마 방송분이 다를 경우 대본을 우선으로 한다.

| 등장인물 |

주요 인물
오은수   쇼호스트. 두 번의 결혼을 한다.
정태원   은수의 첫 번째 남편.
김준구   은수의 두 번째 남편.

은수네 가족
자부(오병식)   은수 자매의 아버지.
자모(이순심)   은수 자매의 어머니.
오현수   은수의 언니.
정슬기   은수와 태원의 딸.

태원네 가족
태모(최여사)   태원의 어머니.
정태희   태원의 누나.
한채린   태원의 두 번째 아내.

준구네 가족
준부(김회장)   준구의 아버지.
준모(손여사)   준구의 어머니.
이모(손보살)   준구의 이모.

현수 주변 인물

안광모　현수의 친구.

천(천경숙)　광모의 어머니.

박주하　현수의 친구.

주모(유민숙)　주하의 어머니.

김인태　주하의 동료 교사.

준구 주변 인물

이다미　준구의 연인.

정수　준구의 친구.

그 외 인물

임실(임실댁)　태원네 집 가사도우미.

차(차실장)　이다미의 매니저.

송(송기자)　연예부 기자.

대표　현수의 회사 대표.

하나　대표의 조카.

차례

제14회

S# 슬기 방

슬기 결혼해서 행복해?

태원 아빠는 슬기만 행복하면 돼··행복해?

슬기 응··그런 거 같아··

태원 그럼 됐어.

슬기 근데에?····

태원 (돌아보는)···

슬기 수유리 가지 말라 그러니까 할아버지할머니 보구싶어.

S# 태모의 방

태모 남편 구실은 제대루 해 줘야지.소 닭보듯/ 말두 안하구 웃지도 않구 그게 뭐야.

태원 (오버랩)어머니

태모 (오버랩)비행기 타기 전날 간신히 그거두 술 먹구/ 채린이가 울 어서 우니까 간신히

태원 (오버랩)(좀 올라서)그 사람은 무슨 그런 얘기까지 해요!!

S# 현수 원룸

현수 (받으며)??? 한숨쉬었니?

광모 응..나 요새 쭉 이래..속이 답다압해서 한번씩 몰아쉬어줘야 해 .. 폐가 말야 꼭 니가 가끔 청소시킨 늬집 세탁기 거름망같아. (제 잔에 따르는)옷먼지로 거의 막힐 지경 상태. 나 뭐 폐에 문제생긴 건 아니겠지.

현수 병원가 봐.(마시는)

광모 만약 나한테 무슨 일 있으면 내 재산은 몽땅 너한테 준다.

현수 ???

S# 학교 앞

태원 이 추운 날 애를 밖에 삼십분이나 세워 뒀어요.

채린 슬기야 미안해애

태원 (슬기 태우고/문 닫는다)

채린 태원씨.

태원 (오버랩)이건 상상도 할 수 없는 일이에요. 다시는 이런 일…없기 바래요.

S# 어느 카페

은수 지 아빠 바꾸라 소리 못했어. 바꾸면 소리소리 지를 거 같아서. 미치겠드라 진짜.

현수 …(보며)

은수 아무 생각없는 여자라 그랬잖아. 하다못해 열심히 최선 다해 키우겠다는 그냥 말서비스도 안하더라구.

현수 너한테두 모정이라는 게 있기는 있었구나.

은수 ????

14

S# 송기자 메시지

송   E 이다미씨 문제로 잠깐 통화를 원합니다..반갑지 않으시겠
지만 이다미씨 결혼소식을 특종으로 보도했던 사람으로서 확인
할 게 있습니다. 연락 기다리겠습니다.

S# 세 번 결혼하는 여자 타이틀

S# 14회 시작/ 준구의 마당(밤)

S# 준구 부부 침실

은수   (컴퓨터 켜놓고 검색 중…이다미에 관한 기사들. 과로 입원. 결혼 발
표)….(빨아들일 듯 읽고 있는)……..

은수   (컴퓨터 페이지 바꾸고)

   [다미 사진들/커서 누를 때마다 바뀌는 사진 사진 사진..]

은수   ……(멈추고 화면 보다가 빠져나가고 컴퓨터 끄고 일어나 침대로 움
직여 걸터앉아서)………

S# 태원 거실

태원   (들어오는/ 거실이 비어 있다)…(안방으로 가려는데)

태희   (귤 바구니 들고 주방에서 나오며)슬기야아빠 왔는데? 저녁 먹어.

태원   (주방으로)왜 이렇게 늦었어요.

슬기   (나오는)아빠아.

태희   (오버랩 슬기 상관없이)아줌마 심통났다.

태원   ??

태희   슬기 와.

슬기   (고모에게)

태원   (주방으로)

S# 주방

태원 (들어와서)…(혼자 먹고 있는 엄마 보는)아주머니가 왜요.

태모 별일 아니야.

태원 너무 심하게 하지마세요 아주머니 혼자 힘들어요.

태모 ??(잠깐 보고)그저 모든 게 다 내탓이다. 덮어놓구 전부다가 내
탓이야.

태원 (오버랩)식구두 늘었구 연세가 있어요. 청소라두 한 사람 더 쓰
세요.

태모 그게 아니라니까. 채린이가 건드렸어. 직접 물어봐··

태원 ??

태모 귀하게 자란 딸/티 난다. 냉동 만두 먹게 해 놓구는 머리 아프
다구 올라갔어. 머리골치는 내가 아프구먼.

태원 …(나가고)

S# 거실

태원 (나와서 태희 슬기 쪽으로)··무슨 일이에요.

태희 어 직접 물어봐. 나두 야단 맞을까 무섭다 애.

태원 무슨 일이니 슬기야.

슬기 나는 잘 몰라 아빠··암튼 임실 할머니가 화나셔서 밥 안해주셨
어. 아줌마는 머리 아파서 일찍 올라갔어.

태원 (태희 잠시 보다가 돌아서는)··

S# 태원 부부의 방

채린 (화장대에 앉아 노트북에 뭔가 기록하고 있는 중.)········

태원 (들어온다)

채린 (돌아보며 웃어주고 노트북 닫으며 일어나는)····

태원 (옷 벗기 시작하며)아주머니는 무슨 일이에요.

채린 다 듣구 올라온 거 아니에요? (침대 옆으로/옷 받아주는 건 안 하 는 여자/침대에 벗어놓으면 걸기는 한다)

태원 직접 들으라던데요.

채린 슬기가 원인이죠.

채린 E (돌아보는 태원)어머니 들어오시자마자 임실댁이 먼저 말씀 드려 내꼴이 좀 우스워졌어요.

채린 (벗어놓은 옷 들고 옷장으로)앞으로는 그러지 말라고 한 마디했 는데 그러면 안되는 거였나봐요.

채린 E (들으며 옷 벗는 태원)갑자기 그만둔다구 들어가버렸어요. 그런 줄 몰랐는데 심통이 보통 아닌가봐요.

채린 더 이상한 건 어머니두 형님두 아줌마 심통나면 꼼짝 못하시 나봐요. 나더러 글쎄 아줌마한테 빌라구요. 기막혀서 정말. 누가 윗사람인데요.

태원 아주머니가 윗사람이시죠.

채린 ??

태원 (갈아입을 옷 챙기면서)이집에 아주머니보다 윗사람은 어머니 한분 뿐이에요.

채린 아니 내 말 뜻은

태원 (오버랩/돌아보며)어머니 거친 분이지만 아주머니 중요하게 생 각하셔요, 누나두 그렇구요, 사과했어요?

채린 미안하다 그랬어요. 어떡해요. 그래야한다는데.

태원 …잘 했어요.

채린 엄마가 다른 사람 구해준댔어요.(옷 걸며)

태원 ??

채린 사오십대 아줌마로

태원 (오버랩)하지 말아요. (가디건 걸치며)

채린 ?? 어머니두 아줌마나이가 너무 많아서

태원 (오버랩)하지 말아요.(가디건 단추)

채린 …(보는)

태원 다른 아주머니 우리 집에 오래 못 있어요. 아주머니 괜찮은 분이에요. (채린 앞으로) 아까…슬기 때문에 화낸 거…좀 심했죠.

채린 아니 그건 그 상황에/(좀 웃으며)내 실수였으니까/그렇지만 좀 과하긴 했어요.

태원 과했어요 미안해요.

채린 (웃는/한 손 태원 가슴에)이제 됐어요·· 굉장히 섭섭했는데.(하는데)

　　　[노크]

채린 (활기찬 목소리로)네에에··(문으로)

슬기 (문 열고)할머니가 설거지하래요.

채린 응 알았어··(태원 돌아보며 웃고 나가는데 문에 서 있는 슬기한텐 별 관심 없는)

슬기 (채린 나가고)아빠!!

태원 (침대에 걸터앉으며)어 와. 와.

슬기 (달려들어 안기면서 아빠 간지럽히고)

　　　[부녀 함께 쓰러지며 웃어대는]

S# 거실

채린 (내려오는)

태모 (소파에 앉아 귤 입에 넣으며)저녁 안 먹구 배 안고파?

18

채린 (주방으로 들어가며)걱정마세요 어머니‥우유 마시면 돼요 오오.

태희 태원이가 맛사지해췄나부네.

태모 ??

태희 아까랑 딴판이잖아. 우유마시면 돼요오오오

태모 맛사지…해 줘야지 그럼

태희 언제쩍 건지도 모르는 만두 삶아 놓구는 저는 머리가 아파요 핑 올라가더니

태모 (오버랩)조용해.

태희 재 아무 것도 못하는 거 같어.

태모 도미탕수두 할줄 알어.

태희 파를 어떻게 그렇게 썰어. 상스럽게‥

태모 너는 잘해?

태희 눈으로 본 것도 공부야. 자신 있어.

태모 따따‥들어가기 전에 저 늙은이 비우 좀 더 맞춰줘

태희 알았어. 그럴 거야.

S# 준구 방

은수 (옷 그대로인 채 옆으로 누워 눈 뜨고 있는)‥‥

준구 E 다다미는 알아도 이다미는 모릅니다.

은수 ‥‥‥(몸 바로 하고)

준구 E 다다미는 알아도 이다미는 모릅니다.

은수 ‥‥‥‥

S# 샤워 중인 은수

은수 ‥‥‥‥‥

슬기   E 엄마 차가 안와 추워죽겠어.

은수   ……(잠시 있다가 서둘러 샤워 마무리하려는)

S# 침실

은수   (욕실에서 드레스 룸 통과해 빠르게 침실로/나이트 테이블에 전화

집어 든다)

S# 태원의 침실

[부녀 누워서 손바닥 마주 대고]

슬기   와아아 무지 크다아아.

태원   와아아 슬기 손두 그동안 많이 컸는데에에?

[화장대에서 울리는 채린의 전화.]

슬기   아줌마아줌마 전화 왔다(발딱 일어나며)

태원   (화장대로)

슬기   내가 갖다 줄게.(아빠 옆으로)

태원   어 그래 일단 받아서 잠깐 기다리라 그러구우?

슬기   으응.

태원   (전화 보면 슬기 엄마)……(망설이다가 받는다)여보세요.

S# 준구 침실

은수   ??? 전화 주인하구 얘기하구 싶어.

태원   F 지금 여기 없어. 왜 그러는지 알아. 미안해.

S# 태원의 침실

태원   충분히 얘기했고 다시 그런 일 없을 거야.

은수   F 직접 부탁하고 싶어.

태원   ……그거 ··안 그러는 게 좋을 거 같아.

은수   F ……참견하지 말라구?

태원 그런 뜻이 아니라…그 사람도 애쓰고 있어..온 식구한테 다 충분히 말/ 들었을텐데

S# 준구 침실

태원 F 그쪽까지는

은수 (오버랩)하지 말라구.

태원 F 내가 잘 챙길게.

은수 잘 챙겨서 그모양이구나……슬기는 괜찮아?

S# 태원의 침실

태원 괜찮아..탈 안났어.

은수 F …알았어 끊어.

태원 ….(끊긴 전화/……(잠시 보고 있다가 걸려온 전화 목록 삭제시켜서 제자리에)

슬기 나 왜 안 바꿔줘.

태원 아줌마한테 걸려온 전화니까.

슬기 나 때문에?

태원 응..병 안났나 해서.

슬기 안났어.

태원 (오버랩)있지….엄마한테 전화왔던 거 아줌마한테는 말 안하는 게 좋겠다.

슬기 …..(보는)했는데?

태원 어 했구나..아줌마 기분 별로 안 좋을 거야.

슬기 알았어어. (아빠 손잡아 문으로)내방에 가 아빠.

태원 응 그래.그러자

S# 준구 침실

은수   (전화 내린 채 걸터앉아)……(타월로 젖은 머리 닦기 시작)

S# 룸살롱

정수   ….(준구 전화 들고/송기자 메시지 보고 있는)….뭘 확인하자는 건
        지 안 물어봤어?

준구   그걸 왜 물어봐.

정수   (전화 주며)고올치 아프네. 결혼한다면 됐지 너한테 뭘 더 파자
        는 거야. 뭐 더 파서 다미랑 너 한꺼번에 장사치르자구?

준구   얘네들 한달에 얼마 벌면서 이러구 사는 거냐.

정수   직업정신아니냐. 한달 얼마 버는 거랑 무슨 상관 있어.

준구   ….(술 마시는)

정수   지워. 와이프 보면 어쩔려구 살려둬.

준구   너 보여주구 지울 참이었어…(전화 집어 드는)

정수   (오버랩)번호는 따 놔라··만약을 위해서.

준구   ……(전화 만지며)…

정수   다미한테 물어보지··뭐 아는 거 있나.

준구   문자 보내놨어.

정수   ….(보다가)야 별거 아닐 거야. 이다미 결혼 발표로 시체 된 소문
        되살려보자는 수작 일 거야.

준구   ……

정수   만나서 해결하는 게 정답일 수 있다 너.

준구   ???(보는)

정수   작심한 기자 무시해 치우는 거 오히려 역효괄수 있어. 만나서
        술 한잔 마시면서 허심탄회하게 인정할 건 하고 덮어달라고 인간
        적으로 호소하는 거야. 걔들두 사람이기 때문에 서로 통한다싶으

면 평생 입 다물어 주기도 해, 친구를 만들어 친구를.

준구   기자가 한둘이냐?

정수   한둘이 아니지 그게 문제지. (좀 기대며)그건 수창이가 자알하는데‥너 수창이한테 용역줘라.

준구   (탁 째려보는)

정수   허허허 심각할 거 없어 야.

　　　[노크와 함께 다미 들어오고]

　　　[두 남자 보고]

다미   (와서 앉으며)뭐 때문이래.

준구   니 결혼발표특종한 사람으로 확인할게 있대. 나 너 모르니까 경거망동 하지 말랬어.

다미   ‥‥(보다가)내가 만나볼게.

준구   (오버랩)머리 장식품야? 니가 연락하면 바로 너랑 나 연결 자백하는 거잖아‥

정수   호호호호 그렇지.

다미   확인되기 전엔 기사 안 쓸 사람이야 너무 걱정하지 마 오빠.

준구   기획사에서 뭐 흘린 거 아냐?

다미   대표랑 실장 밖엔 모르는데 그럴 리 없어.

정수   즈들한테 득될 거 없는데 기획사가 그랬겠냐?

준구   실장이라는 놈 돈 챙길라구 기자 앞세운 거 아냐?

다미   알아볼게……대체 뭘 갖구 그러는 거야. 소문이야 니 결혼이야.

정수   야 만나봐아‥내 말대로 만나서 해결봐.

준구   ‥‥‥

정수   으응?

준구 (혼잣말처럼)연예인이랑 얽히지 말라는 엄마 말씀이 교훈이
었다.

다미 .....(보는)

정수 E 야 애 앉혀놓구

정수 (연결)너 심하다.

준구 (오버랩)줄어드는 방에 갇힌 기분이야. 먼저 일어난다.(나가고)

정수 (나가는 것 보고 있다가 다미 보며)넌 저 자식이 뭐가 좋으니

다미 (술 따르면서 쓴웃음)…귀엽잖아.

S# 은수의 침실

은수 (침대에 걸터앉아 가만히)………(잠옷 바람)….

S# 태원의 방

태원 (책 보고 기대어 앉아 있는)

채린 (잠옷/침대로 오르면서)아까 슬기가 제 엄마한테두 전화했다 그
러든데‥

태원 (잠깐 보고)전화 아니구 문자보냈대요‥ 지 엄마 놀래서 전화해
잠깐 통화했구요.

채린 아 문자먼저 보냈다 그랬어요. 그런데 당신이랑 고모 있는데 왜

태원 (오버랩)그런 경우 제일 먼저 생각나는 사람이 엄마잖아요.

채린 ….(보며)

태원 (책 놓으며)채린씨는 연결이 안되구‥고모는 놀러갔구 나는 회
사일하는 사람이니까‥

채린 (오버랩)슬기 엄마가 끼어드는 거 안 반가와요‥

태원 (스탠드 끄는)그런 문자 받고 가만 있을 엄마는 없어요.

채린 …..(보다가)그렇죠 그건 그래요. 내가‥너무 조급하게 생각하

는 걸지두 몰라요. 나는 그냥··우리끼리 가깝게/우리끼리만이었
음 좋겠어요.

태원 (오버랩)슬기가 제 엄마를 전화가 아닌 문자로 찾은 거···/슬기
도 제 엄마와의 관계가 달라져야 한다는 거 느끼고 있어요···· 그 마
음 알아주고 채린씨도. 마음으로 슬기를 받아들여줘요.

채린 나 그렇게 하구 있어요.슬기 좋아해요.

태원 ······

채린 (불 끄고 붙어 누우며 한 손 태원 가슴에)

태원 ···(눈 감는다)···

S# 현수 원룸

현수 (디자인 그리고 있는 중인데)···

[갑자기 시작되는 소리.]

현수 (잠깐 돌아보는)

주하 (핸드폰에서 나오는 노래··핸드폰 내려다보며)······

현수 (작업으로)·····

주하 E 현수야 이거 들어봤니?

현수 엉.

주하 딱 내 맘이야

현수 (돌아보는)

주하 (일어나 캔 맥주 두 개 들고 현수에게/하나 놓고 하나 열어 내밀고
현수 받고 제 것 따서 부딪치고 마시기 시작)제자가 핸드폰에 담아줬
다? 딱 나야 나 놓고 만들었어. 내 테마곡으로 쓸 거야.

현수 끝났다더니.

주하 끝났는데 다는 안끝난 거·· 완전 끝나기가 쉬운 줄 아니? 넌 모

르지 참. 경험이 없으니까‥(도로 식탁으로)

현수 ‥‥‥(보다가)광모는 별 생각 없는 거 같더라.

주하 기대두 안한다 야.

현수 노래는 기대 엄청인데?

주하 그냥 나혼자 바램이지 뭐. 사랑은 나혼자 꾸는 꿈이지 남자랑
상관없는 걸지도 몰라. 고로 사랑은 거지같은 거야.

현수 ‥‥(보다가 작업으로)

   [전화벨.]

현수 (받는다)‥왜‥

은수 F 뭐해.

현수 전화받구 있어‥‥‥왜‥

S# 은수의 방

은수 (걸터앉아서)아니 아까… 낮에…너무 성질 부린 거 같아서‥

현수 F 뭐 첨두 아닌데‥

은수 잘못했어‥미안해‥

현수 F ??‥‥우냐?

은수 아냐.

현수 F 울구 있는 거야?

은수 아니라니까아아‥

현수 F 드응신같이 뭘 그깐 일루 울일두 쌨다.

은수 글쎄 말야‥

현수 F 잊어버려.

S# 현수 원룸

현수 (주하 음악 끄고 보고 있고)그 여자두 시껍했을 거니까 이제 다시

는 그런 일 안 만들 거야.

은수   F 그래 그렇겠지..엄마아빠한테 암말 안했지?

현수   내가 반편이냐?

은수   F 알았어.

현수   김서방은.

은수   F 아직 안 들어왔어……자 언니.

현수   어엉..(전화 끊는)

주하   왜 울어?

현수   별일 아냐.

S# 준구의 방

은수   (눈물 찍어내고 있는데)

도우미   E 사장님 들어오셨어요.

은수   네..네에…(일어나 두꺼운 가운 집어 들며 나가는)

S# 마당(밤)

준구   (들어오고 있는)

은수   (현관에 나오고)많이 늦진 않았네.

준구   술 못하는 사람이라 그랬잖아.

은수   전혀 안하지는 않은 거 같은데?

준구   (손잡으며)와인 석잔 양주 한잔. 나머지요리 점수는.

은수   하나는 만점. 하나는 간 맞추기 실패. 팔십점.

준구   하하하하

　　[부부 들어가고 잠시 두었다가]

F.O

S# 준구의 집 대문 앞

은수   (나와서 사용인 인사받으며 운전대로/시동 걸려 있고/ 열어주는 문
으로 타고 벨트 매고 바로 출발)

S# 움직이는 자동차……

S# 차 안

은수   ………(통화/기다리고 있다가)….네 선생님 저에요··저 집에는 선
생님께 가는 걸로 말씀드리고 나왔는데 오늘 쉬었으면 좋겠어서
요죄송합니다.좀….(무슨 일이 있어요)…아 네 선생님 저 두가지 만
점 받구 하나는 간이 안 맞아서 팔십점요. 칭찬 많이 받았어요 선
생님 덕분이에요··네··안녕히 계세요.(끊고 전화기 집어 등록한 번호
찾아 통화 시도)

　　[벨 가는 소리 세 번.]

송　　F 네 송선화입니다.

은수   저 김준구씨 와이프되는 사람인데요.

송　　F ……

은수   여보세요?

송　　F 네 ··말씀하세요….

S# 어느 카페··별실

은수   ………(앉아 기다리고 있는)

　　[잠시 후 노크]

종업원 손님 오셨습니다.

은수   아 네··(일어나고)

송　　(들어오면서 곧장 파카 주머니 명함 지갑에서 꺼내 명함 내밀며)안
녕하세요.송선홥니다.

은수   (받으며) 오은수라고 합니다.

송   (끄덕)··알고 있습니다··

은수   앉으세요··

송   네··네··(두 여자 앉는)···

은수   ···(보며)

송   ??(말씀하시죠)····

은수   ···(보며)

S# 시간 경과

   [찻잔 와 있고/]

송   (얘기 중간입니다)뭐 인터넷 시끄럽게 카더라도 아니었고 기자
      들 사이에서 돌았던 얘기니까 모르셨을 수도 있어요.

은수   (오버랩)사실인가요?

송   (웃으며)이다미씨도 기획사도 길길이 뛰고 김준구씨는 접촉 안
      되고 현재까지는 그저 소문일 뿐이죠

은수   (오버랩)우리 그이 통화하고 싶다는 건/그러니까 사실 확인 때
      문이겠군요.

송   그런 거죠··이다미는 전화 아예 안 받고 경호원들 때문에 만날
      수가 없어요.

은수   지금도 만나는 사이라 그러나요소문이?

송   아니 결혼하면서 김준구씨가 정리했다나봐요. 그런데 이다미
      가 포기를 못하구 최근에 자살기도했다 그러구요.공식 발표는 과
      로 누적 감기 몸살이었지만.

은수   ???

송   E 의문인 건 그런데 왜 일년이나 지나서 자살이냐/ 관계 계속
      됐던 거 아니냐 그런 뒷담화도 있어요.

은수   …(보며)……(있다가 시선 내리며)송기자님 지금 나/.. 내가 ..참…
보기에 불편하시죠..

송   아 뭐…여러가지 생각이 들긴 하지만..괜찮습니다..신경쓰지
마세요.아무 것도 몰랐던 와이프로서 당연히 추적 나서겠죠. 나래
두 그럴거에요 으흐흐

은수   (오버랩)부탁드릴께요..

송   …(보는)

은수   저…재혼이에요.

송   ..네.

은수   결혼 전 일은 결혼 전이니까….저/ 이 결혼 지키고 싶어요.

송   네…(끄덕끄덕)

은수   초면에 염치없지만 …도와주세요. 사실이든 아니든 그냥 덮어
주세요.그 아가씨 결혼도 한다는데.

송   (오버랩)네그런데요그 결혼발표가…

은수   ….(보는)

송   김준구씨 보호하기 위한 연극이라는 얘기가 있어요.

은수   ???

송   그게 사실이면 나 이다미한테 사기당한 거죠..연극이라면 두
사람/현재 진행인 거구요.

은수   ……(보며)

송   힘드시겠어요. 어떡하죠?

은수   (쓰게 웃는)네…그러네요……

S# 근처 주차장에 세워져 있는 차들……

S# 은수 차 안

30

은수   ··············

은수   E 엇참 여보 있지 미장원에서 나한테 결혼 행복하냐 물었던
　　　탈랜트

S# 준구 침실(잠깐 10회)

준구   ??(돌아보는)

은수   결혼한대··은퇴한다더라.

준구   그건 어떻게 알았어.

은수   연예 뉴스. 당신 들어오기 바로 전에 봤어.

준구   당신 그런 거두 봐?

　　　[전화벨.]

S# 차 안(현재)

은수   (보고···· 받는)네에··

준구   F 어 여보. 아버님 내일 곤지암 가자 그러시니까 그렇게 알아.

은수   ······

준구   F 여보.

은수   내일 눈 소식 있는 거 같았는데··

S# 준구 사무실

준구   (서서)그래? 많이 온대?

은수   F 모르겠어··잠깐 본 거 같아··확인해봐.

준구   당신 컨디션 안 좋아?

S# 차 안

준구   F 목소리가 왜 그래··

은수   ··아니 난 괜찮은데··

준구   F 이따 봐. 일찍 들어갈게··

은수   응.(전화 끊고)······(잠시 있다가 출발하는)

S# 주차장 빠져나가는 은수의 차·····

S# 태원의 거실

태모   (전화 들고 기다리다가)잔고가 왜 그거 밖에 안돼요····

태희   (제 방에서 발바닥 각질 제거하는 양말 신고 어그적거리며 나와 엄
       마 쪽으로)

태모   아니 내 계산하고 안맞아 그러지···알았어 내 이따 잠깐 나가
       지··그래요 뽑아놔요.(끊으며)똥 지렸어?

태희   아으 엄마느은.

태모   (발 보며)그렇게 자주해두 되는 거야?

태희   해줄 때 됐어. 엄마 해주까?

태모   잔고가 왜 밤낮 차이가 나.

태희   은행이 틀려? 은행 애들 황당하게 밤낮 그러드라. (잡지 펼치며)

태모   인절미 한쪽 먹자는데 애 떡방앗간 갔나아아.(찻잔 들며 주방 쪽
       보는)

태희   (잡지 들이대며)엄마 이거 봐··괜찮지 멋있지.

태모   인절미 안 나와?!!(주방에)

S# 주방

채린   (쟁반에 꿀 접시, 찻주전자, 찻잔 준비해 식탁 위에/기다리다)네에
       에. (임실에게)이직 안됐어요? (유감 있다)

임실   (부어터져 프라이팬째 들고 와. 구운 인절미 두 쪽 쟁반 빈 접시에 옮
       겨주고 픽 돌아서 가는)

채린   ········(보다가 쟁반 든다)

S# 거실

채린   (나와서 소파로)……(쟁반 티 테이블에 비우고 앉으며)저기요 어머니.

태모   ?? 응.

채린   아줌마 바꾸는 게 좋겠어요.

태모   ??

태희   ???

채린   아줌마가 상전일 수는 없잖아요 어머니.

태희   올케.

채린   저 아줌마 눈치봐가면서 이렇게는 살수 없어요.

태희   올케가 먼저 건드려놨잖어.

채린   아무리 그렇대두 저 아줌마가

태희   (오버랩)저 아줌마 개성이야. 나한테 틀어져두 저래애··

태모   (오버랩)나한테 비우 상해두 그런다.

채린   ?? 그런데 어떻게 보구 사세요?

태모   신경쓰지 마. 나 골났소오 나 골 아직 안 풀렸소오야. 그러다 저 혼자 풀려.

채린   (오버랩)어머니

태희   (오버랩)괜히 집안 어지럽게 하지 말구 가만 있어. 어디 굴러들어온 돌이 백인 돌 빼버리재··그냥 놔둬··모르는 척 해.

채린   ??? 제가··굴러들어온 돌이에요?

태희   아냐?

채린   형님 어떻게

태모   (오버랩)말따구하구는/(딸에게)

태희   (오버랩)들어오자마자 너무 설치잖아.

태모　그만해.

태희　(오버랩)아줌마 우리 집에 아주 중요한 사람이야. 간단하게 생
　　각하지 마. 우리 식구 음식 비위 맞추는 사람 안 쉬워 응?

S# 주방 출입구

임실　(귀 세우고 듣는)

채린　E 너무 짜요 건강에 안 좋아요 형님.

태희　E 그럼 올케 혼자 올케꺼 만들어 먹어.

S# 거실

태희　그럼 되겠다.아줌마 건드리지 마. 정말 그만두면 진짜 우리 황
　　당해.

채린　(일어나 주방으로)

태희　……(사라질 때까지 기다렸다가 엄마에게)쟤 왜 저래.

태모　……(인절미 먹으며)

태희　아줌마 나가면 우리 밥 어떡해애애.

태모　저 여편네두 문제 있어어어.

S# 주방

채린　(쟁반 치우며)……

임실　나가야 쓰겠으면 내발루 나갈테니까 신경쓰지 마소.

채린　갚아야할 빚이 아직 많다면서요.

임실　?? 빚은 무슨 빚? 나 빚 같은 거 일전도 없는디?

채린　???

임실　(꿍얼)빚 다 끈 게 은젠데··

태희　(들어오며)올케 슬기 데리러 가야겠다.

채린　형님이 가신다구

태희 어 근데 깜박하구 (나가며 한 발 들어보이며)각질제거 시작했지 뭐야.미안해

채린 네에….

S# 학교 앞에 주차된 채린의 자동차…

S# 차 안

채린 (굳은 얼굴로 시선 내리고)…(통화 중)안된대요 ‥네 ‥안될 거 같아요‥(하다 시선 들면)

S# 전면 유리로 슬기 친구 서넛과 함께 뛰어오고 있는

채린 아이 나와요 끊어요엄마.(끊고 내리는)

S# 차 밖

채린 (내리는데)

슬기 E 엄마아아아.

채린 ??

슬기 (다가와)고모가 오기로 했는데요?

채린 어 고모가 바빠서.

슬기 애들아 우리 엄마야‥

아이들 (각각 인사하고)

채린 어 어어‥어어‥

슬기 동석이? 민주? 혜은이‥

채린 반가워 모두우? 우리 슬기랑 친하게 잘 지내애애?

애들 네에에!!!

채린 가자.

슬기 안녀엉. 안녕안녀엉.(앞자리로 벌써 뛰면서 애들과 인사 주고받고)

채린 슬기야 뒤에에‥위험하다니까.

슬기 아 네에에.(뒷자리로)

S# 차 안

채린 (타고 출발)…

슬기 ……(운전하는 채린 뒤 보다가)아줌마

채린 ‥응?

슬기 엄마라구 해서 아줌마 놀랬어요?

채린 어‥조금‥

슬기 아줌마가 학교 오면 엄마라 그럴 거에요.

채린 친구들 보여줄려구?

슬기 네…

채린 집에서는 아줌마구?

슬기 네‥

채린 왜.

슬기 으응…아직은 우리 엄마한테 미안하니까요.

채린 ……그런 말 하는 거 아줌마한테는 안 미안해?

슬기 그렇기는 하지만 …아직은 쫌…으응 아직은이에요.

채린 ……

S# 준구 집 정원

은수 (들어오고 있는)…………

S# 현관 거실

은수 (들어오다 도우미 나오는 것 보고)저 들어올 때는 안나오셔두 된
     다니까요.

도우미 사모님 꾸중하신다니까요‥

은수 ……(그냥 웃어 보이고 거실로)다녀왔습니다‥

이모 　오냐.

준모 　(책 보다 돌아보며)따른 볼일 없었니?

은수 　네 어머니. 저기 아버님께서 내일 곤지암가자 그러신다구

준모 　(오버랩)그런데 눈이 꽤 오신단다··준구 전화했어.

은수 　네에.

준모 이모 　(각각)······

은수 　(계단으로)·····

이모 　(잠깐 보고)····

은수 　(계단 오르는)····(평소보다 느린)

이모 　얘애.

은수 　?? 네 이모님.

이모 　어디 아프냐?

은수 　? 아뇨 이모님.

이모 　그럼 뭐 걱정거리 있어?

은수 　그런 거 없는

이모 　(오버랩)그런데 왜 계단 올라가는 게 전하구 달러.

은수 　아··아아 으흐흐흐··무슨 말씀인지 알았어요··호호 (하고 빠르게 올라가는)

이모 　·····친정에 무슨 일 있나아?

준모 　예민하기는····

이모 　생긴 거 같잖게.

준모 　(책장 넘기며 웃는)····

S# 이 층 거실

은수 　(올라와 침실 쪽으로)·····

S# 침실

은수   (문 열고 들어오면서)

현수   E 뒷조사 안해봐두 되는 거야?

은수   E (백 놓으러 움직이며)뒷조사는 무슨

현수   E 이혼한 건 공식적인 거구

S# 현수 원룸(과거/결혼 전/겨울)

현수   (머그잔 놓아주며)비공식적 여자관계 없으란 법 있어? 있는 집 자식들 야 알게 모르게 막 논다잖아.

은수   있는 집 자식들 그거 편견이야.

현수   배우들하구 많이 놀잖아. 더러는 결혼두 하구. 한번 조사해봐.

S# 드레스 룸

   [옷 갈아입는 은수]

은수   E 알았어. 물어볼게.

현수   E 바보냐? 있음 있다 그래?

은수   E 양다리만 아님 돼.

S# 현수 원룸

   [마주 앉은 자매.]

은수   (연결)그거 아닌 건 확실해. 그 사람 나한테 집중하구 있거든.

현수   믿는 도끼가 발등 찍는단다.

은수   난 사년 살았구 슬기도 있어.그 사람은 부부생활 없이 석달이야. 내가 뒷조사하는 거 웃기지 않아?

현수   얘 그래서 뒷조사 더욱 필요해. 그 나이에 여자없이 몇 년 가능한 일이야?

은수   있었어두 상관없어 글쎄. 지금만 없으면.

38

현수 지금두 있는 거면.

은수 무슨 소릴 하는 거야.

현수 부잣집 며느리에 맛이 가 너 눈감고 있는 걸 수두 있단 말야.

은수 ....??? 내가 돈에 눈멀었단 거야?

S# 드레스 룸에서 침실로 나오는 은수

현수 E 부잣집 아들/여자들 로망이자 함정이야.

은수 E 태원씨네두 돈은 있었어.

현수 E 그래애 그 끔찍한 시어머니 상관없이 한달 때두 그때두 너 의 심스러웠어.

S# 현수 원룸

은수 ?? 왜 그래. 배 아파? 질투나?

현수 뭐?

은수 언닌 왜 번번이 초를 쳐 내가 부잣집 아들 잡자구 작정하구 뛰는 애야? 내가 누구누구 다니는 헬스 쫓아 다녔어? 누구누구 다니는 레스토랑 들락거리면서 눈에 불켜구 두리번거렸어? (벌떡 일어나며)언니랑 얘기하다 보면 피 토하겠어 진짜. 나한테 왜 그래. 언니 왜 밤낮 날 쓰레기 취급해. 지금까지 내가 남자한테 다가간 적 없어. 남자들이 자기들이 다가온단 말야 다가왔단 말야!!

현수 그래 너 그 중에 꼭 부자만 집어들잖아아.

은수 시작할 땐 부잔지 아닌지 몰랐단 말야아!!!

현수 옷입은 거에 대충 나오잖아아.

은수 ????? (컵 탁 때려 바닥으로)

현수 (벌떡 일어나며)이 기집애가?

은수 닷시는 말 안해. 언니가 아니라 불구대천지원수야.(두 주먹 부

르쥐고)

S# 준구 침실

은수 (침대에 걸터앉아서)……

S# 은수의 친정 거실

현수 (냉장고에 아구찜 포장한 것 집어넣고 나서며 전화)

　　　[벨 가는‥두 번]

자모　F 으응 우리 딸.

현수　엄마 어디야?

자모　F 으ㅎㅎㅎ

S# 이천 쌀밥 식당

자모　으응‥나 지금 아빠랑 쌀밥 먹으러 식당.

자부　(오버랩)이천 왔다 소리 먼저 해애.

자모　어 여기 이천이야‥아빠가 우리 집 질 땅 잘있나보자 그래서 바
　　　람쐬러 드라이브 나왔어‥응‥좋아 좋지이 그럼… 응 땅 잘 있어‥잠
　　　깐 있어‥(전화 남편에게)

자부　(받으며)현수야 은수야.

자모　현수현수.

자부　아빠야‥어어 니 엄마가 자꾸 헛소릴 해서 기분전환 시켜줄 겸
　　　데리구 나왔어‥ 응 아직두 그래. 간밤에두 잔다구 누웠다가 벌떡
　　　일어나더니 슬기가 부르는 소리가 들렸다는 거야‥

자모　정말 들린다니까?

자부　아직두 하루에 서너번 씩은 들린대…. 응 좀 줄기는 했어‥

S# 자매 마당

현수　(현관 나서며)곧 나아질 거에요. 네…네‥아 아구찜 사다 넣어뒀

어요. 저녁에 소주 한잔 하세요....네...네 끊어요..(끊고 자전거 챙기는)

S# 준구 식당

이모　(각종 나물 넣고 커다란 볼에 밥 비비면서)침 돈다 으흐흐 침돌아.

준모　밥에 떨어트리진 마세요.

이모　턱이 없냐? 으흐흐흐. 됐다. (은수가 내미는 준모 밥그릇에 먼저 담
　　으며)아이디어가 좋았지?

은수　(옆에 서 있는)네.

준모　난 조금만 줘요.

이모　(준모 그릇 쟁반에)나물은 이렇게 먹어야 많이 먹어.

은수　네.(준모에게 밥그릇)

이모　(은수 밥그릇에 담기 시작)나물이 얼마나 좋은 음식인데··요즘
　　애들은 나물을 안 먹더라··(도우미 맑은 무국 갖다놓기 시작)아줌마
　　들두 이렇게 비벼먹어 응?

도우미　네에 보살님. 그럴려구요.

이모　먹자.(은수 이모 밥그릇 들려) 아냐아냐 난 이채루 먹어. 앉어
　　앉어.

준모　아우 숭해요오오

이모　괜찮아괜찮아. 김회장 없어.(그냥 먹기 시작)

준모　(밥 뜨며)못말려.

은수　(그냥 웃고 먹기 시작)

이모　아 밥 비빈 사람 수고 무색하게 왜 암말들두 없어 응?

준모　맛있어요.

은수　맛있어요(시모와 함께)

이모　그럼 그래야지 호호호호.(커다란 밥 숟가락 입으로)

S# 서울 야경으로 디졸브

S# 현수의 원룸

　　[광모와 현수 식탁 차리고 있는··]

광모 (좀 뚜우)십분이면 들어온다더니 뭐하는 거냐.

현수 들어오겠지···(상차림 끝나고 움직이며)쭈쭈 뽀뽀 밥 먹자아아
　　랑랑이두 오구우우우

광모 ·········(현수 아이들 저녁 주는 것 보다가 냉장고에서 소주 한 병 꺼내
　　식탁에 뚜껑 열어 한 잔 따라 마시고 또 따르는데)

현수 좀 기다려어.

광모 아구찜 냄새가 술을 불러.딱 한잔만 하자.(현수 잔에 따라주는)

현수 (그래도 와서/식탁에 앉으며)고걸 못 참구.(마시는)

광모 ·····(보며)

현수 (잔 내리고 김치 한 조각 먹다 보고)나 뭐 묻었어?

광모 아냐.

현수 그럼 왜 멀뚱거리구 봐.

광모 너 디게 못 생겼다구.

현수 고맙다. 나두 알어.

S# 원룸 앞길

　　[인태의 자동차가 와서 멎고 인태 빠르게 내려 문 열어주면 주하 내
　　린다.]

주하 고맙습니다아아 안녕히 가세요.

인태 (오버랩) 저기··

주하 ？？？

인태 월요일부터 출근할 때 내가 ···데리러 올께요.

주하   예에?

인태   바방향이 그렇게 엉뚱하지도 않구

주하   (오버랩)월요일부터…라는 건 월요일부터 쭈욱….그뜻이에요?

인태   예..그렇죠.(웃는)

주하   ..왜요.

인태   차를 두 대씩이나 쓸 필요가 어딨어요. 그러니까 내가

주하   (오버랩)김선생이 왜요..

인태   아니 그게/내가 그러구 싶어서

주하   (오버랩)무슨 그러언그런/우리가 무슨 연인사이두 아니구 연
      인사이래두 그건 어쩌다 할 수 있는 건데 하하 김선생이 왜 나한테
      요 말두 안돼요 하하하하

인태   (멍하니 보는)….

주하   안녕히 가세요.

인태   잠깐../제가 할께요..하게 해 주세요.박선생

주하   (오버랩)아아 진짜 이상한 분이네에..그건 아니죠오..버스타두
      되는데 부득부득/ 너무 사양하는 거두 그래서 타구는 왔는데 내가
      왜 매일 저걸 타구 출근을 해요.

인태   아뭐 꼭/ 이유가 있어야 해요?박선생이 잘 대해주는 게 고마
      워서 보답으로

주하   (오버랩)보답받을 만큼 그런 거두 없구 뭐냐..친절두 지나치면
      폐라는 거 모르세요?

인태   ……(보며)..

주하   아으 참 ..하하 아으으 참..(하며 인태 앞으로)김인태 선생님.

인태   예에..

S# 현수 원룸

광모 (시선 내리고 반찬 뒤적거리면서)현수야.

현수 ……(보다가)뭐.(마주 앉아 작은 책자 보며)

광모 있지이…

현수 ……뭐어..

광모 너한테 나는 뭐냐.

현수 ??

광모 미친 놈 말구 진지하게··나는 너한테 뭐냐.

현수 무거운 거 옮길 때 필요한 미친 놈.

광모 ……(보며)

현수 뭐 존 말 나갈 줄 알구?

광모 (젓가락 놓으며)미친 놈 보다 더 독한 말이 뭐니.

현수 할말 있음 해.

광모 나 니가 여자로 보인다?

현수 ??

광모 왜 이러는지 모르겠어··나 아무래두 어떻게 됐나봐. 그게 말야
(하는데)

　　[전자 키 소리.]

현수 미친 놈. 난 태어날 때부터 여자였다.(벌떡 일어나 아구찜 냄비에
불 켜는)

주하 (들어오며)이거 무슨 냄새니.

현수 아구찌이임.

주하 (오버랩)야호오오/릴릴릴릴릴 에에호 (소파에 가방 던지고 옷
벗는)릴릴릴릴릴 에에호오(요들이 될까나)

광모   (미워서 입 뿔룩불룩)

S# 준구 거실

[티 타임.]

회장   (찻잔 들고)겨울엔 이게 망했어요. 눈이 오시면 꼼짝없이 발이 묶이니.

이모   지압이나 받으시구 푸욱 쉬세요.

회장   허허 그럴 참이에요..(은수에게)이모님 늬 어머니까지 /지압 선생 시간 가능한가 알아봐라.

은수   네에..(일어나는)

이모   어디 가니.

은수   선생님 시간 알아보러

준구   전화 여깄어..(주머니에서 은수에게/은수 받아들고 주방으로)

준모   바쁜 사람인데 갑자기 언니까지는 몰라도 나까지는 어려울 거에요.

회장   다른 집 스케줄 조정하면 돼요.

준모   다른 집은 좋대요? 뭐든 자기 맘대루 그러지 마세요.

회장   (오버랩)로봇청소기 홈쇼핑은 언제 또 들어가는 거야..

준구   예. 날짜 시간 협의중입니다.

회장   ....(마시고)

이모   (주전자 들어 차 자기 잔에)신불능리 안능리인 심조체정 사원부 지라아아아.

회장   무슨 뜻이에요.

준모   종일 이래요.

이모   (준모와 함께)자신을 이롭게 못하고 어찌 다른 사람을 이롭게 할 수 있을꼬 마음을 다루고 몸을 바르게 하면 어떤 소원이든 이루지 못할까아아..

회장 예에 조오은 말씀입니다아아아...(일어나고)

준구 (일어나는)

은수 (주방에서 나오며)내일 선약 때문에 아버님만 하실수 있다구.

회장 (오버랩)알았다...(움직이는)그 사람 너머 바뻐어어

준모 다른 선생 알아볼께요.(이모에게)

이모 놔둬..딴 사람 시원찮어.(찻잔 드는)

준구 즈이 올라가두 되죠?(일어나는)

준모 올라가..

준구 할일 있어요?

은수 먼저 올라가요.

준구 편히 쉬세요 이모님..엄마.

둘 (적당히 대답)

은수 (올라가고 있는 남편 보며)....

이모 따라 올라가아아..

은수 아니에요..차 마저 마시구요 이모님..(들어와 앉으며 찻잔 드는)
　　　 .....

S# **준구의 침실**

준구 (들어와 방 가운데 서서).......(잠시 있다가 옷 벗으며 욕실 쪽으로)

S# **샤워 중인 준구.........물 멈추고 가운 집어 입는다..**

S# **드레스 룸**

은수 (홈웨어인 채 선반 정리하고 있는).....

준구 (수건으로 머리 닦으며 나오는)어.. 여깄었어?

은수   (돌아보고)

준구   머리 대충 말려 줘.(거울 앞 의자에)모양 잡을 거 없어 그냥 대충
　　　말리기만 하면 돼.

은수   알았어..(다른 타월 집어 준구 등 뒤로/닦아주기 시작하며 거울 속
　　　남편 보는)

준구   (눈 감고 있다가 은수 당겨 옆으로 허리 안는)·····(눈 감은 채)····

은수   ·········(무표정)

S# 침실

준구   (침대로 올라 베개 만져 기대어 앉으며/잠옷)당신 빨리 씻구 나와
　　　··일찍 자자 피곤해.

은수   (남편 가운 침대에서 집어 들며)당신하구 해야할 얘기가 있어.

준구   ?? 응··뭐··

은수   (가운 이인용 의자에 걸쳐놓고 침대로 올라앉아 보는)···

준구   뭐야··해.

은수   (오버랩)이다미 모른단 말 믿었었어.

준구   ??···(상체 일으키는)

은수   당신 거짓말 했지.

준구   아니 당신 어디서 무슨 말을 듣구

은수   (오버랩)송선화기자 만나구 들어왔어.어제 당신한테 온 메시
　　　지 봤어.

준구   ????

은수   봤어··

준구   한심한 와이프들 남편 핸드폰 뒤지는 거 그걸 했다는 거야?

은수   응 이다미이름 제목이 나 한심한 와이프 만들었어.

준구   남의 핸폰을 왜 봐·· 그런 여자였어? 딴 여자랑 뭐가 달라. 똑같
        잖아.

은수   다르다는 말 한 적 없어.

준구   다른 척 했어 당신.

은수   이다미랑 안끝났어?

준구   이다미 뭐. 그게 누구야.

은수   ·····(보며)

준구   그 기집애가 뭐래. 나랑 이다미라는 애가 (하다가)기자는 대체
        뭐하러 만나. 무식한 여편네모양 누구 얼굴을 깎구 다니는 거야!!

은수   (오버랩)당신 어떻게 이래. 나 들을만큼 듣구 들어왔는데!!

준구   소리낮춰.

은수   기자들은 다 아는 사실이래. 당신 때문에 그 여자 약 머었대··
        그 여자 결혼발표 당신 보호하기 위한 연극이래.

준구   이 여자가 돌았나 당신 무슨 말두 안되는 헛소리 듣구 들어와
        사람잡아!!

은수   (오버랩)제에발!! 제발 정직해 줘 여보.

준구   (오버랩)아냐!!!절대 아냐. 목을 따두 아냐.

은수   ···(보며)

준구   (이불 박차고 내리며)아냐 사실이 아니야. 즈들끼리 찧구 까불
        구 멋대로 시나리오 쓰구 있는 거란 말야. 나를 믿어야지 떠도는
        유언비얼 믿구 날 의심해? 염병할 이다미가 대체 누군데에!!!

준모   (깎은 망고 접시 담긴 쟁반 들고 들어오는)·····

준구   ??

준모   (쟁반 탁자로)

은수 (얼른 침대에서 내려서고)

준모 (쟁반 놓고 몸 일으키며)개하구 관계 사실이다.

은수 ???

준구 ??? 엄마아.

준모 (오버랩)어디서 무슨 말을 들었든(아들 향해서)꼬리 붙잡았는
데 니가 아니라면 아닌 걸로 끝날 거 같아?

준구 (무슨 말인가 하려는데)

준모 (연결)사내자식이 왜 그렇게 비겁해. 깨놔야할 상황이면 깨놔.

준구 어머니이(불만)

준모 (오버랩)결혼발표 니가 시킨 거야?

준구 아니에요.

준모 어떻게 믿어.

준구 아니에요 절대 아니에요!!

준모 ……(아들 보는)….

준구 (핑 하니 나가버리고)….

준모 ….(은수 보는)…….

은수 (고개 숙이고)….

S# 서재 옆 응접실

준모 …..(보며)

은수 ……

준모 니 아버지가 아무리 엄한 사람이구 내가 아무리 신경을 써두/
다 큰 자식..여자 단속까지는 안되더라. 저 아이 /첫결혼 그렇게 끝
나면서 아마 태어나 처음 자존심이 만신창이가 됐을 거야..

준모 E 연애한 건 아니었지만 어쨌든 저는 평생 짝으로 알고 했던

결혼이었는데 그렇게 됐으니까…한동안 술을 심하게 먹고 다니더라.

준모　많이 늦기도 하구··그러면서 그 아이 일년 남짓 만나다 너 나타나면서 정리하고 결혼한 거야··

은수　(시선 내린 채)어머니 언제부터 아셨어요.

준모　글쎄 그게····정확하게는 기억 못하겠구나··암튼 니아버지 아시기 전에 정리하라는 압박은 수차례했어. 우리는 다 끝난 걸로 잊었는데 그 아이는 아니었던 가보더라··뒤번 만나서 달랬나봐·· 그러다 약 먹었구 준구도 당황했었구·····

은수　····(보는)

준모　계속되고 있는 관계는 아닌 거 확실하니까 맡겨두고 마음 다스리렴··혼전 일까지야 어쩌겠니.

은수　·····

준모　다행이 결혼한다니까 그럼 소문 스러지구 끝나겠지··

은수　왜 거짓말을 해요 어머니. 결혼 전에 깊이 사귄 여자 없다 그랬었어요.

준모　(웃으며)남자는 많이 그런다드라·· 현장 잡히구두 아니라 그런대.

은수　·····(보며)

준모　니가 많이 무서운가보지···이해해 줘라. 아버님 아시면 큰일나··

은수　····(시선 내리고)····

S#　**은수 침실**

은수　·······(침대에 앉아 있는/ 잠옷)········

준구　(들어온다)·····

은수　(보는)·····

50

준구 (침대로 오르며)어머니가 딴 방에서 자지 마라셔. (등 보이며 눕
     는)·····

은수 (보며)·····

준구 지난 일이야··신경쓸 거 없어··

은수 ·····

준구 알아서 좋은 일 알아서 좋을 거 없는 일 있어··뭐하러 캐구 다녀.

은수 어떻게 그렇게 펄펄 뛰면서 거짓말을 해?

준구 ····급한데 어떡해

은수 ·····안끝났지.

준구 (벌떡 일어나며)끝났어. 끝난지 오래야. 왜 사람을 안 믿어어!!

은수 믿게 했어? 다다미는 알어두 이다미는 모른다며!!

준구 당신 위해서였어. 당신한테 좋을 거 없잖아.

은수 이다미랑 셋이 만나.

준구 ??? 미쳤어?

은수 어디까지가 사실인지 알아야겠어.

준구 당신 정말 이럴 거야? 엄마가 전부다 털어노셨잖아. 우리 어머
     니같은 시어머니가/며느리한테 당신 아들 치부 까놓는 시어머니
     가 어딨어

은수 어머니가 좋아서 거짓말쟁이 남자/그냥 넘어갈 순 없어.

준구 ·····(보며)

은수 살면서 얼마나 많은 거짓말을 할 거야. 시침 딱 떼구 거짓말을
     참말로 둔갑시켜 세뇌하면서/

준구 (오버랩)한마디만 더 하면 나 나간다. 나가?

은수 (울음 터지면서)거짓말 했다 미안하다 다시 안 그런다 왜 안해.

준구 　내가 애야? 그걸 꼭 무릎 꿇구 싹싹 빌어야해?

은수 　(울며).....

준구 　나는 좋은 줄 알어? 당신한테 형편없는 놈 된 나는 좋아? 나두 기분 개떡이야. 이거 봐..우리 어머니 평생 아버지한테 큰 소리한 번 내신 분인줄 알어? 어머닌 뭔가 화가 나시면 그냥 조용히 조요옹히 혼자 삭히시는 분이야 당신처럼 이렇게 안하셔.

은수 　.......(보며 첩첩산중).....

준구 　(퍽 누워버리고)

은수 　(준구 등 보며).....

S# 이모의 방

[이모와 준모 서로 보면서.....]

이모 　나 무시하지 마..애 이상하다 그랬잖어..

준모 　연예인하구 얽히지 말라구 노래를 했는데에에..

이모 　그 소리 지금 해서 뭐해..끄으으응...

준모 　애가 만만칠 않아요.

이모 　요새 만만한 애가 어딨어.

준모 　.....

S# 침실(어둠 속)

[스탠드 다 꺼진 어둠 속에서 은수 껴안고 어찌해보려는 준구와 필사적으로 저항하는 은수......]

은수 　(저항하다 어느 순간 포기하고 소리 내어 울음이 터지는)

준구 　???....(잠깐 멈추고 보다가 계속하며)됐어. 울지 마.. 미안해 조용해..

은수 　(흐느껴 우는/포기하고).....

52

S# 준구 집 전경(밤)

천천히   F.O

S# 준구 집 전경(아침)

S# 러닝머신 뛰고 있는 준구…

S# 이모의 방

　[차 갖고 들어온 은수. 놓고 일어나려는데]

이모　(염주 탁자에 놓으면서)앉어라.

은수　…(도로 앉는다)

이모　……(돌아앉아 가만히 보다가 은수 한 손 잡는) 아가야…

은수　…(보며)

이모　니 맘을 …내가 누구보다 잘 안다.…참 기막히구 어이없지?…

은수　(보며 벌써 눈물 차오르는)

이모　E 녀석이…너한테 솔직하기가 아마 어려웠겠지.너한테 잘 보이구 싶었겠지..

이모　즈이 부모 뜨아하는데두 너한테 푸욱 반해서 어떡해서든 널 데리구 오구 싶은데..혹시라두 니가 딴소리하면 어떡하나 그래서 숨겼을 거야..그리구 어쨌든 정리한 일이었으니까 응?

은수　(시선 내리고)지난 일은…그럴 수두 있었겠다 그래요 이모님.그런데 제가 다 아는데도 끝까지 아니래요. 혹시 내가 잘못하는 거 아닌가싶을 정도로 잡아뗴는데……제가 알던 사람이 아니에요..

이모　내가 생각했던 사람이 아닌 일이 앞으로도 한두번일까..나하구 똑 같은 사람은 천지에 하나두 없어.다아 어디가 달라두 다른 게 나 아닌 다른 사람이야.

은수　이모님 저는…더 이상 저이 믿을 수 없을 거 같아요..그게…너

제14회　53

무…실망스러워요.

이모 사람 다 거기서 거기··여자가 바라는 남자두 남자가 바라는 여자두··그저 내가 그리구 싶은 그림일 뿐이란다··살다보면 그래애애 이 사람은 제 약점은 죽어도 인정 못하는 배냇병이구나아아 그래두 다른 걸루는 쓸만하니까 봐주자아아 그렇게 돼.

은수 ….

이모 이다미라는 애는 뭐가 좀 남아있대두 지가 알어 정리할 거구 고집센 어린놈같은 거짓말은 웃어버리고 말어라··

은수 남아 있대요 이모님?

이모 아냐아냐 그런 말이 아냐··여자 애가 놔주질 않은 거 같으니 그 뒷정리 얘기야.니 어머니하구 내가 애녀석 잡아 비틀거구 준구가 알어서 매듭 질 거야··신경쓰지 말구 맡겨두란 소리야.

은수 ……

S# **거실/운동실**

준구 (운동 마무리하고 내려서 땀 닦는데)

준모 (음료 들고 들어오는)

준구 (손 내미는데)

준모 (그냥 놓고 나가는)

준구 ……(보며)

S# **빈 거실**

S# **주방 식탁(아침 먹는 중)**

회장 눈이 언제 온다는 거야. 안오잖아.

준구 좀 늦춰졌나봐요··오후에 온대요 아버지.

회장 그럼 갔어두 상관없었잖아.

준모 많이 온대요. 눈오구 추워진다는데 오는 건 생각 안해요?

회장 기상청 저번에두 헛소리 했잖아.

이모 하늘에 조홧속을 어떻게 백번 다 알아맞춰요.

회장 ....

이모 어디 따듯한 데가서 운동이나 하시지요.

회장 그럴 땐가요 어디..세무사찰 오늘 낼 하구 있는 판에. 집에만 있는 양반들 바깥이 얼마나 살벌한지 모르십니다.

이모 집에만 있어두 절에 가면 듣는 소리는 있습니다..

준구 (은수에게)밥 좀. 반만.

은수 (빈 공기 받아 일어나고)

이모 뭐 했다구 한 그릇이 모자라. 축대쌓구 들어왔어?

준구 ??

이모 나물 먹어 나물..

준구 예 이모님..

준모 (오버랩)아 언니 지압 선생님 언니까지는 된대요. 다른 예약이 밤으로 옮겼대요.

회장 잘 됐구먼.

이모 이따 봐서.

준모 왜요.

이모 아 누구 손 닿는게 싫은 날두 있어.

회장 뭐 심기 불편한 일 있으세요?

이모 글쎄 자구 일어났는데 우여어언히 그러네요.

회장 불경 보시는 걸 게을리하셨나봅니다.

이모 예에 그런가봅니다

준모　(은수 준구 밥그릇 놓아주는데)아침 먹구 올라가 쉬어라.(남편에게)몸살기가 있는 거 같아요.

회장　그럼 주사 불러 맞춰.

준모　좀 쉬게 해 보구요··

회장　····

은수　·····

S#　태원의 주방

　　[채린과 임실 아침상 놓고 있는···]

임실　·····내가 올라가요?

채린　아니에요.(나가는)

S#　거실

채린　(나오는데)

태모　(자기 방에서 나오며)아직 멀었어?

채린　아뇨 어머니 모시러 나오는 길이에요 준비 다 됐어요···

태모　태희야아아아

채린　(이 층으로)

S#　태원의 방

채린　(문 열며)아침 다 됐어요.

슬기　(침대에 함께 기대앉아 책 읽는 중)결국? 얼마 못가서 도적 떼가 쳐들어왔어요.

태원　나는 검은 얼굴나라 대왕이다아아아

슬기　도적떼의 우두머리인

채린　슬기야

태원　(손 잠깐 들어 제지하고)

56

슬기   (연결)땟국의 목소리였어요.

태원   내려가야하는데?

슬기   앙. (책 덮어놓고 침대 내려서는)

채린   너 먼저 내려가. 아빠랑 잠깐 침대 정리하구 내려갈게. 금방이야.

슬기   네에에에(아웃)

태원   (벌써 침대 정리로)

채린   (건너편에서 침대 시트 만지면서)형님이 나한테 굴러들어온 돌이 래요.

태원   ??

채린   어젯 밤에 피곤한 거 같아서 그냥 잤는데 생각할수록 너무 심한 말이라 가슴에 뭐가 맺힌 거 같아요.

태원   ....

채린   아줌마하구 나 비교해서 그런 인식은 안되는 거 아니에요?

태원   (굽혔던 몸 일어나며)채린씨.

채린   네..(보는)

태원   나...그런 얘기 안 듣고 싶어요..

채린   ??

태원   누나가 말에 조심성이 없는 사람인 거 알아요. 그런데 지금 그 얘기 들어서 내가 할 일이 없어요.

채린   그렇지만

태원   (오버랩)내가 누나한테 아는 척 해서 나 우스워지구 채린씨 조심 성 없는 사람 되구 싶어요?

채린   아는척해달라는 건 아니에요.

태원   그럼 말 안하는 게 옳죠.

채린   그럼 나 누구랑 말하구 살아요.

태원   ....(보다가)내려 갑시다..(나간다)

채린   (베개 집어 퍽퍽 두드려 머리판 아래 놓는)

S# 태원 주방

태모   (국 떠먹고)아으으으 시원하다. 국맛 보니 아줌마 심통 쭈그러
       들었구먼.

태희   까르르르

채린   ..

태모   사이좋게들 지내. 얼마나 살자고 짧은 인생 울근불근할 게 뭐
       있어. 그저 다아아 이해하고 봐줘가며 인간답게 살어.

채린   (슬기한테 생선 바른 것 놓아주고)

태모   (연결)아줌마는 거 울뚝밸 좀 다스려. 알고보면 채린이두 가여
       운 아이야. 곱게곱게 자란 애가 팔자가 사나와 전실 자식 달린 애
       하구 살자구 들어왔는데 나이 먹은 사람이 푸그은하게 봐줘야하
       는 거 아냐?

태희   그냥 조용히 먹읍시다 엄마.

태모   할만한 말 하는데 왜.

태희   (그러다 괜히 또 잘못 건드리지 말라구/얼굴 짓 입짓)

태모   구더기 무서워 장 못 담거?

임실   (뭔가 더 갖다놓으며)나 구더기 아니요.

태모   ??(가는 임실 보는)

태희   까르르르깔깔 (하며 생선 또 슬기 숟가락에 놓아주는데)

채린   그냥 두세요 형님.

태희   ??(슬기??)

채린   애기두 아닌데 너무 과잉으로 그러시는 거

태희   (오버랩)학교 선생 출신이야?

채린   ??

태희   아니 올케 뭘 그렇게 가르치길 좋아해.

태모   맞는 말이구먼 왜 그래.

태희   알아서 해 이래라 저래라 하지 마 응?

채린   그냥 의견을 말한거지 이래라저래라 가르친 건 아닌데 형님 오해하셨나봐요.

태희   (기막혀 말이 안 나오고)··

채린   스스로 할 수 있는 일은 스스로 하게 놔둬야지. 너무 그러면 애가 제대로 안 자라요.

태희   ·····(보는데)

채린   언제까지나 애기로 멈춰있게 하는 건 아니라고 생각해요.

태모   알았다. 그만 해라.

채린   아빠를 너어무 좋아하는 거두

태원   (오버랩)채린씨.

채린   ··(보는)

태원   무슨 뜻인지 아는데 슬기 상황이 평범하지 않았던 거 감안해 줘요··천천히 바꿔질테니까 너무 걱정하지 말구요.

채린   네 물론 그러겠죠. 그래야하죠오.

태희   (숟가락 탁 놓고 나가는)

태모   (돌아보고 있다)너 쟤한테는 아뭇소리 마라. 건드리지 마. 건드리는 거 아니야.

채린   (웃으며)그럼 저는 입 다물구 살아야겠네요.

태모   (버럭)누가 입다물구 살랬어?

채린   ??

슬기   ??

태모   (얼른 바꿔)건드리면 시끄럽구 시끄러우면 내 골치 아프구 너
　　　　신세 고달프단 말이야.

채린   네에 어머니 주의하겠습니다.

태원   (뭔가 반찬 집어 슬기에게 주는데)

슬기   아냐 아빠 내가 먹을게. 먹을수 있어··

태원   ……(딸 보며)

S# 준구의 방

준구   (서서 전화 받고 있는)오리발 아니구?

다미   F 아닌 거 같아.

S# 다미 아파트

다미   (달걀 프라이 프라이팬에서 꺼내며)아닌 거 같아. 어디서 들은 소
　　　　리냐구 오히려 얼굴 벌개져서 난리야.

준구   F 그럼 누구야··어디서 샌 거야.

다미   그냥 추측일 거래. 상대방 이름두 성두 없으니까 자기들끼리
　　　　떠드는 걸 거라구. 한번 모아서 술먹이면서 어떻게 해보겠대.

S# 준구의 방

준구   야 어떻게 해보는 게 그게 벌써 쿠린내 풍기는 거잖아.

다미   F 차실장하구 대표가 알아서 할 거야. 그 사람들 노하우가 있
　　　　으니까 잘 할 거야.

준구   믿어두 되는 거야?

다미   F 오빠 너무 떠는 거 기분 나쁠라그런다. 나 할만큼 했어. 솔직

히 이젠 될대로 돼라야.

준구 뭐야?(바깥 문소리에)끊어. 다시 할게.(끊고)

은수 (들어온다)

준구 옷 갈아입구 쉬어.방해 안하구 나가 있을테니까 푸욱 자. 종
일 자.

은수 (드레스 룸 화장대로/로션 손에 바르며)……

준구 (와서 뒤에서 안으며)나…서재 나가 있을게…

은수 ……

준구 (머리칼 들치고 한 쪽 목에 키스하며)나두 같이 잘까?

은수 이다미 전화번호 줘.

준구 ??

은수 (돌아서 보며)아니면 당신이 해… 셋이 만나.

준구 ……

제15회

S# 룸살롱

준구 니 결혼발표특종한 사람으로 확인할게 있대. 나 너 모르니까 경거망동 하지 말랬어.

다미 ....(보다가)내가 만나볼게.

준구 (오버랩)머리 장식품야? 니가 연락하면 바로 너랑 나 연결 자백 하는 거잖아..

정수 ㅎㅎㅎㅎ 그렇지.

다미 확인되기 전엔 기사 안 쓸 사람이야 너무 걱정하지 마 오빠.

준구 기획사에서 뭐 흘린 거 아냐?

다미 대표랑 실장 밖엔 모르는데 그럴 리 없어.

S# 카페

은수 저...재혼이에요.

송 ..네.

은수 결혼 전 일은 결혼 전이니까....저/ 이 결혼 지키고 싶어요.

송 네...(끄덕끄덕)

은수 초면에 염치없지만 …도와주세요. 사실이든 아니든 그냥 덮어
　　주세요. 그 아가씨 결혼도 한다는데.

송 (오버랩)네 그런데요 그 결혼 발표가…

은수 ….(보는)

송 김준구 씨 보호하기 위한 연극이라는 얘기가 있어요.

은수 ???

S# 학교 앞

채린 (내리는데)

슬기 E 엄마아아아.

채린 ??

슬기 (다가와) 고모가 오기로 했는데요?

채린 어 고모가 바빠서.

슬기 얘들아 우리 엄마야..

아이들 (각각 인사하고)

채린 어 어어..어어..

슬기 동석이? 민주? 혜은이..

채린 반가워 모두우? 우리 슬기랑 친하게 잘 지내애애?

애들 네에에!!!

S# 준구의 침실

준구 그 기집애가 뭐래. 나랑 이다미라는 애가 (하다가) 기자는 대체
　　뭐하러 만나. 무식한 여편네 모양 누구 얼굴을 깎구 다니는 거야!!

은수 (오버랩)당신 어떻게 이래. 나 들을만큼 듣구 들어왔는데!!

준구 소리낮춰.

은수 기자들은 다 아는 사실이래. 당신 때문에 그 여자 약 먹었대..

그 여자 결혼발표 당신 보호하기 위한 연극이래.

준구 이 여자가 돌았나 당신 무슨 말두 안되는 헛소리 듣구 들어와 사람잡아!!

은수 (오버랩)제에발!! 제발 정직해 줘 여보.

준구 (오버랩)아냐!!!절대 아냐. 목을 따두 아냐.

S# 준구의 침실

준구 (머리칼 들치고 한쪽 목에 키스하며)나두 같이 잘까?

은수 이다미 전화번호 줘.

준구 ??

은수 (돌아서 보며)아니면 당신이 해… 셋이 만나.

준구 …..

S# 타이틀 세 번 결혼하는 여자/15회로

S# 어느 고급 카페 홀

S# 카페 별실

[마주 앉아 있는 은수와 정수.]

정수 (난감. 고개 조금 아래로)

은수 …..(보며)정수씨

정수 (오버랩)저기(보는)내가 분명하게 말하는데 걔들 결혼 전에 끝 났어요.그런데 이다미 그 기집애 갑자기 사고쳐 준구/ 당황해서 달래느라 뒤번 만난게 다에요.

은수 …..(보며)

정수 녀석한테는 은수 씨 밖에 없어요. 덮어두세요.

은수 힘들게 해 미안해요.

정수 아니 걔 결혼한다잖아요. 결혼하구 은퇴한다는데 그럼 완전히 끝난 일 아니에요?

은수 직접 들어야겠어요.

정수 내 입장에서

은수 (오버랩)정수씨 개입한 거 죽는 날까지 입 밖에 안 내요. 약속 해요.

정수 (보며).....

은수 (보며).....

정수 ....(찻잔 들어 마시는/마시고 내리며 보면)

은수 .....(여전히 보고 있다)

정수 (죽겠다 /찻잔 내려놓으며)은수씨

은수 (오버랩)미용실에서 알아낼 수도 있어요.

정수 ....(보며)

은수 아니면 송기자한테서 받아낼 수도 있구요. 정수씨를 찾은 건... 둘도 없는 친구니까 내가 이랬다는 거 퍼뜨릴 사람 아니라고 믿어 서에요.

정수 ....(보며)

은수 부탁해요··

정수 .....(보다가 시선 테이블로)...

S# 다미 침실

[전화벨]

다미 (엎어져 있다가 팔 뻗쳐 전화/실눈 뜨고 보고)정수 오빠 왜요.

정수 F 자는 거냐?

다미 여섯시에 들어왔어요.

정수 F 미안해서 어쩌냐.

다미   (한 손으로 눈께 쓸면서)차실장 통화하구 꺼놓는 거 깜박했어요.무슨 일이에요…

정수   F 야 일 났다. 준구 와이프가 알았어

다미   ??(정신이 확)?? 어떻게.

정수   F 송기자 문잘 봤댄다.

S# 다미 침실

다미   …..(일어나며 한 손 머리 쓸어 올리는)

정수   F 너 보게 해 달라구 나한테 왔어.

다미   ???

S# 이동 중 차 안

정수   이미 옛날에 끝난 일이니 그럴 필요없대두 안통해. 내가 안 가르쳐주면 송기자한테 갈 기세라 어쩔수 없이 가르쳐 줬으니까 너 명심할 거 준구한테는 이거 비밀이다.내가 끼어든 거 아니야. 나라는 거 알면 준구자식하구 나 / 우리 끝나 알았어?

다미   F ….

정수   그리구 또 하나 옛날에 끝났구 결혼한다는 거 확실하게 못 박아줘.

S# 침실

다미   (오버랩/침대 내려서며 뭔가 좀 뒤틀린)내가…그거까지 해야해요?

정수   F 준구 놈 위해서 해줘라. 어차피 너 희생타 아냐.

다미   (오버랩 침실 나가며)….

정수   F 다미야.

다미   잠깐 ….. 그거까지 해야 하나 생각 좀 해 보고….

S# 다미 거실

다미　(전화 들고 나와 내리는 커피포트로…물 부으면서 전화)알았어 오 라 그래.해보지 뭐.

정수　F 그래‥착하다 이다미.

다미　나 안 착해.끊어.

S# 정수 차 안

정수　(전화 끊고 통화 시도)…지금 집에 있네요 은수씨‥

S# 다미 침실

다미　(씻고 나와 얼굴 밑화장 하고 있는 중. 목까지 로션 발라주고 립스틱 으로 입술만 조금 칠해주고 일어나 침대에 벗어둔 가운/10회에 입었던 것도 괜찮아요/집어 드는/ 아무것도 없는 얼굴…)

S# 거실 주방 현관

다미　(나와서 주방으로/뽑혀져 있는 커피 따라 천천히 마시면서)……

　　　[현관 초인종.]

다미　(찻잔 놓고 현관으로)……누구세요? (알지만)

은수　E 저어 오은수에요.

다미　(문 열어주고)…

은수　(들어온다)…

다미　(은수 들어오자 바로 주방으로 가며)들어오세요.(어딘가 밀리지 않겠다는 빳빳함)

은수　…(잠깐 보고 거실로)……

다미　(커피 하나 더 만들어 쟁반에 들고 나서며)어디 앉으실래요.난 여 기가 편한테‥(식탁)

은수　(식탁으로 움직이는)…

다미　(커피 잔 두 개 놓고 기다렸다)앉으세요.

은수   …(앉으며)이른 시간에 미안해요.

다미   (앉으며)내가 부인 입장이었어도 마찬가지였겠죠.. 맘에 없는 인사치레.교양놀이 그만두구 시작하시죠.

은수   ….(보다가)두 사람 관계 현재…어떤 건가요.

다미   ..준구 오빠는 뭐래요.

은수   ……끝났다고

다미   (오버랩)그럼 그렇게 믿으세요

은수   ….(보다가)결혼발표….. 사실이에요?

다미   준구오빠 뭐래요.

은수   …(보며)자긴 상관없는 일이라구요.

다미   (오버랩)오빠가/ 그렇게 해달랬어요..

은수   ….(역시….보다가)그 대신 어떤 약속을 받았나요.

다미   쉬는 동안 우리 집 생활비랑 내가 쓸 경비요.

은수   은퇴한다면서요

다미   아니/ 잠깐 쉬었다 다시 할 거에요.

은수   ….(보다가)그이한테 원하는 게 뭔가요.

다미   숨겨둔 여자요.

은수   (보며)….(후둘후둘)그 사람 대답은요.

다미   싫대요.

은수   ……그이가 다시 다가온다면 거절할 수 없겠군요.

다미   (웃으며)이혼하실래요?

은수   ….(보며)

다미   이혼 당하면/다시 결혼하기 전 정거장으로라면 모를까 그런 일은 아마 없을 거에요. 오빠는 나를 그렇게 밖에 취급 안해요.

은수 ……그런데…그런 사람 때문에 그렇게까지 /….슬프지 않아요?

다미 ??..흐흐 슬프죠 네…거지 발싸개같이 나 그런 남자를 사랑해요.그런데 당신은 뭐죠?

은수 ??

다미 내가 먼저였어요. 나중에 나타나 가로챘으면서 불쌍하구나 나 동정해요?

은수 ??

다미 차라리 와이프 자리가 특권인줄 아는 여자들처럼 구세요. 마알간 얼굴로 사람 뚫어지게 보면서 우아하게/ 슬프지 않아요? 슬퍼요.그럼 나한테 뭘 해줄 건데요.

은수 ….(보며)

다미 (일어나며)남편하구 일은 남편이랑 해결해요. 나두 물어볼께요 이거 챙피하지 않아요?

은수 네…..창피해요. (일어나는)..(핸드백 챙기며)미안해요.(나가려 움직이는데)

다미 E 그 쪽 결혼하고도 우리 /

은수 (돌아보는)

다미 같이 보낸 적 있어요

은수 …..

다미 삼월에 방콕에서..오빠는 출장이었고 난 촬영이었는데 호텔에서 우연히 만나서.

은수 ….(보며)

다미 나는 사랑이었지만 오빠는 객고 푼 거겠죠.

은수 ….(보며)

다미　오은수씨 비위 상해요.(침실로 들어가버리고)

은수　……(멍하니)….

S#　다미 아파트 건물에서 멍한 채 천천히 나오고 있는 은수……

S#　주차장 쪽으로 퍽퍽퍽 빠르게 걸어오고 있는 은수…머리는 부웅 뜬 상태……

S#　주차장에 세워진 차들……

S#　차 안의 은수

은수　….(머리받이에 뒤통수를 붙이고 찢어지게 흐느끼고 있는/ 눈물에 완전히 젖어버린 얼굴)……

S#　어느 카페

은수　……(혼자 앉아서)…….

S#　준구 집 전경(낮)

S#　이모의 방

　[준모와 은수. 이모]

준모　???(이모 ??)맡겨두고 없었던 듯 지내라니까 너 왜 말 안듣구 그런 짓은 해.

은수　….(무릎 꿇고 앉아)

준모　(오버랩)어른이 이르는 말엔 다 뜻이 있구 이유가 있는 건데 너 내 말 어떻게 들은 거야.그래서 너한테 득된 게 뭐가 있는데

은수　(오버랩)두사람 삼월에도 만났대요.결혼 후였어요어머니.(후 둘거리면서/눈물 가득)

준모　????

이모　???(준모 보는)

준모　(당황)걔가/··그/재나 뿌리자 거짓말한 거면. 준구 말을 들어봐

야지 얼마든지 그럴 수 있어 너.

은수 (오버랩)저요 어머니. 그이보다 그 여잘 믿어요. (터지듯)

준모 .....(보며)

이모 (시선 바닥으로)..

은수 저/....못살겠어요 어머니

준모 ??....너 그게 무슨 뜻이야.

은수 죄송합니다.(일어나려)

준모 어쩌겠다구. 설마 이혼이라도 하겠다는 거야?

은수 ...네어머니. 그래야 할 거 같아요.

준모 경솔/정말 경솔하구나 너. 여자 문제 안 겪고 사는 사람 흔하지
않아. 그 여자들 전부다 너같으면 세상에 이혼 안한 사람 없어. 참
고 넘기는 여자들이 너만 못해서 그런 줄 알아?

은수 (이 상황에도 아들이구나)저는 참아야할 이유가 없어요 어머니.

준모 늬들 연애했잖아. 남자 실수 한번쯤 덮어줄 아량두 없어?

은수 (반발)결혼하구두 만났어요 신혼 넉달째였어요.

준모 (오버랩)내 아들 또 이혼/안된다.

은수 (쓴웃음)어머니저는.... 이 결론이 쉬웠겠어요?

준모 ....(보며)

은수 (일어나는)제 집으로 가겠습니다.

준모 (벌떡 일어나며)참 당돌하고 고약스럽구나. 어떻게 니 맘대루
니 멋대루야. 니 아버진 어떡하구/ 집에 사용인이 몇인데 이래.못
살 때 못살더라두 애 들어오면 붙잡구 뭐라는지 들어보구 생각하
구/이해하려는 노력두 해보구 그러구두 못살겠으면 못살겠다 그
래야지 당장 뭐 처들어와?

은수　(오버랩 울음 터지려 하며)아버님 계신데 위에서 안내려올 수
　　　도/내려와 아무일 없는 것처럼 아버님 어머님 이모님 저 그거두
　　　할 수 없어요.

준모　....(기가 차서 보는)...

이모　(준모 치맛자락 슬그머니 당기는)...

준모　...(그냥 은수 보고)

은수　(목례하고 나가는)...

준모　...(기가 차는데)

이모　앉어어....

준모　(숨 한꺼번에 푹 내쉬며 주저앉는)...

이모　(중얼거리는/눈 감고)나무 관세음보살.아미타부울.

S#　준구 침실

은수　(들어와 중형 가방 꺼내 펼쳐놓고 옷들 챙기기 시작)....(한번씩 눈물
　　　닦아내며)

S#　회사 소회의실

　　　[대기 중인 직원들.]

준구　(자료 들고 들어오는데)

　　　[전화벨.]

준구　지금 회원데요 어머니.(하다가)예?....(들으면서 황급히 방 도로 나
　　　가는)

S#　회의실 밖

준구　(나오며)그래서요...(곤혹스러운)알았어요.빨리 끝내고 들어가
　　　요 잡아 두세요.저 바빠요.(끊고 제 사무실로 가며 통화 시도)
　　　[벨 가는 소리.]

다미   F 네에.

준구   너 내 와이프 만난 거야??

다미   F 만났어.

준구   왜애!!!

다미   F 보자는데 안 볼게 뭐야.

준구   너 무슨 짓을 한 거야아!!!

S# 다미 아파트 복도

다미   (걸어나오면서)비위 상해서 긁어줬어 왜. 오빠. 막아주면 됐지
　　　그 여자 꼴 떠는 거까지 봐야해? 끊어. 바빠.

S# 준구 사무실

준구   ……(황당하다가/다시 통화 시도)

S# 준구 침실

　　　[짐 싸놓고 옷 입는]

　　　[전화벨]

은수   (보고 받는다)네에.

준구   F 있어 내가 들어가 얘기할게.

은수   (오버랩)수유리로 오세요‥ (끊어버리고 나가는)

S# 사무실

준구   (전화 내려보는) ……

　　　[노크.]

준구   (문 보고)

여비서   (문 열고)사장님.(회의예요)

준구   (벌써 문으로 움직이는)…

S# 준구네 거실. 현관 앞 이모 방 앞

은수 (계단 내려오는)....

　　[이모 방 앞에서]

은수 저 가요 어머니..

이모 ...(나오고)

은수 죄송합니다..

이모 (끄덕이며)오냐.. 며칠 쉬었다 오렴. 니 맘 나는 알어..

은수 (다시 목례하고 현관 쪽으로)

이모 (보며)....(은수 나가고)

S# 이모의 방

준모 (앉아 있고)

이모 (들어와 문 닫으며)나무관세음 보살. 끄으으응..(앉으며)김회장
　　한테 핑계꺼리나 만들어라..

준모 참...맹랑하네.

이모 ...(못 들은 척)

준모 어떻게 저리 간단하게 못 살겠다야. 쟨 결혼이라는 걸 뭘로 생
　　각하는 거야. 장난이야?

이모 결혼이 장난이야? 오입질을 왜 해. 드러운 놈으 자식.

준모 (보는)....

이모 선후를 까먹지 마. 누가 수 빠트린 거야. 니 자식이 일 저질렀잖
　　아아.

준모 나 몰라요?

이모 그런데 왜 며늘앨 뭐래. 어느 빙충이가 그거 알구두 어물거리
　　구 있어.

준모 그렇다구 당장 보따리 싸요?

74

이모 나두 그랬다 나두. 그 옛날엔 나두 했어.

준모 난 안 그랬어요.

이모 그래서 너는 이렇게 살구 난 이렇게 사는 거 아냐.

준모 ……

S# 정원을 나오고 있는 은수……

S# 대문 나서는 은수…

S# 자매 동네 대문 앞

　　[들어와 멎는 은수의 자동차.]

은수 (내려서 대문 앞에 다가서 집 보며 잠시)…(있다가 들어가는)……

S# 빈 마루

S# 안방

자부 (쭈그리고 앉아 구석구석 걸레질하고 있는)……(걸레질 마치고 방
　　바닥 깔개 얌전하게 깔아놓고 걸레 집어 들고 나가는)

S# 마루

자부 (나오다 보고)어…웬일이야.

은수 (들어오며)갑자기 오구 싶어서. 아빠 뭐 청소?

자부 (걸레 플라스틱 통에 넣으며)엄마 때밀러 갔어. 오는 줄 알았으면
　　안갔지. 왜 전화두 안하구 와.

은수 (코트 벗으며)그냥..선물처럼 올라구.

자부 허허 그래 선물이야. 반가운 선물이야.. 커피 한잔 하자. 다 치
　　워놓구 한잔 마시자아아 그러던 참이야..

은수 손 씻으세요.(주방으로)

자부 엉 그래.(손 씻으러)

은수 출근 안하셨어요?

자부   쉬는 날이야.

은수   으으응(그랬구나)

자부   어제 밤에 슬기 전화했더라.

은수   (커피 준비. 전기포트는 있어도 되겠죠. 스위치 누르고 찻잔 준비)

자부   E (연결)지 애비가 시켰는지 집 너무 춥게하구 살지 말라구

자부   감기들면 큰일난다구 잔소리하더라허허.

은수   (그냥 웃고)엄마 아직도 헛소리 들린대?

자부   좋아졌어.괜찮아.어 저번에 김서방이 보낸 걸루 니엄마랑 나
            랑 뜨듯한 내의 한 벌씩 사 입었어.

은수   ??? 천만원짜리 내의가 있어?

자부   껄껄껄.아니이 그 얘기가 아니라아

은수   깔깔. 아닌 줄 알아아아··

S# 마루

   [커피 마시며 부녀.]

은수   응 그냥 큰 게 아니라 거의 우리 집 열배 가깝게 커.(어떻게 꺼내
            나. 약간은 들뜬 듯한 오버 감정)

자부   호호 난 상상두 안돼.

은수   정원은 얼마나 넓은데··우리 집 쉰채는 들어갈 수 있을 걸?

자부   야아아··그집 난방비를 어떡하나.

은수   도우미 아주머니 두 분에 운전기사 셋 정원사 아저씨들 넷. 경
            비 셋

자부   으으음.

은수   그런데 우리집처럼 편안하구 따듯하지는 않아.

자부   집이 너머 크면 앵기는 맛이 없을 거야. 더구나 식구두 단촐하

니 그렇겠지.그런데 너 아이들 낳아 키우면 훨씬 뜨듯해져.애 하나
가 어른 두세몫은 집을 채우는 온기같은/ 그런 게 있어.웃을 일두
많아지구.

은수 (오버랩)응.그런데 나이제 그만 살아야 할 거 같아..

자부 ????

은수 슬기 두고 시집가서 벌받나봐.생각했던만큼 행복 안했어.. 분
가해 슬기 데려갈려구 나 정말 열심히 죽을 힘 다해 마음에 드는
며느리될려구 노력했어. 얼마나 고단했는지 알아? 그런 집 시집
살이 안 쉬워 아빠.

자부 (오버랩)은수야.

은수 …(시선 내리고 찻잔 드는)

자부 그렇지만 고단해서 안 산다는 건 너 그냥 투정이래두 하는 거
아니야.

은수 (오버랩)(집어 든 찻잔 내려다보며)그치. 그런데 그 사람 /바람폈
어.아빠.

자부 ????

은수 (한 모금 마시고 내려놓으며)다른 여자가..기다리구 있어.

자부 …..(보며)

은수 어디로 가야 하나…생각했는데 갈데가 없드라구..어딘가 처박
혀 며칠 지내고 싶은데 그럼 엄마아빠 너무 많이 걱정할 거구…어
차피 알 일 그냥 복잡하게 만들지 말자..(찻잔 들어 마시는)

자부 …….(보며)

은수 (찻잔 내리며)집으로 왔어.

자부 그래….잘 했어. 집으로 와야지 가기는 어딜 가.

은수 ·····(벗어놓은 코트 주머니에서 자동차 키 꺼내 탁자에)트렁크에
 가방 좀··

자부 ···(딸 보며)

은수 (일어나 코트와 백 챙겨서 슬기 방으로)·····

자부 ····(자동차 키로 시선)

S# 슬기의 방

은수 (들어서서 뒤로 방문 닫으며 슬기의 흔적 돌아보며)····(치미는 울음.)
 ····(코트 핸드백 아무렇게나 침대에/걸터앉으며 핸드폰 꺼내 슬기 사진
 불러내는)

  [핸드폰 화면 넘기며 슬기 사진 여러 장 보는/]

은수 (소리 누른 울음이 터지고)···

S# 마루

자부 ······(앉아서)

S# 슬기의 방··

은수 (여행 때 잠자는 사진에 멈춰서)·····(있다가 두 손으로 입 틀어막으며
 엎어진다)·····

S# 서초동 태원 빌라 지하 주차장

  [들어와 주차되는 채린의 차.]

  [내리는 슬기와 채린.]

채린 (리모컨으로 차 잠그고 앞서 두어 걸음 가다 돌아보며)안 들어가?

슬기 (채린 앞으로)있잖아요 아줌마.

채린 ??

슬기 아줌마가 할머니한테 나 수유리 할먼네 보내주라구 부탁해 주
 세요.

채린   ……(보며)

슬기   할머니가 제일 예뻐하시는 아줌마가 얘기하면 될 거 같아요.

채린   거기 가서 엄마 만날려구?

슬기   할머니 할아버지두 만나구.

채린   ……안돼.

슬기   …(보며)

채린   아줌마 너 거기 가는 거 싫어. 엄마 만나는 거두 싫어.

슬기   ……(그냥 승강기 쪽으로)

채린   (따르는)아빠한테 말해봐

슬기   참으래요.

채린   거봐. 아빠두 마찬가지지. 참아.

슬기   그래두….

채린   꾸우욱 참아 그래야 해.(승강기 호출 버튼 누르며)

슬기   ……

채린   고모한테 부탁 안했어?

슬기   참으래요.

채린   거봐.(승강기 문 열리고 먼저 타는)…안타?

슬기   (승강기에)…

S# 태원 거실

태모   (통화 중)대출이자 그렇게 밀려있는 사람이 후다닥 팔어 터는
게 장땡이지. 몇푼 더 받겠다구 배짱부리다 낭패보지 말라구 스을
슬 구슬러보라니까아?(구스르는)…(태희는 긴 의자에 엎드려 잡지 뒤
적이고 있는)아 어머니 떡두 싸야 사먹어. 달라는대루 다 주구 사는
멍충이가 어딨어….더 깎으라구 더…더 해봐 더..알었어.(끊으며)이

건 누구 편인지를 모르겠어.

태희 깎을 만큼 깎었는데 뭐얼.

태모 만큼이 어딨어 만큼이

태희 그러다 이제 날린다.

태모 날아가면 뭐…내꺼 아닌 거지.건물두 땅두 인연이야..

태희 상속세까지 만들어 놓구 돌아가셔.상속세 뺏기구 나면 얼마
남지두 않을 거야.

태모 빚만 놓구 죽는 사람 수두룩이야.

태희 네에에 감/사합니다아아

　　[들어오는 슬기와 채린.]

채린 E 슬기 왔어요오오오

태모 으이구 내 새끼 왔어어어? 이리와 이리.

슬기 (꾸뻑)

태희 (일어나며)춥대? 많이 춰?

채린 생각보단 안 춰요 형님.(슬기 그냥 이 층으로)

태희 슬기야 그냥 올라가는 거야?

슬기 (계단으로 가다가)피아노 쳐야 해요.

태모 밥 먼저 먹어야지이이..

슬기 네에에(하며 올라가고)

태희 쟤 왜 저래.

채린 엄마 보구 싶은가봐요 형님.. 어머니 하루 보내주시면

태모 (오버랩)못들은 척 해. 결 삭으면 괜찮아.

채린 네에..

태모 (오버랩)밥 먹자.

채린 네..(겉옷 벗어 적당히 놓는데)

임실 (나와서)찌개 간 좀 보시오.(채린에게)

태모 간을 왜 누구한테 보래.

임실 하도 뭐래서 직접 보라고요.

태모 (오버랩)어기짱 놓지 말구 하던대루 해 어엉?(달래는)

임실 안주인이 둘이니 어느 장단에 춤을 취야할지 모르겠소.(아웃
되며)

태희 까르르르르르르

채린 ????(태희 보는/이 여자는 재미있어?)

태희 아줌마 웃겨진짜아.(하는데)

  [이 층에서 들리는 피아노 소리가 열 손가락으로 한꺼번에 빠르게 누
  르는/]

세 여자 ???

태모 이게 무슨 소리야.

태희 (벌떡 일어나 이 층으로 뛰는)

태모 새로 시작한 곡이야?

채린 (그냥 주방으로)

S# 슬기의 방

슬기 (입 꾹 다물고 눈물 투투투둑)……

태희 (들어오는)….

슬기 (돌아보고)….

태희 …..(다가와)화났어?

슬기 (고개 흔들고)

태희 화난 거 같은데?

슬기 (고개 흔들며 눈물 닦는)

태희 …(보며)

S# 자매 친정 슬기의 방

은수 (꼬부리고 잠들어 있는/핸드폰 얼굴 앞에)……

S# 마루

자부 (우두커니 앉아 있는데)……

자모 (목욕통 들고 들어오며)여보오 은수 왔네? (목욕통 신발장 위에/
       털신 벗으며)하안참 걸렸지? 간김에 본전 뽑느라구 으흐흐흐흐. 그
       음방 차려 주께.은수야 뭐해 주까아

자부 (아내 팔 잡아 당기며 오버랩)조용해‥자는 거 같애.

자모 (소리 낮춰)잠 못 잤대? (하며 슬기 방 보다 가방 보고)…저게 뭐야?

자부 (아내 끌고 안방으로)

S# 안방

자모 (끌려 들어오며)??

자부 (앉히는)

자모 (쭈그리고)??? 왜애?

자부 …(보는)

자모 으응?

자부 김서방한테 여자가 있대.

자모 ????

자부 ‥‥그만 살아야할 거 같대.

자모 (털썩 엉덩방아)……

자부 우선 자게 둬 두자구.

자모 (오버랩)아니 그럼 안되지이이‥그 사람이 그러면 안되는 거지

82

이이..

자부 조용해.

자모 (오버랩)자식까지 떼놓구 갔는데에에..자식 놓구는 못간다는 애 기어이 끌구 가서는 인간이 그러면 안되는 거지이이이이이이 잉잉

자부 여보.

자모 아니 얼마나 됐다구 그새 그게 무슨/ 나쁜놈나쁜놈. 정말 나쁜 노오오오옴····응응응응 응응응응···

자부 법석떨지 말구 묻지두 말구/후우우 나무라지두 말구 그냥 두 자구. 그냥 말하면 들어주구 산다면 그래라 안산대도 그래라 그러 자구.

자모 (오버랩)지 시집은 뭐라 그런대. 살지 말라 그런대?

자부 안 물어봤어.

자모 짐 들구 나온 거 보니까 그런 거 같네 머 잉잉잉··

자부 다른데 갈래다 우리 너무 걱정시킬 거 같아서 왔대.

자모 어디루우. 집두구 어디루 가아아··

자부 그래우리한테 왔으니 그것만두 고맙다 생각해애.

자모 나쁜놈나쁜놈나쁜노옴.

자부 밥 먹자 여보.

자모 (오버랩)얼마나됐다구 나쁜 놈. 우리 은수가 뭐가 부족해서 나 쁜 노오옴.

자부 여보오오··

자모 잉잉잉잉··잉잉잉잉.

자부 ····(보며)····

자모　(문득)현수 오면 안 되는데 여보. 현수 오면 난리나는데에에에..

S# 현수의 원룸

　　[식탁에 꽃 한 다발]

현수　(커피 따르다가 멈춘)....

광모　.....(식탁 내려다보며)미친 놈 왜 안해.

현수　....(보다가 커피 마저 따르고 마주 앉는/안 보면서)

광모　(흘끔 보고 다시 눈 내리며)나 미친 놈인건 분명해.그러니까 욕 먹어 쌌어. 그런데… 나/갑자기 깨달았어.너를 사랑하는 거 같아. 아냐 쭈욱 사랑했어. 사랑해.

현수　....(보며)

광모　어떡해야 좋을지 모르겠어. 갑자기 니 생각이 머리에서 떠나질 않아. 출근하면서 진료하면서 퇴근하면서....잘려구 누워서두··그래··갑자기 생긴 현상이야.무슨 조환지 정말 진짜 모르겠어.

현수　...(가만히 보는)

광모　E (연결)물론 옛날부터 너한테 신경이 쓰이기는 했어. 그런데 그게 지금 이 감정이 아니라 까다로운 누나 같은··잔소리쟁이기는 하지만 그래두 나를 제일 많이 생각해주는 그런/ 엄마나 큰누나같아서/

광모　여자 생기면 니 맘에 들까 뭐라구 할까/뭐 그런 게 쭈욱 신경이 쓰이기는 했는데·· 그건 그냥 큰 누나같은 베스트 프랜드 그런 건 줄로만 알았는데

현수　(오버랩)광모야..

광모　(보는)...

현수　주하랑 다시 결혼해.

84

광모   ???

현수   이번에는 중간에 뛰쳐나오지 말구 예식 마치구 신혼여행 갔다 와 다시는 바람질 하지 말구 아이낳아 키우며 정신차려 살아.

광모   (오버랩)현수야

현수   걔 너 정말 진짜 많이 좋아했어. 이해심 많구 소탈하구 성실하구 장점이 많은 애야. 뚝심두 좋아서 너 휘어잡구 살아줄 사람 주하밖에 없어.

광모   (오버랩)주하 아냐. 널 사랑해. 이거 진심이야.

현수   (오버랩)주하까지는 아니었어야지.

광모   그때는 너 사랑하는지 몰랐단 말야.

현수   (오버랩)니들 시작하면서 너한테 내 맘 완전히 닫았어.

광모   ??

현수   흐흐흥 이제야 뭘 알겠다구? 너 바보야? 너 단 한번두 날 여자 취급한 적 없어. 너한테만은 여자이구 싶었는데 나쁜 자식/ 너 난 거들떠도 안봤어.

광모   ??? 이게 무슨 소리야.

현수   신경쓰지 마. 개짖는 소리야.(벌떡 일어나는)

광모   (일어나며)현수야.

현수   (개수대로/물 확 틀어 손 씻으며)....(입 꽉 다물고).....

광모   그럼...얘길 했어야지이이!!!!

현수   (수전 막고 행주 잡아채며)미친 똥개 똥 주워먹구 다니느라 정신 없는데 어떻게에!!!

광모   ....(보며)

현수   (손 닦으며)볼꼴 못볼꼴 다아 보면서...이제는 더 이상 아아무 것도 기대할 거 없는 이 순간까지(행주 개수대에 패대기치고 두 주먹 부르쥐고 광모에게 돌아서) 널 못치우고 이러구 있는 나/한번씩은 내가 나를 죽여버리구 싶어 이 자식아.

광모 ….(황당해서 보는)….

현수 뭐얼..뭘해..우리가 할수 있는 게 뭔데!!(이 층으로 빠르게 뛰어 올라가고)

광모 (보며)

S# 이 층 침실

현수 (올라와 퍽 누워 이불로 얼굴 덮고)어어엉엉엉 어어어엉엉엉(소리 크게 통곡)

S# 아래 층

광모 …….(있다가 계단으로 올라가는)

S# 이 층 침실

광모 (올라와서 보며)…….현 현수야.

현수 (울음 뚝 그치고 획 돌아눕는)….

광모 ….(보다가 걸터앉아 등 뒤에서 껴안으려)

현수 (뿌리치고)

광모 (다시 안으려)

현수 (벌떡 일어나며)건드리지 마. 손대지 마.(나직이)

광모 …..

현수 (손바닥으로 얼굴 쓱쓱 닦아내며 수습하려는)

광모 말을 하지 바보야

현수 ….

광모 나는 니가 날 아예 취급을 안하는 줄 알았어.

현수　....

광모　주하랑은 못하게 하지이이

현수　주하가 돌았는데 그걸 어떻게 초쳐.

광모　나한테 말했으면 됐잖아.

현수　뭐라구.그랬다가 나만 바보되면 너 두 번 다시 어떻게 봐.

광모　……(보다가)나 때려줘 현수야··

현수　....(보는)

광모　따귀 백대··때려 빨리. 맞아줄게··아뭇소리 안하구 맞을게.

현수　(두 주먹 올려 쥐는)

광모　때려 때려때려(하는데)

현수　(퍽 갈기고)

광모　(언어맞고 눈 감고)···응···또해.

현수　(때린데 또 퍽)

광모　(언어맞고)···(빰 돌려대며)이쪽··한쪽만은 너무 아퍼.

현수　·····(보며 눈물 처얼철)

광모　(고개 돌리고 보다가)·····(퍽 껴안으며)미안해 현수야 미안해 정
　　말 미안해.

현수　(안긴 채 고개 위로 하고)······

S# 교무실

주하　(도넛 먹으면서 뭔가 기록하고 있는데)

인태　(책 서너 권 든 봉투 들고 쭈뼛쭈뼛 다가오는)

주하　??

인태　어제 서점에 갔다가···내 꺼 사면서/ 박선생도 같이 읽었으면 해
　　서요.

주하 (봉투 보며)국어 선생님이라 김 선생은 좋아하는지 모르지만 (인태 보며)나 책 별로 안 좋아하는데..

인태 (웃으며)읽으세요.읽고 나서 같이 독후감도 얘기하고 그럼

주하 (오버랩)독후감요???

인태 예

주하 하하하하 학생들하고 하세요. 전 취미없어요.

인태 책은 마음에 양식이에요. 책을 안 읽으면 마음이 배고파져요.

주하 (아아 어떡하지?)...

인태 독후감은 그럼 안해도 돼요. 그냥 읽으세요.(하고 제자리로)...

주하 ......(가는 인태 보며)....

S# 자매 친정 마루

자모 (설거지 마무리하고 행주 털어 거는).....

자부 (수선 옷 뜯고 있는).....

자모 (작은 주전자 귤껍질 차 두 잔 따르면서)...와보지두 않네...

자부 .....

자모 (설탕 하나씩 넣으며)누구를 믿어야 해..그으렇게 애가 닳아서 쫓아다니더니...

자부 .....

자모 (쟁반 갖고 나와 놓으며 앉는)어떻게 오지두 않아..잘못을 했으면 쫓아와 빌기라두 해야 할 거 아냐..(설탕 젓는)....

자부 .....

자모 잘 살어보겠다구 슬기까지 보냈는데에..그거 보내놓구 저혼자 속으루 피멍이 들었을텐데..피멍 가시기두 전에 날벼락을 때려? 나쁜 놈...

자부 (찻잔 들어 마시는)‥‥

자모 날벼락이지 뭐야…고집이 써서 아니다 그럼 목이 떨어져두 아닌 앤데 어떡해애애.

  [은수 나오는 소리]

자모 깼어? (아무렇지도 않은 척)좀 잤어? (일어나는)더 자지 왜‥

은수 배고파.

자모 응 으응. 밥주께 주께주께‥(부지런히 주방으로)고기 넣구 무국 끓여놨어.깍두기두 맛있어. 김두 새루 산 게 아주 맛있어. 아빠가 밥 새루 하래서 밥두 새루 했어‥

은수 (주방으로)안 그래두 되는데 뭐얼…

자모 왜 뭐주까.

은수 무울.

자모 주께주께‥

은수 (잡으며)내가 해 엄마‥

자모 ‥‥(보고 섰고)

은수 (물 꺼내 따라 마시고 내리며 개수대로 컵 놓으러 움직이는데)

자모 (은수 한 손 잡는다)

은수 …(잡혀서 잠깐)

자모 ‥‥‥(딸 보며)

은수 (엄마에게 돌아서며)엄마.(억지로 웃으며)

자모 (잡은 손 올려 두 손으로 싸쥐며)괜찮어 암말 마‥암말 안해두 돼. 그냥 손 한번 만져보구 싶어서‥만져 보구 싶어서

자부 배고프다는데 뭐해애애‥

자모 응 으응‥해‥(딸에게서 떨어지며)금방 돼‥오분이면 돼 애애애…

(부지런히 움직이기 시작하는)…

은수 ……(잠시 보다가 아빠 옆으로/작은 가위 찾아들고 아빠가 만지고 있는 옷 솔기 뜯기 시작하는)….

자부 ….좀 잤어?

은수 …밤에 자지 뭐..

자부 보일러 올렸는데…안 춰?

은수 응..한남동 가기 전 우리 집 겨울 온도.

자부 좀 있으면 뜨듯해 져.

은수 어 엄마 내 옛날 내의 둬뒀지?

자모 어 그러엄. 있어있어.(나오려 하며)주께주께

은수 엄마 밥부터어..

자모 어 그래그래..(도로 밥 차리는)언니꺼두 있다 언니꺼두. 잘 때는 입구 자야해. 이 집이 웃풍때매 밤엔 춰어.

자부 (애)배고프대. 원 떠들 새 없겠네

자모 응 응응응응응응.

은수 (돌아보며 아프게 웃는)….

S# 현수의 원룸

현수 (소파에 쪼그리고 옆으로 누워 강아지 쓰다듬으며)……

S# 광모 병원. 수술실

광모 (또 한 의사와 함께 수술하고 있는 중)……

　　　디졸브

S# 한남동 정원(밤)

S# 현관 거실

회장 (들어오고)

준모   (따라 들어오는)

이모   (자기 방에서 나오며)회장님 들어오세요?

회장   예에..(움직이며)애 뭐하느라 안보여.

준모   네 저기

이모   (따르면서 오버랩) <u>흐흐흐흐</u> 며늘애기 안 보이는 거 금방 아시
       는 거 보니 아직 눈 밝아 좋으시겠어요.

회장   그게 무슨 말씀이세요 허허허

이모   (오버랩)애가 너머어 고단해 보여서 내가 휴가 좀 주라구 야단
       쳐 친정에 보냈어요.

회장   (돌아보고)

준모   들어가세요.

회장   어디 아프대요?(아내에게)

준모   힘든가봐요. 지쳐보여서요.

이모   (오버랩)손주 소식없는 거두 웃층 아래층 하루 종일 오르락 내
       리락 너무 고단한 탓일 수두 있겠다 싶어 푸우욱 쉬었다 오라 그랬
       어요.

회장   (침실로 움직이며)그러지 말구 아예 병원 들어가 영양제두 좀
       맞아가며 쉬게 하는 게 낫지 않겠어요?

이모   (따라가다 멈춰 서서)아 친정보다 편한 데가 어딨어요. 친정이
       제일이에요.

회장   친정이 쉴만은 한 거에요?

준모   차암..별 걱정을 다하네요.(부부 들어가고)

이모   <u>끄</u>으응 나무 관세음보살.(주방으로)

S# 다미 아파트

다미 (들어와 주방으로 향하면서 겉옷과 핸드백 벗어 식탁 의자에 처리하고 술병 꺼내는)

준구 (소파에 앉아 있다 천천히 일어서 다미 쪽으로)

다미 (비운 술잔에 다시 따르며)줄까?

준구 .....(다가가 서고)

다미 (마시고 다시 따르는)

준구 세상에 없는 순애보처럼 날 감동시키더니 새삼스레 왜 문젤 만들어.

다미 비월 건드렸다니까.

준구 어떻게 뭘로. 머리채라도 잡았어?

다미 오히려 그랬으면 좋았어. (돌아보며)고상하게 빼입구 나타나 너같은 거 상대안된다는 얼굴로 말 소리도 안 크게 조근조근 심문하더니 내가 한심하구 불쌍하대. 나 솔직했거든. 사실대로 말해줬거든. 그런데 돌아온 답이 한심하다였어.

준구 그래서.... 방콕으로 갚아줬니?

다미 ....(마시려는)

준구 (술잔 뺏으며)그건 하면 안되는 거였잖아. 왜/무슨 목적으로.

다미 그냥 미웠어.아니꼬왔어.동정받기 싫었어.

준구 ...(보며)

다미 (냉장고로)나 불안해 오빠. 몇 달 뒤 아무도 나 안찾으면 어떡해. (열며)은퇴한댔다 뒤집어 재수없다고 (물병 꺼내고 문 닫는)악플 백만 안티 백만 폭격맞구..나한테 관심끊으면 어떡해.간신히 작품하나 했는데 그게 별볼일이면.

준구 .....(보며)

다미 (마개 연 물병 마시고 개수대 내려놓으며)나 어떡해··우리 식구들 어떡해··나 어떡해.

준구 그렇게 안돼. 기획사 플롯이 있는데 그런 걱정을 왜 해.

다미 (준구 쪽으로 돌아서 보며)흐흐 상품가치 없어진 배우 기획사가 신경이나 쓰는 줄 알아?

준구 내가 너 그렇게 되게 안 만들어.

다미 (침실로)오빠가 뭘··영화사라도 차릴래? 미치겠어. 잠을 못자겠어. 내가 무슨 짓을 한 건지 모르겠어.엉망이야··(들어가고)

준구 ······

S# 친정 골목 대문 앞(밤)

현수 (웅크리고 생각에 빠져 걸어오다가 은수 자동차 보고)????(대문으로)

S# 마루 주방

자모 (두부 부치고 있는데)

현수 E (현관 소리와 함께)이 시간에 얘 왜 여기 있어?

자모 (아이쿠)응 으으응··

현수 시부모님 또 해외 나가셨대? (은수 짐가방은 들어갔습니다)

자모 은수 자. 조용해 쉬이.

자부 E (오버랩)현수야아.(나직이)

현수 네에.(소리 줄여)

S# 은수의 방

은수 (누워 있는데 들리는 소리)

자부 E 이리 와 들어와··

S# 안방

현수 (아빠 서 있고/ 들어온다)어디 아프대요? 왜 초저녁에 자아?

자부 (앉으며)앉어.

현수 ??..(앉는)…

자부 ….

현수 ?? 싸웠대요?

자부 그만 살아야겠대.

현수 ???? 으으응?

자부 여자가 있는 모양이야.

현수 ?????…

자부 …..

현수 ……(아빠 보며)

S# 친정집 전경(밤)

S# 안방

[저녁 먹는 부모와 현수.]

[아무도 아무 말 없이……]

현수 (먹다가)어…(숟가락 든 채 일어나 파카 주머니에서 봉투 꺼내 들고 와 엄마 옆에 놓으며)어제 적금 탔어.엄마 보너스.

자모 필요없어어.(밀어내며)

현수 (제자리로)집 짓는데 보태.

자모 (오버랩)집이구 뭐구 저걸 어떡해애애. 니 동생을 어떡해애애애

현수 (앉으며)뭐어얼. 되는대로 되라 그러구 신경쓰지 마요.(먹기 시작)

자모 어떻게 신경을 안써어어.

현수 (투덜거리는)뒷조사해보랄 때 비웃더니. 꼴 조옿게 됐다.

94

자모 ?? 그런 말 했었어?

현수 대판 붙었었어. 여자버릇 조사 그거 필요하거든.

자모 (남편 보며)해봤으면 좋았을 거어얼.

현수 저건 뭘 믿구 밤낮 자신만만한지 몰라.

자부 의심이 없는 건 지가 맑아서 그런 거야.

현수 슬기 할머니 한번이면 됐지 아빠.

자부 ……

현수 학습효과 도통 없는 애야.

자모 그런 말은 해서 뭐해애..(눈물 수건으로 닦으며)도대체가 왜 그
렇게 팔자가 사나운지를 모르겠어어..인물이 남만 못해 배우기를
남만 못해 맘씨가 흉악하기를 해

현수 (싫어서)뭘 자꾸 울어 울기는.

자모 …(눈 가리고)

현수 자식 아무리 끔찍해두 부모가 대신 살아줄수는 없는 거야.

자모 (오버랩 징징)그래애애 대신 살아줄 수 있으면 안 울어어..

현수 엄마.

자부 (오버랩)놔둬. 니엄마 우는 거 밖에 할 일이 뭐있어..

현수 ….(보다가)..(그만두고 먹는)

자모 두번이나 이혼을 하면 어떡해애애애

현수 두번 한사람 많어. 못살겠으면 하는 거지 뭐.

자모 아무렇게나 말하지 말어어어

현수 그럼 바람질하는데두 그냥 살어?

자모 남자 그런 실수들 많이 한 대애애.

현수 그건 실수가 아니라 배신이야 엄마.

자모 살다 보면은 담장 밖에 여자가 고울 수두 있는 거구

현수 엄마.

자모 우리가 다아 사람이니까…사람이니까

현수 사람이니까 안되는 거지 엄만 지금 무슨 소릴

자부 (오버랩)더운 물 좀 갖구 와라.

자모 응.(현수 일어나는데/일어나려)

자부 당신 있어.

S# 마루

현수 (나와서 주방으로/대접에 더운물 뽑아 들고 나오는데)

　　　[현관 벨‥]

현수 ?? 누구세요.

준구 E 예‥접니다.

현수 ‥‥(문 열어주고)

준구 (들어와 목례)‥

현수 ‥‥‥(보다가 안방으로 픽)

준구 …

S# 안방

현수 (들어오며)왔어요‥

부모 (현수 보고)…

자부 (수저 놓으며)…들어오라 그래.

현수 (물 대접 놓으며 밖에)기다리세요. 아빠 마저 (드세요)

자부 다 먹었어‥치워.(자모/얼른 상 한옆으로 치우는)

현수 ‥‥(부모 보다가 방문 열어놓고 상 번쩍 들고 나간다)(준구 방문 쪽
　　　에서 좀 비켜주고)‥

96

자부 들어오게..

준구 (들어오는)....(들어와 목례하는데)

자모 (부시시 일어나는)

자부 ??(아내 보는데)

자모 나는 ..보기 싫어..(나가는)

　　　[잠시 사이..]

자부 앉어..

준구 (무릎 꿇고 앉아)심려끼쳐 죄송합니다.면목이 없습니다.

자부 ......(가만히 보며)

준구 ....(못 보며)

자부 우리는...그렇게 잘난 부모가 아니야..딸 아이 둘 키우면서...거짓말하지 말어라 말고는 별로 이래라저래라 가르친 게 없어.

준구 ....

자부 하나 물어보지.우리가 이래서 ...자네 우리 아이를 깔봤나?

준구 아니 아닙니다..안 그렇습니다.

자부 그런 짓은 깔보지 않으면 할 수 없는 일 아닌가?

준구 절대 아닙니다..오해하지 마십시오 장인어른.

자부 과연 그럴까....이게 못난 애비 자격지심이라는 걸까..

준구 .....

자부 아이는 살수가 없다 그러는데

준구 (오버랩)그건 있을 수 없는 일입니다. 제가 ..데려가겠습니다. 죄송합니다. 장인어른께서도 저를 좀

자부 (오버랩)아이하구 얘기 해. 나는할 말도 하고 싶은 말도 없네.

준구 ....(보며)

S# 마루 주방

자모   (치우고 있고)

S# 슬기의 방

은수   (침대에 앉아서)…

현수   (걸터앉아 보며)….

은수   왜 욕 안해.

현수   욕해줄 시간 얼마든지 있어.

은수   (혼자 웃고)…쌤통이라 그래두 돼.

현수   그거두 나중에 해줄 거구.

은수   (보며)많이 봐주네.

현수   인간성 문제니까‥

은수   (픽 웃는)

현수   얼굴 좀 문질러‥눈코입이 다 제 자리 아닌 거 같아.

은수   그래? (두 손바닥으로 얼굴 박박 문지르는)

현수   …(보는데)

　　　[노크.]

현수   (일어나며)간다. 그리우면 전화해.

은수   으응‥

현수   (나가고 /나가며 연 문으로)

준구   (들어서는)…‥

은수   ‥‥(그대로)

준구   (보며)….

은수   (침대에서 내려 방바닥에 앉으며)방석 없어요 그냥 앉으세요‥

준구   ‥‥(마주 앉는다)

98

은수 (앉는 거 기다렸다가)우리는… 자식도 없고..당신은 나에 대한 존중도 없고.. 정리하는 게 옳겠어요··

준구 참 어이없을만큼 간단하군.

은수 (보는)··

준구 방콕 사고는 그건/ 술 취해서 저지른 실수/사고였어.

은수 …

준구 인정해··실수했어.변명 안해.

은수 술은 왜 같이 먹었어요.

준구 그건 이다미가

은수 (오버랩)핑계대지 말어요. 같이 마셨어요.

준구 …그래 같이 마셨어. 좀 심하게 마셨어.

은수 어디서요

준구 바에서…마시구 올라갔는데··내 방으로 처들어왔어.

은수 ?? 그렇게 말하면 달라져요?

준구 남자는 여보

은수 남자 앞세우지 말아요.결혼하구 넉달두 채 안됐을 때에요. 아니 몇 달이 중요한 건 아니에요.당신들은 아직도에요.가짜 결혼발표 둘이 공모하구

준구 (오버랩)그건 내 소문 없애달라구 도와달라고 부탁한 거 뿐이야.

은수 그 여자는 그걸 해줬구요··당신은 그 여자 앞날 책임져야하구 그 여잔 당신 들어오라구 현관문 열어놓구 기다리구요.

준구 여보 그건

은수 (오버랩)언제든 술 취하면 안을 거구요.

준구 그거 아니라니까. 저 혼자 그러는 거야 난 아니야.

은수　(보며).....

준구　한번만 봐줘 여보.

은수　....(보며)

준구　넘어가 줘.

은수　....(보며)

준구　집에 갑시다. 집에 가 얘기합시다.

은수　내가...어느 날 /슬기 아빠랑 아니면 어떤 남자랑 만나 술 마시
　　고 술김에 실수로 그랬다 그럼..당신 넘어가줄 수 있어요?

준구　무슨 말도 안되는/

은수　나는 말 안 되는데 당신은 돼요??

준구　.....(보며)

은수　당신...이거밖에 안되는 사람인 거 몰랐어요..더.... 얘기할 게 없
　　어요..

준구　....(보며)

은수　(고개 돌리며)정리해 줘요.

준구　.....(보며)

S# 원룸으로 가고 있는 현수··

현수　.....(픽픽픽픽/시선은 앞으로)

　　[전화벨.]

현수　(꺼내 보고 받는)네에.

광모　F 현수야 나는

현수　(오버랩)얘기하지 말자..지금 너 상대해줄 기분 아니야.

S# 광모 오피스텔

광모　그래··충분히 이해해.그럴 거야. 그런데

현수 F (오버랩)나중에 하자구……엉? ··나중에··(뭔지 모르게 부드러
워진)

광모 알았어··미안하다··나중에 하자··나 너한테 할말 많아.

S# 걷는 현수

광모 F 정말 많아.

현수 ·····

광모 F ?? 너 밖이야? 왜 밖인 거 같냐.

현수 집에 갔었어.

광모 F 어어

현수 끊자.

광모 F 응······

현수 끊어.

광모 F 응····(안 끊고 있는)

현수 끊는다.(끊고)···(걷는)

S# 원룸 거실

현수 (들어오고)

주하 (라면 먹다 보는)

현수 왜 라면을 먹어. 밥 있는데··

주하 이거저거 꺼내기 귀찮아서.보너스 바치러 집에 갔었냐?

현수 응··그래그래.(쭈쭈 뽀뽀 챙기는)

주하 맛있는 커피 생겼는데 안 마실래?

현수 ···(보는)

주하 제자 아이가 메모랑 넣어뒀더라. 지 엄마가 브라질 갔다왔대.

현수 생각없어. 올라가자아아아

주하   집에 무슨 일 있니?

현수   왜(돌아보는)

주하   얼굴이 그래. 나 뭔일 있소오오오.

현수   종일 꾸부리고 있었더니 좀 피곤해….(올라가는)

주하   너 좋아하는 책 거기 뒤뒀어..김인태 선생이 별 짓을 다해야..
　　　같은 책 같이 읽고 독후감 얘기하재 기막혀서 진짜.하하하.(후루룩
　　　먹는)

S# 이 층 침실

현수   (옷도 안 벗은 채 벌러덩..아이들 안은 채)……..

S# 은수 현관

준구   (신 신고 서 있는)다시 오겠습니다.

자부   ….

준구   (목례하고 나가는)

자부   …(현관문 잠그는)….

S# 마당

준구   (나와서 대문으로)

S# 대문 앞

준구   (나와서 자동차로)…

S# 차 안

준구   (타고….낭패다….시동 걸고 출발하는)

S# 골목 나가는 준구 차……

S# 슬기 방

은수   (옆으로 누워 슬기 사진 보고 있는)……

S# 태원 거실

태희 염색하지 말구 그냥 둬둬.

태모 허여언 백대가리루?

태희 백발두 멋있어.(슬기 태희 옆에 붙어 앉아 책 보는)

태모 머리 허여면 가지나 허물어진 얼굴 더 뭉개져 못써.

태희 그럼 귀찮다 소리 하지 말구 그냥 해. 귀찮아귀찮아귀찮아 수
　　　백번진짜 귀찮아 죽겠어.

태모 늙은 에미 그 푸념 들어줄 인심두 없어?

태희 한소리또하구한소리또하구 한소리또하구

태모 (오버랩)알았어 일절만 해.

임실 (쟁반에 케이크 네 접시 들고 나오는)

태모 염색 준비해요.

임실 에에..(케이크 내놓으며 중얼거리는)새며느님 나 하는 거보고 배
　　　워 사장님 염색 좀 하지요.

채린 ???

태모 그거두 꾀가 나?

임실 새 사람 들어와두 줄어드는 일은 없구 맨날 그날이 그날이니
　　　께 힘이 부치는구먼요.

태희 (오버랩)아줌마 일리 있네. 엄마 염색 올케가 맡어.

채린 한번도 해본 적 없어서..

임실 나도 / 염색 장갑끼구 안 태났소.

태모 아 됐어..

임실 .....(빈 쟁반 들고 입 풀럭풀럭 퇴장)

태모 뭐어 대단한 일이라구 꾀를 피워어어

태희 (오버랩)케익 안 먹어?

슬기 먹어요‥(케이크로)

태희 미장원 가 하면 좋겠구먼.

태모 미장원보다 더 잘해. 얼마나 찬찬하구 꼼꼼하게 바르는데

태희 (케이크 먹으며)올케.

채린 ?? 네‥

태희 집에서 전혀 아무 것도 안했어?

채린 ???

태희 아니이이 아줌마 쟁반 들고 나오면 케익 나눠 놓는 거 그거 자동적으로 되는 거 아냐? 그냥 우리하구 똑 같이 가만히 앉아서 받는다?

채린 …

태희 올케 대체로 그래‥그래서 아줌마 올케한테 인상쓰는 거 아닐까?

태모 너는 왜 못하구.

태희 피가되구 살이 되라는 건데 엄마는

태모 그건 그렇지…잘은 못해도 그래두 어떡하든 도와줄려구 애쓰는 성의가 있기를 바라는게 사람 맘이지.

태희 누구는 안 그랬어

태모 ?그 얘기는 왜 해.

태희 자연히 비교가 될 테니까.

태모 너나 잘해 니 걱정이 태산이야.

태희 난 상황판단 빠르지이. 올켄 옛날 영국 귀족 출신같아.옷 입혀 주고 머리 다 빗겨주고

채린 (오버랩)그만 하세요.

태희 ??…길었어?

채린 형님 아줌마문제까지 개입하시는 거 불편해요. 안 그래두 저 혼자 물에 뜬 기름 같은데 늘 아줌마 편이니까 제가 형님한테 뭘 잘 못 보였나 그래요.

태희 (어깨 추썩거리며)너무 확대시킨다?

채린 제 느낌은 그래요.

태모 말투가 원래 그래 신경쓸 거 없다.

슬기 (오버랩)고모 졸려요.

태희 그래? 그럼 올라가 자.

슬기 (포크 놓으며)아빠 들어오면 기다리다 졸려서 잔다 그래주세요.

태희 엉.

슬기 (일어나며)아빠가 목욕시켜준다 그랬는데··할머니 안녕히 주무세요.

태모 오냐아 뽀뽀··

슬기 (뽀뽀해주고 계단으로)

채린 슬기는 목욕을 언제까지 아빠랑 해야 해요 어머니.

태희 ??

태모 (보는)

슬기 (계단 오르다 돌아보는/ 어른들은 무심)

채린 그럴 나이 지난 거 아닌가 해서요.

태희 알아서 해. 상관하지 마.

채린 슬기 새엄마에요.저 상관해도 될 자리 아니에요?

태희 올케

태모 (오버랩)채린이 말이 맞어. 상관해도 돼.

태희   지 아빠가 알아서 해 엄마. 아빠가 어린 딸 목욕시키는 게 뭐
　　　어때서.

채린   아들이 아닌 딸을 아빠가

태희   (오버랩)글쎄 태원이가 알아서 한다구. 올케 진짜 사람 가르치는/
　　　콘트럴 할려는 버릇 그거 문제 있어 제일 밥맛없는 사람!!

채린   형님이야말로 왜 저한테 그렇게 악감정이세요.

태희   뭐어?

태모   얘들이 이게 무슨 짓이야.어디서 맛대꾸질에 얼굴을 붉혀.

태희   (오버랩)그렇잖아아

태모   (오버랩)뭐가/ 뭐가뭐가아아아.

태희   알았어. 알았음.(벌떡 일어나며)올케 나한테 기어 오르지마아?

채린   (일어나며)형님 제가 언제

태모   (오버랩)채린아.

채린   (돌아보는)

태모   (입으로/앉어앉어)

채린   죄송해요 어머니‥(얌전히 앉고)

태희   (픽 하고 움직이다 보면)

슬기   (계단 두 개쯤에 서 있는)

태희   (올라가라는 손짓)

슬기   (돌아서 뛰어 올라가 사라질 때쯤)

태원   (들어온다)

태모   애비 들어온다.

채린   (태원 쪽으로)늦었네요.

태원   (잠깐 알은척하고)저 들어왔어요.

태모 (일어나 나오며)오오냐..수고가 많다..너 들어왔으니 이제 염색 시작해야겠다..아줌마아아아아(주방으로)

태원 (계단 쪽으로)

태희 슬기 목욕한다구 너 기다리다 금방 올라갔어.

태원 예..목욕하자 그랬어요.

태희 채린이가 늬 부녀 목욕 문제 있다 그런다.

태원 ??(채린 보는)

채린 아니 그런 게 아니라 딸 아이니까 여자가 씻겨주는 게

태원 좀 더 자라면 그렇게 할 거에요..(올라가는)

채린 (태희 보는)

태희 없는 말 했어?(하고 제 방으로 들어가고)

채린 (후우우우 숨 내쉬고 계단으로)

S# 슬기 방 앞

태원 (와서 노크하며)슬기 뭐해.

S# 슬기 방

슬기 (잠옷 챙기다 돌아보며)슬기 잘려구우.

태원 (들어오며)아빠가 좀 늦었지?

슬기 응.

태원 (침대로 안으며)목욕하자아아아.

슬기 내일..임실 할머니한테 씻겨달라 그럴 거야.

태원 ??(떼고 보는)

슬기 옛날에두 씻겨준 적 있어.

태원 왜.

슬기 그냥.

태원 　왜‥솔직하게 말해 봐.

슬기 　아줌마가‥딸은 아빠랑 목욕하는 거 아니래.

태원 　흐흐‥괜찮아. 아빠 너 갓난 아이때두 엄마랑 같이 씻어줬어.너 아직 애기라 아빠가 씻어줘두 돼.

슬기 　글쎄 고모는 괜찮다는데 아줌마는 아니래. 아줌마는 내가 애기 가 아닌가봐.

태원 　니가 너무 똘똘하니까 아줌마는 너 애기같지를 않은가부다.

슬기 　응 책 읽어 줘.

태원 　안 씻구?

슬기 　귀찮아‥내일 해.

S# 준구의 서재

준모 　(아들 뺨 세차게 후려갈기는)‥‥

준구 　‥‥??

준모 　너절한 놈 그게 이유가 돼? 술마시면 자제력 약해진대 그래 알 아. 그런데 애초에 왜 술은 같이 마셔. 너 거기서부터 틀렸던 거잖아.

준구 　…

준모 　그렇게 간절하게 원해서 데려와 놓구는 금방 그렇게 딴 여자하 구 몸을 섞어? 너 대체 어떻게 돼먹은 놈이야. 왜 이렇게 시시해.

준구 　엄마

준모 　(오버랩)여자를 뭘로 봐. 아내를 뭘로 취급해.남편 외도는 아내 인격을 파괴하는 거야.니 인격은 온전한 줄 알아? 니 인격도 아내한 테 쓰레기야. 아내는 죽는 순간까지 안 잊어. 용서도 못해. 얼굴로는 웃으면서 마음으로는 걸레같은 자식 그래. 그게 여자야.왜 제대로 존중하고 존중 받으면서 흠결없는 부부 역사를 못써.

준구 　잘못했어요 엄마. 다시는 그런 실수 안해요.

준모 　나도 안 믿어지는데 걔가 믿겠어?

준구 　엄마.

준모 　너 이혼하구 나 반년을 집에만 있었어..또 이혼?...얼마나 삼년 처박혀 있으라구?

준구 　이혼 안해요. 걱정하지 마세요.절대 안해요.

준모 　……(노려보다가 나가고)

준구 　…….

S# 　친정 집 마당(밤)

S# 　마루(불 꺼진)

S# 　안방

　　　[누워 있는/ 불 끄고……]

자모 　(쿨쩍쿨쩍)…….

자부 　(천장 보고 있다가 아내 쪽으로 돌아누우며 팔 얹는)….

자모 　그냥 슬기 키우면서 살지이이이….

자부 　…..

S# 　슬기의 방

　　　[메시지 들어오는]

은수 　(보고/열면)

현수 　E 자니?

은수 　아직.(누운 채)

현수 　E 뭐래.

은수 　한번만 넘어가달래.

S# 　현수 침실

[주하는 밑화장 하는 중]

현수 E (문자 치는)그래서.

S# 슬기 방

은수 (일어나 앉으며)내가 바람피면 넘어가 줄 수 있냐구.(보내고 잠시 후)

현수 E 하하하하하(하고 크게 웃는 이모티콘 열 개)·····

은수 (쓰게 웃는)

제16회

S# 다미 아파트 거실

다미 이혼 당하면/다시 결혼하기 전 정거장으로라면 모를까 그런
　　　일은 아마 없을 거에요. 오빠는 나를 그렇게 밖에 취급 안해요.

은수 ……그런데…그런 사람 때문에 그렇게까지 /….슬프지 않아요?

다미 ??..호호 슬프죠 네…거지 발싸개같이 나 그런 남자를 사랑해
　　　요.그런데 당신은 뭐죠?

S# 이모의 방

준모 어쩌겠다구. 설마 이혼이라도 하겠다는 거야?

은수 …네어머니.그래야할 거 같아요.

준모 경솔/정말 경솔하구나 너.여자 문제 안 겪고 사는 사람 흔하지
　　　않아. 그 여자들 전부다 너같으면 세상에 이혼 안한 사람 없어.참고
　　　넘기는 여자들이 너만 못해서 그런 줄 알어?

은수 (이 상황에도 아들이구나)저는 참아야할 이유가 없어요 어머니.

준모 늬들 연애했잖아. 남자 실수 한번쯤 덮어줄 아량두 없어?

은수 (반발)결혼하구두 만났어요 신혼 넉달째였어요.

준모   (오버랩)내 아들 또 이혼/안된다.

S# 현수 원룸

광모   그럼...얘길 했어야지이이!!!!

현수   (수전 막고 행주 잡아채며)미친 똥개 똥 주워먹구 다니느라 정신
          없는데 어떻게에!!!

광모   ....(보며)

현수   (손 닦으며)볼꼴 못볼꼴 다아 보면서...이제는 더 이상 아아무
          것도 기대할 거 없는 이 순간까지(행주 개수대에 패대기치고 두 주먹
          부르쥐고 광모에게 돌아서) 널 못치우고 이러구 있는 나/한번씩은
          내가 나를 죽여버리구 싶어 이 자식아.

광모   ....(황당해서 보는)....

현수   뭐얼··뭘해··우리가 할수 있는 게 뭔데!!(이 층으로 빠르게 뛰어 올
          라가고)

S# 친정 슬기 방

은수   남자 앞세우지 말아요.결혼하구 넉달두 채 안됐을 때에요. 아
          니 몇 달이 중요한 건 아니에요.당신들은 아직도에요.가짜 결혼발
          표 둘이 공모하구

준구   (오버랩)그건 내 소문 없애달라구 도와달라고 부탁한 거 뿐이야.

은수   그 여자는 그걸 해줬구요··당신은 그 여자 앞날 책임져야하구
          그 여잔 당신 들어오라구 현관문 열어놓구 기다리구요.

S# 태원 거실

태희   지 아빠가 알아서 해 엄마. 아빠가 어린 딸 목욕시키는 게 뭐 어
          때서.

채린   아들이 아닌 딸을 아빠가

태희　(오버랩)글쎄 태원이가 알아서 한다구. 올케 진짜 사람 가르치는/
　　　콘트럴 할려는 버릇 그거 문제 있어 제일 밥맛없는 사람!!

채린　형님이야말로 왜 저한테 그렇게 악감정이세요.

태희　뭐어?

S#　**준구 서재**

준모　(아들 뺨 세차게 후려갈기는)‥‥

준구　‥‥??

준모　너 절한 놈 그게 이유가 돼? 술마시면 자제력 약해진대 그래 알
　　　아. 그런데 애초에 왜 술은 같이 마셔. 너 거기서부터 틀렸던 거잖아.

준구　…

준모　그렇게 간절하게 원해서 데려와 놓구는 금방 그렇게 딴 여자하
　　　구 몸을 섞어? 너 대체 어떻게 돼먹은 놈이야. 왜 이렇게 시시해.

S#　**타이틀**

　　　16회.

S#　**아버지 상가가 있는 을씨년스런 거리**

S#　**상가 앞**

자부　(상가에서 나오고)

기사　(기다리고 있다가 세워둔 차로 안내. 문 열어주고)

자부　아..어..(익숙치 않은 채 더듬거리며 차에 오르는)

기사　(문 닫아주고 운전대로/출발)

　　　[움직이는 자동차‥‥]

S#　**달리는 차 안**

자부　‥‥(좀 불편해하다가 통화 시도)

　　　[벨 가는 소리 두 번.]

자모 F 응 여보.(딸 때문에 머리 무겁지만)왜.늦어?

자부 응 좀 그럴 거 같아서.

자모 F 에레베터 또 섰어?

자부 (오버랩)아니 누구 만날 사람이 있어서. 많이 늦지는 않을 거야. 에미는 뭐해.

S# 마루

  [재봉틀 앞에서/ 일하던 중]

자모 현수가 데리고 나갔어. 은수가 찜질방 가자 그랬대…응 은수가…

S# 찜질방. 별도 작은 방

  [은수 현수 주하.]

주하 그으윽..(콜라 마신 트림하고)댓바람에 짐 싸갖고 나온 건 다른 사람이 생각할 때 너무 경솔했다 그거야. 사네 안사냐 그것이 문제로다도 없이 그래? 알았어 나 안살아 땡 너 그런 거야. 응? 그런 거라구.

은수 (오버랩)그게 언니.내 맘이 으응… 껍질 벗겨진 짐승같은데 /아버님 어머님 안녕히 주무셨어요? 네에 아버님 네에 어머님. 자신두 없구 하기도 싫었어요.

현수 아무나 못하지.

주하 나 할 수 있는데.아냐 나두 못해.으흐흐

은수 (오버랩)더 이상 그 사람하고 말섞기 싫더라구요.

주하 (뭐라 말하려는데)

은수 (연결)그리구 언니. 나 안될 거 같습니다 그랬지 알았어 나 안살아땡/안했어요. 같습니다는 생각해보고 결심합니다 아냐?(현수에게)

현수 누가 사람 말 그렇게 분석해가며 듣냐?

은수 하긴. 그랬어도 경솔하다구 화내시더라.(좀 쓴웃음)

주하 뭐라구 했건 일단 집을 나온 게 경솔한 거지.(한 무릎 다가들며) 얘 은수야. 잘생기면 바람핀다구 못생긴 남자가 낫다 그러지? 근데 못생긴 놈 골라 결혼한 여자/ 차라리 잘생긴 놈 바람피는 꼴 보는게 낫지 못생긴 놈 주제에 그러는 건 더 자존심 상한다 그런대. 한 수 더떠 못생긴데다 돈두 못 버는 주제에 바람까지 피는 건 진짜 죽이구싶대. 그런데 니 남편은 잘 생기구 돈두 많잖아.

은수 …(보는)

주하 E (연결)눈 질끈 감구 넘어가. 지금부터 위치추적기 작동시키구우?

주하 향수 하나 정해줘놓구 저녁마다 냄새 탐지하구 속옷 뒤집혔나 검사하면서 그냥 살아.(하다가 갑자기)으하하하하하

은수 현수 ??

주하 깔깔 날마다 거기다 그림그려 스카치 테이프 붙여 출근시키든지이 깔깔.

현수 (인상 쓰고)

주하 떠도는 얘기에 의하면? 어떤 남자 그럼에도 불구하고 딴짓하고 나서 거기다 마누라가 그린 나비를 자기가 그려갖구 들어갔는데 글쎄 그걸 거꾸로 그려 마누라한테 반 죽었댄다.

은수 (피시시 웃으며 음료 집어 드는)

주하 다시는 안 한다 빌고빈다면서 그냥 살어어어. 영리하게 생각해. 그런 남편 쉽냐? 니 자리 그거 모오든 여자들의 로망이야. 먹고사는 게 얼마나 고달픈데 넌 평생 그건 모르구 살수 있잖아. 그게

어딘데. 먹고 살기만 해? 딴 여자들 못 누리는 최상위 클라스로/나 좀 후져지냐? (현수에게)

현수 괜찮아. 우리 대체로 다 후져.

주하 그래 너 현실적으로 생각해. 딴 사람들 너 이러는 거 알면 웃긴 다 호강에 겨워 까분다. 니가 뭔데 그래애

은수 알아요. 그런데 언니. 일하느라 늦어도 딴 여자랑 있는 거 아닌 가 곤두서면서 평생 사는 거 너무…한심하지 않아요?

주하 에이 믿어야지. 또 당할 때 당하더라도 지금 절대 다시는 아니 다 그러니까 일단 믿어줘야지애.

　　　[현수 전화벨]

현수 (보고 벌떡 일어나 나가는)

주하 누구니.

현수 아냐..

S# 찜질방에서 나와 움직이면서 받는

현수 응 나야..

광모 F 뭐하니

현수 주하랑 은수 데리고 찜질방 와 있어.

S# 광모 병원

광모 찜질방?

현수 F 은수가 오고 싶대서..한번씩 찜질방이 그리웠대.

광모 응..찜질방이 그리웠던 은수…어쩐지 좀 안된 느낌이다.

현수 F ….

광모 저녁에 회 떠갖구 갈라구..야채도 사갈게.

현수 F 회 뜨면서 매운탕 끓인다구 해..따로 생선 한 마리/대구사라.

116

쑥갓이랑 무도‥

광모 조개두 있어야잖어.

현수 F 응.

광모 주하 두고 너…나와서 먹을 순 없지.

현수 F 이상한 소리 말구.

광모 알았어.

S# 찜질방

　[누워 있는 은수 주하.]

주하 괜찮아. 시간이 지나면 지날수록 살만해져. (고개 돌리며)나두 있잖냐 나.

은수 (고개 주하)언닌 참 어떻게 광모 오빠 봐요.그냥 헤어진 거두 아니구 그런 짓을 했는데‥

주하 으흐흐흐 웃기지.근데 걔 안볼라면 니 언니두 쳐내야잖어. 나 뭐야‥현수랑 초등학교 때부터 삼십년이 낼 모레야.

은수 보면서 어떤 마음이에요.

주하 너 주사 맞을 때 바늘 들어가는 거 보니 안보니.

은수 …안 봐요.

주하 난 보거든. 그 비슷한 거? 보면서 아픈 게 훨씬 편하다?

은수 …(보는)

주하 뭐‥이제 내꺼 아니니까. 한때 내꺼였던 또라이 친구? 사랑은 끝났어두 우정은 남아있어‥

은수 …‥(보며)

주하 그리구‥(고개 천장으로)생각하면 할수록 내가 걜 많이 좋아했더라구.걘 결혼 안하구 싶어했거든.

주하 E 내 어거지에 끌려들었던 거야. 현수두 등 떠밀었구. 내가 민
폐였던 거지.

은수 그런 관계….모르겠어요.

현수 (들어오며)광모 회 떠온댄다..

주하 (벌떡 일어나며)좋지이이..

현수 우리랑 밥 먹을래?

은수 엄마 기다려.

현수 (벌렁 누우며)십분있다 일어나자.

은수 으응.

주하 (동시)오케이.(누우며)

S# 어느 카페 별실

[마주 앉아 있는 준모와 자부.]

자부 …..(찻잔 내려다보며)

준모 며늘아이가 아직 마음을 못 풀고 있는 거 같아서…염치 없습니
다만 좀 도와주십사 부탁드리러 왔어요.

자부 예..이렇게 먼데까지 발걸음 하시게 해 죄송합니다.

준모 내용은좀… 아시나요?

자부 ?? 네 저..다른 여자가 있다는 거만….그냥 그렇게만 알구 있어
요..저도 말 안하고 즈이들두 굳이 알려구 안하구요.

준모 그게…결혼 전에 만났던 아이에요.

자부 ?? 옛날 일이 아닌거 같던데요.

준모 네..그게…녀석이 결혼 뒤에 딱 한번 실수를 한 모양이에요.

자부 …(보며)

준모 그 문제는 좀 복잡해서..여자 아이가 포기를 못하구 녀석을 힘

118

들게 하는가 봅니다. 녀석도 딴 마음없이 정리하려고 노력하는 중이고 즈이 쪽에서 마무리지을 겁니다.

자부   예에..(시선 내리고)

준모   며늘애는 어떻게 좀...안정이 됐나요?

자부   뭐 밤에....자는 게 좀 고역인가 봅니다만 잘 있습니다.

준모   바깥주인한테는 애가 너무 고단한 거 같아서 며칠 휴가줘 보냈다구 했어요.

자부   (보는)....

준모   일주일이 넘었네요.

자부   ...(시선 내리는)예..

준모   얼마나 마음 아프시겠어요..죄송합니다.

자부   예에..(시선 내린 채)우리 아이 ..자식 놓고 그댁에 갈 때...정말 많이 힘들어했어요..분가를 희망으로 갔는데 그 ....바램두 무너지구..딸아이 결국 친가로 보내는 녀석 보면서..즈이들 정말 괴로웠습니다.

준모   이해합니다.

자부   지 입장에서는 자식까지 포기했는데 그런 일이 생기니까...

준모   .....

자부   우리.. 제 안사람하구 저는...딸 아이 둘...넉넉하게는 못 키워줬지만...어느 부몬들 안 그렇겠습니까만은..(입 꾸욱 다물고 있다가)즈이한테는 세상에 없는 자식이에요...

준모   예 그러시죠 죄송합니다.

자부   ...(고개 숙이고 앉아)......

S# 집으로 오는 버스 안에서 흔들리고 있는 자부.....

S# 준구 사무실

준구 (찻잔 들고 기대어 앉아 안 보며)송기잔지 뭔지 만나구는 소리 지르구 울구불구두 하더니 그거두 안해. 그게 더 무서워.(마시는)

정수 다미 기집애 전화 안받더라.니 전화는 받니?

준구 (찻잔 내리며 안 보는 채)하지두 않구 오지두 않구.

정수 서너번 했는데 꺼놨거나 안 받거나 콜백두 없어.

준구 (찻잔 놓으며)그 기집애 쓸데없는 짓 할까봐 신경쓰여 죽겠다..아아아 왜 이렇게 꼬이냐. 깔끔하게 정리하구 우리 아버지처럼 살 참이었는데.

정수 그런 녀석이 방콕 탈선은 왜 해.

준구 술이야....작정하구 덤비는데 그럴 때 너는 자신있냐?

정수 자신없지.. (찻잔 들며)무릎 꿇고 엎드려 혈서라두 써라.

준구 ....(보는)

정수 별수 있냐. 또 이혼해? 자알하다가는 너 변태거나 집에 아줌마 건드리다 들켰거나 와이프 쥐어패는 놈 돼. 너 첫 결혼두 성격 안 맞아서를 성생활 안맞아선가부다/ 너 화장실 간 틈에 같이들 킬킬거렸었어.석달만에 성격 안맞아서가 말되냐구.

준구 친구라는 놈들이

정수 손가락만 까딱하면 얼마든지 여자 많은데 니 와이프 만만안한 게 신기해서 좋았다며. 한번 실수로 보따리 싸들고 나가기도 그거 만만안한 니 와이프나 할 수 있는 거지 다른 여자 쉽게 못하는 짓이야. 아마 거의 다/ 바가지 며칠 긁고 남자 사과받는 선에서 수습하고 주저앉을 걸? 만만찮은 마누라 자승자박이다.

준구 (오버랩)사과 날마다 열두번두 더 했어. 쫓아가 듣는 소리는 상상도 못했다..믿을 수 없다/ 뿐이야.

정수 야 한번은 누구나 봐줘. 한번은 봐주라 그래.

준구 그 소리 했다 얻어맞았다.

정수 ?? 따귀 때리대?

준구 자기가 어느 날 전남편하고 한번 그러구 들어오면 넘어가주겠냐구.

정수 ??? 야 그건/허허허 그건 아니지이이이..

준구 남자 여자 다를 거 없다.대등하다. 남자 특권 같은 건 없다.

정수 무슨 여권운동가냐?

준구 (일어나 겉옷 떼어들며)이런 식이면 그래 저엉 못 넘어 가겠으면 너두 한번 하구 들어와 통치자 소리 하게 생겼어.

정수 (같이 일어났다가)뭐어?

준구 나가자. 은행 사람 잠깐 보구 또 잘못했습니다 가야 해.(출입구로)

정수 (따르면서)킬킬 김준구 완전 망가졌구나.

준구 바닥이다 바닥.(나가는 두 사람)

S# 친정 슬기 방

자모 (옷 갈아입는 딸 시중 들어주며)아빠 잠깐 볼일 있다구 좀 늦는댔어.

은수 으응..

자모 땀 너무 많이 빼지 말지..휘지는데..

은수 많이 안 뺐어.

자모 ....(보다가 딸 뒤통수 좀 만지며)다 말리구 나왔어?

은수 응

자모 감기들면 고생해.

은수 (침대 앉아 머리 다시 묶으려 풀면서)슬기 전화 안왔어?

자모 ...아니....(좀 보다가 나가려는데)

은수 엄마.

자모 (돌아보는)

은수 여기 앉아봐..

자모 (주춤주춤 딸 옆에 앉는)

은수 슬기아빠한테서는...사년이나 견뎠는데 엄마....나 이 사람 사랑안하는 거 같어.(머리 묶으면서)

자모 그거는 ..그거는 거기는 노인네가 독했지 정서방은 너밖에 몰랐잖어. 김서방은 돌부처두 돌아앉는다는 짓이구...

은수 (엄마 보며)만약 슬기아빠였다면 생각하니까 물어뜯구 할퀴구 꼬집구으면서두 안산다는 안했을 거 같아...미워하면서도 봐줬을 거 같아.

자모 ....(딸 보며)

은수 다 쓸데없는 생각이지만 할머니 때문에 그일 포기하지 말았어야 했나/ 재혼같은 거 안했어야 했던 거 아닌가.

자모 (머리 간추리고 무릎으로 내려오는 딸 한 손 덮으며 오버랩)그런 생각을 뭐하러해애..아이쿠 그때 그렇게 하지 말걸..아이쿠 내가 바보 짓 했네..해봤자..다아 지난 일인걸..

은수 그렇지?(보며)

자모 그러어엄.. 맥만 떨어져 하지 마..(자기 귀 옆으로 보내는 손짓하며)지난 일은 그냥 다아 잊어버려..흘러간 강물이다아아아 으흐흐. 니 아빠가 한 소리야. 옛날에 엄마 바루 내가 탈 달에 계주가 도망가서 돈 뗀 적 있었잖어. 생각 나?

은수 나 고삼때였나?

자모 맞어. 그때 니 아빠가 흘러간 강물이다아아아..흘러간 강물이 다아아 그래줬었어..

은수 직장 생활..동창들 모임..그러면서 엄마 ..삼십 초반에 애 딸린 이혼녀...아무렇지두 않기만 하진 않았어..

자모 (딸 손등 쓸며)....

은수 너무 나 좋다 그러구 잘해주구 그러니까 나두 싫지 않았구.. 남이 부러워하는 재혼으로 잘나 보이구 싶은 맘 있었어.. 슬기 할머니한테 갚아주구 싶은 마음도 있었구.

자모 (끄덕이며)으응..나 그거 알 거 같어.(하다가)아이쿠..코다리 은수야 나 불 줄여야 해.(튀어 나가는)

은수 그 냄새였어?

자모 E 어엉.

은수 (피시시 옆으로 눕는)....

   [슬기 피아노 치는 소리]

S# 슬기의 방

슬기 (피아노 치고 있는)....

태원 (의자에 같이 앉아 딸이 이뻐죽겠고).....

슬기 (끝까지 치고)한번만 더 치면 끄으읗. 아우 지겨워.

태원 ?? 어어 피아노까지 사줬는데 지겨워?

슬기 에이 ..사십분 계에속 치구 있으면 지겨워 아빠.

태원 사십분이래두 정확하게 따지면 삼십분 정도 밖에 안 되거든? 한번 치고 나면 너 이렇게 아빠랑 수다 떨자 그러잖아.

슬기 알았어. 슬기 빨리 치구 내려가 주스 마실 거야. 목말라.

태원　아빠가 갖다 줄게 치구 있어.

슬기　으응..땡큐우우우

태원　(아이 머리 만져주고 나가는)

슬기　(치기 시작)

S# 계단 거실

태원　(계단 내려오는데/피아노 소리 금방 끝나면 안 돼요)

태희　E 올케!!

태원　??

태희　(주방에서 화나서 나와 멈춰 선 채린에게/뒤따라 나온)올케 이게 무슨 태도야 엉?

채린　(돌아서며)정말 너무하세요. 어떻게 사사건건 브레이클 거세요? 저 안주인이에요. 안주인 도우미 아줌마한테 그 소리두 못해요?

태희　부엌일은 아줌마가 전문가니까 아줌마한테 맡기라 소리가 그렇게 거슬려?

채린　무슨 일이든 언제나 아줌마 편이잖아요.

태희　우리 집 어떻게 사는지 파악두 안된채 일일이 나서 아줌마 건드리니까 그렇지.

채린　시금칠 왜 그렇게 많이 샀냐가 건드린 거에요?

태희　지금 철 시금치 맛있어서 좀 넉넉히 샀다 엄마두 시금치 나물 좋아한다 아줌마가 대답했잖아.

채린　먹고 다시 사다 먹는 게 좋다 그랬어요.

태희　하루 이틀 상관에 시금치 안 썩는다 내가 그랬구.

채린　나 아줌마랑 얘기할 때 형님 좀 빠져주세요. 아줌마 그럴수록 의기양양이잖아요.

태희 어디서 이렇게 콧구멍 벌렁거리며 난리야. 나 누군지 몰라? 나 손위 시누이야.

채린 (대꾸하려는데)

임실 (오버랩 나와서)그만하소.내가 잘못했소잉. 앞으로 시장 직접 보소잉. 간단하요.(들어가고)

태희 올케 나랑 심각하게 얘기 좀 해.(소파로 움직이려 하며)

태원 누나 나좀 봐요.(오버랩)

태희 넌 빠져.

태원 (올라가며)좀 봐요··

태희 ·····(보다가 움직이며)봐야 니 누나다.

채린 ····(보며)

S# 이 층 태원 서재

태원 ···(들어와 서서)····(잠시 후)

태희 (들어온다)봐··왜··

태원 (돌아보며)왜 그래요.

태희 뭐얼.

태원 모르는 건 감정 안 다치게 일러주구 편안하게 대해주지 목소리 높여 그게 뭐에요.

태희 얘 얘기하다 말구 행주 팍 던지구 나갔단 말야.

태원 ····(보며)

태희 오는 말이 고와야 가는 말도 고운 법야. 아무 것도 아닌 걸로 아줌마한테 시비 걸길래 그러지 말랬어. 그런데 바로 날 세워서 덤비는데 세상 어떤 시누가 열 안받니.

태원 누나두 결혼하랬어요.

태희　등신 소리 하지 마 너. 나때매 한 거야? 내 책임이야? 그래서
　　　내 머리 꼭대기에서 스케이트 탈려드는 애 가만 두란 거야?

태원　이번에는 누나가 대신 맡았어요?!!(버럭)

태희　??? 뭐?

태원　들어온지 얼마 안된 사람이에요. 누나 말법 나 몰라요? 슬기엄
　　　마 누나한테두 상처 많이 받았어요. 제발 눈에 거슬리는 거 있어두
　　　모르는 척 눈감아 줘요.

태희　싫어싫어가 어느새 좋아좋아 된 거니? 부부가 좋긴 좋구나. 너
　　　재 편드는 거야?

태원　또 못살기 바래요?

태희　무슨 너 그게 무슨

태원　(오버랩)엄마하구 좋으니까 누난 그냥 빠져주라구요. 저 사람
　　　입장에서 생각해줘요. 우리 식구되려고 노력하는 걸로 이해하고
　　　코너로 몰지 말아요.

태희　....(보며)

태원　이거도 안하면 나... 나쁜 놈 아니에요?

태희　알았다....알았어.(나가고)

태원　......(있다가 나가는)

S#　태원 침실

채린　(화장대 앞에 앉아 눈물 뚝뚝/화장품 정리하며)

태원　(들어와 보는)....

채린　(문소리 나자··소리 조금 내면서 우는)....

태원　.....(천천히 다가서 두 어깨에 손 얹는)

채린　(돌아앉으며 허리 껴안고 얼굴 붙이는)

태원　…누나가 뭐라 그러면 그냥…알았다 그러구 말아요..누나…엄마한테두 안지는 사람이에요..

채린　정말 어이 없어 못살겠어요. 나 어떻게 도우미 아줌마만도 못해요.아무리 손위 시누라지만 어떻게 시어머니보다 더 무섭게 굴어요? 결혼전하구 후하구 어떻게 저렇게 사람이 달라요.

태원　(오버랩)채린씨(하는데)

슬기　(방문 열며)아빠 나 피아노(하다 눈치 보고)..다 쳤어.

태원　웅..가 있어..금방 갈게..

슬기　(눈치 보며 나가고)

채린　(수습하는)…

태원　…(보며)….

S# 친정 마루 주방

자모　(저녁 준비하는데)

은수　(나오며)엄마 나 뭐하까.

자모　(밥 앉히면서)할거 없어. ….콩나물이나 다듬든지.

은수　(쟁반에 내놓아진 콩나물로)

자모　낼 아침 국 끓일 거야.

은수　엄마 콩나물 국 맛있어.

자모　맛있기는..입이 아는 맛이라 그렇지..

자부　(들어온다)

자모　아빠 들어오시네?

은수　아빠.

자부　으..찜질방 갔었다면서.

은수　네..푸욱 익어서 왔어요.

자부 호호호 (안방으로)

자모 (따라 들어가며)밥 금방 돼··코다리 조렸어··

S# 안방

자모 (따라 들어와 옷 받으며)춥지.

자부 웅··

자모 누구 만났어?

자부 ···

자모 웅?(시중 들며)

자부 은수 시어머니가 보자 그래서.(조용히)

자모 ??(남편 앞으로)화났어?···화났지 여보.(소리 죽여)

S# 준구의 거실

회장 (들어오는)····(움직이다가) 애 안왔어요?

준모 (따르다 웃는)아이구 참 어지간히 찾으시네··

회장 (움직이며)휴가가 너무 길잖아요··오늘 쯤 왔겠지하구 들어왔
  는데···

이모 E 쉬는 김에 팍 쉬어줘야지 찔끔 쉬면

S# 거실

이모 쉬나마나에요.

회장 (나타나며)젊은 애가 일주일이면 충분하지 어디 큰 수술하구
  회복기 보내는 거두 아닌데 해서 말이에요.

이모 올때되면 어련히 올까요··저는 편하겠어요? 곧 올 거에요.

회장 전화는 해 봤어요?

준모 했어요. 들어가세요.

S# 회장 부부 침실

[부부 들어와 옷 벗고 시중 들며]

회장　당신 뭐 나한테 숨기고 있는 건 아니에요?

준모　?? 뭘 숨겨요.

회장　사나흘이면 되겠지 했는데 길어지니 말요‥

준모　(아우)그냥 모른 척 해요.언니랑 내가 알아서 해요.

회장　한약 먹이러 보냈어요?

준모　‥약두 먹구요‥‥‥

회장　장이라두 봐서 보내주지요 왜‥

준모　알아서 해요 글쎄.

회장　좋은 말 하자는데 왜 그래요.

준모　(웃으며)늙으면 남자 잔소리가 더 심하다더니 당신 그래요.

회장　체‥잔소리 심한 사람 구경을 못했구먼‥

준모　샤워 안하죠?

회장　아침에 했잖아요.

준모　손 씻으세요. 금방 준비돼요.(나가려)

회장　그럽시다‥(욕실로 돌아서다 되돌아서며)친구 누가 아퍼요.

준모　??

회장　누구 병문안 잠깐 갔다면서.

준모　아‥당신 모르는 친구에요.

회장　심각해요?

준모　좀‥ 그런가 봐요‥

회장　경제사정은 어떻구요.

준모　괜찮아요‥어이 들어가세요.

회장　다행이구먼.(욕실로)

준모   ....(보다가 한숨 작게 내쉬며 문 여는)...

S# 현수 원룸

[회와 반찬들 차리고 있는 주하 현수. 앞접시 초장 병.. 고추냉이 섞을 간장 종지. 매운탕 떠먹을 공기.]

광모   (소주 두 병 꺼내다 놓고 한 병 마개 열어 석 잔 따라놓는데)

현수   (매운탕 간 보고 있다가)안광모.

광모   엉.

현수   간 좀 봐.

광모   엉..(가서 간 보는)..괜찮은데?

현수   약간 싱겁지 않아?

광모   약간 싱겁다 그럴 때가 딱 존 거 아냐?

현수   조금 더 그러다 짜지지.

광모   그렇지.

현수   .....(좀 있다가 행주 집어 드는)

광모   내가 하께.(행주 광모에게)

현수   주하야 비켜..조심해애.

주하   (뭔가 하다가)지금 밥 푸는 거 초치는 거지.

현수   당연하지이이.(하며 식탁에 매운탕 냄비 자리 손 봐주고)

광모   (냄비 놓으며)짜자아아아안.. 먹자. 앉어 앉어.

주하   크크크 간만에 회 파티다.(젓가락으로 회 집는데)

광모   야 기다려어어.

주하   ??

광모   현수 아직이잖아..애가 왜 분간이 없어.

주하   야 빨리 와아.

130

현수 (물 세 컵 만들며)먼저 시작해애애.

주하 지가 돈 썼다구 빼신다야.

현수 (물 갖다 놓는데 광모 거들어주고/앉는데)

광모 (소주병 들고)건배부터 해야지

주하 (냉큼 잔 들어 내밀며)물론이지

광모 (현수에게)잔 들어.

현수 쟤부터 따러.

광모 니가 언니잖어.

주하 야 불과 한달이야.

광모 암트은.

주하 치사해 죽겠네 야 빨리 받어어.

현수 (술 받고)

　　　[주하 광모 잔 채워지고 셋이 치켜들고 짱. 부딪치고 비우는]

주하 크크 회야 반갑다아아(회로 덤벼들어 먹기 시작)

광모 (광어 지느러미 부분 집어 현수 식 접시에)

현수 (눈총 주고)

광모 (아닌 척하고)

주하 (먹느라 정신없고)…ㅇㅇㅇㅇㅇㅇ음 맛있다아아(과장. 매운탕 국물/
　　또 숟가락 집어넣는)

광모 야야 가만 있어. 각자 먹자 각자.(공기 하나에 매운탕 더는)

주하 나 머리머리 대가리.

광모 기다려.

현수 머리 먼저 떠 줘어어.

광모 (보는)

현수   (국자 뺏으며)

광모   알았어 놔둬 내가 해.(머리 골라 공기에/머리가 크다)‥(주하에게)

주하   크크. (잔 내밀며)따러.

광모   (따라주고)

주하   (단숨에 비우고)아으으으 내가 이맛에 산다아아아.

광모   (술병 들어 보이며 따르까?)

현수   (고개 흔들고 먹는)

광모   낼 뭐할까.(먹으며)

주하   어 난 밥친구랑 연극보러 가.

현수   ??

주하   점심 먹구.

현수   싫진 않은가부네 뭐.

주하   와이프 암으로 삼년 아프다 갔대‥캠퍼스커플이었는데 진심
        으로 자기가 대신 아팠으면 했댄다. 감동받은 김에 그러자구 했어.

광모   우리 뭐하까.

현수   있을 거야.

광모   영화 보자.

현수   보구 싶은 거 없어.

주하   회가 진짜 맛있다‥(술잔 내미는)

광모   (모르고)전시회 뭐 없냐?(현수 보며)

현수   술 줘어어.

광모   (새 병 집어 놓아주며)천천히 마셔라 엉?

주하   (술병 집으며)술이 그냥 짝짝 당긴다 당겨.(뚜껑 열어 따르며)오
        매애애. 행복한 거어어 ㅎㅎ

S# 친정 골목

[준구의 차 들어와 은수 차 뒤에 서고…]

준구 (운전대에서 내려 차 문 잠그고 대문으로)

S# 마당으로 들어서는 준구····현관으로···

준구 (현관 벨 누른다)····

[잠시 후]

자모 E 누구세요오

준구 예 접니다.

자모 (문 열어주고)

준구 (목례하며 들어가는)···

S# 현관 안. 마루··

준구 (들어오고)

은수 (주방에서 엄마 돕다가 슬기 방으로)

준구 저 왔습니다.

자부 으응··(아내 일감 만지다 놓고 안방으로)

자모 (주방으로)···

준구 (어정쩡하다가 슬기 방으로)

S# 슬기 방

은수 ·····(앞에 방석 하나 놓고 제 방석에 앉는)···

준구 (들어오는)····(보며)

은수 ····(안 보며)

준구 (앉는)···

은수 (안 보는 채)안와도 된댔잖아요.

준구 석고대죄 하는 놈이 안 올수 있나.(보며)

은수 ····(보는)

준구 여전히·· 마찬가지야?

은수 ····(보며)

준구 혈서 쓰면 덮고 넘어가 줄래?····쓰라면 쓸게.

은수 (보며)괜한 소리 말아요. 당신 나한테 무슨 짓을 했는지 잘 몰라요.

준구 그걸 모르면서 이렇게 매일 문안인사하면서 사정하겠어?

은수 수습이 목적이겠죠.(시선 내리며)

준구 그럴 정도까지 개차반은 아냐···· 어떡하면 당신한테 사면받을 수 있나 때문에 일을 못할 지경이야. 아버님 당신 찾으실 때마다 진땀이 나.

은수 ···(시선 내리고)

준구 딸아이 문제로 실망했던 거 알아. 그러다 그거까지 터져 당신 마음 얼음장 된 거 무리 아냐. 처음부터 솔직하게 털어놨었으면 좋았을 걸 / 스스로를 거짓말쟁이로 추락시킨 거 /바보짓이었어. 이렇게 확대시킨 거 나야.

은수 (한숨처럼)내가···어느 날··와인 좀 마시고···슬기 아빠네 집에서 어떻게 살았나 잠깐 비치면서 나도 모르게 울어버렸을 때···당신 그랬죠··당신한테 오면··평생 울지 않게 해 주겠다. 울일 없을 거라구··

준구 ····(보는)

S# 안방

  [묵묵히 앉아 있는 아빠··]

은수 E 당신한테 가서 슬기 때문에 틈틈이 울어야했을 때··당신 안

미워했어요. 말로는 속았다구 했지만 당신이 속인 걸로는 생각 안
했으니까 오히려 내 문제로 당신한테 스트레스 주는 게 얼마쯤은
미안했어요.

준구 E (오버랩)여보 나 정말 분가할 참이었어.

은수 E (엄마 귤 몇 개 들고 들어와 앉아 껍질 벗기는)리조트 갔을 때 결
혼하구 처음 행복하냐 물었죠. 슬기 때문에 한쪽 가슴이 계속 시려
서 행복하다 못했어요.

S# 슬기 방

은수 그때 정말 미안했어요. 어쩔 수 없다 슬기는 포기하고··(목이
메기 시작하며)우리 아이 낳아 키우면서 행복하단 말 할 수 있게 살
자 그랬는데···당신 점점 이상해지고··다른 여자 등장하고 당신은
이미 날 배신했었고··그 여자는 당신 뒷꿈치를 물고 있고··· 재혼으
로 내가 얻은 게 뭔가··부잣집 남자 잡아 자식까지 팽개쳤다가 엎
어진 꼴불견··

준구 (다가들어 안으려)··

은수 (물러나 피하면서)세상 무서워 실패가 창피해서 그냥 행복한
척 꾸미고 사는 거 보다는··· 손가락질 무시하고 나 자신으로 솔직
하게 사는 게 날 거 같아··

준구 내가 당신 좋아하는 만큼 당신은 아니었던 거 알아.

은수 ·····(보는 ??)

준구 상관안했어. 당신··진심으로 내 사람 만들고 싶었으니까.내 사
람 되면 당신 다른 어떤 사람보다도 나한테 성실한 여잘 거 믿었으
니까. 그런데··

준구 E 다 끝난 일이었는데 ···당신 모르게 처리할 거였는데 이렇게

누더기가 돼버렸어.

은수　…(보며)

준구　그래도 여전히 당신 사랑해. 절대 안 놔줘. 당신이 포기해.

은수　….

준구　마음을 녹여.

은수　(보며)….

준구　…..(보다가 작심하고 무릎 꿇는)

은수　??

준구　….(고개 숙이고 있다 들며)제발.부탁해(눈물)….

은수　….(보며)

준구　한번만 봐줘..살려줘…

은수　…….(보며)

준구　…(보며)

S# 친정 대문 앞 골목(밤)

준구　(나와서 자동차로)

S# 차 안

준구　(타서 벨트 매고…잠시 앞 보다가 출발)

S# 골목 나가는 준구의 차

S# 수유리에서 나오는 대로 차량들 속의 준구 차

[전화벨‥ 두 번이나 세 번.]

준구　E 어..

정수　F 어디냐.

S# 차 안

준구　처가에서 나가는 길야.

S# 룸살롱

정수 (아가씨에게 상의 벗겨지면서)혈서 썼냐?

준구 F 시끄러.

정수 얘 밤 촬영 펑크났다구 나더러 술 사란다. 집에 들어가다가 차 돌렸어. 마누라한테 너 만난다 그랬으니까 그런 줄 알아··나 한주에 서너번은 너다 하하.

S# 준구 차 안

준구 잘 달래 들여보내··술 많이 마시게 하지 말구.

정수 F 친구가 뭐냐··걱정마.

준구 걔··일 잘 안 풀려 망가지면 어쩌나 불안한 모양이야. 걱정말라 그래.

정수 F 니가 평생 책임져준다구?

준구 너는 내 이 지경이 재밌냐?

S# 룸살롱

정수 (아가씨 나가라고 손짓하며)농담이다 농담.

준구 F 끊는다.

정수 어 들여보내구 전화할게.(노크와 함께)

다미 (들어오는)

정수 (일어나며)너 뭐야··내 전화는 따구 저 필요할 때는 불러대구.

다미 호호홋.이중간첩 벌주느라구.(따라 들어온 웨이터에게 코트 벗겨지면서)

정수 간만에 술기없이 들어가 마누라 즐겁게 해줄 참이었는데 니가 초쳤다.

다미 (앉으며)오빠가 젤 편해. (술잔 내밀며)··딴 남자들 하나같이 헷

소리하잖아.

정수 (따라주며)너는 왜 준구와이프한테 쓸데없는 소릴 해서 앨 잡냐.

다미 <u>호호</u> 고생 좀 했을 걸?

정수 좀이 아냐. 마누라 안 산다구 보따리 싸들고 나가구

다미 ??

정수 E 준구놈 매일 쫓아다니면서 애걸복걸이야.

다미 안 산다 그런대?

정수 마시자.(잔 부딪치며)

다미 진짜 안산대?

정수 그래(털어 넣고)

다미 뭐가 그렇게 잘났는데?

정수 너보다 잘난 건 확실하잖냐? 넌 니가 애걸복걸인데.

다미 ....(홀쩍 마시고 내리며)어떻게 애걸복걸한대?

정수 (오버랩)왜 그랬어. 이혼시키구 밀구 들어가볼까?

다미 이혼하면 나 거기 들어갈 수 있나? 오빠 어떻게 생각해.

정수 어림없는 꿈 꾸지 마.

다미 꼴 같잖게 날 동정하잖아.기분이 확 나빠졌어.내가 동정받게 생겼어?

정수 자존심 건드리대?

다미 그 얘기 그만하자. 나 지금 성질 난 고슴도치야

정수 ...(보는)왜.

다미 기획사, 알 거 없어. 술 줘.

정수 낼 일 없어?

다미 새벽 네시 스탠바이야. 두시 반엔 나가야 해. 빨리빨리 마시구

들어가 뻗을 거야.

정수 (술 따라주며 보는)···

다미 (훌쩍 마시고 내리는)

정수 다미야··내가 다른 놈 하나 엮어줄까?

다미 스폰?(인상 쓰며)

정수 아니··개인 사업하는 선밴데

다미 응 그래(웃으며)필요하면 얘기할게.(술병 집어 제가 따르는)

정수 ···(보는)

다미 (훌쩍 마시는)···

S# 친정 안방

　　[조용히 밥 먹고 있는 은수와 부모··사이 좀 두었다가···]

자모 (코다리 뼈 발라 은수 식 접시에 놓아주는)···

은수 내가 먹어 엄마··

자모 깨끗하게 말렸어. 맛있어··맛있지 여보.

자부 우웅··

자모 ···지가 ··잘못한 걸 알기는 아나부네···발바닥이 닳게 쫓아다니
　　는 거 보면··(혼잣소리처럼)

둘　　····

자모 그렇지 여보.

은수 (오버랩)재수없이 들켰다 그러구 있을지두 몰라.(좀 웃으며)

자모 (에으)설마아.

자부 김서방 어머니가 보자구 해서 나갔다 왔어··(먹으며)

은수 ??(보는)

자모 (잠깐 딸 보고 모르는 척 먹는)···

자부 무슨 말을 하려나...아들 편들어 기막히게 하면 어떡하나 .. 생각하구 나갔는데..너 다 이해한대. 도와달래..점잖으시더라.

은수 응

자부 .....

자모 두번두 아니구 딱 한번인데...아무리 큰 잘못을 했어두 싹싹 빌면.../딱 한번인데....나는 그래..

은수 ....

자모 시장에..떡집 할머니..속 무지 썩이는 아들때매 며느리가 좋은 얼굴인 때가 별로 없는데...며느리 산다안산다 그럴 때마다 아 그럭저럭 살다 가아. 인생 별거 아냐아아 소리지르구 떡팔러 나온다구...으흐흐.(남편 눈치 보며)왜 그 할머니 생각이 나지?

은수 (엄마 보며)나더러 그럭저럭 살라는 말 하구 싶은 거잖아..

자모 으흐흐..응..그거 같어.

은수 아빠두에요?

자부 나는 ...(수저 놓고 물 마시고 내려놓으며)너를 잘 모르겠어..(딸 보는)너 초등학교 입학해서 서너달 됐을 때..선생님이 니 짝꿍이 떠들었는데 너한테 떠들지 말라 그랬다구 그 자리서 책가방 싸들구 집으루 왔던 거 생각나?

은수 응 그런 일 있었어.

자모 대성통곡하면서..

자부 그런 녀석이 슬기 애비네서 몇 년이나 참구 살길래 내 새끼 철이 들어두 너무 많이 들었다 그러면서 속이 많이 쓰렸는데...이번 일은 그때 옛날 초등생 책가방 싸 집에 왔던 거 같어.

은수 ....(보며)

자부 <u>흐흐 그래서 너를 잘‥모르겠어.</u>

자모 돌부처니까아‥새끼두 없구우우‥

자부 그런 거야?

자모 다르지이‥

자부 다른 건 알어.(밥상에서 조금 물러나 앉는)

은수 (수저 놓는)

자모 ? 더 먹어어어.

은수 다 먹었어‥‥그럭저럭 살라구? (엄마 보며)

자모 ‥‥‥(얼굴로 대답하는)

은수 (아빠 보며)그럭저럭 살어?

자부 그럭저럭 살자구 들어갈 건 없어. 들어갈 거면‥없었던 일처럼
　　잊어주구 믿어주구 ‥다시 시작이다 그래야지‥

은수 ‥‥(아빠 보는)

자모 (은수 보며)‥‥‥

은수 (일어나며)녹차 뽑아올게‥

자모 애 귤두 갖구와.

은수 E 어엉.

자모 ‥‥(남편 돌아보는)

자부 ‥‥(안 보며)

S# 준구의 현관

준구 (들어오고)‥‥(도우미 한 사람 맞아주고 목례에)에에‥

도우미 회장님 ‥식사 중이세요‥

준구 예 ‥‥(주방으로)

S# 주방‥

준구 (들어와)저 들어왔습니다 아버지.

회장 어.

준구 저 ‥씻구 내려와 따로 하겠습니다.

회장 우움.

준구 (나가고)

준모 (수저 놓는다)‥

S# 주방 밖 거실. 계단

준구 (나와서 올라가는 걸음이 무겁고)‥‥

S# 이 층 계단 끝. 홀 서재 거쳐 침실로 준구

S# 침실

준구 (들어와 서서)‥‥‥(빈 방…잠시 있다가 가방 침대에 던져놓고 옷 벗
      는데)

  [노크.]

준구 ‥네에‥

준모 (들어와 아들 앞으로)들려왔어?

준구 (벗으며)네‥

준모 (보며/뭐래)…

준구 별로‥달라진 거 없어요‥

준모 걘 왜 그렇게 고집이 세.(옷 받으며)

준구 ‥‥

준모 니가 제대로 진심 못 보여주는 거 아냐?

준구 할 수 있는 한 하구 있어요.

준모 왜 안 통해.

준구 그 사람 뭐라지 마세요‥제 탓이에요.

준모 갠 너한테 아무 마음없이 결혼한 거야?

준구 그럴 수가 있나요. 그런 사람 아니에요.

준모 (옷장으로)한 이불 덮구 자던 남편이 그렇게 애를 쓰는데 어떻게 접어주자 마음이 안 드냐 그런 생각이 들어서야.

준구 ....

준모 아이까지 낳구 살았던 애가 (아들 앞에)

준구 (오버랩/벗으며)그런 말씀 마세요. 제탓이에요.

준모 아버지 눈가림도 다 돼 가. 언제까지 이러구 있을 거야.

준구 ....

준모 데리구 어디 잠깐 여행이라두 갔다 와.

준구 (쓴웃음)따라나서겠어요?

준모 (받으며)바깥사둔 만나 부탁하구 들어왔어.

준구 ???

준모 어떡해. 늬 아버지 조마조마한데.

준구 죄송해요.

준모 여자로는 이해해. 며느리로는.. 당돌하구 야속해.

준구 죄송합니다.

준모 .....

준구 (벗으며).....

S# 슬기의 방

은수 (기대어 앉아서 핸드폰 슬기 사진 보고 있는).....

S# 슬기의 방

[부녀 침대 위에서 묵찌빠하며 이마 때리기 장난하고 있는...]

[태원 전화 문자.]

채린   E 어머니 들어오셨어요.

태원   할머니 들어오셨대.

슬기   아앙‥(침대 내려서는 슬기)

S# 거실

채린   (소파로 움직이는 태모 핸드백 들고 따르는)

임실   (태희 방에서 떨어져 나오는/태희 나오고)

채린   이 시간까지 어머니 피곤하지 않으세요?

태모   구워삶아야하는 인사가 있으니 어떡해‥먹구 살기가 이렇게 힘들어.

채린   호호호 어머님두‥(먹고살기라니)

태모   (앉으며)감잎차 좀 우려 식혜 내와.

임실   그러지요.(움직이고)

슬기   (아빠와 내려와 달려와)할머니이.

태모   오야오야오야 내 새끼이‥(안고 쭉쭉)

슬기   할머니 술 마셨어요?

태모   응 할미 한잔 했어.냄새 나?

슬기   네‥

태원   왜 이렇게 늦으셨어요.

태모   밤에 만나야 할 사람이니 어떡해. 그럴 일이 있어.(좋게)

태희   (오버랩)혈압 높은 사람이 술은 왜 마셔.

태모   많이 안했어. 기분만 냈어.

태희   뭘. 얼굴 삶은 영덕겐데.

태모   그렇게 빨개? 그러냐?(채린에게)

채린   그 정도는 아니에요. 어머니 혈색 좋으신 게 이쁘세요.

태희 ??(채린 보고)

태모 집 무너져? 장승처럼 섰지말구 앉어라들. 애비야 앉어 웅?(모두 앉는)한 사람 더 들어온 게 이렇게 달라. 응접실이 꽈악 찼어.

태희 (부어터진 채)슬기두 왔잖어.

태모 그렇지.꿈에도 그리던 내 새끼두 왔지 참. 이리와 이리와.

슬기 (아빠 보며 냄새나 싫은데 얼굴. 태원 웃어주고/슬기 할머니 앞으로 안기고)

태모 쭉쭉쭉‥피라는 게 뭔지 참‥이게 이렇게 이쁜 게 핏줄에 조화다 웅?(슬기에게)

슬기 네에에에.

태모 으흐흐흐 (태희에게)과일 좀 내와.

태희 ?? 며느리 두고 왜 나한테 그래?

태모 아무나면 어때.

채린 (오버랩 벌써 일어나며)제가 해요.

태희 당연하지.

채린 어머님 잠깐 착각하신 거에요.(움직이며)

태모 그래 착각했어.

태희 내가 쟤처럼 생겼어? 뻔히 보면서 무슨 착각이야.

태모 아 말이 헛나갔어.

태희 ‥‥(엄마 보다가)역삼동 오피스텔 비워. 나가 살래.

태원 ??(태희 보는)

태모 나가긴 어딜 나가.(슬기 ??)

태희 (일어나며)여러 면으로 집안 평화 위해서 내가 나가주는 게 좋겠어.(제 방으로/슬기 고개 고모 따라가고)

태모   저거저거 왜 저래. 누가 건드렸어 또.

태원   …(시선 내리고)

태모   내 팔자 참. 이건 전부다 어른이야. 전부다 건드리면 큰일나는
인물 뿐이야 전부다 떠받들구 살어야해 엉?

S# 주방

　　　[과일들 꺼내 놓고]

채린   아줌마..

임실   (저쪽에서)에에..

채린   이거 깎아야죠.(사과. 배)

임실   며느님이 깎으쇼.

채린   …(보다가)아줌마가 더 이쁘게 깎잖아요.

임실   (부은 채 자기 일하며 오며)껍질만 벗기면 되는 게 이쁘구 미운게
(궁시렁궁시렁)

채린   아줌마아아아아.(부탁해요오오오)

임실   …(다가와 과일 자르는)…

채린   (보며)…..

S# 은수의 방

은수   (잠옷/누워서 천장 보며)

준구   …..(지난 시간 슬기 방/보다가 작심하고 무릎 꿇는)

은수   ??

준구   ….(고개 숙이고 있다 들며)제발.부탁해.(눈물)….

은수   ….(보며)

준구   한번만 봐줘..살려줘…

은수   (현재 슬기 방/ 옆으로 돌아눕는)….

자모 E 아 그럭저럭 살다 가아. 인생 별거 아냐아아.

은수 ……

다미 E 차라리 와이프 자리가 특권인줄 아는 여자들처럼 구세요.

S# 다미 아파트

다미 마알간 얼굴로 사람 뚫어지게 보면서 우아하게/ 슬프지 않아
요? 슬퍼요.그럼 나한테 뭘 해줄 건데요.

S# 슬기 방/현재

다미 E 나는 사랑이었지만 오빠는 객고 푼 거겠죠……

S# 다미 아파트/지난 날

다미 이혼 당하면/다시 결혼하기 전 정거장으로라면 모를까 그런
일은 아마 없을 거에요. 오빠는 나를 그렇게 밖에 취급 안해요.

S# 슬기 방

은수 ……

준모 E 경솔/정말 경솔하구나 너.여자 문제 안 겪고 사는 사람 흔하
지 않아.

S# 이모 방/일주일 전

준모 그 여자들 전부다 너같으면 세상에 이혼 안한 사람 없어.참고
넘기는 여자들이 너만 못해서 그런 줄 알어?

S# 슬기 방/현재

은수 (눈 감는)

이모 E 사람 다 거기서 거기‥여자가 바라는 남자두 남자가 바라는
여자두‥그저 내가 그리구 싶은 그림일 뿐이란다‥

은수 ……

S# 슬기 방

태원 (슬기 책 읽어주려 펴는데)

　　[노크..]

태원 네에..

채린 (문 열고)슬기 아직 안자?

슬기 이제 잘 거에요.

채린 아빠 데리러 왔는데.

슬기 아빠 가.

태원 눈 감아. 읽어주께.

슬기 아냐.(책 뺏으며)내가 읽다가 자께..

태원 ....(보며)

슬기 괜찮아. 이제 나혼자 읽다 잘 수 있어..

태원 ...(채린 돌아보고)그래 그럼. (키스해주고)잘자아?

슬기 굿나잇.

태원 굿나잇..(채린과 나간다)..

S# 슬기 방 복도

　　[나와 움직이면서]

채린 태원씨 내 차지 정말 어려워요..

태원 ....

채린 나 잘못했어요?

태원 아니에요..(둘 말없이 움직여 방으로 들어가고)

슬기 (제 방에서 동화책 껴안고 살그머니 나와 계단으로)

S# 계단 거실

슬기 (계단 내려오는/ 전체 등은 꺼지고)

S# 태희의 방 앞

148

슬기 (와서 똑똑똑)

S# 태희 방

태희 (스트레칭 중/불쾌한 채)？？？(일어나 문 열면)

슬기 (동화책 껴안고 올려다보는)

태희 왜애?

슬기 나 고모랑 자면 안돼요?

태희 어그래. 왜 안돼. 안될 게 어딨어.(끌어들이며)들어와들어와.

슬기 (들어오며)고모한테 물어볼 거 있어요.

태희 (스트레칭 폼 잡으며)물어봐….올라가올라가‥

슬기 (침대로)

태희 (몸 늘리며)뭐‥얘기해.

슬기 고모 진짜 여기 안살구 이사갈 거에요?

태희 ？？

슬기 (보며)….

태희 어어어 아냐아아‥괜히 한번 해본 소리야.

슬기 살았다아아(한숨처럼)

태희 ….왜…겁났어?

슬기 (끄덕이며)고모 없으면…쫌….

태희 쫌 뭐…

슬기 아니에요‥운동하세요.(누워 책 펼치는)

태희 채린 아줌마랑 빨리 친해져어어어

슬기 우우웅…그럴려구 했는데 그게…

태희 ….

슬기 아줌마는 내가…별로 안 좋은거 같아요.

태희　그럴 리가아‥ (침대로)그건 니가 잘못 생각하는 거 같은데?

슬기　…(보는)

태희　아줌마가 너한테 직접 너 안좋아한다 그런 거 아니잖아.

슬기　그건 아니지만 …알 수 있어요‥

태희　……(보는)

슬기　나랑 아빠랑 있는 거 싫어해요‥알 수 있어요.

태희　‥아빠 결혼했잖아. 아줌마 아빠 색시구. 그런데 너랑 아빠랑 너어무 친하니까‥그게 좀 싫을 수도 있지 뭐‥응 나래도 그건 좀 싫을 거 같다.

슬기　그래서…고모 이사하지 말아요.

태희　…‥(보다가 슬기에게 엎어지듯 간질이며)안해안해 걱정마. (슬기 으해해해)고모가 미쳤어? 슬기 보구 싶어 어떻게 살라구우우(으해해해 깔깔 으해해해해)

S# 태원 침실

채린　(향수 조금 품어주고 침대로 오르는)

태원　(책보다 조금 비켜주며 누우려 하는)

채린　(태원 잡고 책 빼내서 치우는)

태원　…‥

채린　(앉아서 태원 한 손 잡아 싸쥐고 제 가슴에 붙이고)나 태원씨가 왜 이렇게 좋은지‥정말 불가사의에요.

태원　…‥(보며)

채린　첨 봤을 때부터…‥후후후 서른 넘은 남자가‥ 애 아빠라는데 어쩜 소년 같이 순수해 보여서…놀랐어요.

태원　누워요.(손 빼려 하며)

채린 (안 놓치면서)그런 감정..이건 운명이야...태어나 처음이었구요
..정말 애타게...당신 옆에 오고싶었어요..한번씩..슬기 엄마랑 같
이 누워있는 거 같은 느낌일 때 있지만

태원 (오버랩)그 사람 얘기는 입에 올리지 말라구 부탁했죠..

채린 그래두 난 이 시간이 제일 ..좋아요..손 뻗치면 닿는 곳에 당신
이 있는 이 시간이..

태원 (어깨 잡아 눕히며)누워요..잘 시간이에요..

채린 (좀 달라붙는 듯 눕는)

태원 (나이트 테이블 불 끄려는데)······

채린 ....(더 달라붙는)

태원 ....

S# 현수 원룸

현수 (설거지 마무리하는 중)

광모 (이 층에서 담요 갖고 내려와 소파에서 뻗은 주하에게 덮어주고 현
수 돌아보는)

현수 (종이 키친 타월에 손 물기 닦으며 나오는)가.

광모 엉.

현수 차 놓구.(광모 안 보며)

광모 엉.

현수 (현관으로 움직이려)

광모 (한 팔 잡는)

현수 (보는)

광모 은수 말야..내 생각은 화끈하게 덮어주고 들어가는 게 정답이야.

현수 ...(보는)

광모 이혼 그거 한번해봤으면 됐지 두 번이나 할 일이야? 두 번 했다면 누구나 뭔가 문제가 있구나 그래. 상당히 다르게 본다구.

현수 (오버랩)광모야.

광모 응

현수 그 문제에 대해선 너 입 벌릴 자격 없는 거 아니냐?

광모 알어.

현수 가.(현관으로)

광모 (현관으로)

현수 (광모 신발 돌려 놓아주고 일어나는)

광모 ….(보며 있다가 일어나는 현수 안는다)

현수 (아주 잠깐 있다가 밀어내며)하지 마.

광모 ….(보는)

현수 (등 밀어내며)나가 빨리.

광모 현수야.

현수 (오버랩)가라구.

광모 …(별수 없이 신발 신으며)사랑해.

현수 …(신 신는 거 보며)…

광모 (문 열고 돌아보는)진심이야.

현수 …(그냥 보는)

광모 (나가고 문 닫고)

현수 (터덜터덜 주하 쪽으로)…(탁자에 흐트러진 책들 간추리다가 문득 주하 보는)……

주하 (세상 모르고 자고)……

현수 (간추린 것들 탁자 아래로 치우고 주하 발 나와 있는 것 덮어주고 작

152

은 소리로)쭈쭈 뽀뽀오오……(전체 등 끄고 계단으로)

S# 침실

현수 (올라와 옷 벗는데 주머니에서 전화벨)…(보고 받는) 어엉.

은수 F 회파티 아직이야?

현수 끝났어.

은수 F 맛있었어?

현수 하구 싶은 말 해··

은수 F 언니는 사는 게 어때··

현수 뭐…(화장대 의자에 앉으며)어떤 땐 엿같구 어떤 때는 꽤 살만하
구 중간중간 지루하구….그냥 다 각각 다른 씨나리오 받아들구 태
어나 시나리오대루 살다 죽는 거 아냐? 난 그런 생각이 들어.

S# 슬기 침실

은수 (일어나 무릎 안고 앉아서)

현수 F 아니면 어려운 문제집 한권씩 들고 낑낑낑 문제 풀다 죽는
거 그런 건가·····모르겠다···

은수 엄마가··인생 별거 아니라구 그럭저럭 살다 죽으래.

현수 F ?? 엄마가?

은수 아니 엄마 말이 아니라 시장 떡집 할머니가 며느리한테 하던 말
이래··

S# 현수 침실

현수 (클렌징 얼굴에 찍으며)난 또오.

은수 F 몇살이나 되면 별거 아닌 거 알게 될까··

현수 (문지르며)죽을 때 가까워지면 알게 되겠지.

S# 슬기 방

은수   좀 빨리 알아질 수는 없을까?

현수   F 인생공부에 생략은 없는 거 아니니?

S# 친정 마당(밤)

[잠시 두었다가 천천히]

F.O

S# 준구 마당. 오전 11시경

S# 운동실

회장   (퍼팅 연습 중. 백발백중)

준모   (뚜껑 덮인 찻잔 갖다 놓아주고 일어나는데)

회장   인석 뭐해요.

준모   위에 있어요. 왜요.

회장   쉬는 날 지 댁한테라도 가지 뭐해.

준모   저 알아서 해요.

[골프공 또르르르르 들어가는]

S# 준구의 방

준구   (실내복)·····(침대에 앉아서 머어어엉)·····

S# 과거 어느 여름날. 어느 셀프 케이크 카페

준구   (들어와 테이크아웃 커피 하나 주문하는데)

은수   E (외국인 50대 여자와 주고받으며 들어오는/영어 대화)응.아주아
         주 행복해. 왜 진작 이렇게 살 생각을 못했나 나 바보였다 그래.(준
         구 돌아보는)

친구   (같이 빈자리로)그래 너한테서 긍정 에너지가 넘치는 게 보여.
         연락 못해 미안해. 나두 여러 가지 일이 많았어

은수   (같이 앉으며/준구 시각으로)천만에 매릴린. 나야말로 지옥에서

154

헤매느라 내 정신 아니었어.내가 미안해.우리 몇 년 만이야 나 궁
금한 거 너무 많아..잠깐 매릴린 너 뭐 마실래(일어나며)

친구 (주문할 것 말해주고)

은수 나 너가 와서 정말 좋아..

친구 응 나도 아주 행복해.

은수 (웃으며 진열장으로/커피 들고 보고 있는 준구 무심히 지나쳐 주문
하고 문득 준구 돌아보는)???

준구 아..(잠깐 혼자 웃으며 돌아서는)

은수 ?? (주문대로)..

S# 현재 준구 침실

준구 ......

S# 과거 여름 어느 날

준구 (기사가 들여놓는 골프 클럽. 인사하고 나가고 준구 거실로)

은수 E 지루한 장마 끝나고 본격적인 무더위에 피서는들 다녀오셨
나요?

이모 (포도 먹으며 홈쇼핑 보고 있는)

은수 어쩔수 없이 예산보다 훌쩍 늘어난 피서경비 지출에 마음 살짝
무거우신가요?? 게다가 사랑하는 가족과 함께 보낸 행복한 시간이
/만만치 않게 피곤하시죠?

준구 홈쇼핑 보세요?(이모 보고)

남자 E 어제도 오늘도 내일도 계에속 불볕 더위랍니다. 피곤하신
몸이 하하 이제 늘어지실 일 밖에 없습니다.

이모 (한 손 들어 보이며)재잘재잘 말도 잘한다.

준구 하하..직업인데요.(하며 화면 보는)...???

은수 그래서? 오늘은 힘내자 가족의 건강/순홍삼으로 여러분 찾았
    습니다.

준구 ....

남자 E 꾸준한 건강관리에 홍삼만큼 좋은 게 없다는 거 여러분 이
    미 알고 계시죠?

은수 (생삼 하나 들고)하나 둘 셋 넷 다섯 여섯 이렇게 잎자루 여섯 개
    육년근 백퍼센트 국내산 육년근으로 만든 홍삼제품입니다. 육년
    근 삼은 사람으로 치면 청년기랍니다 여러분··

준구 ....(보고 있는)

    [배경음악 들어오고]

은수 (열심히 떠들고 있는 그림. 공동 진행자와 함께).....

준구 ....(보며)

S# 어느 카페(다른 날)

광고 (준구 선배 40대 중반. 광고 회사 상무.)공중파가 야단났지··점점
    더 할 걸?

준구 저희두 내년 광고예산 재조정 재삭감한대요.

광고 다 그래다··불경기가 벌써 몇 년째야.

준구 홈쇼핑만 살판 났어요 형님·· 이럴 줄 알았으면 즈이두 홈쇼핑
    에 뛰어드는 건데 실기했어요.

광고 하던 거나 해 야. 우리도 먹구 살자.

준구 하하하.

은수 (들어온다/ 현재보다 훨씬 상큼한)

광고 (손 들며)어 오은수씨

은수 (다가오는)상무님 저 찾으셨어요?

156

준구   (일어나고)

광고   잠깐 인사해요..

은수   (준구 보고)

준구   김준구라고 합니다.

은수   ?? 오은수에요..(목례하고)그런데.....아 저번에 까페에서

준구   (오버랩)기억력 굉장하시군요. 맞습니다.

광고   뭐야 구면이야?

준구   아니 저 그런 게 아니라

광고   (오버랩)은수씨 앉아요.

은수   아 저 미팅 시간 다됐는데요 상무님. 그런데 무슨 일로

광고   (오버랩)내 동생 친구에요. 오은수씨 방송 보구 직접 보구 싶대
       서 불렀어요.

은수   네에에..(준구에게 웃으며)어떠세요. 방송에서 보신 거랑 똑같죠?
       같은 사람이에요.

준구   (무슨 말인가 하려는데)

은수   그럼..말씀 나누세요.

광고   (오버랩 좀 당황)아아 잠깐 앉아 커피 한잔 해요.

은수   커피 벌써 넉잔이나 마셨어요 상무님. 그럼(하고 경쾌하게 나가
       는)…

준구   ….(보며 앉는)

광고   (찻잔 들고)쉬었다 나왔는데 금방 완판이야

준구   에에 (찻잔 드는)이상한 매력이 있나봐..잘 팔려.

광고   E 이혼녀야..

준구   (마시다가)???

S# 준구의 방(현재)

준구   (누워서)….

준구   E 김준굽니다.

은수   E 아아. 네 안녕하세요.그런데 실례지만 직업이 뭐에요?

준구   E 회사원인데요..왜 그러시죠?

은수   E 할일 없는 분인 거 같아서요.

준구   E 할일 무지하게 많은 바쁜 사람입니다.

은수   E 티비에서 본 여자들 직접 보러 다니느라구요? 네 그럼 바쁘세요.

준구   E 여보세요 여보세요..

준구   (쓸쓸한 웃음)….

S# 어느 영화관

채린   (기다리고 있고)

태원   (작은 팝콘 기다렸다 받아서 채린에게)마실 거 뭐..

채린   냉커피요.

태원   (자판기로 돌아서는)

채린   슬기 데리구 나가줘서.

태원   ….(돌아보는)

채린   고모 고마워요

태원   (웃는 듯 해주고 자판기로)

채린   ….(보며)

S# 포스코 센터 수족관

　　　[구경하고 있는 태희와 슬기.]

S# 친정 대문에서 뛰쳐나와 골목을 달려 나오는 은수……

158

S# 큰길

은수   (골목에서 뛰어나오는데)…

슬기   E 엄마아아아

은수   (팔 벌리고)

슬기   (안기는)

은수   ….. (안고 보는)

태희   (운전대 옆에서)두 시간이야..

은수   네에..

태희   (운전대로/ 자동차 뜨고)

은수   (아이 깊이 안으며 눈 감는)….

제17회

S# 찜질방

주하 다시는 안 한다 빌고빈다면서 그냥 살어어어. 영리하게 생각
해. 그런 남편 쉽냐? 니 자리 그거 모오든 여자들의 로망이야. 먹고
사는 게 얼마나 고달픈데 넌 평생 그건 모르구 살수 있잖아. 그게
어딘데. 먹고 살기만 해? 딴 여자들 못 누리는 최상위 클라스로/나
좀 후져지냐?(현수에게)

현수 괜찮아. 우리 대체로 다 후져.

S# 카페

자부 우리.. 제 안사람하구 저는…딸 아이 둘…넉넉하게는 못 키워줬
지만…어느 부몬들 안 그렇겠습니까만은..(입 꾹 다물고 있다가)
즈이한테는 세상에 없는 자식이에요…

S# 태원 서재

태원 이번에는 누나가 대신 맡았어요?!!(버럭)

태희 ??? 뭐?

태원 들어온지 얼마 안된 사람이에요. 누나 말법 나 몰라요? 슬기엄마

160

누나한테두 상처 많이 받았어요. 제발 눈에 거슬리는 거 있어두 모르는 척 눈감아 줘요.

태희 싫어싫어가 어느새 좋아좋아 된 거니? 부부가 좋긴 좋구나. 너 쟤 편드는 거야?

S# 태원 침실

채린 정말 어이 없어 못살겠어요. 나 어떻게 도우미 아줌마만도 못해요.아무리 손위 시누라지만 어떻게 시어머니보다 더 무섭게 굴어요? 결혼전하구 후하구 어떻게 저렇게 사람이 달라요.

S# 슬기 방

은수 (한숨처럼)내가…어느 날..와인 좀 마시고…슬기 아빠네 집에서 어떻게 살았나 잠깐 비치면서 나도 모르게 울어버렸을 때…당신 그랬죠..당신한테 오면..평생 울지 않게 해 주겠다. 울일 없을 거라구..

S# 현수 원룸 침실

현수 뭐…(화장대 의자에 앉으며)어떤 땐 엿같구 어떤 때는 꽤 살만하구 중간중간 지루하구….그냥 다 각각 다른 씨나리오 받아들구 태어나 시나리오대루 살다 죽는 거 아냐? 난 그런 생각이 들어.

S# 친정 근처 큰길

은수 (골목에서 뛰어나오는데)…

슬기 E 엄마아아아

은수 (팔 벌리고)

슬기 (안기는)

은수 ..... (안고 보는)

태희 (운전대 옆에서)두 시간이야..

은수   네에..

태희   (운전대로/ 자동차 뜨고)

은수   (아이 깊이 안으며 눈 감는)‥‥

S# 타이틀/17회

S# 집으로 가는 길 A

　　　[모녀 손잡고 걸으며]

슬기   엄마 할먼네 아침에 왔어?

은수   응‥일찍 왔어‥고모한테 마악 졸랐어?

슬기   아니? 수족관 구경하구 엄마 수족관 너무너무 멋있어. 물고기
　　　가 무지무지 많어. 거기 구경할 거 많어.

은수   조르지도 않았는데 고모가 데려다 주셨어?

슬기   으응 그게에? 저번에 한번 얘기했걸랑? 할머니가 무서우니까
　　　고모두 안된댔어. 근데 수족관 구경하구 밥 먹구나서 말해줬어.까
　　　암짝 놀랐어.

은수   그랬구나. 엄마두 까암짝 놀랐어.

슬기   아빠는 아줌마랑 영화보러 갔을 거야‥할머니가 그러랬어.

은수   으응. 할머니가 이뻐해주셔?

슬기   응 근데 할머니 한약 잡숫구 뽀뽀하구 술 먹구 뽀뽀하구 괴로
　　　워 죽겠어.

은수   흐흐 잠깐 참아드리면 되는 건데 뭐. 착한 손녀는 그러는 거야.

슬기   참구 있어.

S# 집으로 가는 길 B

은수   아줌마두 잘해줘?

슬기   응‥‥뭐 못하지는 않는 거 같아.

은수 ??

슬기 그런데 내가 아빠랑 친한 게 좀 싫은가봐.

은수 왜 뭐라 그래?

슬기 아니 이 아빠가 나 재워줄라구 있으면 꼭 아빠 데리러 오니까‥ 근데에? 고모가 그럴 수 있으니까 이해해 주래.

은수 고모 말이 맞는 거 같다‥너두 이제 컸으니까 아빠밝힘증 그거 좀 덜하도록 해‥

슬기 어제는 고모랑 잤어.

은수 ?? 왜애?

슬기 쓸쓸해서‥

은수 ……

슬기 고모두 좋아했어.

은수 피아노는 열심히 쳐?

슬기 그렇게 여어어얼심히는 아니지만 연습은 해.

은수 (그냥 웃고)

S# 집 골목

슬기 엄마는 아저씨가 잘해줘?

은수 응 잘해줘‥많이많이 잘해줘.

슬기 엄마는 좋겠다‥아빠는 아줌마한테 그렇게 잘해주는 거 안같 아‥잘 안웃어.

은수 …(딸 보며)

슬기 할머니는 아줌마 좋아해. 임실 아줌마는 안 좋아하는 거 같어. 내가 보기에 그래(엄마 올려다보며)

은수 (그냥 웃는데)

자모 (냅다 뛰어나오며)슬기야 슬기야아아아

슬기 할머니이.

자모 (부둥켜 안으며)내새끼내새끼 내새끼이이이..

슬기 (비죽비죽)할머니이..

자모 우우우우우우우우...

은수 (보며).....

자부 (대문 앞에서)얼른 데리구 들어와 애 추워어

슬기 할아버지이이(달리고)

자부 어어 허허허허(아이 번쩍 안아 올리는)들어가자 들어가아아(아이 안고 대문 안으로)

자모 (허둥지둥 따라 들어가고)

은수 .....(서서 애달프다)...

S# 마당

S# 마루 주방

자모 (주방에서 쟁반 들고 나오며)떡볶이떡복이..

슬기 (할아버지 무릎에 안겨 있다 내려앉으며 손뼉 친다)떡볶이이이이이..

은수 (포크로 가는 떡 하나 찍어주며)서초동에서두 떡볶이 먹었어?

슬기 아니?

자모 왜애. 슬기 좋아하는데 해 달라지이.(쭈그리고 앉은)

슬기 떡볶이 잊어버렸었어.

자모 그럼 간식 뭐 먹었어. 뭐뭐 먹어.

슬기 우웅 딸기. 망고··사과 그런 거랑 케익 우유 쿠키 그런 거.

자모 뭐 여기서두 다 먹던 거네.

슬기 응 비슷해. 호오.(매워서)

164

은수   (물 집어 먹이며)머리가 빡빡빤짝해?

슬기   아직 빤짝빤빡 안해.

자모   고춧가루 덜 매운 거 썼어 <u>ㅎㅎㅎㅎ</u>

슬기   어쩐지이이이

자모   응? <u>ㅎㅎㅎㅎㅎㅎㅎ</u>

자부   갖구 들어가 먹여. 엄마랑 나 일해야 해.

자모   ? 왜 여보오오. 안 급해애애

자부   데리구 들어가.

은수   괜찮아요.

자부   얼르은.

자모   (오버랩)어 으으으응 맞어..그래 그래 은수야..슬기 일어나 (쟁반 집어 들며)슬기 방에 가서 먹어..(먼저 움직이고)

슬기   (엄마 보고)

은수   (일어나며)그러자 우리.

슬기   으응..(일어나고)

자부   (움직이는 모녀 보면서)….

S# 영화 보는 중인 태원 부부

    [요란한 액션물]

S# 영화 화면··

S# 객석의 태원 부부

채원   ….(보다가 태원 팔 끼면서 기대는)….

태원   (잠깐 돌아보고)

채원   (눈 맞추고 웃고)

태원   (웃는 듯)…..(별수 없이 그냥 두면서)……

S# 과거 어느 오페라 무대

[오페라의 하이라이트/아이다 〈개선행진곡〉이든지. 투란도트 〈네순 도르마 아리아〉든지.]

S# 객석의 은수와 태원/결혼 전/

태원　(돌아보는)

은수　(꼼짝 않고 몰입해 있는)…

태원　(슬쩍 손가락으로 뺨 건드리는)

은수　(인상 쓰며 공연 보라고 야단치는 제스처)

태원　(아아 나는 졸려죽겠어‥눈 감으며 기대는)

은수　….(보다가 달려들어 두 손가락으로 눈 벌리는)

태원　???(주위 돌아보며 입에 손가락 대고)

은수　(눈 째지게 흘기는)

S# 현재/ 객석. 영화 오디오는 계속되고 있고‥

[흐뭇한 채린과 시선 내리고 ……있는 태원.]

S# 친정 슬기 방

[모녀 침대에 나란히 기대어 앉아서 잡은 손으로 박자 맞춰가며]

[영어 동요 소리 내어 같이 부르고 있는.]

[〈three blue pigeons〉.]

[은수는 슬기한테서 시선을 떼지 못하고‥슬기는 그냥 얼굴 앞으로 끄떡끄떡하면서…]

S# 김혜자 선생 연극/오스카 신에게 보내는 편지 무대‥ 하이라이트 좀 보여 주다가

S# 객석

인태　(눈물 흘리며 보고 있는데)

주하 (손수건으로 코 파며 보고 있는)·····

인태 (손수건 꺼내 눈물 닦는)·······

주하 (코 열심히 파다 문득 돌아보면)·····

인태 ·····(아예 손수건 붙이고 울고 있는)

주하 (쿡쿡 찌르고)(울어요? 울었어요? 제스처)

인태 (얼굴 우그러지며 수건 도로 눈에 대고 상체 구부리는)·····

주하 ·····(입 벌리고 보는)······

S# 큰길가

　[슬기와 태희 차 오기 기다리는 은수··슬기 옆에 붙여 안고/슬기는 두
　팔로 엄마 안고··]

은수 (내려다보며)엄마는 항상 슬기 생각해. 항상 슬기가 행복하길
　빌어.

슬기 (올려다보며)

은수 엄마가 바라는 건 슬기 언제나 건강한 거 언제나 착한 슬긴 거.

슬기 (끄덕이는)엄마두.

은수 할아버지 할머니가 얼마나 고마운 분들인지 잊어버리지 마··

슬기 응··

은수 정말 반갑구 고맙구··엄마 좋았어.

슬기 기뻤어?

은수 기뻤어.(와서 멎는 태희 자동차··보는)

슬기 (엄마 시선 따라 보고)고모 차야.

은수 응··

태희 (운전대에서 내려 은수 쪽으로)슬기야 타.

슬기 네에

은수   (뒷문 열어주고 슬기 타고)엄마 뽀뽀.

슬기   (뽀뽀해주고)

은수   안녀엉.

슬기   안녀엉.

은수   (문 닫아주고 보며)....(손 흔들고 슬기도 흔드는데)

태희   들어가 봐.

은수   정말..너무 고마워요 형님.

태희   뭐얼..애가 너무 딱해서 인심 한 번 쓴 거야..혹시나 이런 일 또
          기대하진 마. 엄마 알면 나 가만두겠니? 죽이러 들 거야.

은수   네..

태희   애 입은 꼬매났지?

은수   고모가 다른 사람 모르는 비밀이라 그랬대서 비밀이 맞댔어요..

태희   말귀 잘 알아 들으니까 뭐..간다.

은수   네..

태희   (운전대로)

은수   (차로 다가 들어 딸에게 손 키스 날려주고)...

슬기   (답해주고)

          [출발하는 자동차..]

은수   ....(보며 있는).....(언제까지라도일 것처럼)

S# 집 골목..

은수   ....(들어오고 있는)...

          [대문 앞.]

자모   .....(대문 앞에 서 있는).....

은수   ??...춘데 왜 나와 있어.

168

자모   (은수 전화 내밀며)니 시이모님 전화하셨어.

은수   ??

자모   잠깐 나갔다구 금방 들어온다구 했어.

은수   (전화 받아들고 대문 안으로)

S# 대문 안

자모   (따라 들어오며)어떠냐구. 이제 좀 가라앉았을 텐데‥그러시는
         데 뭐라 대답을 할 수가 있어야지‥그냥 어물어물‥니 아빠는 아직
         괜찮구먼 구우지 이발한다구 나가구‥

은수   (그냥 현관으로)

자모   (따르며)금방이야 금방‥금방 왔었어‥

S# 마루 현관

         [모녀 들어와]

은수   (슬기 방으로)

S# 슬기 방

은수   (들어와 서서)……(있다가 선 채 통화 시도)

         F 벨 가는 소리

S# 이모 방 앞 복도

준모   (차 쟁반 들고 오는데)

         [이모 방에서 울리는 전화벨.]

이모   E 네에 여보세요‥(핸드폰 갖고 있겠죠.)

준모   …

은수   F 저에요 이모님.

이모   어 그래.아가. 내가 전화했었다.들어온 게냐?

준모   ??(들어오며)

은수　F 네에.죄송합니다 이모님.(서서 보는)

이모　오냐 그래. 어떻게 좀 가라앉구 있는 게야?

은수　F 네에….(준모 앉아 차 따르는)

이모　아무리 끔찍한 일두 하루하루 지나면서 무뎌지게 마련이란
　　　다..며칠 지났으니 너두 얼마쯤은 견딜만하지 싶어서

S# 슬기의 방

이모　F 음성이라도 들어볼라구 전화했다..

은수　네 이모님…

이모　F 회장님이 너 언제 오냐구 아주 성화시구나..

은수　……

이모　F ……..여보세요?

은수　…

S# 이모의 방

이모　친정에 폐 그만 끼치구 그만 오렴..시집간 딸 그러구 가 있는
　　　거 부모한테 보통 마음고생 아니야..늬들은 몰라..여기가 니집이
　　　야 응?..

은수　……

이모　(잠깐 기다리다)그래 그만 들어가렴

S# 슬기의 방

은수　네에…(끊기는 전화/전화 내리고)……….(한참 있다가 나간다)

S# 마루

은수　(나오며 보면)

자모　(재봉틀질 열심히 하고 있는)………

은수　…….(보며 가슴이 아리고)…..(엄마는 모르고)……(주방으로 움직이

170

는데)

자모   (그제야 기척 느끼고 돌아보며)응 왜‥

은수   아니 물 마실려구‥(물 꺼내 마시고 보면)

자모   (구부리고 재봉질 계속하는)……

은수   ……(보며)엄마 나좀 나갔다 올게.

자모   응?‥어디.

은수   응 (하며 슬기 방으로)

자모   ‥‥(보며)

S# 시내로 나가는 대로 풍경 잠깐

S# 운전 중인 은수‥

은수   ‥‥‥‥

S# 호텔 사우나

[준구와 정수 들어 앉아 있는‥정수는 아예 누워 있고 준구는 앉아서‥

머리는 무겁고.]

[노크]

준구   예에‥

직원   E 김사장님 부인께서 통화하고 싶으십니다.

준구   ??(벌떡 일어나는)

정수   ??(상체 일으키는데 준구 벌써 튀어 나가는)

S# 사우나 접수대

준구   (가운 입고 나타나 직원이 내미는 전화 가로채듯)여보세요.

은수   F 나에요.

준구   응 여보 말해.

S# 남산타워 전망대에서 내려다보이는 서울‥준구 시각

S# 전망대··

준구 (서 있는)····(바지 주머니에 두 손 찌르고····바깥 내다보면서)····

[승강기 도착 신호음]

준구 (돌아보는)

[내리는 사람들 속에 은수는 없다. 마지막 사람 내리면서]

준구 (다시 유리면으로)·······

[기다리는 준구를 짧게짧게 사이즈 앵글 변화로 시간 경과.]

[승강기 도착 신호음.]

준구 (자동적으로 돌아보고)

[은수 내리고]

준구 (은수 쪽으로)··

은수 (보며)좀 막혔어요.

준구 괜찮아. 그런데 왜 여기야.

은수 기억에 남을 거 같아서.

준구 ??(끝인 거야?)

은수 집에만 있었더니 너무 답답해서····(창 쪽으로)

준구 ····(보다가 옆으로 고개는 은수에게)···

은수 (창밖 보며)·····

준구 ·······

은수 (바깥 보며)차 마시자··

준구 응 그래····

은수 ···(그대로)

S# 전망대 레스토랑

[놓여지는 레몬티와 커피. 종업원 아웃.]

은수 …..(찻잔 내려다보며)내일..들어갈게.

준구 (아아 살았다)…..(보며)

은수 (웃으며 찻잔 드는)당신 입장에서 그럴 수 밖에 없었겠지만 그래두 성의는 보였어. 아마 태어나 처음일 걸? 높이 쳐줄게.

준구 (같이 좀 가벼워지며)알아주니 고맙소.

은수 그런데….(한 모금 마시고 내려놓으며)다시 또 같은 일 만들면 그때는 하늘이 무너져도 아니야.

준구 알아..

은수 나한테 아무 것도 감추지 마. 정직해줘. 그거 약속해.

준구 그래..약속해.

은수 이다미에 대한 감정은 뭐였어.

준구 ….(보다가)그저… 결혼 전 여자였어. 정말이야.

은수 끌려서 만났을 거 아냐.

준구 결혼할 상대는 아니잖아.

은수 여자 정거장 취급하는 남자 …나빠.

준구 ….(보며)

은수 결혼과 은퇴..그건 왜 시켰어.

준구 아버지한테까지 소문이 들어갔대. 어떻게든 수습해야했어.

은수 ….(보다가)당신 이 다미한테 평생 빚쟁이야..그건 돈으로 못갚는 빚이야.

준구 …응…(보며)

은수 그 여자 도와야할 경우 생기면 나하구 먼저 의논해 줘.

준구 ….(보며)

은수 두번다시 만나지는 마. 만나야할 일 있으면 내가 대신 만날게.

준구   ·····알았어.

은수   당신···안 좋아하면서 결혼했던 거 아니야.

준구   ····(보는)

은수   결혼할만큼은 좋아했어··살면서 더/ 더 많이 좋아해야지 ··좋
      아질 거라고 믿었었어 그리구 그래지는 참이었어.

준구   미안해.

은수   (웃는)그말 믿을게. 안 믿으면 당신 집에 들어갈 수가 없으니까.

준구   빨리 아이 가집시다.

은수   응··이모님께 부처님 그만 깨워달라구 부탁드려야겠어.

준구   흠흐흐흐흐(찻잔 들어 마시는)

은수   ·····(가만히 보는)····

S# 태원 거실

슬기   (임실댁 뒤따라/계단 내려오며 가슴 두 번 툭툭 때리고/할머니에
      게)할머니

태모   (머리 만지면서/낮잠 자고 나온 참)오냐오냐.할미가 너머 많이
      잤네. 이럼 밤에 고생하는데 큰일났다.그래 고모랑 나가서 재밌게
      놀았어?

슬기   (앉으며)수족관이 최고였어요. 물고기가 너무너무 멋있구 아름
      다워요··

태희   (차 쟁반 /주방에서 나와 앉는)상어는 뭘 젤 좋아한댔더라아아?

슬기   대구랑 오징어.

태희   아아 머리 좋아 고모 오징어는 생각나는데 또하나가 영 생각
      안나서.

슬기   할머니할머니 물고기들은요? (가슴 톡톡 주먹으로 때리고)오전

에는 채소 먹구요? 오후에는 고기 먹는데요?(톡톡)수족관에는 해
초가 없으니까 대신 상추랑 김을 준대요.(헉헉/토하기 직전)

태모 어어엉(하며 찻잔 들다 보고)슬기야.

슬기 (대답처럼 왜애액/벌건 것 토해놓고/ 토하면서 화장실로 뛰고)…

태모 애 왜 이래..아줌마 아줌마아아..

임실 (뛰어나와 슬기 보고 쫓아 들어가는)??

태희 (한편 휴지 픽픽픽 뽑아 닦으며)…???(뭐지?)

태모 뭐야 뭘 먹여들어온 거야.

태희 글쎄 크림 파스타 먹었는데에?

태모 벌건 게 그게 뭐야..

태희 모르겠는데?

태모 종일 데리구 나가 있던 모르면 어떡해. 들어와 뭐 먹었나 아줌
마한테 물어봐.

태희 응.

S# 화장실

임실 (캑캑거리는 슬기 등 두드리며)어짜꺼나어짜거나 우리 아그.(슬
기는 눈물 콧물)

슬기 다 나온 거 같아요.

임실 아우우 (이마 머리 쓸어 올려주다)?? 아이고오 이게 (여기저기 만
져보며)진땀이것제에에. 쯔쯔쯔..

태희 (들어오는)

임실 (돌아보며)아주 된통 체했나보요.

태희 아줌마 슬기 들어와 뭐 먹었어요.

임실 먹은 거 없는디..과자 먹었냐?

슬기 (고개 흔들고)

임실 올라가 씻자아그야. 씻어야쓰겠어 잉?

태모 (들여다보며)뭐 먹구 체한 거야.

태희 아 몰라아아..슬기야 올라가 씻어 아줌마 빨리 데리구 올라
가요.

태모 벌건 게 뭐냐 말야.

태희 모른다니까?

임실 가자가자..(슬기 데리고 나가는)

태모 병원 가봐야는 거 아냐?

태희 (플러시 하며)좀 두구 보구

태모 두구보다 키워그래. 속에 상채기 난 거면 어떡해.

태희 피는 아닌데 뭐얼.

태모 니가 어떻게 알어.

태희 (그냥 나가고)

S# 욕실 복도

태모 끌끌끌끌.(움직이는 딸 보며)애하날 제대루 못 보구. 어쩐지 불
안불안하더라니.

태희 E 아 뭐 체할 수두 있지이이.

태모 (쫓으며)벌건 게 뭐냐 말야!!

태희 E 모른다니까?

S# 거실 계단

태모 (계단 뛰어 올라가는 딸에게)모르는데 왜 벌건게 나오냐 말야아!!

태희 (그냥 올라가는)

태모 아 여기 안 닦아? (바닥)

176

태희　E 엄마 손 없어?

태모　저런/ 저런저런‥(바닥 토사물 닦으려 휴지통 들고 움직이는데)

채린　E 어머니이.

채린　(들어오며)즈이 들어왔어요오오

태모　(휴지통 바닥에 통)이거 좀 닦아라.

채린　??(그쪽으로)이게 뭐에요 어머니?

태모　(들어오는 태원에게)뭘 잘못 먹었는지 애가 토하구 난리두 아니다.

태원　(벌써 뛰고)

태모　허연 거 먹였다는데 벌건 걸 토해놨어. 무슨 까닭이야 대체. 애 잘 봐. 병원가얄 거 같어.

S# 욕실

태원　(들어오며 벌써 벗어들고 들어온 옷 태희에게 안기는)제가 할께요 아주머니. 누나 나가요. 내가 해요.

　　[물 받으며 임실 아이 옷 벗기고 있다가 비키고.]

태원　괜찮아? 어때 괜찮아?

슬기　(뿌우)아까부터 머리가 아펐었어.

태희　왜 말 안했어어.

슬기　(태희 보며)‥‥

태희　말했으면 약 먹었을 거 아냐.

태원　(오버랩)지금은 지금두 머리 아퍼?

슬기　쪼끔.

태원　(오버랩)그래‥아빠 금방 올게‥기다려‥

슬기　(끄덕이고)

태원   (태희 들고 있는 옷 빼들고 나가고)

태희   (문 닫히는 거 보고)너 뭐 먹었어.(작은 소리)

슬기   ……

태희   응?

슬기   (고개 흔든다)

태희   수유리 할머니네서 아무 것도 안 먹었어? 지금 할머니 난리 났단
     말야/.

슬기   (고개 흔드는)….

태희   고모한테는 말해두 돼..괜찮아..

슬기   (고개 흔들고)….

태희   (보며)….

태원   (바지 갈아입고 티셔츠 내리며 들어오는)누나 나가요.

태희   인상쓰지 마. 애가 체할 수두 있지 뭐.(나가는)

태원   (바로 물 온도 손대서 체크하는)

S# 욕실

슬기   (물에 들어가 있고)…

태원   (스펀지로 등 문질러주고 있는)고모랑 재미있었어?

슬기   응..

태원   과식했어? 뭐 먹었는데..

슬기   크림 스파게티랑 샐러드랑…

태원   할머니 너 붉은 색 토했다 그러시든데 그건 뭘까..

슬기   ….

태원   응? 다른 거 먹은 거 없어?

슬기   수유리 할머니 떡볶이..

태원 ???(손 멈추고)....(아이 보는)

슬기 (아빠 쪽으로 돌아앉으며)고모가 아무한테두 얘기하지 말랬는

데 (비죽비죽)...

태원 ....(보며)

슬기 잘못했어 아빠··응응··미안해 응응··

태원 ...괜찮아 (슬기 얼굴 두 손으로 싸쥐고)니 잘못 아냐··아빠가 미

안해··괜찮아··울지 마··아빠 이해해. 미안해...

S# 태원 서재

태원 (화나서)내가 악질이라 안 보내는 줄 알아요? 애한테 거짓말 시

켜 스트레스 받게 하구 생각없이 무슨 짓이에요.

태희 어린 게 너 채린이 나 돌아가며 지 외가 가게 해달랬다 거절 당

한 게 너무 가엾어서

태원 (오버랩)생각없는 짓했어요. 저 나이에 비밀 갖는 거 결코 좋은

일 아니구 어머니 아셨을 때 부작용 생각해봐요·· 다시는 하지 말

아요.

태희 알었어··알아들었으니까 그만 야단 쳐 응?

태원 ....(보며)

태희 슬기랑 비밀결사 못하겠다. 아니 그런데 왜 나한테까지 떡볶

이 소릴 안해?

태원 그거요······(눈물이 돌면서)외가에서 그거 먹구 탈났다면 누나가

다시는 안 보내 줄 거 같아서 그랬대요.

태희 ······(보며)

태원 왜 내 맘을··이렇게··이렇게 참혹하게 만들어요··

태희 ....(보며)

태원   (돌아서는)….

태희   …(보는)….

S# 태모의 방

태모   (침대에/통장들 수북하게 흐트려놓고 일일이 잔고 체크해 노크에
적고 있는)

[노크와 함께.]

태희   E 떡볶이야 엄마. 그거 먹은 걸 잊어먹었어.

태모   쯔쯔쯔쯔…쥐정신이야??

S# 준구의 방

[도우미들‥침구 바꾸고 있는 중이다‥]

준모   (보고 서 있고)……..

준구   (들어오는)???

준모   새 기분으로 시작하라구./

준구   네에…(옷 벗는)….

준모   됐어요.

[도우미들 인사하고 빠지고.]

준모   (아들 옷 받으며)이모 니처한테 전화하셨었어.

준구   ??

준모   당신 전화가 특효약이었다구 좋아하신다‥어쨌든‥니 아버지
좋아하시구‥일단 수습은 됐으니 한 시름 놨다만 너/

준구   (보며)

준모   다시는 안돼.

준구   ‥네‥

준모   열시에 아버지하구 나 공항 나간다….니처 보구 나가시게 해‥

준구   어디 가시는데요.

준모   제주도..양회장 부인 박물관 오픈 삼주년이래..오픈식 참석은
안해두 되니까 하루 모이자구 몇집 가야하나봐..

준구   예 알았어요…

준모   (나가고)

준구   ……(나가고 나서 전화 꺼내 통화 시도)

　　[벨 가는]

은수   F 네에..

준모   여보 내일 당신 좀

S#   친정 슬기의 주방 마루

자모   (곶감 두어 개 접시에 놓아 들고 슬기 방 앞으로)……은수야. 곶감
먹을래?

은수   E 응 아니 엄마.

S#   슬기 방

자모   (문 열며)말랑말랑한 게…??

은수   (트렁크 채우고 있는)……

자모   ???(들어서는)……

은수   (문득 잠깐 보고)그럭저럭 살라며…… 한번 그래볼려구.

자모   (아이구 잘 생각했네 하고 싶은데 그럼 안 될 거 같고……)

은수   ……(짐 챙기는)……

　　[현관 소리와 함께]

자부   E 나 들어왔어어..

자모   (희익 돌아서며 곶감 바닥으로 뿌려지고 뿌려지거나 말거나)

S#   현관 마루

자모   여보여보(나와서 마루로 가고 있는 남편 쪽으로 내닫다가 찍 미끄러져 엉덩이로 넘어지고)

자부   ?? 사람이 왜 조심성이 없어어(덤벼들어 일으키려 하며)꽁지 안 다쳤어? 괜찮아? 어디 봐 봐(꽁지 만지려)

자모   (남편 손 가볍게 때리며 슬기 방 손가락질)..

자부   ??

자모   (엉금엉금 안방으로)

자부   ???

자모   (엎드린 채 오라는 손짓)

자부   ??(아내에게)

S# 현수의 원룸

　　　[커피 따르고 있는데]

　　　[잔잔한 클래식.]

　　　[작업대의 전화 울리고]

현수   (머그잔 들고 작업대로)어엉.

자모   F 엄마야..

현수   응

자모   F 됐어어 은수 내일 들어간대애..

현수   ?? 어 엄마아빠 축하해...

자모   F 응 고마워흐흐 그래서 저녁 먹으러 오라구. 아빠가 한잔 하재.

현수   알았어요....(끊는데)

광모   (들어오는)...

현수   ....(주방 쪽으로)...

광모   얘 아직 안 들어왔어?

현수 엉‥커피 줘?

광모 (식탁으로)응……뭐하구 있어‥

현수 (커피 따르며)그냥 빈둥빈둥.

광모 (의자 빼 앉으며)난 운동장 가 공차구…샤워하구…간짜장 불러
먹구 낮잠잤어… 자기 전에 내가 얼마나 너를 괴롭혔나…에이 인간
쓰레기 그러구‥깨서는 어떻게 그렇게까지 멍청했을까/에이 천치
밥통…했어…

현수 (커피 놓아주며 앉는)

광모 음악이 바뀌었네‥

현수 에프엠이야.

광모 훨 좋다‥(머그잔 들며)광석이 형 지겨웠는데‥이젠 듣지 마‥

현수 난 좋아.

광모 비극이잖아‥니가 그런 거 좋아해서 나같은 자식 놓구 그렇게
오래 비극이었던 거야. 바꿔.

현수 (보는)…

광모 (마시고 내리면서)여기 오면서‥나 좀 울었어‥그 동안 니 마음
어땠을까 뭉클하더니 눈물이 나더라구‥그래서 내 인생에 이제
…너 말고 여자는 절대 없기로…어금니 힘 빡 주구 결심했어.(머그
잔 내려다보며)

현수 …‥(보며)

광모 (보는)오직 너한테만 너 하나한테만 내 모든 걸 바쳐서…바칠
거야‥ 내 진심을 받아줘 현수야.

현수 …‥(보며)

광모 (오버랩)주하 딴 사람 생길 때까지 기다리면 돼. 그때까지 너랑

나만 알면서 그렇게 지내다가

현수 (오버랩)그냥..전처럼 지내..주하 등 뒤에서 그런 거..하기 싫어..

광모 나는 지금처럼 안돼. 벌써 안되구 있는데 뭐..니가 특별해..널 믿구 좋아하기는 했어두 이렇게 특별했던 감정은 아니었어. 지금 은 니가 특별해. 아주 특별해.

현수 .....(보며)

광모 뭐냐....뭐라 그럼 좋을지 모르겠다..절대 금가면 안되는 이가 빠져도 안되는 죽는 날까지 그대애로 간직해야하는..내 보물같은 그런 거....

현수 (고개 돌리며 픽)

광모 왜 웃냐아..창피하게.

현수 말 디게 못한다.(커피 마시는)

광모 암튼 그렇단 말야.

현수 전처럼 지내자구.

광모 응..주하 그 밥친구랑 잘 됐으면 좋겠다.

현수 아닌 거 같던데 뭐..

S# 어느 카페

인태 정말 고마워요 박선생, 재미두 없는 얘기 들어줘서.

주하 재미있는 얘기는 얼마 안돼 잊어버리지만 김선생 오늘 얘기는 쉽게 안 잊어버리겠어요.

인태 스트레스 받으셨다면 미안합니다.

주하 아니에요 느낀 바가 많아요..부인 ..젊은 나이에 그렇게 갔지만 김선생님같은 남편...모든 여자들의 꿈일 거에요.

인태 아니 그건 아니에요...빼놓구 얘기해서 그렇지 저..잘못한 거 너무 많아요. 마지막 가까워오면서는/지쳐서 빨리 끝났으면 하는 생각도 했었어요.장례 끝내고는 이제 자고싶은 만큼 잘 수 있겠구나 그런 생각도 했었구요.

주하 사람이니까요‥긴병에 효자 없다잖아요‥그게 자연스러운 걸 거에요.

인태 예‥저두 그렇게 자기변명을 하기는 했었는데 ‥그래두 한번씩 집 사람한테 너무 미안해요.

주하 아들은 잘 지낸대요?

인태 (웃으며)저는 호주 체질이래요‥너무 좋다구 저보구두 들어오래요.

주하 네에‥

인태 아내가 부탁하고 떠났어요.

주하 ??

인태 절대로 삼년이상 혼자 있지 말라구‥‥건강하고 성격좋은 사람 만나서 행복하게 살라구‥

주하 네에‥

인태 참 믿을 수 없는 게 사람인 거 같아요. 그럴 수 없을 거 같았는데 요즘은‥누구 가깝게 느낄 수 있는 사람이 있었으면 해요.

주하 네 자연스러운 거에요.

인태 남자는 아니구 여자로.

주하 하하하 네에‥

인태 저기 저녁까지 먹자면 너무‥‥.저 지루하죠.

주하 아니 뭐 그렇지는 않지만 으흐 그렇지는 않지만 밖에 너무 오래 있으면 피곤해서요. 들어가 파자마 입구 퍼졌으면 좋겠어요.

인태 아 예..그럼...(일어나며)눈치없이 미안합니다..일어나세요.

주하 네..일어나요..(소지품 챙기는)

S# 친정 골목(밤)

S# 안방

아빠 (상 들어올 자리 만들고)

은수 (문 열고)

　　[현수와 엄마 차려진 상 마주 들고 들어오는.]

자부 뭐야 상다리 부러지겠네 응?

자모 이것저것 좀 했지이이..(잡채/돼지갈비 구이/나물 무침/고등어 조림 등등/상 놓으며)갈비부터 먹어. 식으면 맛없어. 앉아앉아.(딸들에게)엄마 밥 퍼 올게 먼저 시작해.

은수 언니.(자리 좀 만들어. 찌개 냄비 들고)

현수 어...(반찬 그릇 두어 개 치우고 자리 만들고)

은수 (놓고)…

자부 건 뭐야.

현수 겨울에 진미 생태찌개.

자부 허허..좋다아아..(다 같이 앉고 현수 소주병 따서 아빠에게/아빠 받고)

현수 사모님?

은수 네에?(술 받고/ 병 받아 현수에게)선생님?

현수 네에?(따라지고)

　　[셋 술잔 들고]

현수 애물단지 한 마디 해라.

은수 애물단지 철수합니다아아

186

[작게 웃으며 부딪치고 마시는 삼부녀.]

자부 자전거 타구 다니기 춥잖어? 차 갖다 타아.

현수 광모가 데려다 줬어요.기온 뚝뚝 떨어지구 있어서 이따는 더
  출 거라구 전화하래요. 데리러 온다구.(하다 은수 보면 은수 보고 있
  다)뭐어..

은수 아냐 좋은 친구라구.

현수 아빠 한잔 더.

자부 어 그래. 잡채 먹어. (은수에게)너 먹으라구 만든 거잖아.(술 받는)

은수 네

자모 (밥 쟁반 들고 들어오며)아냐아아 갈비부터 먹어..식으면 기름
  껴. 갈비갈비.

자부 누가 들으면 소갈빈 줄 알겠네.

자모 으흐흐흐 돼지갈비두 갈비잖어어 닭갈비두 갈비.

자부 그래그래(갈비 집으며)고마워고마워 허허허허

자모 (밥공기 차례로 놓으며)밥 밥. 밥 먹어..찌개랑 밥 먹어 은수야.

현수 아빠 밥?

자부 아니 우선 술.

현수 나두.(밥 공기 두 개 얼른 내려놓는)

자모 아으아으 아으으으으으.

  [현수 아빠 소리 내어 웃는······]

S# 집 전경과 골목(밤)

  [골목에 광모 차가 와서 멎고 광모 차에서 내려 대문 쪽으로··]

  [현관에서 나오는 아빠와 현수··]

광모 (두 손가락으로 머리 좀 만지고 옷도 좀 만지고)

부녀   앞자락 여며. 춰. 괜찮아 금방 차 타는데 뭐. (어쩌고 잡담)

광모   (뒤꿈치 들고)안녕하십니까. 아버님.

자부   어어어…(나오며)오랜만에 본다 너.

광모   예에 죄송합니다 아버님.

자부   고오맙다. 어이타타‥

현수   (타며)들어가세요오.

자부   어엉

광모   그럼 가보겠습니다. 안녕히 쉬십시오 (꾸뻑)

자부   어어

   [광모 타고 출발하는 자동차.]

S# 원룸 앞길

   [저만큼서부터 들어와 원룸 앞에 와서 멎는 광모의 자동차‥]

S# 차 안

광모   (벨트 풀며 돌아보면)

현수   (고개 숙이고 혼자 쓰게 웃고 있는)

광모   ??(들여다보듯)

현수   (고개 뒤로 젖혀 기대며)광모야.

광모   어‥

현수   나 차아암 비굴하다?

광모   ??

현수   니가…니가아아 그렇게 나와주니까…그렇게 나와 준 게…싫지
   않아. 아니 좋아‥그런데 있지…한편 차아암 그래….

광모   ….(보며)

현수   니가 뭔데 나…십오년이나 걸려 그 소릴 듣냐‥

188

광모　나 아무 것도 아냐.개날라리야.

현수　(오버랩)나 얼마나 시시하길래 십오년만에 그 소리 듣구 ··흐 윽··그래두 그게···상채기 빨간약 바르구 거즈 붙인 거 처럼··위안이 되니.

광모　·····(한정 없이 미안)····

현수　(몸 일으키며)마음이라는 게 뭘까. 나 왜 이렇게 바보같을까···· 그래서 서글퍼··(벨트 푸는)정말 서글프다··(내리려 손잡이에 팔)

광모　(팔 잡는)····

현수　(돌아보는)·····

광모　(당겨서 안으며/정식 입맞춤)··(그냥 붙이기만 하는)

현수　(눈물 흘리며 그대로)······

광모　(떼고 보는데)

현수　(얼싸 안으며)응응응 응응응··

광모　미안해 현수야··미안해 잘못했어··미안해애애애애

현수　응응응응 응응응응

S# 현수 원룸

주하　(파자마 차림/)엄마 바보야? 결혼식장에서 소박맞는 애한테 선 자리가 어떻게 들어와아··(주방에 서서··)

주하모　(한약 팩들 냉장고에 집어넣으며)나두 알어 기집애야.(한약 상 자 두 개)

주하　알면서 선자리 안들어온다는 푸념 웃기잖어··

주모　밥은 어떻게 먹구 다녀.(냉장 박스 밀어넣으며)

주하　그동안 굶어죽었어두 몰랐을 거면서 뭘 관심있는 척해.

주모　(냉장고 문 탁 닫고 돌아보는)???(이 악물고)

주하 자알 먹구 있어. 걱정마.

주모 현수가 눈치 안줘?

주하 아니. 현수랑 나는 찰떡 궁합이야. 조금 더 맞춰보구 우리 결혼
    할까 그래.

주모 뭐뭐뭐야?

주하 뭐. 여자들끼리 결혼하면 안될거 있어?

주모 너너 느네들 혹시 현수 개 혹시

주하 (오버랩)엄마 얼굴 이상해 진정해.

주모 그게 무슨 소리야.

주하 아 그런 거 아냐. 미쳐 무슨 말을 못해. 농담 좀 알아들으슈에?

주모 누가 너랑 농담하재?

주하 흑염소는 무슨..개소주 아닌게 천만다행이지만.(투덜거리는)
    개소주였으면 나 현수한테 쫓겨났다.

주모 (소지품 챙기며)군소리 말구 한봉두 버리지 말구 다 먹어. 현수두.

주하 현수는 안 먹을 거야.

주모 (나서며)그럼 니가 다 먹어.

주하 (입 풀룩풀룩)

주모 어엉?(돌아보는)

주하 네에에에..(얼른 뛰어 신발 놓아주는)

주모 (신으며)어이그으으으 내 팔자야.

주하 안녕히 갑쇼오오.

주모 (한번 흘겨주고 나가고/ 바로)

현수 E 어 어머니 오셨어요?

주모 E 오냐..주하 좀 잘 부탁한다..

현수   E 네에 안녕히 가세요오오

주하   (문 열어주고)

현수   (들어오며)웬일이시니?

주하   흑염소 약 갖구 왔어. (들어가며) 울엄마는 엄마노릇 흑염소 개
    소주 멕이는 걸루 다한다 생각하잖아.

현수   (웃으며 애들 잠깐 챙기고 물 가지러)

주하   너두 먹으래.

현수   ??

주하   니꺼두 해 왔어.

현수   나 안 먹어.

주하   그럴 줄 알았다. 엄마 갖다 드려.

현수   …(물 꺼내 마시고)저녁까지 먹구 들어왔어?

주하   (소파에 퍼지면서)들어와 대충 먹었어.

현수   은수 들어간댄다.

주하   (벌떡 일어나며)내 말대루 거기 그림 그려 출근시킨대니?

현수   (어이없이 체 웃고)쭈쭈뽀뽀 올라가자 올라가.

주하   현수야.

현수   (올라가며)어엉.

주하   밥친구 너무 불쌍해서 잠친구두 해주구 싶더라.

현수   (멈추고 돌아보며)뭐어어?

S# 태원 거실

임실댁   (태모 방에서 나와 전체 등 끄고 들어가는)

S# 슬기의 방

슬기   (잠들어 있고)…

태원   (마주 누워··자는 딸 보며)········

  [노크···]

태원   (눈 감는다)··········

채린   ····(들어오며)아직 안 자요?····

태원   ·······

채린   (다가와 보며)····태원씨····태원씨·······(보다가 방에 불 끄고 나가고)····

태원   (방문 닫히자 일어나 앉아서)·······(무겁게 일어나 나가는)

S# 복도

태원   (슬기 방에서 나와 서재로)·····

S# 서재

태원   (들어오며 불 켜고)········(한동안 서 있다가 불 끄고 나가는)

S# 부부 침실

채린   (화장대에 앉아서)······

태원   (들어온다)

채린   (벌떡 일어나며)깼어요? 내가 깨웠어요?

태원   어···잠깐 잠들었었어요··(침대로/파자마 미리 입어주세요)

채린   (전체 등 끄고 제 쪽 사이드 등 켜며 침대 올라가며)안 깨길래 곤히 잠들었구나 그랬는데····

태원   (등 돌리며)잘 자요.

채린   잘자요 여보··

태원   ····(눈 뜨는)····

S# 친정 슬기의 방

은수   (침대 앉아 수건으로 머리 싸고 얼굴에 로션 바르고 있는/ 옆에 헤어 드라이어 놓여 있고)·····

192

슬기 E 그런데 내가 아빠랑 친한 게 좀 싫은가봐….아니이 아빠가 나 재워줄라구 있으면 꼭 아빠 데리러 오니까··근데에? 고모가 그럴 수 있으니까 이해해 주래.

은수 …..

슬기 E 어제는 고모랑 잤어…..쓸쓸해서….쓸쓸해서

은수 (헤어드라이어 강풍으로 스위치 넣고 머리 수건 풀어내는)

F.O

S# 준구 대문 앞. 오전

[들어와 멎는 준구 차와 은수 차.]

[사용인들 인사하고/은수 차는 준구가 기사 하나 데리고 가 갖고 왔습니다.]

준구 (은수 어깨 안고)

은수 가방.(은수 차에서 내려지는 가방)

준구 (움직이며)별 걱정을 다해. 부탁해요.

기사 예 사장님.

S# 대문 안

[들어오는 준구와 은수··은수 집 건물 보며…]

은수 (집 건물 보며)…………(그러다 남편 보면)

준구 집이 반가와 한다.

은수 어떻게 알아요?

준구 안들려? 어서오세요 사모님 그러는데…(하는데)

도우미1 E 어서 오세요 사모님.

준구 봐 내말이 맞지.

은수 안녕하셨어요.

도우미2　(나오며)사모님 오셨어요?

은수　네‥잘 지내셨죠?

도우미1　(도우미2에게 기사가 갖고 오는 가방 받으라는 눈짓하며)네에 사모님.(도우미2 기사에게 움직이고)

S#　현관 안. 복도

[들어오는 부부‥ 곧장‥거실로.]

[가방 따라 들어오고 도우미2 조용히 부부 뒤따라 거실 통해 이 층으로/뒤에서.]

S#　거실

준구 부부　(나타나는데)

이모　어서 오너라. 돌아가신 엄마 아버지 살어오신 만큼은 아니지만 그 담으로 반갑다.

은수　(목례하고)

이모　응응‥(인사하라는 손짓)

은수　(시부모에게 목례)심려끼쳐 죄송합니다 아버님 어머님.

회장　오냐‥지금 니 어머니랑 너 보구 일어날려구 기다리는 참이다.

은수　제주도 가신다면서요 아버님.

회장　(일어나며/준모 일어나고)찾아주는 사람 있을 때가 좋은 거라구 니 어머니 보살님한테 훈시듣구 있는 참이다.

이모　(따라 일어나)훈시는 무슨 잔소리지.

준모　나가세요.

회장　(현관으로/준모 따르고)

은수　(준구와 따르려다 준모 핸드백 보고)어머님임‥(핸드백 들고 준모에게)

준모   아유..한번씩 이러드라.

이모   바루 그게 나이야 나이..

회장   허허허허..

S# 현관 밖

　　[나오는 회장 부부와 준구 부부.]

준모   들어가라.

은수   다녀오세요 어머님..

준모   그래.

은수   아버님. 파이팅하세요!!

회장   오냐 너두 파이팅이다..

준구   (더 따라나가는)

은수   (웃음기 사라지며 보는)....

S# 거실

이모   (도우미1 세워놓고)점심 만둣국. 저녁은 먼저 미꾸라지 얼궈논
　　　　거 추어탕 끓여 먹자. 찬 아무 것도 필요없어. 간단히 해. 회장님 안
　　　　계시니 우리끼리 닐리리 맘모다.(자기 방으로)

도우미1   (소리 내어 웃고)

은수   (들어온다)

이모   (두 손 내밀고)

은수   (올라와 두 손 잡는)

이모   내가 아주 너 보구 싶어 눈이 다 진물렀다. 봐라 봐.

은수   (조금 소리 내어 웃는)흐흐홋. 저두요 이모님.

이모   잘 생각했다. 현명하게 생각했어. 너 더 살어봐. 그냥 그놈이
　　　　그놈이야. 맨 그놈이야. 그러나 우리 준구는 그놈 중에 한 놈은 아

널 거야..원래 방탕망탕한 녀석은 아니야 응? (들어오는 준구)

이모   올라가 올라가. 내려올 거 없어. 점심 만두 먹구 저녁 추어탕이 야. 너 할 일 없어. 어이 데리구 올라가 이 나쁜 놈..(괜히 발 구르며 으름장)

준구   ...

이모   (들어가고)

준구   올라갑시다.

　　　[둘 움직이는.]

S# 계단 올라가는..

S# 침실

　　　[들어오는 둘..]

준구   (은수 코트 벗겨주며)소감이 어때.

은수   솔직해두 되지?

준구   언젠 물어보구 솔직했어?

은수   정원 들어오면서 당신은 /집이 반가와 한댔는데 그 순간 나는 아아 버겁다..

준구   ....(보는)

은수   (준구 들고 있는 코트와 핸드백 드레스 룸으로/핸드백 먼저 놓으며) 계단 올라오면서 계단이라도 없었으면..(돌아보며 웃는)아버님 어 머님 이층으로 올라오시면 안되나.

준구   무슨 말도 안되는

은수   그러게..

준구   엄마 당신 환영하느라 침구두 바꾸게 하셨어.

은수   응 고마우셔.

준구   (와서 등 뒤에서 안으며)‥나 잠깐 한시간만. 메일 처리 좀 하구.

은수   편하게 해.

준구   (목에 키스하려)

은수   (피하며)나가‥옷 갈아입게.

준구   ···(보며)

은수   (생긋 웃는)나가주세요오오오

준구   알았어. (나가고)

은수   (준구 나가자 서둘러 욕실로)

S# 욕실

은수   (들어와 치약 묻히며)괜찮아. 괜찮아괜찮아‥(거울 보며 닦기 시
         작하는)·······

S# 은수 방

       [남편 속옷 다림질하려 다리미판 세우고 다리미 다리미판 위에/옷들/
       대충 펴는데]

       [문자 들어오는 소리]

은수   (화장대 전화 집어 열어보면)

현수   E 주하 그러는데 바람질하고 니 남편처럼 출근부 도장찍으며
         싹싹비는 남자도 흔치 않대. 데리구 들어가 수세미로 박박 문질러
         닦아 새걸루 쓰고 살란다.

은수   ···(씁쓸하고···문자 치는)

       [현수 침실]

       [현수는 침대에 주하는 바닥 침구에 엎드려 핸드폰 만지며 딸기 먹고
       있는]

       [현수 메시지 음.]

현수 (보고)고맙다고 전하란다.

주하 어엉..(둘 다 핸드폰 검색하면서 잠시 사이 두었다가)....(벌떡 일어나 앉으면서)연극보다가 손수건으로 얼굴 싸고 흐느끼는 남자 어떻게 생각하니.

현수 ???

주하 그게 백혈병으로 죽어가는 열 살짜리 소년하구 늙은 간호사 할머니 우정이었거든.나 이상하게 코가 말라서 여얼심히 코파구 있다 부시럭거려서 보니까 글쎄 이 남자 손수건으로 얼굴 덮고 울고 있는 거야.

현수 와이프가 병으로 죽었다 그러지 않았어?

주하 죽기 전에 잘못했던 게 너무 미안해서 참을 수 없었대.

현수 나쁜 사람은 아니구나 머..

주하 연극 끝나면 곧장 튀어들어올라구 했는데 불쌍해서 커피까지 마셔줬다.(딸기 집으며)

현수 그래서 잠친구까지 해줘야겠다구?

주하 ?? 이 남자 불쌍한 척 코스프렌가? 내가 속구 있는 건가?

현수 ...가짜루 울었다구?

주하 삼년이상 혼자 있지 말구 건강한 사람 만나 행복하게 살라구 부탁하구 죽었댄다. 괜찮은 부부였던 거 같아.(엎드리다 말고)어 얘 안광모 본병 도진 거 아니냐? 왜 밥 먹으러 안와 무슨 짓하구 다니는 거야.

현수 귀찮아 배달 시켜 먹는댔잖어.

주하 어제는 왔었니?

현수 잠깐..밥 안 먹었어.공차구 들어가 시켜 먹구 저녁은 나 우리

198

집 갔었구… 신경쓰여?

주하 (엎드리며)밤낮 들락거리다가 조용하니까 이상하잖어··

현수 ·····(보며)

주하 (핸드폰 만지며)뭔 짓 시작한 거야 애··틀림없어··

현수 ····(보며)···흑염소 안먹어?

주하 나중에·· 배 좀 꺼지면··

현수 ····(그냥 보며)

S# 준구 서재

준구 (켜진 컴퓨터 앞에 기대어 앉아 있는)·······(컴퓨터 보며)······(일어나는)

S# 준구 부부 침실

은수 (다리미질하고 있는)·····

준구 (들어온다)

은수 (잠깐 보고 일 계속하는데)

준구 (은수 옆으로 와)지금 꼭 해야 해?

은수 ?? 할 일 해야지 왜?

준구 (다리미 스위치 끄며)이모님두 안 계신데 우리두 좀 쉬자. 이렇게 할 일없는 때가 어딨어.(껴안으며)휴가 연장이야. 편안하게 편안하게(하며 키스하려)

은수 (얼굴 비켜 밀어내며)할일 두구 안 편해. 방해하지 마.(다리미 스위치 넣으려는데)

준구 (그 팔 잡으며 껴안고 침대로/완력이다.)

은수 하지 마 하지 마. 하지 마.(고개 아래로 꺾고 밀어내지만 힘을 못당해 침대에 쓰러트려지고/준구 얼굴 피하며 버둥질 치다가)하지 마아아아!!!

준구   ???

은수   (불끈 일어나 준구 가슴 두 손으로 퍽 밀어내며)무시하지 마.당신 인형 아니야. 나 좀 존중해 달라구우!!

준구   ??

은수   (침대 내려서 두 주먹)무시하지 마. 나 사람이야 여자야.

준구   내가 언제 무시했어.

은수   무시하니까 이런 행동하지. 내 맘이 어떤지 내 몸이 어떤지 나한테 물어봤어?

준구   무시하는데 그 앞에 무릎까지 꿇어?

은수   나때문 아니잖아. 당신 자신 때문에 한 거야

준구   ??

은수   E 당신 부모님 당신 집안 당신 경력

은수   그런 거 때문에 어쩔 수 없이 한 거잖아.

준구   (일어나 마주)사람 진심 그렇게 몰라야 하는 거야?

은수   진심이면 최소한 덮어놓구 무조건 당신 하구싶은대루/ 내 마음 내 기분 같은 거 아무 상관없이 이러지는 않아야지.

준구   빌어먹을 얼마나. 벌써 한참 전 일이구 우리 화해했으면 됐잖아. 덮구 끝내기로 했으면 된 거 아니냔 말야.

은수   아직 이건 아니야. 당신한테 안기구 싶지 않아. 안구 싶지 않아.. (다리미 판으로)

준구   ……(보다가)고고하게 굴지 마.

은수   (휙 돌아보는)

준구   일년 열두달 와이프 거들떠도 안 보는 남자 수두룩 해.

은수 그래서 황송하라구? 당신이 뭔데. 당신이 은총이기라두 해?

준구 좀 지면 안돼? 그렇게 꼬박꼬박 받아쳐야겠어?

은수 언제는 꼬박꼬박 받아치는 게 미치게 사랑스럽다 그랬어.

준구 결혼 전이야.

은수 나는 여전히 나야. 변한 건 당신이야. 배신한 거두 당신이구.

준구 ……

은수 (스위치 넣고 다리미질 시작)….

준구 거죽만 웃고 있는 여자 무섭다….(장으로/겉옷 거칠게 꺼내며)

은수 거죽만 웃는 것도 죽을 힘 다하는 거야.

준구 그럴 거 뭐하러 들어왔어.

은수 두 번 이혼녀 안 될려구.(울음 치밀며)그럭저럭 살아볼려구우…

준구 ……(보다가)그래. 끝까지 기죽지 마쇼. 기 죽으면 매력없어…기
     다리지. (문으로 가다가 멈추고 돌아보며)괜찮은 날에 침대에 빨간
     풍선 하나 띄워놔 줘. 그 전엔 털끝하나 안 건드릴테니까‥

은수 ……

준구 (나가고)

은수 (다리미질하던 남편 팬티 확 집어 두 손으로 마구 구겨버리는)……..

S# 어느 실내 수영장

    [수영하는 준구. 다이빙대에서 떨어질 수 있나요? 정수와 함께….]

S# 은수 부부 침실

은수 (앉아서 차 마시고 있는)……….

S# 백화점 액세서리 코너

    [태원과 슬기‥헤어밴드 이것저것 고르고 있는/판매원 도움받으며/ 부
    녀 서로 의견이 엇갈리고 작은 다툼./대여섯 개 판매대에.]

S# 태원의 거실

임실 (계단 걸레질해 내려오고 있는 중/꾸덜꾸덜)....(무슨 소린지 다 정
확하지 않아도 상관없음. 며느리 됐다 귀먹을 거야 삶아 먹을 거야. 여우
가 도습을 한 거지 손 하나 까딱 안 하고 어쩌구 저쩌구)

S# 태모의 방

채린 (태모 어깨 주무르고 두드리면서)우후후후후 아버지 얼마나 굳
짜신데요. 즈이 아직두 이면지 쓰구 비누 바닥에 은박지 붙여 써요
어머니. 밤에는 불 다 끄고 더듬구 다니다 작년 겨울에 엄마 넘어
져 다치시구는 겨우 코너등 하나에서 두 개로 늘었어요.

태모 아니이이 나두 낭비는 못 참는 사람이지만 그래두 있는 사람
들이 웬만큼은 쓰면서 살아야 나라 경제에두 보탬이 되는 건데··사
부인이 답답하시겠네.

채린 평생 그러구 사니까 엄마두 아버지 비슷해져서 별로 불평 없
어요··

태모 그래두 혼수는 뭐 어지간히 해 보내셨드구나.

채린 그건 엄마가 아버지 모르게 따로 하셨어요, 아버지 아시면 엄마
쫓겨나요.

태모 원 쯔쯔쯔.

채린 즈이 친정은 외식두 잘 안하지만 하게 돼두 비싼 덴 안가요. 곰
탕 설렁탕 집이거나 동네 일식집 같은데.

태모 (오버랩)그렇게 모았으니 얼마나 큰 재산일꾸. 우리는 안돼··
저 된장녀때매두 안되구 슬기 애비두 옷값이 만만치 않어. 내가 원
래 소싯적부터 애들 옷에는 신경을 좀 썼어···밤톨같이 이쁜 내 새
끼들 최고급으로만 짝짝 빼입혀 키웠지.

채린   아버진 저한테 상속같은 거 안하신대요.

태모   ?? (돌아보는)

채린   전 재산 모교에 기부하신대요.

태모   아니 …아니 어떻게‥하나 밖에 없는 딸한테.에으에으 말씀이 그러신 거겠지.

채린   아니 즈이 아버지 그러실 거에요. 아닌 말씀은 하는 분이 아니거든요.

태모   ‥‥‥(며느리에게서 고개 앞으로 돌아오며)‥‥‥ (찻잔 들다가)애‥차 좀 더 하자.

채린   네 네 어머니(찻잔 받아들고 나가고)

태모   ‥‥‥‥‥(일어나 침대 옆 테이블 전화 집어 들고 통화 시도)‥‥어댔냐.

S# 어느 핸드백 매장

태희   청담동.

태모   F 또 뭐 또 뭐에 질르구 있는 거야.

태희   아직 안 질렀어 그냥 구경하는 중이야.

태모   F 정신차려 이것아. 백은 무슨 백이야.

S# 태모의 방

태모   백이 없어 백이야?

태희   F 왜애 왜 찾는데에에.(채린 차 들고 들어오는)

태모   아냐‥빨리 들어와 끊어.(끊고)아줌마 뭐하냐.

채린   청소하는 중인데요 어머니.

태모   나 이제 됐으니까(찻잔 집으며) 그만 나가 아줌마 좀 거들어 줘 ‥아줌마 나이가 얼마야 응?

채린   네 어머니.

태모　그래.(끄덕이고)

채린　(나가고)

태모　(찻잔 입에 올리다가 멈추고)······에이 말이 그렇다는 거겠지이이
　　　(마시는)

S# 친정 부모 마루

　　[부부 수선일 하다가 남편이 아내 손가락 주물러주고 있는 중이다··]

자모　(남편이 손가락 쭉 훑어내자)아으 시원해····(한 번 더)응 시원해.
　　　시원해··

자부　(옆에 손가락 만지면서)고생시켜 미안해.

자모　?? 으흐흐흐 고생 나만 했나? 당신 고생시켜 미안해애.

자부　그건 할 소리가 아니야아

자모　요 요새는 남자들보다 더 크게 돈 버는 여자들두 많다는데··
　　　난 요거 밖에 안돼서 미안하다는 거지.

자부　속아파. 그런 소리 하지 마아··

자모　아그으으(나머지 손으로 남편 얼굴 만지며)당신이 얼마나 미남
　　　자였는데에에··

자부　흐흐흐 누구는···누구는 인물이 빠졌나 어디.

자모　나는 여보 이만큼 밥먹구 사는 거 너무 좋아. 남한테 아쉬운 소
　　　리 안하구 빚두 안지구 우리 괜찮잖어.

자부　웅.

자모　돈이 아아무리 많어두 부족한 사람은 마음이 가난한 사람이
　　　래. 나는 부족한 게 없어. 그냥 지금이 좋아. 그래서 나는 부우우자
　　　야 여보.

자부　(손 바꾸면서)복받은 성품이야··당신같은 사람 만나 나는 복받

204

은 사람이구.

자모 으흐흐흐 나두 복받은 순심이구 응?

자부 흐흐흐흐흐..두이다 바보다.

부부 (소리 내어 웃는)....

S# 다미 아파트 거실

다미 (현관문 열어주고)

차실장 (들어선다)..

다미 금방 나가야 해요 시간 없다니까.

차실장 (올라서며)지쳐서 주사 맞춰 내보낸다구 연락해 놨어. 내가
하는 일이 뭐냐.(들어와 소파로)

다미 ....(보며)

차 (앉으며)이리 와.

다미 더 할 얘기 없어요.

차 더 할 얘기가 있어..이리와.

다미 (소파로 움직여 앉는)

차 너는 회사에서 너 이용해 먹을려는 수작이라 그러지만 다미야
나는 회사 입장하고 또 달라. 나는 너한테 특별한 애정이 있는 놈
이야. 니 오래비 같은 심정이란 말이다.

다미 ......(보며)

차 ...(보다가)그래. 안 믿는다 그거지. 니 눈을 보면 알아. 너 나 안
믿어.

다미 믿고 안 믿고 상관없이 기자회견까지 해놓고 어떻게 뒤집으라
는 거에요. 도대체 말이 되는 소리냐구요.

차 어차피 뒤집을 거였잖아. 석달 뒤 뒤집으니 지금 뒤집으나 무

슨 차이야 기집애야.

다미 장난쳐요?

차 석달 뒤면 장난 아냐?

다미 회사가 약속했잖아요.

차 (탁자 손바닥으로 두드리며)사정이 달라졌다니까아!! 대작 드라마야 출연료 최고야. 일주일 사흘만 달래. 나머진 영화 한편 시에프 얼마든지 할 수 있어.팔십억 매출이야. 거기에 니 이름 부친 홈쇼핑 최소 이백억 대박 간단해. 니가 회사면 그걸 포기할 거 같아?!!

다미 (보며)

차 이런 찬스가 계속/항상 있는 게 아냐. 너두/ 너한테두 니 상품 가치 완전 극대화 시킬 수 있는 절호의 타이밍이란 말야 이 멍텅구리야.

다미 계약 끝나요.

차 안 끝나. 내가 못 끝내. 대표도 너 절대 안 놔줘.

다미 내가 사인 안하면 그만이에요.

차 다미야.

다미 일 다 끝내구 놀다 석달 뒤 뒤집으면 웃기는 년 정도지만 지금 바로 뒤집고 일 계속한다면 완전 미친 년돼요.

차 그거 간단하다니까 야!! 남자여자 깨지는데 석달 씩 왜 필요해. 알고보니 남자 집안에서 연예인 출신 반가와 안하더라. 너무 순진했다. 갈등했다. 그러던 차 놓치기 싫은 일감이 마구 굴러들어왔다. 결혼은 때가 아니라는 생각이 들었다. 일이나 해야겠다.간단하잖아아..

다미 ....(보며)

차　회사가 알아서 해..너는 그냥 가만히만 있으면 돼..

다미　(오버랩)일이 싫으면요.

차　....(보는)

다미　(일어나며)일이 싫으면.

차　니 식구들 어떡하구.

다미　실장님이 걱정할 문제 아니에요.

차　(벌떡 일어나며)그 자식 제대로 망가뜨려 봐???

다미　???(휙 돌아보는)

차　어엉?··그래 볼까?

다미　·······(보며)

S# **와인 바로 들어서는 준구와 정수**

　　　[인사받고 자리 잡고 앉는데··]

　　　[준구 전화벨··]

준구　(전화 꺼내 보고 아예 전원 죽이는) 다미야. 조금 있다가 너 통화
　　해 봐.

정수　그럴 거 까지 뭐 있냐··통화 추적까지 한다든?

준구　·····(대꾸 없이 와인 받는데)····

　　　[정수 전화 울린다.]

정수　(보고 받는)어 다미야 오빠다.

준구　(돌아보는)

정수　응···응···뭐?····응···응 ··그래 일 끝내구 연락해라··(끊고)기획사
　　가 결혼 은퇴 취소하라 그런단다.

준구　????

제18회

S# 집으로 오는 골목

은수 조르지도 않았는데 고모가 데려다 주셨어?

슬기 으응 그게에? 저번에 한번 얘기했걸랑? 할머니가 무서우니까
고모두 안된댔어. 근데 수족관 구경하구 밥 먹구나서 말해줬어. 까
암짝 놀랐어.

은수 그랬구나. 엄마두 까암짝 놀랐어.

주하 (코 열심히 파다 문득 돌아보면)……

S# 연극 관람 중

인태 ……(아예 손수건 붙이고 울고 있는)

주하 (쿡쿡 찌르고)(울어요? 울었어요? 제스처)

인태 (얼굴 우그러지며 수선 도로 눈에 대고 상체 구부리는)……

주하 ……(입 벌리고 보는)……

S# 남산타워 레스토랑

은수 이다미에 대한 감정은 뭐였어.

준구 ……(보다가)그저… 결혼 전 여자였어. 정말이야.

은수　끌려서 만났을 거 아냐.

준구　결혼할 상대는 아니잖아.

은수　여자 정거장 취급하는 남자 …나빠.

S#　태원 거실

슬기　(대답처럼 왜애액/벌건 것 토해놓고/ 토하면서 화장실로 뛰고)…

태모　얘 왜 이래..아줌마 아줌마아아..

임실　(뛰어나와 슬기 보고 쫓아 들어가는)？？

S#　태원 서재

태원　그거요……(눈물이 돌면서)외가에서 그거 먹구 탈났다면 누나가
　　다시는 안 보내 줄 거 같아서 그랬대요.

태희　……(보며)

태원　왜 내 맘을 ..이렇게 ..이렇게 참혹하게 만들어요..

S#　현수 원룸

광모　(마시고 내리면서)여기 오면서..나 좀 울었어..그 동안 니 마음
　　어땠을까 뭉클하더니 눈물이 나더라구..그래서 내 인생에 이제….
　　너 말고 여자는 절대 없기로…어금니 힘 빡 주구 결심했어.(머그잔
　　내려다보며)

S#　준구 침실

준구　거죽만 웃고 있는 여자 무섭다….(장으로/겉옷 거칠게 꺼내며)

은수　거죽만 웃는 것도 죽을 힘 다하는 거야.

준구　그럴 거 뭐하러 들어왔어.

은수　두 번 이혼녀 안 될려구.(울음 치밀며)그럭저럭 살아볼려구우…

S#　다미 거실

다미　회사가 약속했잖아요.

차   (탁자 손바닥으로 두드리며)사정이 달라졌다니까아!! 대작 드
   라마야 출연료 최고야. 일주일 사흘만 달래. 나머진 영화 한편 시에
   프 얼마든지 할 수 있어.팔십억 매출이야. 거기에 니 이름 부친 홈
   쇼핑 최소 이백억 대박 간단해. 니가 회사면 그걸 포기할 거 같아?!

S# 와인 바

정수   기획사가 결혼 은퇴 취소하라 그런단다.

준구   ????!

S# 타이틀

   18회 시작.

S# 준구네 마당/밤 6시경

   [현관에서 나와 서는 은수.]

   [들어오는 준구.]

은수   ....(보며)

준구   (시선 아래로/맥이 없다).........(걸어 들어오다가 문득 아내 보고 걸
   음 빠르게)

은수   (지나쳐 들어가는 남편 따라 들어가는)

S# 현관 거실

준구   (들어와 거실로)

은수   (준구 구두 한옆으로 바르게 놓고 거실로 움직이는)

이모   E 시간 맞춰 들어오는구나.저녁은 추어탕이다.

준구   E 전 저녁 생각 없어요 이모님.

이모   왜.

준구   밖에서 뭐 좀 먹었어요.

이모   날마다 먹는 거 아니니 좀 있다가라두 먹어둬..

준구　네.(하고 은수에게)약 먹을 물 좀 줘요.

은수　(주방으로)

이모　(움직이는 준구)무슨 약을 먹어.

준구　(돌아다도 안 보고)머리가 좀 아파서요.

이모　….(보다가)뭐 잘 안굴러가는 게야?

준구　아니에요‥

이모　너머어어 신경쓰지 마라. 몸 상해.

준구　네에…

이모　(읽고 있던 불경으로)….

준구　(사라지고)

은수　(물 들고 나와 계단으로)

S# 준구 침실

준구　(들어오며 벗은 옷 던져놓고 침대에 털썩 누워버리는)………(눈 뜨
고 있다가 문 소리에 감는다)…

은수　(들어와 물 나이트 테이블에 놓고 드레스 룸 약장 쪽으로)

준구　(눈 감고)…….

은수　(약 꺼내 들고 옆으로)약.

준구　….

은수　(약 물컵 옆에 놓고 나가는)

준구　(일어나 앉아 약 먹고 다시 픽 눕는다)…..

S# 어느 스튜디오 패션지 화보 찍고 있는 다미/드레스 몇 벌‥
[자연스럽게 현장감 살려주세요.]

S# 준구의 침실

준구　………(눈 뜨고 있는 채)‥(있다가 벌떡 일어나 벗어놓았던 옷 주머

니에서 전화 꺼내 통화 시도)

  [벨 가는]

정수 F 어 아직 연락없어. 호준이가 휘트니스에 있대서 가는 중이야.
  저녁이나 먹을라구. 그 자식 본지두 좀 되거든.

준구 알았어.(끊는)····

S# 스튜디오

다미 (또 다른 드레스 마지막 촬영. 몇 커트 찍고 끝내는 멘트 현장에 맞게
  해 주시고 서로 서로 수고했다는 인사도 나누고/다미 촬영 자리에서 벗
  어나는/스타일리스트 따라붙고)

S# 스튜디오 밖

  [옷 갈아입고 스타일리스트와 함께 나오는 다미.]

로드 (와서 화장 케이스랑 그런 것들 스타일리스트에게서 받는)

다미 집(움직이는데)

스타일리스트 언니.(오버랩)

다미 (보면)

차 (저쪽 자기 차 앞에 서서 이쪽 보고 있는)·····

S# 기획사 대표실

차 (계약서 둘 사이에 놓여 있고)사인해··

다미 ···(보며)

차 말 들어 다미야. 나만 좋자구 회사만 좋자구 이러는 거 아냐, 너
  한테도 해될 거 없단 말야 엉?

다미 ····(그냥 보며)

차 오년만 하자. 오년··오년 뒤에는 니가 원하는대로 풀어줄게. 그
  땐 나두 이 일 집어치우구 고향에 가 장엇집이나 내구 살란다 응?

다미　석달 뒤에 얘기해요.(일어나려)

차　이 기집애가 귓구멍 막혔어? 어디서 벌떡벌떡 일어나 이게.

다미　재계약 안한다구 했어요. 이건 내 뜻이 아니라 차실장 욕심이
잖아요.

차　그래 내 욕심 한푼어치도 없다면 그건 거짓말이다 엉. 빌빌거
리던 너 여기까지 올려논 게 누구야. 굽신굽신 니년 배역 구걸해다
이만큼 키워 이제부터 추수좀 할 참 아냐 엉? 어떤 시러배 아들놈
이 그래 누우렇게 익은 벼 추수 안하구 그냥 썩혀 이기집애야.

다미　…(보며)

차　앉어..앉어서 얘기하자 응?

다미　….(폭 앉으며)석달 뒤에 해요.

차　(보며)…

다미　약속대로 삼개월 뒤에요.

차　드라마 일월 중순에 스타트야. 영화 일월 말에 크랭크인이야.
홈쇼핑 이월 초에 시작이다. 석달 뒤?나 데리구 장난쳐 지금??!!!!

다미　….(보며)

차　다미야 난 돈 없다.(달래는) 이 바닥 십년 굴러 아직 변변한 집
한 채도 없어 너두 알잖아. 내가 오남매에 맏이야. 너나 나나 부모
잘못 태어나 온통 전부 다가 나한테 매달려 있잖아. 나 좀 봐주라 다
미야.

다미　….(보며)

차　휴가 열흘 줄테니까 아무데나 너 가고 싶은데 가서 쉬고 와 일하
자 우리. 호텔 최고로 비행기 일등석으로 경비 전부 회사에서 댈테
니까 응?

다미   석달 뒤에 결정해요.

차   ‥‥(보다가)앵무새냐? 다미야 너‥‥ 그거 풀어버리면 어떻게 될
       지 알지.

다미   ???‥‥‥

차   E 저기(대표실)금고에 얌전하게 들어있어. 김준구자식이랑 니
       사진도.

다미   ‥‥(보며)??

차   우리 그짓까지는 하게 만들지 말자.

다미   ‥‥‥(보다가 주스 잔 집어 던져버리는)‥‥

차   (피하면서도 맞고)그래‥(닦아내며)이해해‥이해한다‥이해한
       다구‥

다미   (노려보는)‥‥‥

S# 준구의 주방
     [추어탕. 이모와 은수.]

이모   ‥‥뭐 들은 얘기 없니?

은수   (보는)??

이모   전석말야‥애가 왜 굳었어. 저녁두 안 먹는다 그러구.

은수   (작게 소곤거리는)저한테 화났어요 이모님.

이모   ??(소곤거리는)왜애‥

은수   (잠깐 주방 쪽 보고)손대지 말랬더니요.

이모   (입 한번 벌리고/아아)‥‥ㅎㅎㅎㅎㅎㅎ. 알았다 알었어 으ㅎㅎ
       ㅎㅎ. 벌 받아야지 그럼 자알했다‥‥원 방귀꾼 눔이 성낸다더니 쯔
       쯔쯔쯔.

은수   (조금 웃는 듯)

S# 샤워하고 있는 준구………

S# 밴에 실려가고 있는 다미……

S# 준구 주방

은수　(치워진 식탁에 차 내고 있는 중)……

S# 준구 욕실

준구　(수건 감고 있는데)

　　　[메시지 음(드레스 룸에서)]

준구　(서둘러 움직이는)‥

S# 드레스 룸

준구　(나와 전화 집어 보면)

　　　[제이슨 리.]

다미　E 아파트로 와줘.

준구　E (망설이다 답신)정수하구 얘기해.

다미　E (사이 잠깐)정수오빠 상관없어. 와줘.

준구　E 와이프하고 약속했다.

S# 다미 밴 안

준구　E 정수 기다려.

다미　(그냥 전화 접어버리고/머리 뒤로 기대는)…….(선글라스 써주세요)

스타일리스트　(뒤에서 돌아보며)언니 저녁 뭐 먹어야죠.

다미　……

스타일리스트　(보며)……

S# 준구의 침실

준구　(침대 걸터앉아서 전화 내려다보고 있다가 정수 불러 문자 치는)

준구　다미 일 끝난 거 같다. 연락해봐.(전송)…

S# 드레스 룸

준구　(머리 헤어드라이어로 말리고 있는/거의 말라가는)……

　　　　[전화벨.]

준구　(받는)어. 나야.

정수　F 야 얘 전화 꺼놨다. 잠깐 있어.

준구　??

S# 어느 레스토랑

정수　(친구 호준과 식사 중이다가 테이블 빠져나가는)……얘 뭐냐 대체..
일 끝나고 연락한다 그랬으면 받어얄 거 아냐. 완전 지 멋대로야
얘. 이거 너를 봐야겠다는 거지 내가 아니라는 거잖아. 당연한 소
리지만.

S# 준구 드레스 룸

준구　……좀 있다가 다시 해봐.

정수　F 뭐라대.

준구　아파트로 오래.

정수　F 알았어.. 계속 해 볼게.

준구　(끊으며)……(있다가 제이슨 리 통화 기록 지우는)…

은수　(들어와 준구가 벗어놓은 옷들/바지까지 집어 팔에 걸치고 드레스
룸 쪽으로)

준구　(머리 만지는)

은수　추어탕 괜찮았는데…

준구　….

은수　두통은 사라졌어?

준구　애쓰지 마. 친절한 척 안 해두 돼.

은수   …알았어. (옷장으로)

준구   (갈아입을 옷 챙겨드는)….

은수   (옷 거는데)

준구   E 이다미 전화 왔었어.

은수   (돌아보는)

준구   (드레스 룸에서 옷 입으며)아파트로 와달라는데 당신하구 약속 했기 때문에 안된다 그랬어.

은수   가고는 싶은데?

준구   사람 말을 왜 그렇게 받아.(옷 입으며 나오는) 숨기지 말래서 보고하는 거야.

은수   …고마워…미안해…

준구   소속사에서 결혼발표 취소하라 그러나봐.

은수   ??

준구   정수한테 그러드래. 그거 때문에 찾는 걸 거야.

은수   …..(보는)

준구   정수한테 만나보라 그랬어.

은수   결혼발표 기획사에서 한 거잖아.

준구   (출입구로)꺼졌나하며 다시 살아나구 가라 앉었나하면 다시 떠오르구 제길할.

은수   (오버랩)만나기는 만나야겠네.

준구   (돌아보는)

은수   (연결)정수씨가 당신은 아니잖어.

준구   같이 가자구?

은수   직접 뛰어야지 소방대원 보낼 일 아닌 거 같다.

준구 정수 얘기 들어보구. 만나야하면 보고하구 만날게.

은수 응 그래 줘.(장으로)

준구 (나가는)…

은수 ……(준구가 벗어놓은 세탁물들 챙기면서)…

S# 태원의 거실

채린 (차와 과일 내고 있는 중)

태원 (표 안 나게 도와주고 있고 채린은 그런 태원이 너무 좋고)…

태모 슬기야아.

슬기 네.

태모 어린 속에 너무 매운 건 안 좋아. 할미가 보니까 니가 매운 걸 너무 좋아하는 거 같아서 그게 맘에 안 들어.

슬기 매운 게 맛있어요.

태모 새엄마 말이 맞어.더 자랄 때까지 고등학생 될 때까지는 너무 매운 음식은 되도록 먹지 마웅?

슬기 네에.

채린 피부도 나빠진다니까?

슬기 네.

태모 뭘 아나 도나개나 마구재비루 앨 키워서는(중얼거리는)

태원 (오버랩)슬기 안 피곤해? 아빠랑 올라갈까?

슬기 응 백화점을 너무 많이 걸어다녔어. 다리 아플라구 해.

태원 올라가자. 아빠가 다리 만져줄게.

슬기 좋아좋아.ㅎㅎㅎ

태원 할머니께 인사.

슬기 안녕히 주무세요.

태모 벌써 어떻게 자. 이제 일곱신데.

슬기 으흐흐흐흐.

   [태원 슬기 앞세우고]

태모 과일 좀 올려다 주렴.

채린 네..(일어나 주방)

태모 이건 뭐하느라 안 들어와.(과일 찍으며)

S# 주방

채린 (들어오며)아줌마 이층 올라갈 과일 좀 깎아줘요.

임실 (설거지하면서)나 바쁭게 새댁이 하쇼잉.

채린 ....(그냥 냉장고 여는데/과일 꺼내려)

임실 설거지를 새댁이 하등가.

채린 (과일 꺼내며)잠깐이면 되잖아요..

임실 (수전 틀어 손 씻으며 꿍얼꿍얼)어떻게 과일 깎는 거 하나두 안 가르쳐 보냈으까잉.

채린 ??(잠깐 보고 과일 꺼내는)

S# 슬기의 방

슬기 (앞서 들어오며)응? 왜애애?

태원 악세사리 가게 처음부터 끝까지 다아 봤지. 아동복 가게 처음부터 끝까지 다아 봤지.그것만? 너랑 아아무 상관없는 옷 핸드백 구두 가게두 그냥 안 지나치구 다아 기웃거리면서 아빠 나는 백화점이 좋아 백화점이 좋아.(부녀 침대에 나란히 걸터앉는)그거 보면서 아 아아 우리 슬기가 틀림없는 여자구나했단 말야.

슬기 으으응..난 또오.

태원 다리 올려 놔.

슬기 응‥(부녀 침대에 더 오르고)

태원 (양말 벗기면서)에고오오오 이 쪼그만 발이 언제 커서 하이일 신
고 쇼핑 다닐까.

슬기 응 나두 빨리 컸으면 좋겠어.

태원 니가 그만큼 크면 아빠는 늙어.

슬기 그럼 크지 마?

태원 하하 니 맘대루? (발바닥 간질이는 / 긁어주는)

슬기 아하하하 아빠 하지 마아아아.(웃는 부녀)

S# 거실

태모 (제 방으로 가는 태희 보며)얼마나 퍼쓰느라 이렇게 늦으셔.

태희 지레 겁먹지 마셔. 눈에 차는 게 없어서 발품만 팔다 들어오는
거야.

채린 (과일 쟁반 들고 나오며)형님 들어오셨어요.

태희 엉 나 저녁 먹어야 해.

채린 네에‥

태모 (벌써 찻잔 놓고 일어나며)발품만 팔었는데 그 쇼핑백은 뭐야.

태희 캐시미어 두 개 샀어 어이그으으으(제 방으로)

태모 (태희 방으로)입을 게 없어서? 옷장이 미어터지는구먼‥어디
좀 봐‥

태희 보긴 뭘 봐아(들어가고)

태모 (따라 들어가고)

채린 아줌마아!! 고모 상 차려요오오(계단으로)

S# 태희의 방

태희 (쇼핑백 거꾸로 / 셀로판에 사인 스웨터 두 개)봐‥뭐 네벌 사구 두

220

벌 샀달까봐?

태모   (딸 보는)....

태희   보라구.

태모   재…채린이 재 아버지 전재산 자기 모교에 기부한다 그런단다.

태희   ???

태모   상속 안한다 그런대.

태희   지가 그래?

태모   지가 안 그럼 내가 사둔한테 물어봤겠냐?

태희   상속 재산 얼마나 되냐구 물어봤어?

태모   미쳤냐? 그런 걸 물어보게.

태희   그 소리 왜 나온 건데.

태모   아 묻지두 않은 소릴 지가/ 뭐 외식두 겨우 곰탕 설렁탕 그러면
서 지 아부지가 얼마나 구두쇤지 어쩌구저쩌구 하더니 상속 없다
소릴 하더라구.

태희   까르르르르 엄마 충격먹었겠네.

태모   내가 충격 먹을 게 뭐 있어. 상속 받으면 그게 내꺼야?

태희   설마아 어떻게 전재산 다 기부야.(스웨터 집어 들며)

태모   즈이 아버지는 말한대루 하는 사람이래.

태희   .....(보며)

태모   그러면서 아아무렇지두 않어. 섭섭한 기색 요만큼두 없어. 그게
더 수상해.

태희   그래서 애까지 달린 우리 집에 딸 보낸 건가?

태모   ??

태희   사둔 간이식에 십만원 갖다 줬다잖어. 어떻게든 사는 집에 딸 집

어넣는 걸로 자기들 걱정없이 죽자 응? 그건거 같으면 엄마 두 집이 완전히 동상이몽이었던 거 아냐 깔깔.

태모 웃음이 나와?

태희 그럼 울어? 채린이 상속 받는다구 내 꺼 불어나? 내껀 결정돼 있는건데 뭐.

태모 ……

태희 으흐흐흐 엄마 고래 잡은 줄 알았더니 송사리야?

태모 설마아아아..

태희 그게 진짜래두 설마 어느 정도 딸 몫은 챙겨주겠지. 통째루 다 먹을 줄 알았던 엄마 욕심에는 턱도 없겠지만 응?

태모 (딸 말이 귀에 안 들어오는)설마아아아아

S# 이 층 복도

채린 (제 방에서 발 로션 들고 나와 슬기 방으로)

　　[노크]

태원 E 네에.

S# 슬기 방

채린 (들어오며)이거 바르구 맛사지 해 주세요. 발이랑 다리 스트레스 풀어주는 로션이에요. 시원해요.

태원 아(슬기 발 만져주다 받고)고마워요.

채린 하와이에서 우리 썼었잖아요.

태원 잊어버렸어요.(과일은 이미 들어와 있습니다)

채린 슬기 딸기 더 갖다 줄까?

슬기 (사과 먹으며)이거 먹으면 돼요.

태원 나 커피 마시구 싶은데..

채린   나두요..갖구 올게요.

슬기   아줌마 그럼 딸기 세알만 더요.

채린   응 알았어. (나이스하게/나가고)

태원   (로션 손바닥에 짜면서)아줌마가 슬기한테 신경 많이 써주네..
이런 것도 챙겨주고..

슬기   응.(대답은 하지만)

태원   이거 디게 시원해..박하 사탕 같아져..자아 바르자아아아..

슬기   으으으으(닿는 게 싫어서)

태원   (소리 내어 웃으며 이마에 제 이마 가볍게 찧는)

S# 청계천 데이트 코스(밤)

현수   (포즈 이렇게 저렇게 잡아주고)

주하   (그때마다 핸드폰 사진 찍어주며)좋지 끌려나오기 잘했지.

현수   야 입이 얼어서 술 취한 거 같아. 말 시키지 마.

주하   깔깔깔..나 아니면 겨울 밤에 여기와 히히덕거릴 일이 어딨냐.
내 덕인줄 알아.

현수   (주하 핸드폰 뺏어 주머니에)니꺼 내놔.

주하   엉.(제 핸드폰 주고 포즈 잡아주며)서울서 태어나 서울 살면서 못
가본 데가 얼마나 많냐. 생전 들어본 적두 없는 동네 이름이 부지기
수잖아.

현수   가만 좀 있어.

주하   (입 다물고 한 커트 찍혀주고)우리 할머니는 야 계동서 태어나
아는 데라고는 동대문 남대문 남산 한강 밖에는 모르구 사시다 돌
아가셨단다. 우리 엄마는 여태 지하철을 한번두 못타보구/

현수   입 다물어.

주하 (잠깐 포즈 취해주고 찍히고)그러니까 지구를 놓구 봤을 때 우리가 밟아보구 가는게 글쎄 새끼 발톱 한 개두 못되는 거 아닐까?

현수 아 가만 좀 있어어어. 찍을 수가 없잖아.

주하 그냥 막 찍어. 찍으면 되잖아.

현수 야. 이런거 (입 벌린)이런거(다른 모양 입 벌린 거)찍으래?

주하 아하하하하.

현수 손시려..이따 광모한테 찍어달래.(전화 주하 가슴에)

주하 (핸드폰 받으며)(받아 주머니에 넣으며 현수 팔 끼며)그런 거 생각하면 우주까지 동원할 거두 없이 너무 허무하지 않니?

현수 (걷기 시작하며)….

주하 개미 쳇바퀴가 다른 게 아냐 우리두 마찬가지야. 집 회사 집 회사 집. 집 학교 집 학교 집 병원 집 병원. 우리다 그러구 살어웅?

현수 ….

주하 기껏 여름 휴가 기껏 주말 영화 기껏 청계천 나들이 웅?

현수 (앞 보며)광모 온다.

광모 (캔 커피 봉지 옷 속에 넣어갖고 좀 뛰어와서 나누어주는)

주하 (장갑 벗고 캔 두 손으로)으으 따끈해애.

현수 (주머니 벌려)여기 너줘.

광모 엉.(주머니에 캔 하나)이 겨울에 무슨 초친 맛이냐. 어디 들어가 따끈한 정종에 어묵탕이나 먹자..

주하 광장시장 아직 멀었어어.(현수 팔 끼고 걸으며)

광모 아 진짜 거기까지 가겠다는 거야?

주하 먹을 거 천국이라 그런다니까?

광모 너 밥통이 네 개냐? 가봤자 뭘 얼마나 더먹을 거라구. 우리 저녁

먹구 이십분두 안됐어야.(옆으로)

주하 걷다보면 배 꺼져어어

광모 얘 감기들어. 얘감기 잘 들잖어. (두리번거리며)어디 들어가자‥

주하 지가 싫으니까 니 핑계댄다.

현수 조금만 더 가보자.

광모 그래? 안 춰?

현수 좀 만 더 가봐.

광모 그래. 그러지 뭐 그럼.

주하 야 꼬시구 싶은 기집애 아니라구 푸대접인 거냐?

광모 꼬시구싶은 기집앨 미련하게 왜 이런 델 데려오냐.

주하 너 나 데리구 인수봉 올라가겠잖아.(멈추며)

광모 내가 언제.

주하 뭐?

광모 나 그런 적 없어.

주하 야아

광모 (오버랩)나 한달 전에 죽은 놈이야.내가 죽는 것과 동시에 내 과거도 같이 죽고 한달 전 그 이전 기억은 전혀 아무 것도 없어. 그 러니까 과거 얘기 하지 마라. 난 모르는 일이야.

주하 얘 이게 무슨 소리냐.

현수 구신 씻나락 까먹는 소리.

주하 아하하하하하

광모 (현수 보는)

현수 걸어어어‥(걸으며)

S# 준구 집 정원(밤)

S# 이모의 방

은수 (이모 책 들고 소리 내어 읽고 있는)악행은 스스로 그 죄를 받고 선행은 스스로 그 복을 받는다..

이모 약자수조 선자수복

은수 그 열매는 지은 사람에게서 무르익으니 다른 사람이 자신을 대신할 수 없다.(보면)

이모 E (보는 은수)역각수숙 피불자대.

이모 습선득선역여종첨. 산행을 하면 선의 열매를 얻으니 또한 달콤한 씨앗을 뿌리는 것과 같다아아·· 올라가 쉬어라.

은수 괜찮아요 이모님.

이모 올라가·· 뭐 조 먹여 재워얄 거 아냐.

은수 네에··

이모 그래.

은수 그럼 편히 쉬세요 이모님.

이모 오냐··

은수 (일어나고)

S# 준구 서재

준구 (전화 한 손에 들고 기대어 앉아서)········(더는 못 참고 통화 시도하며 몸 일으키고)

　　　[신호 가는 소리.]

정수 F 어 지금 막 걸려던 참야.

준구 (오버랩)연락 됐어?

정수 F 아냐. 불통이야.(준구 실망)

S# 이동 중 차 안(기사 있음)

정수 이건 나는 필요없다는 의미 아니냐? 그뒤에 조용하냐?·····골치
  아프게 군다 참··아무래두 니가 나서야할 거 같다··

S# 준구 서재

준구 ·····

정수 F 어디 상갓집 생겼다 사기쳐서서라도 지금이라도 가봐·· 무슨 얘
  긴지는 들어봐얄 거 아냐 엉?

준구 ·····

정수 와이프 옆에 있니?

준구 아니.

정수 F 끊고 와이프 옆에 가 있어. 내가 상가 생겼다는 전화 해줄게.

준구 ·····

정수 F 엉?

준구 아냐··그랬다가 들통나면 나 바로 아웃이야.

정수 F 들통이 왜나 너랑 나랑인데

준구 (오버랩)다미 걔 못 믿어. 우리 집 사람 언제 다미 찾아갈지도 모
  르구.(하는데)

은수 (들어선다)

준구 끊어.

정수 F 어 나 들어간다.

준구 (끊으며)무서워 소리 좀 내구 다녀/

은수 무슨 모의 중이었어.

준구 전화꺼놓고 안 받는대. 상갓집 간다 그러구 가 만나보래.

은수 ·····(보다가)안 들어가?

준구 딴 방 가 잘 거야. 이불 준비해 줘.

은수 딴 방에 가서 통화할려구?

준구 ....(보다가) (일어나며)도대체 얼굴이 몇 개야. 당신 내가 알던 여자가 아니야. (나가고)

은수 (따르는)보여줄 기회가 없었으니까.

S# 침실로 옮기면서

준구 그래서 몇 개냐구.

은수 상대 따라서겠지.나두 몰라.

S# 다미의 거실‥

다미 (바닥에 퍼질러 앉아 혼자 술 마시고 있는/와인 잔 비우고 따르려 보면 병이 비어 있고)‥‥‥(짚고 일어나 흔들흔들 주방으로)‥‥‥(와인 셀러에서 와인 한 병 꺼내 병 따개로 따려는데 취해서 코르크 마개에 나선 마개 집어넣는 것도 안 된다)‥‥(와인 병 주르르륵 밀고 주룩 밀린 와인 병은 바닥으로 떨어져 깨져버리고)‥‥‥(잠깐 멈췄다가 그만두고 양주병 꺼내 놓고 대접에 얼음 뽑다 멈추고)흐흐흐 와이프랑 약속해서 못와? ‥ 안돼?‥흐훗‥(대접의 얼음 손으로 유리컵에 서너 알 떠 넣고 술 따라 들고 흔들흔들 거실 소파로)그래애…그렇단 말이지이이‥너는 내가 죽거나 말거나…죽거나 말거나…흐흥 죽거나 말 거나아아…(푸욱 소파에 앉으며 두 모금 마시고 놓고 소파에 눕는)‥‥‥(눈 뜨고 멍하니)‥‥‥(전화는 거실 탁자에)‥‥‥(꺼진 채)

S# 준구의 침실

준구 (등 돌리고 등도 끄고 누워 있는)

은수 (화장대에서 침대로/‥기대어 앉아 책 집어 펴는데)

  [준구 전화벨.]

준구 (집어서 보면)

[제이슨 리··]

준구 (상체 일으키며 울리는 전화 보며)

은수 (돌아보는)·······받아요.

준구 (돌아보는)···

은수 결혼 은퇴 둘이 꾸민 거라면서··얘기는 들어봐야 할 거 같아요.

준구 (받는)너 왜 정수 전화 안 받고 나한테 해.

다미 F 준구오빠.

준구 취했니?

다미 F 너같으면 안취하고 배기겠니 이 나쁜 자식아?(나른하게)

준구 ?? 어디서 술주정이야. 술깨고 내일 얘기해.

다미 F 내일이면 늦어. 당장 와 지그음.(애원)

준구 그놈들 왜 /무슨 이유로 뒤집으라는 거야.

S# 다미 거실

다미 (일어나 앉은)(오버랩)오빠는 내가아···숨이 막혀 죽을 지경
인데에···뭐 와이프랑 약속해서 뭐? 하하 와이프하구 똘똘 뭉쳤
다구?

은수 F ···이다미씨.

다미 ???

은수 F 오은수에요.

다미 ·····

S# 준구 침실

은수 (준구 전화)내일 얘기해요.늦은 시간이에요··

다미 F 하/당신이 뭔데 끼어들어.

은수 ??

S# 다미 거실

다미   어어 와이프라구? 김준구 그거 밖에 안돼? 와이프한테 넘기고 꽁무니 빼는 거야?

은수   F 다미씨.

다미   어이 치사해 아아 꼴불견 아아아아아악(전화 힘껏 던져버리는)‥‥

S# 준구의 침실

은수   ‥‥전화 던진 거 같아.

준구   (전화 뺏어 테이블에 놓고 눕는)‥‥

은수   (보며)당신이 처리해줄 일 안해줬어?

준구   ‥‥‥

은수   내일 일찍 가봐‥

준구   ‥‥

은수   아니면 지금 가보든지.

준구   안 죽으면 내일 보면 돼.

은수   ‥‥(보며)‥‥죽으면.

준구   ‥‥‥

은수   ‥‥‥(보며)

S# 다미의 거실

다미   (퍼지르고 앉아 대성통곡하고 있는)

　　　　[현관 전자음.]

스타일리스트   (들어와 다미 옆으로)언니이‥(안아주고)

다미   (껴안으며 통곡)‥‥‥

　　　　[스타일 전화벨]

스타일 (받는)네. 왔어요..네..네..(끊고)들어가요 언니 들어가요..(일
으키면서)

S# 준구의 침실

준구 (누워 눈 감고 있고)

은수 (누워서 어둠 속에서 눈 뜨고)

F.O

S# 준구의 마당(아침)

S# 준구의 방

은수 (출근하는 남편에게 소지품 건네주면서)어떡할 거야.

준구 ??(했다가 움직이며)직접 뛰라며.

은수 (오버랩)내가 할게.

준구 ??

은수 어떤 상황인지 무슨 생각인지 원하는 게 뭔지 듣고 올테니까
같이 의논합시다.

준구 ....(보며)

은수 어제 전화 나한테 넘기는 거 아니었어. 전화 집어던졌잖아..당
신 여자 너무 하찮게 생각해. 여자 역심나게 만들기 딱 좋아.

준구 (오버랩)신경쓰지 마. 내가 해.제대루 알지두 못하잖아. 뭘 나선
다는 거야.

은수 나 모르는 얘기 뭔데.

준구 ??

은수 나 다 알고 있는 거 아니야?

준구 (오버랩) 어디로 튈지 모르는 애야. 만만하게 생각하지 마 극도
로 예민해져 있을 거야당신 어림없어. 걔 임자는 나뿐이야.

은수 (오버랩)그런데 왜 정수씨 앞세우려했어.

준구 (오르면서 오버랩)당신 무서워 그랬는데 당신이 만나기는 만나야 할 거 같다면서.. 출근하는 사람 붙잡구 이래야겠어?

은수 …(보며)

준구 나두 최선 다하구 있어 알어? 당신 나 뻔뻔하게 큰 소리 친다는 얼굴인데 당신 모르는 일 안만든다 그랬구 일일이 보고하구 전화두 대신 받게 했어. 그랬으면 됐지 그렇잖아두 두통이 가시질 않는 사람 붙잡구 이래야 해?

은수 (오버랩)자존심 건드리지 마. 반발하게 만들지 말라구.

준구 별걸 다 가르친다. 당신때문에 더 이상일 수 없게 찌질한 놈 됐어. 이제 일일 코치까지 받아야 해? 당신이야말로 나를 좀 존중해.

은수 ……(보며)

준구 (횡하니 나가고)

은수 …(잠시 있다가 남편 벗어놓은 옷들 집어 들기 시작)

S# 태원의 침실

태원 (옷 다 입었고 손수건 핸드폰 챙겨 넣으며 문으로)

채린 태원씨.

태원 ??(돌아보는데)

채린 E 나 그거

채린 받고 싶어요. 수고해요 말 대신 뽀뽀. 슬기한테는 매일 안 빼먹구 해 주면서 나한테는 아직 한번도 안했어요. 섭섭해요.

태원 ..알았어요. 미안해요..(채린에게 다가들어 가벼운 키스하고 얼굴 떼는데)

채린 (목 빼서 그 입에 제가 도장 찍고 웃고)

232

태원   (조금 웃어 보이고 나가는/채린 따라 나가는)

S# 방 밖. 복도

채린   (태원보다 앞서서 슬기 방에/노크하며)슬기야 아빠 출근하셔어.

슬기   E 네에에.(튀어나와)

슬기   뽀뽀.

태원   (몸 굽혀주며)뭐 바쁘셔?

슬기   응 바빠. 게임해.

태원   (웃고 뽀뽀하고 받고)잘 지내.

슬기   안녕.

태원   할일 하는 거 잊어버리지 말구.게임 너무 오래 안하기.

슬기   알았어어(하며 벌써 방으로)

S# 계단

　　　[내려오는 둘‥]

태모   (앉아서 신문 뒤적거리다가 돌아보고)…

태희   (주방에서 머그잔 들고 나오면서)나가니?

태원   네.

태희   근데 너 그거 돈은 버는 거니?

태원   (무슨 말인가 하려는데)

태모   E 출근하는 사람 붙잡구 웬 헛소리야.

태희   갑자기 궁금해지네?(소파로)

태모   궁금할 거두 썼다. 어이 나가라.

태원   다녀오겠습니다.

태모   오냐 수고해라.(태원 채린 현관으로)‥(앉는 태희에게 눈 째지게 흘기는)

태희 (소리 죽여)재 상속없다니까 문득 태원이 돈벌이는 어떤가(남 아 있는)

태모 (오버랩)그 걱정을 왜해. 언젠 저 사람 돈벌이루 먹구 살았어?

태희 (얼굴 엄마 쪽으로 더 디밀고)나 엄마 딸인거 분명해 흐흐. 엄마 꺼 반반씩에 채린이 유산 태원이한테 얹혀지면 내가 좀 찌그러지 겠다 했걸랑?

태모 (채린 들어오는 소리와 함께)입 다물어.

태희 (등 기대면서)올케에

채린 네에..

태희 오늘 슬기 간식 뭐해 먹일 거야?

채린 케익두 있구 쿠키두 있구(소파 쪽으로 오며)

태희 내가 저번에 사온 호빵 재료는 언제 시도해 볼려구?

채린 해볼께요.

태희 맛있대..한번 해봐.

채린 오늘은 안되구...사촌 동생 결혼식에 가야해요.

태희 (엄마 보고)

태모 아가야.

채린 네에

태모 가만히 봐하니 애비 출근할 때 가방을 지가 들구 내려오드구나.

채린 ....(보며)

태모 그것좀 니가 대신 들고 내려와 출근시키면 남편 대우 받는 애 비 기분 괜찮을 거구 보기두 좋구 그렇잖겠냐?

채린 네...

태모 니 어머니는 아버지한테 안 그러셨냐?

채린 엄마두 하셨어요.

태희 근데 올케는 왜 안해?

채린 (웃으며)아이두 아닌데….알았어요 어머니.

임실 새댁.

채린 ?? 네에

임실 (주방 앞에서)기계 돌린다면서 뭐하요?

채린 아 네에.

태희 무슨 기계?

채린 식기 세척기요 형님.(주방으로)

태희 아 그냥 사람이 씻어. (채린 돌아보는)

태희 E 우리 그거 안 좋아해.

채린 세척기 편해요 형님 노동력이랑 물낭비를 얼마나 줄여주는
       데요.

태희 글쎄 난 그 물낭비 좀 하구 사람이 씻는 게 안심돼.

채린 저쪽 사람들은 다 세척기 쓰면서

태희 여긴 이쪽이야 우린 이쪽 사람들이구.

채린 전 세계적으로 물 부족이

태모 (오버랩)토달지 말구 하라는대루 해라.(일어나 빠지며)물값보
       다 전깃값이 더 비싸다.

채린 (움직이는 시모 보면서)

태희 뭔지 덜 씻긴 거같아 찜찜하단 말입니다아아(한숨처럼/엄마 보
       던 신문 당기면서)

채린 (잠시 보다가 픽 돌아서는)….

S# 준구 회사 개발실

[엔지니어 두 명 리모컨으로 청소기 가동하며 흡입력 테스트하고 있는]

[한쪽엔 모래가 깔려 있고 다른 한쪽에는 먼지 깔려 있고 그 위를 지나가는 로봇 청소기]

준구　제 생각에는 가정에선 미세먼지 제거쪽이 더 현실적이고 건강상으로도 더 도움이 될 거라고 봅니다. 보여지는 수치에 연연해하지 마시고 그렇게 진행하세요.

엔지　네. 알겠습니다. 괜한 고민을 한 거네요. 대표님.

준구　그리고 분진제거와 모래를 동시에 퍼펙트하게 제거할 수 있는 제품/ 빨리 만들어야 합니다.

엔지2　예. 열심히 연구중입니다.

준구　아참, 용도에 따라 브러쉬 갈아 낄 수 있는 제품도 한번 만들어 보죠.

S#　다미 거실

차　(심각하게 앉아 있고).....

스타일　(주방에서 커피 갖고 와 놓아주는데)

차　얼마나 마셨냐.

스타일　저 왔을 때는 벌써 취했었어요.

차　얼마나 마셨냐구.

스타일　제가 와서는 안 마셨어요.

차　약은..

스타일　(고개 흔들고)

차　방송국에 내가 말이 아니다..어으으..(찻잔 들며)

스타일　....(선 채 보며)

차　삼십분 전 스탠바이 알았지..

스타일   걱정 마세요.

차   (마시는데)

　　[침실 문 소리.]

스타일   (돌아보고 뛰어가고)

차   (일어선다)

다미   (주방으로)

S# 주방

스타일   (머그잔에 커피 따라주고)

다미   (받아서 마시는)

차   ·····(다가와)스케줄 오후로 미뤘다.나가기 전까지 푸욱 쉬어줘.

다미   (찻잔 식탁에 놓고 의자 빼며)계약서 내놔요.

차   어 어 그래··(안주머니에서 꺼내며 마주 앉는/알맹이 꺼내 다미 앞
　　에) 여기 여기 사인하고 간인찍으면 돼.(볼펜 내놓고 작은 인주통도)
　　도장도장.

다미   (계약서 한 손으로 차에게 밀며)계약기간 고쳤어요?

차   고쳤어고쳤다 대표/ 야아 그 난리··너 알잖아 다미야.

다미   (오버랩)선불은요.

차   사인하면 바로 계좌이체 해.

다미   ····(보다가)그건요.

차   사인하면··사인하면··

다미   안 갖구 왔어요?

차   야 대표 홍콩 가 있다니까. 오면 바로 내주기로 했어.

다미   믿어두 돼요?

차   믿어. 너 나 밖에 믿을 사람 없어. 내가 해 걱정 마.

다미 맞교환해요. 갖구와요.

차 ·····(보다가)다미야. 사인 안하면 오늘 풀고 끝내래. 거기 김준구
꺼도 같이.

다미 ????····

차 (보며)····

S# 준구의 침실

은수 (로봇 청소기 저 혼자 돌아가고 있고)·····(발치 의자에 멍하니 앉아서)
·······(있다가 떨치듯 일어나 화장대 전화 집어 든다)

S# 어느 병원 안과 대기실

[차례 기다리고 있는 엄마와 현수.]

[엄마 전화벨 울고]

자모 (부지런히 핸드백 전화 꺼내보고)??(잠깐 현수 보고)

현수 (소책자 보다 전화벨에 엄마 보다가)??

자모 엉 은수야.(현수 도로 책으로)

은수 F 엄마 뭐해?

자모 어어··엄마 지금 언니랑 병원.

은수 F 어디 아퍼?

자모 아니이이 눈/ 눈 체크··별일 없지?

은수 F 별일은 엄만 별일 또 있었음 좋겠어?

자모 무스은 그런 말을 해··이 시간에 전화가 이상해서 그러지.

S# 은수 침실

은수 나 괜찮다구··아버님 어머님 제주도 가서서 나두 할 일없이 쉬는
거야.

자모 F (현수에게)시부모님 제주도 가서 할 일없단다.(은수 좀 웃는데)

현수 F 할일없으면 나와 밥이나 먹자.

은수 이모님 점심드실 때 친구해드려야 해.

현수 F 알았다 끊어.

자모 F 끊지마끊지마. 은수야.

은수 응 엄마.

자모 F 사랑해애애··

현수 F 아으으 엄마아.

자모 F <u>으흐흐흐흐</u>

은수 (웃는데)

　　　[노크]

은수 ?? 네에 언니 끊어(끊는)

이모 (문 열고)얘애.

은수 (종종. 이모 앞으로)

이모 너 나랑 치과 좀 안 가줄래?(옷 다 입고)

은수 네 이모님 네네··

이모 혼자 갔다와두 되기는 하는데

은수 아니에요 이모님 제가 모시구 갈게요. 잠깐 오분만 주세요. 옷
　　　만 입으면 돼요 이모님.

이모 오냐 그래 십분 줄게··

은수 네 네에에에(드레스 룸으로 뛰어 들어가는)

S# 다미 아파트 승강기에서 내리는 준구. 거의 뛰듯이 다미 현관으로/전자
　　　키 누르고 들어간다

S# 다미 거실

준구 (들어와 곧장 식탁으로/ 콩나물국에 밥 말아 먹고 있는 다미)너 대

체 무슨 짓을 저지른 거야. 끝났다는 게 무슨 의미야

다미 어제밤에 와 달랬잖아.

준구 (오버랩) 야/와이프 옆에 있는데 술 취해 횡설수설하는 너한테 어떻게 달려와.

다미 (치켜보는)

준구 정수랑 얘기하라는데 왜 말 안들어. 걔 어제 몇시간을 기다렸는지 알아?

다미 (수저 국그릇에 넣은 채 상채 좀 뒤로/보며)그 오빠가 오빠 매니저야? 정수오빠 필요없었단 말야. 김준구가 필요했단 말야.

준구 내 입장 알면서 왜 이래.

다미 와이프가 그렇게 대단해? 목 따구 죽어버리구 싶은데 내 전활 그 여자한테 넘겨?

준구 그 사람은 니 전화 받는 날 보면서 어떤 기분이었겠냐.

다미 허/

준구 간신히 진정시켜 놨는데/그 사람보다 니가 더 중요할 수는 절대 없어.

다미 (물컵 집어 마시고 내려놓는)

준구 (의자 빼는데)

다미 (일어나며)내가 미친 기집애야. 이런 남자한테 넋이 나가 내 엄마 내 형제들한테 악쓰면서 세상에 사기쳤어. 나는 할만큼 했어. 더 이상 할 거 없어. 할 수가 없어.

준구 기획산지 뭔지는 왜 딴 소리하는 거야.

다미 삼백억짜리 매출 올려야겠대.

준구 돈에 넘어간 거냐?

다미   …(보며)

준구   너한테 줄 거 만들구 있어. 너 /내가 책임진다 그랬잖아.

다미   재계약 사인했어.

준구   ??? 그럼 나는 어떻게 되는데.

다미   알게 뭐야.

준구   ???

다미   나는 배우가 싫어. 우리 식구 조금만 도와줘 먹구 살게 해달라
구할 참이었어.

다미   E 그런다음에 나는…. 이 더러운 세상 떠나 끝낼까했는데.

다미   <u>흐흐흐</u> 나를 손톱 때만큼두 안 여기는 남자 때문에 내가 왜그
래야하는데 맘 바꿨어

준구   지금은 때가 아니야 사인하지 마.

다미   벌써 했어.

준구   ….

다미   했다구.

준구   ?? 너 사실이란 말야?!!

다미   (오버랩)동영상 푼대··

준구   ??…

다미   칠년 전 꺼··

준구   …..(보며)그런 게 있었냐?

다미   연예인 피하라는 어머니 말 왜 안들었니…(천천히 침실로)…..

준구   (황당한 채 보며)…..

S# 다미 침실

다미   (가운 벗고 침대로 파고드는데)

　　　　[전화벨.]

다미　(전화 집어 보고 받는)네에.

차　　F 아아아 대표때매 돌겠다 다미야.(진짜 황당한 것처럼)한시
　　간 전에 방송사랑 너 사극출연 확정졌다 그러더니 스포츠지에 벌
　　써 터지고

다미　(벌떡 일어나는)

차　　F 포탈 퍼나르구 난리도 아니다.

다미　(오버랩)믿으라면서어어어!!!

S# 다미 아파트 앞에 대어지는 준구 차/기사 있음

준구　(나와 대어지는 차에 오르는데)

　　　　[전화벨]

S# 차 안

준구　(차에 올라 전화받는다)어.

정수　F (오버랩)야 이다미 결혼취소 터졌는데?

준구　??

정수　F 검색어 일순위야. 들어가봐.

준구　(전화 끊고 검색으로)

　　　　[핸드폰에 뜨는 기사 제목들··]

　　　　[이다미 결혼과 은퇴 엎어지다. 이다미 은퇴 번복. 이다미 결혼 취소.
　　　　이다미 대하드라마 주인공 확정. 이다미 역시 순애보 쇼였나 이다미 불
　　　　륜 은폐 사기극? 등등··]

준구　(핸드폰 내리고 머리 기대며 눈 감는) ···· ····

S# 준구의 정원

준구　(열린 대문으로 터덜터덜 들어오는)··········

[현관 앞에서]

준구　(문득)이 사람은요.

도우미1　이모님 모시구 치과갔습니다.

준구　…(움직이고)

도우미1　회장님 사모님 조금 전에 오셨구요.

준구　??(일찍 왔다)

S# 거실

준구　(빠른 걸음으로 들어와 부모 침실 앞에)저 들어왔어요 어머니.

S# 부모 침실

회장　(잠옷/ 아내 도움받아)너 웬일이야.

준구　(방문 열며)자료 좀 검토할 게 있어서요. 오후 비행기로 오신다

　　그러셨는데 어떻게

준모　(오버랩)아버지 생선회 잡수신게 탈이 나셔서.

준구　(오버랩)그럼 병원엘 가셔야죠.

회장　가라앉았어‥빌라가 춥더라. 괜찮아‥

준구　예에‥

준모　쉬세요.

회장　으음‥(침대로)

준모　(움직이고)

준구　(비켜주고)

S# 침실 앞. 거실

준모　(나오며)얘는 이모 치과 모시구 갔다더라.

준구　네‥

준모　점심 먹구 나가니?(움직이며)

준구   봐서요. (준모 돌아보는)좀 피곤하네요.

준모   피곤두 하겠지. (주방으로)

준구   …(잠시 보다가 계단으로 돌아서는)

S# 침실

[들어오며 상의 벗어 침대 발치에 던지고……(잠시 있다가)]

준구   (픽 눕는)……(천장 보면서)…… ….

S# 어느 종합병원 앞

[은수 차 기다리고 섰는….기웃거리다 차 오는 것 보고 현관으로 들어
가 현관 안에서 기다리던 이모 한 팔 잡고 나오는]

은수   불편 안하세요?

이모   으으응. 오늘은 마춰두 안했는데 뭐..젊은 사람이 아주 솜씨가/
터치가 좋아..아주우 마음에 들어.

은수   네에에..(기사가 이모 태우는 것 보고 차 꽁무니 돌아 이모 옆자리로)

S# 차 안

이모   (은수 타는 거 보고 있다가)우리 어디 가서 점심 먹구 들어가자.

은수   네 이모님.

이모   갑시다..(차 출발)으으음 어디가 좋을까아나아..

S# 어느 레스토랑

이모   …손대지 마세요.

은수   ??

이모   너무 오래는 그러지 마라..

은수   아아..

이모   벌두 적당히 줘야지 너무 심하면 반항심 생겨..싫어두 구역질
이 나더라두…적당히 튕기다가 어느 하루 눈 질끈감구 받아 주렴.

은수   (그냥 먹는)

이모   지금까지 살다 죽은 사람 전부다 깨우구..지금 살아있는 사람
전부다 합쳐서...인생 뜻대로 계획대로 기대대로 사셨습니까아.사
십니까아 물어봐라.. 단 한 사람도 없어. 있으면 내가 성을/ 손가에
서 발가로 바꿔.

은수   (작게 조금 소리 내어 웃는)

이모   내 절 친구 동갑내기 하나가...아들 셋 며느리 셋이 다아 무슨
무슨 박사들인데 남편두 박사야

이모   E 그런데..박사 남편 평생 애인이 없었던 적 없더니 가운데 아
들이 딱 지 아버질 닮아 잡힐막말락 잡힐락 말락 줄타기를 한 대..

이모   자존심상해 못살겠다는 며느리한테 우리친구 전생에 니가 바
람둥이여서 그 업 청산하는 걸 거다. 자식 보구 그냥 살어,이혼 남
는 장사 아니야..

은수   (웃으며)제가 바람둥이였나요 이모님?

이모   덜미 잡힌 녀석/아닌 척해두 너한테 신용타락한 거 엄청 신경
쓰일 거야.

은수   전혀 아니에요 이모님. 제가 더 열받는 건 내가 너무 뻔뻔해 보
이는 거에요.

이모   아냐. 그거 객기야. 너한테 기 안 죽을라는 객기.

은수   ....(보며)

이모   객기가 오기 안되게 운전 잘 해. 똑똑합네 하는 여자들이 남자
한테는 헛똑똑이더라. 저 잘났다는 거 코에 붙이구 자신과잉이 탈
이지.

은수   ....네에....(물컵 집는데)

이모 바루 내가 샘플. <u>으흐흐흐흐</u>. 우리 부모님 그 사람 결사반대 하
셨었거든.

은수 네에에..

[전화벨.]

은수 (핸드백에서 꺼내)네에.

준구 F 왜 안들어와. 나 집이야.

S# 다미의 거실

다미 (주방 거실 물건들 닥치는 대로 마구마구 집어 던지면서 광란 상태)
....

[차실장 고스란히 당하고 있고 스타일 어쩔 줄을 모르고........]

다미 (두 주먹 부르쥐고)한달만 벌어달랬는데 계약서 사인하구 두 시
간두 안돼 이다미 불륜은폐 사기극? <u>으흐흐흐</u> 그래 내 발등 내가
찧었다웅..믿을 놈을 믿었어야지 그렇게 수없이 속구 또 믿었던 내
가 쥐대가리야 그래..나 안해..엎어..늬들 맘대루 해. 동영상 풀어.
고소해. 여기서 끝장을 내자 그래 웅(침실 문 부서져라 들어가고)

차 ....

스타일 ......(있다가 부서진 거 치우려고)

차 들어가 보지 뭐해.

스타일 (보는)

차 들어가 봐..약 못먹게 지켜. 사고치면 너 죽어.

스타일 실장님은 어떻게

차 (오버랩)나 아냐 야아!!!!

스타일 ...(침실로 아웃)

차 아아아아 대표자식 증말...수운 양아치 새끼....어으어으..(전화

246

꺼내 통화 시도)..어 한감독 난데 오늘 다미 못 나가겠는데 어떡하지? 어 애가 맥을 못추네.어떻게 하루만 봐줘야겠어…엉..그거두 물론 부담이지. 모두 아픈데다 그거까지 터져 애가 보통 예민한 게 아냐..응응..

S# 침실

다미   (침대에 누워 휑한 눈)………

스타일   (옆에 앉아 한 손 깍지 끼듯 잡고 보며)…….

S# 준구의 침실

은수   (빠른 걸음으로 들어와 보면)

준구   (한 팔 눈 위에 얹고)……

은수   자?……(드레스 룸으로 움직이려는데)

준구   (벌떡 일어나 앉는)

은수   (돌아보는)….

준구   (안 보는 채)다 틀렸어.

은수   ??

준구   순애보쇼/불륜은폐 사기극어쩌구 지멋대로 써갈기는 놈들 두 있어.

은수   이다미 만났어?

준구   재계약 사인했대.

은수   왜 뒤집었대.

준구   내가 더럽게 굴어서.

은수   …..

준구   (보는)당신이 전화 받아서.

은수   혹시 당신 카버해주고 계속 만나기로했었어?

준구   무슨 개같은 소리야 그게!!

은수   하루 아침에/어떻게 그렇게 즉흥적이구 충동적이야.

준구   어디루 튈지 모르는 애랬잖어.

은수   그러니까 당신··굉장히 위험한 사랑을 하신 거군요.

준구   ???

은수   정말 내가 전화받아서 그랬대?

준구   그래. 오라는 나는 안 가구 마누라가 끼어들어서 (침대 내려서
며)오장이 뒤집어져서··염병··될대로 되라 그래. 나두 모르겠다 이
제···(욕실로)······

은수   ······(보며)······

S# 다미 아파트 앞으로 들어오는 은수의 차

S# 은수의 차 전면 유리로 보이는 현관 앞
[몰려서서 다미 나올 때 기다리는 기자들 20여 명과 출입 통제하고 있
는 아파트 경비들. 그리고 기획사 고용 경호원들 7, 8명 기자들 적당히
에워싸고 있는]

S# 멈춘 차 안의 은수······
[전화벨.]

은수   네.

준구   F 당신 어디야.

은수   이 다미 만나러.

준구   F 왜애애!!!

은수   들어가 얘기할게.(전원 끄는)

S# 다미의 거실
[부서지고 쓰러진 것들 다 치워져 있고···]

스타일 (오이 씻고 있는데)

　　[현관 벨.]

스타일 ??…(현관으로/비디오폰 보고)누구세요?

은수 E 네 저..김준구씨 안사람이에요. 이다미씨한테 전해주세요.

스타일 ??……지금 안 계신데요.

다미 E 누구야.

스타일 (소리 죽여)김사장님 부인……

다미 ……(빈 물컵 들고 보다가)……열어 줘..

스타일 ??

다미 열어주라구.(냉장고로)

스타일 (열어주고 보는)……

은수 (들어서는)……

다미 (마신 물컵 내리며)들어오세요..

은수 (들어오는)……

다미 (물 다시 따르면서)이제 또 무슨 볼일이죠? 난 다 말했는데 확인
　　사살할 거 더 없는데요.

은수 그 사람 굉장히 당황해해요.

다미 그래서요. 앉으세요.

은수 (앉고)

다미 들어가 있어.(스타일에게/스타일 침실로/앉으며)그래서요.

은수 (보며)……

다미 집 나갔다가 도루 들어갔다면서요.

은수 ….(보며)

다미 그런데요?

은수 그 사람이 뭔가 약속을 안 지켰나요?

다미 그런 거 없는데요.

은수 그럼 왜··

다미 뭐라 그래요.

은수 어젯밤 전화 때문에……라고 했는데 그거 때문은 아닐 거라구 생각돼서요. 내가 본 다미씨는 그렇게 즉흥적인 사람은 아니라구

다미 (오버랩)지금 내 귀에 그런 사탕발림 안 들어와요. 할말있어 왔을테니까 빨리하구 가세요.

은수 ….(보는)

다미 에?

은수 난 다미씨한테 적개심같은 거 없어요.

다미 나는 있어요. 난 오은수씨가 싫어요 미워요.

은수 이해해요.

다미 이해? 흥. 뭘 이해해요. 당신이 나를?

은수 다미씨두 내 입장 이해해줬음 좋겠어요.

다미 김샌 입장?

은수 (오버랩)결혼을 깨고싶지 않은 남자한테 걸치고 있는 감정.

다미 (오버랩)지금 나한테 선생님 노릇하러 왔어요?

은수 ….(보는)

다미 나는 내꺼 살테니까 당신은 당신 인생 사세요··

은수 …(잠깐 시선 내렸다 드는)진심이었던 거 알아요. 결혼 은퇴 번복으로 얼마간 다시 겪어야할 일들…혹시라도 자기 문제 드러날까봐

다미 (오버랩)떨고 있어요?

은수   네 많이 떨어요.(쓴 미소)

다미   그렇겠죠‥네‥

은수   그이 문제… 끝까지 덮어주세요.

다미   ……(보며)

은수   부탁해요.

다미   내 맘인데요…

은수   ‥‥(보며)

다미   그건 내 마음이에요.

은수   그래서 그 마음에 부탁하는 거에요‥미안해요‥부탁해요.

다미   원래 그래요. 가면이에요.

은수   ??

다미   보면 볼수록 기분 나뻐.

은수   부탁해요‥‥

다미   ‥‥‥(보며)

S# 다미 아파트 앞

은수   ……(나오는)

        [들어갈 때와 같은 풍경‥‥]

은수   (고개 숙이고 걸어 나오는)……

S# 주차장으로 들어오고 있는

S# 차에 오르는 은수‥‥‥

S# 차 안의 은수……

        [슬기 피아노 치는 소리‥]

S# 슬기의 방

슬기   (피아노 두드리는 중)‥‥‥

채린   (주스 들고 들어와 놓아주는데)

　　[슬기 전화 메시지 음.]

채린   (전화 집어 보면)….

은수   E 슬기 뭐해? 바빠? 통화 잠깐 할 수 있어?

채린   …(전화 보고 있는데)

슬기   (손 내미는)아빠에요?

채린   아니

슬기   ??

채린   (전화 주며)피아노친다 그래.

슬기   (받아들고 문자 보고)….(채린 보는)

채린   얼른.

슬기   전화하면 안돼요?

채린   …..(보는)

슬기   피아노 다 쳐가는데…

채린   벌써? 아직 시간 안됐잖아.

슬기   (시계 돌아보고)오분 남았어요.

채린   오분 더 쳐.

슬기   E (문자 찍는)

S# 차 안의 은수

슬기   E 조금 있다가‥

은수   E (문자)알았어. 기다릴게‥(보내고 음악 스위치 넣고 조금 기대
　　듯)…………

은수   E (6회에서)나‥너 같이 갈 수 있다 그래서 결혼할려 했던 거야‥

S# 6회 호텔

252

슬기 (단추 채우는 손 내려다보며)그냥 갔잖어.

은수 어르신들께서/아저씨 부모님 때매 어쩔수 없었어.

슬기 갔잖어.

은수 삼학년 되면 데려간다니까.

슬기 그때두 아저씨 부모님이 반대하면.

은수 그건··그건 아저씨가 해결할 거야. 아저씨가 약속했어.

S# 현재 차 안

슬기 E 한번 약속 안지킨 사람은 그 담 약속두 믿을 수 없지 뭐··

은수 ·······(핸드폰 시계 보고 아직 시간 안 됐다)···(기대며 눈 감는)·····

S# 거실··

슬기 (주스 잔 두 손으로 들고 한 계단씩 조심스레/세 계단쯤에서 내려오
는)····

채린 (주방에서 시모 간식 들고 나오다 보고)다 쳤어?

슬기 네··(태희 방으로 가는데 주스가 출렁거려 넘치고)

채린 아으으으 그걸 왜 들구 내려와아.

슬기 ??(보고)

채린 어른두 하기 어려운 걸 쬐그만게/ 양말 벗어놓구 들어가.

슬기 ····

채린 양말 벗으라니까?

슬기 네에··(주스 잔 바닥에 놓는데 주머니에서 바닥으로 떨어지는 핸드
폰/얼른 핸드폰 집어 들며 채린 보는데)

채린 ····(보다가 안방으로)아줌마아아 나와서 저기 좀 닦아요오··

임실 (주방에서 나오며)걸레질 다 했구먼 어디 어디요오오(하다 슬기
보고)아이구 우리 아그 주스 엎질렀나보네에에··괜찮어괜찮어.(걸

레 챙기러)

채린 (상관없이 노크하고 안방으로 아웃)

임실 (걸레 들고 슬기에게)??

슬기 (양말 벗으며 눈물 뚝뚝)

임실 ?? 왜 울어? 우리 아그 왜 울어?

슬기 (고개 흔들고)…

임실 괜찮어어어‥이렇게 닦으면 되는데 잉? 어이그으으으 이쁜 거.

　어그그그그

S# 차 안의 은수

　[전화벨]

은수 (펄쩍 받는)어 슬기야 엄마‥바쁜일 끝났어? 뭐했는데?

슬기 F 피아노쳤어.

은수 ?? 근데 왜 목소리가 그래?

슬기 F 주스 엎질렀어.

은수 (웃는)그럴 수두 있지 그게 속상해서?‥‥슬기야.

슬기 F 있지이이

은수 응.

S# 태희 방

태희 (낮잠 자는 중)

슬기 (침대 발치에 쪼그리고 앉아서)여기 고모 방인데 고모 주무셔‥

　그래서 전화 오래 못해.

은수 F 왜 고모 방에서 해?

슬기 그게에에‥

은수 F 응‥

254

슬기   고모 방에는 채린이 아줌마 안 들어오거든.

S# 차 안

은수   ??

슬기   F 아줌마 엄마랑 전화하는 거 안 좋은 거 같아..

은수   …….

슬기   F 그래서 고모 방에서 할라구 내려오다 주스 쏟았어.

은수   욕 먹었어?

슬기   F 아니이이..

은수   알았어 슬기야..전화 오래 안해두 돼. 엄마 그냥 니 목소리 듣
        구 싶어서..엄마 슬기 사랑한다 소리 할려구 걸었어…….슬기야 그
        만 끊자..

슬기   F 응.

은수   안녕?

슬기   F 안녕.(전화 끊어지고)

은수   ……(통화 시도)

     [벨 두 번에]

태원   F 여보세요.

은수   (올라서)슬기 나랑 통화하면 안돼?

S# 태원 사무실

태원   무슨 소리야.

은수   F 그 여자 나랑 통화하는 거 안좋아하는 거 같아 고모 방에 가
        다 주스 쏟았다구 울먹해. 무슨 눈칠 줘서 애가 그러는 거냐구.

태원   슬기엄마

은수   F 슬기아빠 뭐하는 사람이야. 자기 없는 동안 애가 집에서 어

떻게 지내는지 아는 거야 모르는 거야.

태원 (오버랩)진정해. 어머니 계신데서 당신하구 연락 하지 말란 주의는 줘놨어. 그리구 모든 사람이 다 슬기엄마같진 않아. 그 사람 슬기엄마한테 신경쓰구 슬기 지 엄마랑 통화 달갑지 않을 수 있어.

은수 F 그래서 애가 전화들구 고모 방으루 피해서 전화해야 해?

태원 그건 슬기가 너무 예민해서 그런 거야. 그래야할 정도는 아닐 거야.

S# 차 안

은수 거야..오랜만에 그 소리 듣는다. 아닐 거야 과민한 걸 거야 그런 뜻 아닐 거야. 오핼 거야.

태원 F (오버랩)슬기엄마

은수 (오버랩)슬기까지 피멍들이지 말루 똑똑히 제대로 지켜.(끊어버리고)......(벨트 당겨 채우고 출발하는)...

S# 태원 사무실

태원 (끊긴 전화 내려다보며)......

S# 이동 중 은수 차 안

S# 다미 아파트 현관 앞

[대어지는 다미의 밴.]

[스타일 먼저 나와 앞자리에 오르고 경호원 보호받으며 나와 밴에 오르는 다미.]

차 (나오면서 통화 중)엉..시간 맞춰 스탠바이할테니까 걱정말라구....모르지이이이..무대에서 죽겠다는 거모양 촬영장에서 죽을 모양이야....어 이봐이봐..한 감독..애 힘들어. 진양조 빼지 말구 부탁해...응..하하하하하.

S# 준구네 이 층 서재

준구　(은수 보며)……

준모　……(시선 내리고)

은수　(탁자 보며)……

준모　(은수 보며)미안하구나……

은수　……

준모　(일어나 나가고)……

준구　(일어나 나가고)

　　　[그대로 앉아 있는 은수……]

제19회

S# 기획사 대표실

다미　석달 뒤에 결정해요.

차　····(보다가)앵무새냐? 다미야 너····· 그거 풀어버리면 어떻게 될지
　　알지.

다미　???······

차　E 저기(대표실)금고에 얌전하게 들어있어. 김준구자식이랑 니
　　사진도.

다미　···(보며)??

차　우리 그짓까지는 하게 만들지 말자.

다미　······(보다가 주스 잔 집어 던져버리는)····

S# 슬기 방

태원　(양말 벗기면서)에고오오오 이 쪼그만 발이 언제 커서 하이일
　　신고 쇼핑 다닐까.

슬기　응 나두 빨리 컸으면 좋겠어.

태원　니가 그만큼 크면 아빠는 늙어.

슬기　그럼 크지 마?

태원　하하 니 맘대루? (발바닥 간질이는/ 긁어주는)

슬기　아하하하 아빠 하지 마아아아. (웃는 부녀)

S# 태희 방

태모　아 묻지두 않은 소릴 지가/ 뭐 외식두 겨우 곰탕 설렁탕 그러면서 지 아부지가 얼마나 구두쇤지 어쩌구저쩌구 하더니 상속 없다 소릴 하더라구.

태희　까르르르르 엄마 충격먹었겠네.

S# 청계천

광모　(오버랩)나 한달 전에 죽은 놈이야.내가 죽는 것과 동시에 내 과거도 같이 죽고 한달 전 그 이전 기억은 전혀 아무 것도 없어. 그러니까 과거 얘기 하지 마라. 난 모르는 일이야.

주하　얘 이게 무슨 소리냐.

현수　구신 씻나락 까먹는 소리.

주하　아하하하하하

광모　(현수 보는)

S# 다미 거실

다미　와이프가 그렇게 대단해? 목 따구 죽어버리구 싶은데 내 전활 그 여자한테 넘겨?

준구　그 사람은 니 전화 받는 날 보면서 어떤 기분이었겠냐.

다미　허/

준구　간신히 진정시켜 놨는데/그 사람보다 니가 더 중요할 수는 절대 없어.

S# 다미의 거실

다미 (주방 거실 물건들 닥치는 대로 마구마구 집어 던지면서 광란 상태)

....

S# 준구의 침실

은수 혹시 당신 카버해주고 계속 만나기로했었어?

준구 무슨 개같은 소리야 그게!!

은수 하루 아침에/어떻게 그렇게 즉흥적이구 충동적이야.

준구 어디루 튈지 모르는 애랬잖어.

은수 그러니까 당신‥굉장히 위험한 사랑을 하신 거군요.

S# 다미 주방

은수 그이 문제… 끝까지 덮어주세요.

다미 ……(보며)

은수 부탁해요.

다미 내 맘인데요…

은수 ‥‥(보며)

다미 그건 내 마음이에요.

은수 그래서 그 마음에 부탁하는 거에요‥미안해요‥부탁해요.

S# 태원 사무실

은수 F 슬기아빠 뭐하는 사람이야. 자기 없는 동안 애가 집에서 어떻게 지내는지 아는 거야 모르는 거야.

태원 (오버랩)진정해. 어머니 계신데서 당신하구 연락 하지 말란 주의는 줘놨어. 그리구 모든 사람이 다 슬기엄마같진 않아. 그 사람 슬기엄마한테 신경쓰구 슬기 지 엄마랑 통화 달갑지 않을 수 있어.

은수 F 그래서 애가 전화들구 고모 방으루 피해서 전화해야 해?

S# 타이틀. 19회

260

S# 마당(밤)

[대문으로 남자 사용인 안내로 들어오는 의사와 간호사.]

[현관에서 나오는 도우미.]

도우미 안녕하세요 선생님.

의사 안녕하세요오··

S# 현관 복도 거실

이모 (빈 컵 들고 나오는데)

[들어오는 의사 간호사 도우미.]

의사 어이구 여사님 안녕하세요오

이모 무슨 일이에요.

도우미 (앞서며)회장님 불편하시대요 보살님··(의사 따라가고)

이모 ···(보다가 움직이며)끌끌끌··왜 말을 안 들어. 시원찮으면 빨리

불러 대라니까 괜찮대요 괜찮대요 쯔쯔··

준모 (나와 주방으로)

이모 괜찮다더니··(따르며)

준모 ····(그냥 움직이는)

이모 말 좀 들어. 내 말 들어 손해본 거 있어?··

S# 주방

준모 (들어와 따뜻한 물 포트에서 따르는)

이모 (들어오며)한 겨울에 차디찬 회는 왜 먹어.

준모 뜨거운 탕두 먹었어요.

이모 빌라가 쳤다면서.

준모 (그냥 나가는)

이모 애들 내려오래?

준모　E 놔둬요.

S# 이 층 준구 서재

준구　(테이블 의자에 뒤통수 등받이에 올려놓고)………

S# 준구 침실

은수　(침대에 앉아서 가만히)……(잠옷 아님)

S# 친정 안방

자부　(발 대야 더운물에 집어넣다가)아뜨뜨뜨..

자모　아구(오버랩)미안해.

자부　족발 먹구 싶어?

자모　(손 집어넣어 보고)괜찮구먼. 더 타?

자부　웅

자모　(찬물 조금 섞으며)따끈해야 피로가 풀리지이..(휘이 젓는)

자부　(발 넣으며)그래두 뜨거운데 이거.

자모　좀 참어. 그럼 금방 괜찮어.

자부　으으으으 뜨겁다아아아(하면서 두 발 넣는)

자모　엄살은 암튼..흐흐흐

자부　세수하면서 잠깐 끼얹어준다니까..

자모　꽝꽝 춰. 그걸루 안 풀려..(두 손 담가 남편 발 주무르며)이러면 훨씬 빨리 풀리구 훨씬 편해져…좋지 시원하지.

자부　웅 좋아 시원해.

현수　E 엄마아.

자모　어 어어엉….(좀 기다렸다가)어어엉

현수　(들어오는)주하 엄마가 흑염소 해 오셨는데 엄마 드시라구.

자모　그 비싼 걸? 엄마 괜찮어 너 먹어.

현수 나 안 먹잖어.(픽 앉으며)

자모 그럼 은수오면 쪄보내야겠다.

현수 무스은 엄마는. 그 집에서 있는대루 존 거 먹구 사는 애한테 그냥 엄마 잡숴.

자모 여자한테 존 거라잖어.

현수 엄마두 여자잖어.

자모 아이고 나 아직 여자야 여보?

자부 그럼 내가 여자야?

자모 으흐흐흐

자부 은수는 더 좋은 보약 먹으라 그러구 당신 먹어둬.

자모 그러까?‥그러지 뭐. (발 주무르며)

현수 (시선 부모 발에)‥‥‥

자모 (문득)저녁은.

현수 먹었지이‥(일어나며)가요.

자부 (올려다보며)한잔하구 가지?

현수 생각없는데요? 엄마 저거 냉장고 안너두 돼요. 다용도실에 두구 하루 세 번 꼬박꼬박 따끈하게 중탕해서.

자모 (오버랩)좀 놀다 가 얘.

현수 아 엄마아빠 애정행각이나 해. 갈래.

자부 무슨 행각?

현수 으흐흐흐 (나가는)‥

자모 (수선에 손 닦으며 일어나려는)

현수 아 가만있어 뭐하러 나와요‥

자모 얘 그래두.

현수   (문 닫으며 오버랩)필요없다니까?

현수   E 춰. 찬바람 쐬지 마요. 아빠 가요오

자부   어 잘가아아

S# 마당

현수   (나와서 냅다 뛰어 대문으로)

S# 대문 밖 골목

광모   (시동 걸어놓은 채 운전대에서 문 열어주고)

현수   (냉큼 탄다)

S# 차 안

광모   (타는 현수에게)좀 있다 나와두 된다니까.

현수   (벨트 빼며)뭐얼..두분 깨가 쏟아지는데..

광모   응?

현수   엄마 더운 물에 아빠 발 담거놓고 주물러주고 있어.

광모   ?? 어머니 그런 거두 하셔?

현수   ?? 종종. 이상해?

광모   야아아아 아버지 진짜 좋으시겠다..

현수   다른 집 안하냐?

광모   우리 엄마 아버지 한번두 못 봤다. 하긴 사이 최악이었으니까 뭐.

현수   안 가니?

광모   어 어어(출발)그럼 너두 결혼하면 남자 발 씻겨줘가며 /그런 거 할 거니?

현수   남자에 달렸지이이..발을 씻겨주느냐 발가락 똑똑 분질러 쓰레기 통에 처넣냐는.

광모   아버지는 참 행복하신 분이다.

현수 엄마두 행복해, 천생연분이야. 누가 더라구 할 거 없이 서로서로 참 잘해. 진심으로 사랑하셔.

광모 (현수 보며)나두 그렇게 살구 싶다.

현수 ???(보는)

광모 나랑 그렇게 한번 살아볼 생각 없냐?

현수 한눈 팔지 말구 운전이나 똑바루 해.(빰 앞 보게 밀며)

광모 ....오피스텔 잠깐 가자.

현수 ???

광모 아니 이 얘기하구 싶어서. 대화 좀 하잔 말야.

현수 주하 기다려.

광모 (너는)걔 너무 의식한다 진짜.

S# 동네 어느 카페

주하 ????(보는)

인태 ...(보다가 시선 내리는)....(커피 잔 집어 드는)

주하 (기막혀)그거 물어보러 여기까지 오신 거에요? 그건 전화로 해두 얼마든지/아니 그런데 그걸 왜 나한테 물어봐요 김인태 선생님.

인태 (커피 잔 그냥 놓으며 안 보면서)물어볼 사람이 없어요. 우리 집안에 여자는 어머니하구 누이동생 딱 둘 뿐인데 둘 다 치우라구 성화를 하니까 거기 답은 벌써 나와있는 거구

주하 (오버랩)그러니까 김인태선생은 안 치우구 싶다는 거군요. 그래서 선생님이 원하는 답을 나더러 하란 거에요?

인태 아니 꼭 그런 건 아니구 그게/나두 이제 그만 치워도 되는 거 아닌가 그런 생각이 들기는 하는데

주하 아 그럼 간단하네요 머. 뭐가 문제에요 치우세요.

인태 ….(보며)

주하 삼년이나 지났는데 치워도 되는 거 아니에요? 난 그렇게 생각
하는데요?

인태 집사람이 슬퍼하지 않을까요?

주하 …..(보는)

인태 아무리 새출발하라구 했지만 그래두 하루 아침에 자기 물건들
이 사라지면 서럽지 않을까싶어서

주하 (오버랩)영혼을 믿으세요?

인태 없나요?

주하 몰라요.

인태 나두 모르겠어요‥꿈에도 안 나타나요. 꿈에라도 나오면 물어
보구 싶은데.

주하 (오버랩)치우세요.

인태 (보는)??

주하 복잡하게 생각말구 치우세요.

인태 그렇죠?….그런데 애 엄마가 화내지 않을까요?

주하 ?? 아 그걸 내가 어떻게 알아요오오‥

인태 (커피 잔 내려다보며)그동안은 그 사람 어디 여행갔다 생각하
면서 살았어요.그런데 어느 날인가부터 좀 거추장스러워지더라
구요.

주하 ….(보며)

인태 치울 때가 된 건가요?

주하 네 그런 거죠‥ 치우세요.미련없이 치우세요.

인태 그 사람한테 미안하지만(남아 있는)⋯⋯(고개 내리고)

주하 ⋯⋯(보면서 돌겠다)⋯

S# 원룸 앞길로 들어오는 인태의 자동차⋯⋯

S# 차 안

주하 (조수석/뿌우 앞 보다가)??

S# 유리 전면으로 보이는 광모 차/

광모 (현수와 동시에 내리고 광모/뒷좌석 문 열고 홍삼 박스 두 개 꺼내는)

S# 광모와 현수

광모 (박스 현수에게 내미는)

현수 ?? 뭐야.

광모 주하는 흑염소 먹으니까 너는 이거 먹어. 홍삼.

현수 ??

광모 운동선수구 뭐구 이게 제일이래. 꾸준히 먹어. 죽는 날까지 내가 대주께.

현수 ⋯⋯(보며)

광모 받어 빨리.

현수 ⋯(박스 보며)

광모 무거우니까 내가 올려줄까?

현수 (무슨 말인가 하려는데)

주하 E 야아

둘 (돌아보고)

주하 안녕히 가세요. 얼른 가세요.

인태 (따라 내렸다가)예 그럼 (꾸뻑)고맙습니다.

주하 에 뭘요오.(두 친구 쪽으로)그게 뭐야?

현수　(손 뻗어 두 박스 다 빼내며) 우리 먹으라구..(광모 ??)

주하　어디서 선물 들어왔니? 야 니가 들어어. 왜 여자한테 무거운 거 들게 해?

현수　(먼저 움직이며) 아냐. 그냥 간대.

주하　왜애? (광모에게)

광모　귀찮대.

주하　어엉..그럼 가라.

광모　어엉.

주하　(뛰어들어가고)

광모　....(멍하니)

S# 원룸 거실

주하　(들어오며) 너 혼자 다 먹어. 난 염소 해치워야 해.

현수　(강아지들) 같이 먹어.(박스는 식탁에)

주하　(코트 홀렁) 아아아 성가셔.

현수　(코트 벗는) 어디 갔다 와?

주하　나가다 첫 번째 까페. 느닷없이 집 앞이라는데 들어오랄 수가 있니 길바닥에서 떠니.(양말 벗으며)

현수　....(주머니에서 핸드폰 꺼내 놓고 겉 스웨터 벗는)

주하　죽은 자기 와이프 물건을 치워두 될까 치우면 죽은 사람이 화 안낼까. 아그거 자기 혼자 해결할 문제지 나랑 무슨 상관있냐 말야.

현수　얘기할 사람이 없나부지.

주하　동생이랑 엄마는 치우라 그러나봐.

현수　(챙겨든 옷/전화) 쭈쭈뽀뽀 올라가자.

주하　저거 냉장고 넣어야지 야.

현수　니가 해.(계단으로)

주하　냉장고 터지겠다.

현수　….

주하　(벌떡 일어나 박스 열며)하나는 창 가에 두구 먼저 먹어어엉?

현수　E 어엉..

주하　아니 그걸 왜 나한테 묻냐구우우. 야아 엄마 좋아하시대??

현수　E 어엉.

S# 준구 침실

은수　…..(잠옷)…..(걸터앉아서)

S# 준구 서재

준구　(다미 기사 검색 중)

[이다미 결혼 물 건너간 듯. 이다미 조만간 공식 발표. 이다미 철벽 경호 지나치다 이다미 시청자 우롱했나 이다미 연인은 누구? 이다미의 소문과 진실. 충격!! 이다미의 사랑. 이다미 순정 사기극?]

준구　(마지막 제목 클릭)…

S# 다미의 분장실

다미　(거울 앞에 앉아 두 손목으로 양 머리 고이고 소리 내어 울고 있는)….

[스타일/분장녀/어쩔 줄을 모르고…서로 눈 맞추고 스타일은 저도 눈물 훔쳐내고 다미 한 팔에 손대는데]

다미　(손 치워버리고 원 상태로 찢어지게 우는)…

[노크와 함께]

스탭　E 이 다미씨 준비 됐습니까?

스타일　아뇨 아직요오..

스탭 E (멀어지며)아아이 (어쩌구 투덜거리는 소리)

차 E 문 열어.

스타일 (문 열어주고)

차 (들어오는…곤혹스러워죽겠다)………(다미 뒤로)넌 프로야 다미
야….이러면 안되지…..아니 하루 쉬라니까 말 안듣구 나온 사람 너
야 내가 억지로 끌고 나온 거 아니잖아··

다미 ……

차 녹화 스톱하고 사십분이 넘었다웅?…..뭐 다행이 파혼당한 거
때문에로 카바하면 해로울 거 없긴 하지만,

스타일 ??(흘기는/ 저런 말은 왜 해)

차 다미야……봐주는 김에 화끈하게 봐주라 다미야.

다미 (앞에 분장도구들 한꺼번에 쓸어버리며)나가··나가 나가아아!!!
니들만 한방이야? 나두 한방이야 이 쓰레기들아아!!!(마구 집어 던
지는)

차 지랄났다. 또 지랄났어. (문으로)··알었다. 녹화 중단이다. 짐꾸려
라 (스타일에게)

S# 준구의 서재

준구 (컴퓨터 초기화면 띄워놓은 채)…..(눈 감고 기대앉아)…..

　　[전화벨.]

준구 (몸 일으키며 받는)어어.

S# 이동 중 차 안

정수 야 아슬아슬 쫄밋거려 죽겠다··너 내일이라두 출장 평계대구
나가라··오늘내일 터진다. 폭탄 오미터 근접이야 너한테 굴러가구
있다구.(운전)

준구 F (오버랩)끊어.

정수 (오버랩)와이프 어떡하구 있냐.

준구 F 몰라. 얼굴보기 괴로워 따로 있어.

정수 야아아아 니 와이프 참 감동적 아니냐? 너 임마 정치해도 되겠어
야.오년 쯤 뒤에 출마해라.

S# 서재

준구 무슨 소리야.

정수 F 나는 내 남편의 결백을 믿습니다 있잖아. 미국 정치쟁이들 와
이프 하는 거. 은수씨 그거두 할 수 있는 여자겠단 말야. 다미 찾아
간 거 보면

준구 헛소리 집어쳐야!!(끊어버리는)

S# 준구 침실

은수 (침대에 올라앉아서)······

S# 태원 부부 방

　[마주 앉은 부부.]

태원 (보며/옷 갈아입은)····

채린 ···왜요··

태원 ····슬기가·· 슬기를 보는 게 자기가 낳은 자식일수 없는 거 알아
요. 아직 얼마 되지도 않았고 이해해요.

채린 (오버랩)슬기가 뭐라 그래요?아니면 고모가요?

태원 아니 누구도 아무 말 안했어요.

채린 그런데 왜요?

태원 (오버랩)채린씨 슬기한테 따뜻한 마음 잘 안 보여요.

채린 (오버랩)데리러 가는 거 늦어서요? 그건

태원 (오버랩)자기자식처럼은 무리겠죠. 무리한 부탁은 안합니다.
    그런데 따듯하게 봐주는 어른 마음은 가능할 거에요.

채린 (오버랩의 기분)나 그렇게 하구 있어요.

태원 (오버랩)나한테는 슬기가 어머니보다 앞이에요.

채린 ....(보며)

태원 이런 환경에서 크는 걸 가엾게 생각해줘요.

채린 슬기가 뭐라구 했죠··

태원 아니라니까요··한참 전부터 하고 싶었던 거에요.

채린 그걸 왜 지금 해요? 지금하는 이유가 있을 거 아니에요.

태원 이유는····지금쯤은 부탁해도 될 거 같아서에요··

채린 ...(보며)

태원 (일어나며)내려 가죠.

채린 (일어나는)우리 아이가 태어나도 슬기가 맨 앞이에요?

태원 ....(보는)

채린 네?

태원 슬기랑 나란히 맨 앞이겠죠··

채린 다행이네요····

태원 (문으로)

채린 (따르며)나는 그 다음이에요?

태원 (나가며)어머니죠.

채린 (나가며)너무하다아아

S# 거실

    [내려오는 태원 부부.]

    [티브이 보는 가족. 임실은 서서 티브이 보는데]

272

태희 (채널 돌려대고 있는/삼 초마다)

태모 아 좀 놔둬어.

태희 볼 게 없잖아.

태모 그렇게 돌려대는데 뭐가 볼 건지 어떻게 알아.

태희 알어어 그치 슬기야?

슬기 네..

임실 (내려오는 둘 보고)아구..내려오네..(부지런히 주방으로)

태원 슬기이이.

슬기 어엉..(아빠에게 /손잡고 주방으로 채린 따르고)

태모 (슬기에 연결)복철이라 복탕 끓였다..튀김은 슬기가 다 먹었어.

태원 네에.

태모 아 그만 좀 돌려어어(채널)

S# 주방

태원 (슬기 의자 빼주며)어떻게 지냈어.

슬기 (앉으며)잘 지냈어.

태원 책 많이 보구?

슬기 앙. 고모랑 팩두 하구.

태원 (앉으며)흐흐 그래서 얼굴에서 광채가 나는구나?

슬기 (두 손/손가락 벌려 뺨에 붙이고)와아아아아

태원 <u>흐흐흐흐.</u>

채린 (오버랩/상 차리면서)슬기 그거 안하는 게 좋을 거 같은데 고모 생각없는 거 같아.

슬기 (채린 보는)

채린 아이 로션 따로 있잖아. 슬기는 그거 써야 해.

태원 아줌마 말이 맞는 거 같다..이제 하지 마.

슬기 알았어. 이제 해달라구 안할게.

채린 생각없이 너무 이뻐라만 하는 거 문제 있어요.

임실 (간장 담은 접시와 덜어 먹을 공기 갖다놓으며 중얼거리는)밖에서 듣소. 그만 하소.

채린 (잠깐 임실 보고)

임실 튀김 먼저 먹고 탕이지요잉

태원 예 아주머니.

임실 기름 달구고 있으니께 곰방이요.

태원 예.

슬기 할머니 나두 튀김 세 개만.

임실 알았어알었어 흐흐흐(저쪽으로)

채린 슬긴 그만 먹는 게 좋을텐데.

슬기 (보는)

채린 E 배탈나면 어떡해.

채린 아까 많이 먹었는데?

슬기 네에.

태원 (오버랩)괜찮아. 먹고 싶으면 먹어. 그 대신..계단 다섯 번 올라 갔다 내려왔다 하구 좀 늦게 자. 그럼 돼.

슬기 으응(좋아서)

채린 (태원 보는/불만)…

S# 거실

　　[티브이는 꺼졌고]

태희 (상체 엄마 쪽으로 내밀고)뭐어어(소곤거리는)

태모　(주방 한 번 힐끗 보고 소리 죽여)내가 쟤 엄마 식사대접 한다구 불러내 넌지시 한번 떠 보면 어떨까.

태희　뭐를?

태모　까마귀야? 전재산 기부가 참말이냐 아니냐(남아 있는)

태희　(오버랩)아아아아.

태모　해보까?

태희　속보이지 않을까?

태모　무슨 속.

태희　엄마 시커먼 속.

태모　(흘기는)

태희　우후후후후후

태모　그냥 궁금해서 그래. 다만 궁금할 뿐이야. 옷하날 변변하게 못 입구 외식한번

태희　(오버랩)엄마 (소리 커어)

태모　(팍 낮춰 계속)제대루 안하구 껴안구 있다가 그걸 몽땅 기부한 다는 사람 속내가 뭔가 궁금해서.

태희　철학이 다른 거지이이‥가치관이 다른 거구.

태모　따따.

채린　(나오며)뭐가요 형님?

태희　으응 왜 나와?

채린　어머님 탕 좀 더 드시겠냐구요.

태모　(일어나며)아니다‥오줌만 마려워

채린　네에에.

태희　아 올케 이것 좀 잠깐 봐.(잡지 꺼내 접어놨던 페이지 펼치며)이

리 와봐.

채린   (기웃이 보는)

　　　[화려한 보석 광고 페이지.]

태희   너무너무 아름답지.

채린   저는 한송이 이름모르는 들꽃이 더 아름다워요.

태희   ??

채린   이건 그래봤자 생명이 아닌 돌이잖아요. 인위적으로 깎고 갈아
　　　모양 낸 거구요.나는 잡초 밭에 핀 들꽃 한송이가 주는 감동이 훨
　　　씬 좋아요.

태희   (책 탁 덮으며)어 그래. 난 된장녀야. 번짓수 잘못 찾았다/

채린   (미소로 보는)

태희   무슨 의미야?

채린   흐흣 이런 말하면 친구들도 재수없어 해요.

태희   엉. 아네.. 진짜 재수없다 응?(자기 방으로 퍽퍽)

채린   (보다가 움직이는데)

태희   녹차 좀 뽑아 와.

채린   (보는)…

태희   왜. 싫어?

채린   그 정도는 직접 할 수 있잖아요.

태희   뭐?

채린   제가 도우미는 아니잖아요 형님.(주방으로)

S# **주방**

채린   (들어와 녹차 준비하는/태원 슬기 튀김과 복국 먹고 있는)

태희   E 아니 하는 게 뭐 있다구 토를 달어 응?(모두?)

276

태희   (부르르 달려 들어오며)시누가 올케한테 차 한잔도 부탁못해?

채린   ?? 형님(놀란)

태희   여기가 어디라구 생각해 여기 시집이야시집. 도우미 아니라 구? 도우미 아니면 며느리유리 상자 속에 집어넣고 감상만 해야 하니?

채린   (오버랩)무슨 말을 그렇게 하세요.

태희   (오버랩)너 하는 거 아무 것도 없잖아. 기껏 어머니어머니 노인 네 비우 맞추는 거 말구 하는 거 뭐 있어. 청소기 한번 들구 있는 거 쓰레기 봉지 한번 들구 나가는 거 봤으면 내가 안 이래.

태원   (오버랩)누나.

태희   (오버랩)너 니방 슬기방 청소까지 아줌마 시키잖아. 내가 모를 줄 알아?

태원   (오버랩)그만해요.

태희   (오버랩)어떻게 지 부부 잔방 청소까지 시키냐. 그거 아닌 거 아냐?

채린   (오버랩)형님은 형님 방 청소 하세요?

태희   뭐?

임실   (오버랩)고모는 자기 물건 건드리는 거 싫대서 대충 자기가 치 우는 구먼.

채린   아줌마 청소하구 나오는 거 봤어요.

태원   (수저 탁 놓으며)그만 못해요??!!(슬기 ?? 아빠 보고)뭐 시답잖 은 일로 큰소리까지 내야 해요. 누나 왜 그래요.

태희   너 편들지 마 내가 한눈 아예 감구 살어 바보자식아. 녹차 한잔 달랬더니 도우미 아니란다. 이게 말돼엉?

태모 (들어서는 오버랩)왜 이래.

태원 (일어나며)슬기야.

슬기 (얼른 일어나 아빠에게/둘 나가고)

태모 왜 큰 소리야.

태희 (휙 나가고)

태모 …(채린에게)차를 달라면 군소리 없이 갖다 주면 되지 도우미가 아니라니.

채린 어머니(오버랩)

태모 너 이집에서 며느리 반 도우미 각오루 살어야 해‥그거 몰라?

채린 ??

태모 어떻게 시누 어려운 줄 모르구/시누는 벌집이야. 더구나 저 애는 벌집 백만개야‥건드리지 말라는 말 허투루 들었어?

채린 …‥

태모 어떻게 지혜가 없어두 그렇게 없어. 내 아들 먹다 말구 올라가게 왜 만들어.

채린 거의 먹었어요 어머니.

태모 끄응 끄으으으으응(돌아서는)

S# 준구의 침실

슬기 E 엄마 지금…행복해?

은수 E 니가 나를…싫어하게 된 게 슬프지만…그거 빼구는 행복해‥어르신들두 좋은 분들이구 아저씨두 잘해주구 행복해.

은수 (현재 침대 내려서며 중얼거리는)엄마 안행복해 슬기야‥행복하지 않아‥

S# 준구 노트북 화면에 띄워진 기사

278

[제목/ 이다미 파혼 충격으로 오열 녹화 중단.]

준구   ……(읽는데)

은수   (들어오는)

준구   (노트북 덮는)…

은수   뭐래.

준구   녹화 중단했대··파혼충격이래.

은수   ·····(보다가)신경쓰여?

준구   ····

은수   그런 거 보지마. 닥치면 닥치는대로 대처해. 찌라시 들여다 보
          구 있는 거 한심해.

준구   ??(보는)

은수   자신만만한 김준구 어디 갔어.

준구   긁지 마··(일어나 나가는)

은수   ·····(보며)

S# 침실

준구   (들어와 침대로/눕는/은수 쪽에 등 돌리고)······

은수   (들어와 침대로)·····(기대어 앉으며)나 비웃었어.

준구   ??(돌아보는 건 아니고)

은수   (준구 등으로 고개)원래 그러냐 가면이냐. 기분 나쁘대. 가면…
          그래 그럴 수도. 나보다 젊고 이쁜 상간녀한테/ 내 남편이 안았던
          여자 앞에… 나 망가지기 싫었어

준구   …

은수   왠지 나보다 더 불쌍한 여자라는 생각 아니었으면 품위구 뭐
          구 그딴 거 집어치구 나두 막 했을지두 몰라·· 막하면 나두 누구 못

지 않아.

준구   (눈 감는)····

은수   (침대 내려서 전체 등 끄고 다시 침대로)···

　　　[등 돌리고 누운 부부··]

　　　　　　　　　　　　　　　　　　　　　　F.O

S# 준구의 집 전경(이른 아침)

S# 아침 먹는 중. 회장은 죽

회장   죽에다 동치미 물/ 이래갖구 어디 살겠나.

준모   링거 부를게요. 아니면 병원으로 들어가든지요.

회장   중병 들었어요?

이모   물총쏘는 건 그쳤다면서 뭘 병원까지 가.

회장   그러게 말입니다.

이모   동치미두 찬 음식이니 너무 많이 드시진 마세요.

회장   예에에.

　　　[인터폰 버저.]

도우미   (작은 소리)네····네·····네 알았습니다 (끊고 식탁으로)저기 사장
　　　님 잠깐··

준구   ?? 네

도우미   기자들이 사장님 만나야 한다구 지금 대문에····

준구   ???····(벌떡 일어나 튀어 나가는)

은수   ?? 이모?? (고개를 들거나는 하지 마시고/준모는 눈 잠깐 감았다
　　　뜨는)

회장   ?? 기자들이 왜··무슨 일야

준모   (오버랩)너 나가 니 남편 잡아.

은수   (빠르게 일어나 튀어 나가고)

회장   ???(아내 보는)뭐야.

준모   (빠르게 나가고)

S# 정원. 현관

은수   (튀어나오며)여보오.

준구   (대문 가까이에서 휙 돌아보는)

은수   (준구 쪽으로)어머님이 나가지 말라 그러세요.

준구   안 나가면 어떡해.

은수   (한 팔 잡으며)경비아저씨들한테 맡겨요.

준구   (팔 뿌리치고 나가는)

은수   .....(별수 없고)

S# 대문 앞

　　[준구 나오는 거 보고 기자들 대여섯 사진 찍으며 덤벼드는]

준구   찍지 말아요 찍지 말라구요.(좀 고약하게)지금 여기 사진 한 장
　　이라도 나갈 때는 가만 안 있을테니까 그렇게 아십쇼들····이게 대
　　체 무슨 일입니까. 항간에 떠도는 카더라 유언비어 때문에 이렇게
　　까지 해야하는 겁니까? 이게 언론의 자셉니까?

기자1   (오버랩)질문 있습니다 김준구씨

준구   (오버랩)아 그 질문 알아요대답하죠.나 관계없습니다.

기자2   (오버랩)이다미씨를 전혀 모른다는 뜻입니까?

준구   뒤번 식사 같이 한 일은 있습니다. 단둘이서가 아니라 여럿이
　　합석해서요.

기자3   (오버랩)오랫동안 연인관계라는 소문이

준구   (오버랩)소문은 소문일 뿐이죠. 더 이상 할 말 없습니다. 부모

님과 아내가 있습니다. 미확인 소문으로 사생활에 상처입히지 말아 주십시오. 날씨가 춥습니다. 그럼(하는데)

    [터지는 플래시 하나]

준구   사진 찍지 말랬잖아!!! 누구야 어떤 자식이야 지금!!!/(덤벼들 태세)

경비원들   (준구 잡고)

준구   (말려지고…숨 고르고 휙 돌아 대문 안으로)….

S# **정원**

준구   (빠르게 들어오는)….

은수   (보며)…..

준구   (그냥 들어가고)

은수   (따르는)…

S# **거실**

회장   (굳은 얼굴로 앉아 있는)….

이모   …

준모   …..

준구   (들어오고)··(은수 따라 들어오는)

회장   (벌떡 일어나)이리 와··

준구   (엄마 보는/준모 가만히)

회장   니 어머니는 왜 봐 이눔아. 이리 못와?

준구   (앞에 가 서는데)

회장   (얼굴 갈겨버린다)머저리같은눔. 처신을 어떻게 하구 댕겨 기자가 집까지 밀구 들어오게 만들어!! 사내자식 여자 모르는채 결혼 안했다 뭐라는 게 아냐 임마. 놀았으면 자국 안 남게 뒤처리 완

벽하게 해 치웠어야지/

준모   (오버랩)들어가 나무라세요

회장   (오버랩)오죽 칠칠치 못했으면 뒤끝이 이렇게 지저분해!

준구   죄송합니다.

회장   (오버랩)나 등신 만들어놓구 수습했다는 게 겨우 이거요?

준모   (일어나면서/좋지 않다 오버랩)그만하세요.

회장   ??

준모   죽을 죄 졌어요? 나라 팔아먹었어요?

회장   (오버랩)당신은 이게

준모   (오버랩)자식한테 실망 안하는 집이 얼마나 돼요. 알게 모르게
다들 겪구 살아요. 망신살 한번 당하구 지나가면 그만이에요.

회장   (오버랩)왜 배우야 배우가.

준모   …(보다가 그만두고)들어오세요. (침실로)

회장   ….(아내 보다가 아들에게)나가서 뭐랬어. 너.

준구   기사 쓰지 말랬습니다.

회장   이눔이거 너 팔푼이야? 그따위 소린 뭐하러 해. 나가긴 왜 나가.
아예 상대를 안하는게 상수야 이눔아. 너 그거두 몰라?

이모   (오버랩/앉은 채)그만 들어가시는 게 좋겠네요 회장님.

회장   (이모 돌아보는)

이모   들어가세요(달래듯)

회장   꼼짝 말구 처박혀 있어.콧배기 내놓지 마.(아들 노려보고 안방으
로)….

이모   뭐하러 나가 상대를 해··(일어나며)

준구   ….

S# 안방

회장 (들어오는)…

준모 (기다리고 있다가)사용인들 있는데 큰소리를

회장 (오버랩)왜 배우야배우가.

준모 기억상실이에요?

회장 ???

준모 아들이 아버지 닮지 누구 닮어요.

회장 …나는.. 아는 사람 열 손가락두 안됐어요.

준모 그때는 인터넷 세상이 아니었죠.

회장 …..(침대에 걸터앉는)

준모 더 이상 큰 소리 내지 마세요.

회장 …..

준모 (나가려 움직이는)

회장 곤지암으루 쫓아요

준모 …..(보며)

회장 (보며)꼴두 보기 싫어.

준모 (나가고)

회장 ……

S# 주방

준모 (들어오며)붙잡으랬더니 뭐했니.

은수 (도우미와 상 다시 차리다)….(잠깐 보는)

이모 (찬 그릇 옮기면서)뿌리치구 나갔단다…..밥이나 먹자..

준모 (식탁 의자에 앉으며)올라가 짐 싸라.

은수 ??…(보는)

S# 서재

준구 (테이블 앞에 서 있다가 갑자기 노트북 집어 바닥에 내동댕이쳐 버리고…의자 잡아 구석으로 밀어젖히는/의자 굴러가 쿵)……(시근거리는)

S# 다미 거실

차 (주방에 서서 커피 마시고 있고)

S# 다미 침실

다미 (나갈 준비 마친 채 서서)준비 됐어요 걱정마세요….네‥마련했어요‥울지 마세요나 괜찮아요엄마.뭐뭐 필요한가 물어서 은행에 서류 만들어다 주구 연락해요바로 송금할테니까 ‥오빠들한텐 말하지 마세요. 경철이한테두‥ 나중에 내가 다 모아놓구 해결할께요‥네‥네…끊어요.(끊는)….

S# 주방 거실

다미 (나오는)

차 어‥잘 잤어? 몸은 괜찮냐?

다미 커피 줘.

스타일 (커피 따르고)

다미 (그리 다가가는데)

차 그런데 다미야 작가가 너 좀 보잔다.

다미 ??

차 오늘 일곱시 전에는 끝내준다니까 끝내구 나서 잠깐 작가미팅 하자.

다미 결정된 거 아니에요?

차 결정된 거지

다미 그런데 왜 보재요. 볼일이 뭐에요(커피 잔 받으며)

차　야 작가가 자기 작품 주연여배우 한번 보자는데(뭐 말이 많아)

다미　(오버랩)내 얼굴 모른대요? 내 연기가 불안하대요?

차　그게 아니라 대작 들어가기 전에 작가한테 인사한번 닦아 놓는 게 나쁠 거 없잖아. 그거 작가가 너한테 관심있다는 소리야.

다미　대본이나 잘 쓰라 그래요 난 작가한테 관심없어요.(마시는)

차　다미야.

다미　(찻잔 놓고 현관으로 움직이며)작가가 뭔데 배우 오라가라야.

차　야이기집애야 그 작가/ 배우가 보자면 노발대발하는 사람야. 너 몰라? 먼저 번 시청률 사십나온 거 그거 잘났다 장배우/ 작가 만나구 결정한댔다 까였잖아.

다미　까라 그래요.배우가 보자면 까구 자기가 보자면 배우는 가야 해요? (나가고 스타일 따라 나가고)

차　아아아아/저 기집애 진짜…

S# 준구 정원

　[사용인 하나 중형 트렁크 두 개 들고 나와 대문으로……]

S# 거실

　[앉아 있는 이모와 준모.]

　[계단 내려오는 준구 부부. 준구 앞서고 은수 뒤에.]

이모　(보고)….

준모　(조용히 차 마시며)….

준구　(와 서서)…죄송합니다.

준모　(오버랩)관리인 아줌마 알아서 먹여줄 거야.

은수　(보며)….네..

준모　(찻잔 놓고 일어나며)어쩌겠니.탈없이 넘어가기 바랬던 게 욕

심이지.(주방으로)

은수 ....

준구 ....(잠시 있다가 이모에게 꾸뻑/나가는)

이모 (일어나며 은수 보며 나가라는 손짓)

은수 ...(목례하고 현관으로)

이모 (따르고)

S# 현관

은수 (나와서 신 신는데)...

이모 (따라나온)아가야..

은수 (보며)....

이모 죽을 맛일 게야..그저 측은지심으로 봐주렴.부탁한다..

은수 (목례하고 돌아서는)

S# 정원

은수 (나오고).....

준구 (저만큼에서 기다리고 있다가 은수 다가오자..움직이기 시작)

S# 대문 앞

[나오는 부부.]

[사용인 둘 동시에 뒷좌석 문 열고 대기. 시동 걸어져 있고.]

준구 내가 해요. 당신 앞으로 타.

은수 운전하지 말아요.

준구 (보고)

은수 부탁합니다..

기사 (꾸뻑 /운전대로).....

준구 ....(별수 없이 뒷좌석으로 타고)

은수　(같이 타고)

　　　[출발하는 차……]

S#　태원의 거실 현관

　　　[출근하는 태원과 뽀뽀하는 슬기.]

슬기　쪽쪽..빠이빠이.

태원　빠아이..

채린　다녀오세요.

태원　수고해요.(나가고)

채린　(돌아보면 슬기 벌써 계단으로 콩콩 뛰어가고 있는)슬기야 디저트
　　안 먹어?

슬기　아...(주방으로)

S#　주방

　　　[먹고 난 상 치우는 임실.]

태희　(엄마 버섯차 갖다 놓아주며)닝닝해서 어떻게 마시는지 몰라.

태모　몸에 좋다는데 대수야?

슬기　(들어오고)

태희　(커피 따르면서)슬긴 뭐 먹을 거야?

슬기　(냉장고로)요거트요..

임실　딸기는 안 먹어?

슬기　(요거트 꺼내며)생각없어요.

태희　나두 안 먹어요. 씻지 마세요.(식탁 닦을 행주 놓아두고 임실 쟁반
　　들고 주방으로)

태모　(찻잔 들고 일어나며 들어오는 채린에게)식탁 닦아라.

채린　네 어머니..(식탁 닦기 시작하는데)

태희　슬기야..(슬기 고모와 앞서 나가고)

태모　(따라 나가는)

채린　행주 하나 더 주세요.(저쪽에)

임실　놔두소. 내가 할테니까.

채린　그래놓구 혼자 다 한다 그러지 말구요.

임실　(새 행주 들고 오며)내맘에 안 드니께 그라요. 비키시오.(보는 채
린)째려볼 거 없소잉. 새댁 하안참 멀었을게.

채린　(보며)....

S# 거실

태희　에에? 그게 오늘의 계획이었어?

슬기　네.

　　[태희 슬기 계단에 나란히 앉아. 커피와 요거트 먹으며.]

태희　어떡하니 니가 날을 잘못 잡았다.

슬기　?? 왜요?

태희　고모 오늘 볼일이 많거든. 춤 연습두 가야하구? 할머니 심부름
으로 설계하는 친구한테 뭐 보여주구 얘기두 해야하구 미장원 가
손발톱두 해야구? 염색두 해야구 저녁 때나 들어올걸?

슬기　하루 종일 고모 방에서 책 볼라 그랬는데..

태희　낼 하자 낼. 내일은 고모 안나가.

슬기　네에..

태희　엄마는 오늘 뭐해?

태모　(신문 뒤적이면서) 나두 바뻐. 여기저기 청소 검사 한바퀴 돌 거
구 공장두 들여다 봐야 해. 공장장이 그만둔대잖어.

태희　왜애?

태모　월급 더 달라는 소리지 뭐..지말은 뭐 아들하구 무슨 사업을 할 생각이라는데 사업은 무슨 뻔한 수작.(끄으응 일어나며)별 볼일 없는놈으거 팔어 치우든지 어쩌든지 해야지

태희　(오버랩)한때 잘 벌어줬잖어. 이제 풀릴 거야/

태모　언제.(안방으로)

태희　내가 점쟁이야? 그걸 어떻게 알어.

태모　알지두 못하면서 뭘 아는척야 풀릴 거라며.

태희　아 그래프 상으로 그렇다는 거지. 건축경기 고꾸라진 게 언제야 계에속 그러겠어? 이제 깨날 거라구.

태모　체/(들어가고)

태희　고모 씻어야 해..(일어나며) 올라가

슬기　(일어나며)네에..

태희　(제 방 쪽으로 아웃)

슬기　(맥없이 계단 올라가는)....

S#　곤지암으로 가는 중부 고속도로…

S#　이동 중 준구 차 안

준구　(머리 정면에서 약간 오른쪽으로)......

은수　(보고 있는)........좀 ...졸아요.

준구　귀양가는 놈이 그럴 수 있나요..

은수　.....(보며)

준구　(돌아보며 쓴웃음)당신은....속으로 통쾌한가?

은수　나중에 얘기해요..

준구　.....(보다가 기대며)

은수　...(보며)

준구 당신 안 춰요?

은수 ?? 춰요?

준구 좀 그런데?…히터 좀 올리세요(기사에게)

기사 (히터 바람 최강으로 올리는)….

준구 (팔짱 끼고 눈 감으며)나두 책이나 쓸 줄 알면 좋겠군‥다산 선생
       은 귀양살이 동안 책 많이 썼든데…

은수 ….(보며)……(표는 안 나지만 심정은 남자가 좀 안됐다)‥

S# 달리는 자동차….

S# 현수 라라앤독 패턴실

       [견본 원단, 현수 디자인 스크랩북 등등 테이블 위에 놓여져 있고]

       [대표는 액세서리로 달 체인, 진주줄, 등등 겹쳐보며 모양 보고 있고]

       [실장님 미싱 중이고 /]

현수 ?(화면 시작과 동시/샘플 만지작거리며 통화 중)네.센터에서 긴
       쪽이 12 폭은 15요.(통화하며 볼펜 들고 앞 노트에 리본 그림 그려 넣
       는)아뇨. 두 날개 합한 길이가 15요. / 핸드폰으로 찍어서 보낼게
       요. 네 (끊고 그림에 15, 12라고 적어 넣고/핸드폰 사진 찍고/전송하는/
       매우 숙달된 제스처)

대표 (보며)흐흐 그게 빠르지 (그림 전송하는 게)

현수 네 훗 근데 대표님. 그거 (체인) 이쁘긴 한데 쓰면 안될 것 같
       아요.

대표 ?응? 왜애?

하나 (옆에서 딴짓하며)무광에 이쁘긴한데 칠이 묻어나와요.

대표 ?? 그래?

하나 그냥 스치기만 해도 묻어 나와요.

대표　？(노트에 체인 문질러보면 까맣게 묻어나오는)야 이게 뭐니. 세
　　　　상에

하나　그렇다니까요…

대표　이걸로 그림을 그려도 되겠다. 어떻게 이렇게 만들어서 파니
　　　　[현수 전화벨 오버랩.]

현수　(받는)어 뭐래.

S#　광모 병원 앞

주하　(제 자동차 문 잠그며)야 이제 막 도착해서 광모 애 데리구 들어
　　　　갔다. 근데 너 쟤들 병원 어떻게 데리구 다니니.(병원 안으로) 생 난
　　　　리 발광 죽을 뻔 했어. 도살장 끌려가는 줄 아나봐··얘가 글쎄 안 잡
　　　　힐라구 있는대로 도망다니면서 막 싸대는데 아우우우

S#　병원 안

주하　(진료실로 움직이며)나 아무 것도 안 먹였다니까아아? 너 생사람
　　　　잡지마야 진짜아아·· 알았어 일해.(끊고)

S#　진료실

광모　(빠삐용 주사 들고)어어 괜찮아괜찮아. 안아퍼안아퍼.(주사 찌
　　　　르는)됐다아아아.

주하　(나타나는)뭐냐.

광모　가만있어. 가만있어응?(조제로)뭐긴 뭐야 속탈 났지. 늬들 사
　　　　료 말구 뭐 먹였어.

주하　·····(한 짓이 있다)

광모　(힐끗 보고)너지.

주하　엉.

광모　뭐야.(약 분마기에서 갈며)

주하 아니이이 자다 깼는데 배가 고파서 여엉 말똥말똥하더라구.
  그래서 냉동실 뒤졌더니 굴전이 있더라구 잠깐 뎁혀서 소주 한잔
  하는데 애들이

광모 (오버랩)됐다.

주하 두 애 똑같이 줬는데 왜 애만 탈이 나냐.

광모 현수 알면 너 죽는다.

주하 환자 비밀 보호다 너. 고자질하면 니가 먼저 죽어.

광모 니가 얘냐?

주하 변선생은 왜 안 보여?

광모 스켈링..

주하 어 애 발톱이랑 잠지 털 잘라주래.

광모 밥친구랑은 잘돼 가냐?

주하 아침 저녁 문안인사.

광모 괜찮은 사람이야?

주하 뭐…누구처럼 바람돌인 아닌 거 같다. 세상 떠난 와이프한테
  일편단심 민들레 하다 삼년 만에 일편단심 바래기 시작한 거 같아.

광모 삼년상 났으면 됐지 뭐. 요즘은 사십구일 탈상두 한다든데.

주하 그러엄. 그런 남자 흔치 않지.

광모 근데 애가 있다면서.

주하 아들 하나.

광모 그게 걸린다.

주하 뭐가.

광모 애까지는 너무 하잖아.

주하 내가 연애하냐? (버럭)

광모 기집애 왜 소리는 질러어어.

주하 나더러 연애하라구? 그래서 너 가쁜하게 해 달라구?

광모 똑또옥하다..(약 봉지 주며)

주하 얼마냐.

광모 현수한테 받을게.

주하 야 시끄러 받어.(카드 테이블에)

광모 잠지 털 짜르자아아아..(강아지)

S# 슬기의 방

슬기 (기대어 앉아서 동화책 보고 있는)....

　　　[노크.]

슬기 ?? 네에..

채린 (들어오고)

슬기 (보는)

채린 어른이 들어오면 일어나 앉어. 그게 예의야.

슬기 (일어나는)

채린 (침대에 걸터앉으며)할머니 나가시구 임실 할머니두 파마하러 가구 집에 너랑 나랑 둘 뿐이야.

슬기 ....네에.

채린 너 아빠한테 내 얘기 뭐라 그랬어?

슬기 ??

채린 아빠가 너한테 잘해주라 그러시더라. 그건 내가 너한테 잘못 한다는 뜻이지? 그건 아빠가 너한테 무슨 얘길 들어서같은데 내 생각에는.

슬기 아무 말도 안했는데..

294

채린   그럼 아빠가 왜 그래.

슬기   모르겠어요.

채린   거짓말하면 나쁜 사람인 거 몰라? 정직하게 말해. 아빠한테
        뭐라 그랬어.

슬기   진짜루다 아무 말 안했어요 아줌마.

채린   (오버랩)나 너랑 잘 지낼려구 노력하구 있어. 그런데 너는 틈만
        있으면 나 모르게 니 엄마랑 문자하구 전화하구 그래두 되는 거야?

슬기   그건 아빠가 해두 된다구 그랬어요.

채린   너 그러는 거 나는 싫어. 니 엄마는 다른 사람이랑 결혼했어. 나
        는 니 아빠랑 결혼해서 너랑 같이 사는 새엄마야. 너 나하고 친하게
        지내야지 언제까지 니 엄마만 찾을 거야. 내 기분 좋을 거 같아?

슬기   엄마랑 문자 그렇게 많이 안해요‥전화두 많이 안해요.

채린   어디서 말대답이야 너 아주 못됐구나.

슬기   ……(눈물 뚝뚝)

채린   고자질쟁이는 혼나야 해. 입을 꼬매버려야 해.

슬기   …(보며)

채린   너 종아리 때려주구 싶은데 참는 거야. 알았어?

슬기   (오버랩)나 아빠한테 암말 안했어요. 주스 엎지른 거두 말 안했
        어요. 정말이에요. 말 안했어요.

채린   내가 그걸 믿을 거 같아?

슬기   (좀 대들듯)우리 엄마는 안 그래요. 내가 무슨 말 하면 다 믿는
        데 아줌마는 왜

채린   (저도 모르게 찰싹 때려버리고)

슬기   ??

채린 ??(저도 놀라서)어 미안해 슬기야. 잘못했어. (슬기 잡으려 하며) 아줌마 실수했어. 실수했어.슬기야.(슬기는 엉엉 울어젖히며 뒤로 물러나 피하는)울지 마 슬기야. 이리와 이리..아줌마 안아줄게 이리와..응? 응?(아예 침대로 올라 어거지로 슬기 안아 붙이며)아줌마가 미쳤나봐..아줌마 손이 미쳤나봐 잘못했어 슬기야. 미안해 응? 미안해..

슬기 엉엉엉엉..

채린 (손바닥으로 슬기 입 막으며)뚝 ..뚜욱..

슬기 (채린 보며 울음 그치려 애쓰는)...

채린 그래..뚝...뚜욱 그쳐..

슬기 ....(흐느끼는/울음소리는 못내고)....

채린 착해...착하지이이이?(하며 저도 속이 상하다. 왜 그랬을까)

S# 곤지암 별장 침실

준구 (겉옷 벗으며)집이 왜 이렇게 추워.

은수 (옷 받으며)불 넣은지 두 시간 밖에 안됐으니까 그렇지. 조금만 기다려요…

준구 (이불 젖히며)춰 죽겠단 말야.

은수 그럼 아래로 내려가요. 벽난로 잘 타구 있던데.

준구 (이불 속으로 들어가며)덮을 거 좀 더 꺼내.

은수 (장에서 침구 더 꺼내 덮어주는데)

준구 으으으으으

은수 (피식 웃으며)애 같아..

준구 히타 없나 물어봐..으으으으...얼어죽겠어..

은수 (문으로)

준구   나 아침 못 먹었잖아. 배고파..먹을 거 좀 줘.

은수   (혼자 웃고 문으로)

S# 별장 거실

은수   (내려와 벽난로에 장작 보충하는 관리남에게)저기 아저씨(관리남 일어나고)혹시 전기 히타 있나요?

관리남   아 예 꺼내 오지요··(움직이고)

은수   (주방으로)

S# 주방

관리녀   (펄펄 끓는 닭개장 솥 열어놓고 국물 간 보고 있는)

은수   (들어오며)뭐에요 아주머니?

관리녀   갑자기 연락하셔서 뭐가 있어야죠. 그래 우선 닭 한 마리 잡았어요. 아쉬운대로 드실만 하겠어요

은수   잘하셨네요. 배고프대요. 금방 내려 올께요.

관리녀   찬은 아무 것도 없어요··

은수   네··괜찮아요.(나가는)

S# 거실

은수   ·····(나와서 기다리는데·····)

관리남   (접시형 히터 하나 들고 나타나 놓고 비닐 벗기는)

은수   (같이 하고)

S# 별장 이 층 침실

은수   (히터 들고 들어오는데)

준구   <u>으으으으 으으으으으</u> (앓는 소리)

은수   (웃으며)히터 왔어요. 뭐가 그렇게 춥다구 난리에요··(히터 전원에 꽂고 일어나다 문득)??(준구에게/머리 끝까지 쓴 이불 속으로 손

넣어 만져보고)?? (이불 들치는)여보.

준구 (오버랩/오한으로 이빨 부딪히며)나 죽을 거 같아. 온 몸을‥도끼로 쪼개는 거 같아‥

은수 ‥‥‥(보다가 벌떡 일어나 나가며)아저씨이‥

은수 E 아저씨이이‥

S# 슬기의 방

채린 (오렌지 주스 내미는)‥‥‥

슬기 (고개 흔들고)

채린 (주스 컵 놓으며)우리 둘 사이에 있었던 일은 비밀…알지?

슬기 …(안 보며)

채린 아줌마 실수한 거야. 사람은 누구나 실수해‥그렇지?

슬기 ‥‥

채린 너는 나랑 사이 좋게 살아야 해‥ 너 니엄마한테두 갈 수 없구 외갓집에두 못가‥여기서 살아야 해. 그러니까 우리 친하게 지내자 아아?

슬기 …(안 보며)

채린 (손 내밀며)우리 화해하자‥

슬기 (보는)

채린 어서.

슬기 (손 주고)

채린 (잡고 흔들면서)오케이. 우리 슬기는 참 똑똑해 응.

슬기 ‥(시선 내린 채)

채린 아줌마가 잘해주께. 많이 많이 이뻐해줄게 응?

슬기 ‥‥

298

채린 대답해애…

슬기 네에..

채린 책 읽어. 우리 슬기는 책 많이 읽어서 나중에 박사될 거야 으흐흐흐(나가고)

슬기 ……

S# 태원 사무실

　　[같이 서서 시안 프린트물 보며]

태원 그럼 이 시안 바탕으로 페이지 구성해보고, 아티스트 작품들도 다시 모아보죠. 아참, 모델은 어떻게 됐죠?

팀장 스케줄 체크하고 있습니다. 브랜드 요청대로 남녀 둘씩 진행 예정이구요..

태원 모델 결정되면 브랜드 쪽과 공유해주세요.

팀장 네.

편집 (오버랩)저기 대표님.팀장님. 가능하면 아웃도어 씬을 잘 아는 모델들이 좋을 것 같아 제가 몇 명 골라봤는데요

팀장 (오버랩)아 편집장님 추천이라면 큰 이견 없습니다. 리스트 주시면 내부 공유하고 최종 결정 하겠습니다.

태원 네 그러세요. 세트 스타일리스트 미팅 내일 오후로 약속 잡아주세요.

편집 네 알겠습니다. (둘 나가고)

태원 (의자에 앉으며 핸드폰 집어 문자 찍는)

태원 E 사랑하는 딸. 지금 뭐하시는 중인가요?…..(기다리다가 다시 찍는)아아 피아노 연습 중이라 못들으시나부다.. 좋았어. 아빠 안삐졌어. 나중에 답장해..(전화 놓고 서류들 앞으로 당기는)

S# 슬기의 방

슬기 (아빠 문자 내려다보고 있는)……

S# 곤지암 쪽 병원 응급실…

준구 (링거 맞고 누워 있는)…(눈 멍하니 뜨고)……

은수 (걸터앉아 보고 있는)……

준구 나 좀 위로해 줘‥(나지막이)…

은수 열‥잡혔어요…

준구 (보며)그런 거 말구‥

은수 스트레스 받지 마요‥ 이 다미가 당신 안 도와줘 최악이 된대두 ‥새로운 스캔들은 계속 생길테니까 시간 지나면 당신 껀 묵은 거 돼 잊어질 거에요‥

준구 아버지가 문제야. 나 절대 신뢰안하실 거야‥

은수 그것도 시간이 지나면……부모님은 자식….믿고 싶어하니까

준구 ……(보며)

은수 내 생각은 그래요‥

준구 당신 어떻게 내 옆에 있어.

은수 아직은 당신…아내니까…

준구 (눈 감으며)미안해…

은수 ……(보며)진심인 거 같네요…처음으로…

S# 어느 방송사 분장실

[기자들 20여 명. 정신없이 다미 찍어대고 있고]

다미 (마치 즐기는 것처럼 자세와 얼굴 이리저리 바꿔줘 가면서)……

차 (보고 있다가)자아 바로 녹화 들어가야니까 이제 그만하고 본론 들어갑시다아.

[기자들 플래시 몇 번 더 터지고]

차 번쩍거리면 이다미 헷갈려 헛소리해요 그만하자구요.

[기자들 적당히 좀 웃어주고]

차 (오버랩)송선화기자 먼저 하십쇼. 이다미 특별 호윕니다.

송 (오버랩)단도직입으로 김모씨와의 스캔들 죽이기 위한 순정극
이었다는 설이 진실입니까 아닙니까.

다미 (오버랩)쓰르르 송기자님이 저라면 어떤 남자 살리려구 송기자
죽을 수 있나요?

송 김모씨 존재는 인정하시나요?

다미 네/아 이 네는 인정이 아니니까 착각하지 말아주세요.의미없
는 네에요. 그동안 잠깐 씩 사겼던 사람 중에 김 모씨도 한 사람 있
긴했어요. 그런데 지금 여러분이 때려잡구 싶어하는 그 김모씨는
아니에요.

기자1 (오버랩)파혼에 결정적인 이유가 뭡니까.

다미 (오버랩)알고보니 시부모될 분들께서 내가 연예인이래서 의
절하자고까지 하셨더라구요. 남의 집 귀한 아들/부모와 의절까지
시킬 수 있겠어요?

기자2 그러니까 그다지 사랑했던 게 아니군요.

다미 사랑··글쎄 사랑이 뭔가요. 좀 가르쳐 주세요.

기자3 (오버랩)이다미씨.

다미 (오버랩)말씀대로 자존심 버릴만큼 그 남잘 사랑했던 건 아니더
라구요.

송 (오버랩)녹화가 중단 취소될 만큼 울었다는 걸 보면 충격이 컸
던 거 같은데요.

다미   챙피하구 끔찍해서요. 바로 얼마전에 결혼하구 은퇴한다는 발표했는데 뒤집어야하는 상황이 너무 힘들어서요. 여러분들이 날 가만 놔두겠어요? 보세요‥분명히 아니랬는데 그래도 대문짝만하게 순정 사기극으로 몰리고 있잖아요.

기자4   뒤에 퀘스천마크 달았습니다.

다미   여보세요 그건 고소 안 당할려구 붙인 거지 독자들은 그거 떼고 봅니다.

기자들   (웃어주고)

차   (조금 전에 녹화 들어가야 한다는 전화받고)자아자. 여기까지 합시다. 감독 거품 물고 있대. (다미에게)이다미씨 뛰어.

다미   (일어나며 오버랩)더 늦으면 안될 거 같네요‥잘 부탁합니다. (나가는)

차   야야 대본 대본.

스타일   (대본 챙겨들고 튀어 나가면서)

차   기자님 여러부운‥일곱시부터 우리 다같이 한잔 합시다아아아‥

S#   별장 침실

　　　[침실에 들여놓아진 작은 식탁.]

준구   (담요 같은 것 두르고 닭개장 먹고 있는)‥‥‥

은수   ‥‥‥밥을 좀 말아요

준구   왜 존댓말 해‥속으로 무슨 생각하구 있는 거야.

은수   아무 생각도 안해요.

준구   당신 존댓말 하면 열발자국 쯤 떨어져 있는 거 같아서‥‥무서워‥

은수   밥을 말라구요. 말라구.

준구   입안이 온통 깔깔해‥

은수 (웃는)

준구 ??(보는)

은수 자기가 세상에서 제일 잘나구 멋있는 남잔 줄 아는 김준구씨…

그러구 있으니까 금방 나온 신인 노숙자 같아‥

준구 흠‥<u>ㅎㅎㅎ</u>

은수 죽 만들어볼까?

준구 전복 있어?

은수 아주머니 시장 가셨어‥사 올꺼야‥

준구 ‥‥‥(국물 떠먹는)‥‥‥

은수 약 먹어야 하니까 두 숟가락이라도 밥을 먹어.

준구 알았어‥(밥 말면서)‥‥‥회사 내놓구…건달로 살게 될지도 몰라.

은수 ‥‥‥(보며)

준구 엄마랑 이모님이 도와주시겠지?

은수 아버님‥그렇게 극약처방은 안하실 거야.

준구 우리 아버지 무서워. 잔인하셔.

은수 그렇게 되면 아버님께 내가 읍소해볼게‥

준구 ‥‥‥(보는)

은수 (웃어주는)‥‥‥

S# 태원의 거실

채린 (계단 위로)슬기야아아아 슬기야아아아…

S# 주방

임실 (파마 만 머리 비닐 캡 쓰고 상 차리면서 꾸덜거리는)올라가 데리
구 내려오지 고게 귀찮어서‥(어쩌구 저쩌구)달라두 달라두 어쩜 저
렇게 달러. 하늘하구 땅이다 땅. 어디서 웨엔 못된 거만 배워처먹

어 인간차별이나 하구. 쌍판대기는 매앨개서 얼굴 값두 못하는 거.
내가 슬기 때매 참구 산다 슬기때매··

S# 이 층 복도

채린　(슬기 방으로 움직이며)슬기야 안들려? 부르면 대답을 해야지 웅?

　　　(방문 열고)

S# 텅 빈 슬기 방

채린　??

S# 복도

채린　(나오며)슬기야 슬기야아아

S# 계단

채린　(빠르게 내려오며)슬기 어딨니··슬기야아아

임실　??(해서 나와보고)

채린　(태희 방문 열었다 돌아보며)아줌마 슬기 어디 갔어요?

임실　뭔소린감? 슬기가 어딜 가아?

S# 타박타박 걷고 있는 슬기··(빌라 벗어난 서초동 길)······

　　　[슬기 전화벨.]

슬기　(전화 꺼내 보고 주머니에 도로 넣고 타박타박)······(주머니에서 울리
　　　는 벨)

S# 태원의 거실

채린　(전화 들고)

　　　[벨 가는 소리]

채린　안 받어요. (계단으로 뛰어 올라가며)아줌마 나가서 찾아봐요.

임실　아니. (몸은 달지만)어디 친구네 간다 소리 못들었소잉.

채린　(올라가다 돌아보며)아니에요!!얘 집 나갔어요!!!

임실   ?? 아그가 뭐때문시 집을 나가요. 그게 뭔 소리요 대체⋯⋯(채

　　린 사라지고)?? 새댁 아그 팼소??

S# 빌라 앞

　　[채린의 자동차 급하게 나오고⋯]

S# 차 안

채린   (운전하며 두리번거리는)⋯⋯(혼잣소리)내가 순진했어어 믿은 게

　　잘못이야아아아 이게 어딜간 거야 대체에⋯⋯

S# 슬기 타박타박⋯

제20회

S# 방송사 분장실

다미 (앞에 분장 도구들 한꺼번에 쓸어버리며)나가..나가 나가아아!!!
니들만 한방이야? 나두 한방이야 이 쓰레기들아아!!!(마구 집어 던
지는)

차 지랄났다. 또 지랄났어. (문으로)..알었다. 녹화 중단이다. 짐꾸려
라 (스타일에게)

S# 태원의 주방

태희 여기가 어디라구 생각해 여기 시집이야시집. 도우미 아니라
구? 도우미 아니면 며느리유리 상자 속에 집어넣고 감상만 해야
하니?

채린 (오버랩)무슨 말을 그렇게 하세요.

태희 (오버랩)너 하는 거 아무 것도 없잖아. 기껏 어머니어머니 노인
네 비우 맞추는 거 말구 하는 거 뭐 있어. 청소기 한번 들구 있는 거
쓰레기 봉지 한번 들구 나가는 거 봤으면 내가 안 이래.

태원 (오버랩)누나.

306

채린 (오버랩)내가 지금 태평으로 보여요?!!

임실 암것도 안 허고 있으니 그라잖소. 암것도 안허고 있으니 답답혀서어

채린 (오버랩)아줌마 혹시 아는 거 있는 거 아니에요?

임실 ??

채린 아줌마가 시킨 거 아니에요?

임실 어매 뭐라고라….시방 뭐라했소.나나나나가 나가

채린 (오버랩)아줌마랑 슬기 통하잖아요.아줌마 나 싫어하구.

임실 (오버랩)사람잡네 사람잡어. 뭔 생각이 고로케 돌아가요?살다 살다 참 별꼴을 다 보겄네 아니 나가 미친 늙은이요? 나가 쥐약 먹었소?

채린 아니면 그만이에요.

임실 (오버랩 버럭)우리 둘 재판은 나중에 하고오/ 어이 고모한테 전화하랑께?

채린 고모는 찾아서 뭐해요.

임실 성질은 개떡같어도 그려도 이집에서 머리 젤 빠른 게 고모요. 고모랑 슬기가 나보담도 짝자꿍이고/그라니께 고모가 알고 있는 게 있을지도 모른단 말요.

채린 ??(임실 보며)고모가 시킨 거 같아요?

임실 워매? 사람 또 잡네에?

채린 ……

임실 사장님 들어오면 난리나요.이러고 있을 때가 아니랑께?

채린 ….

임실 아 뛰어나가 파출소에 신고라도 하던지이이이

채린 (오버랩/휙 돌아서 계단 뛰어올라 가는)……

임실 ……(보고 있다가 사라지자 작은 소리)저거저거저거 지가 내쫓았남?
잉? 지가 내쫓았어?어짜꺼나 우리 아그.어짜거나어짜거나..(소파
테이블로/탁자 아래 쌓여 있는 책이며 속에서 태모용 전화번호 수첩 꺼
내 뒤적이기 시작)….

S# 이 층 침실

채린 ……(입 꼭 다물고 있다가 통화 시도)…..

[전원이 꺼져 있어 메시지.]

채린 (신경질적으로 전화 끊고)……(생각하다가 다시 통화 시도)

[벨 가는 소리..]

태원 F 네 여보세요..

채린 저기 태원씨 슬기가 없어요.

S# 어느 레스토랑

[팀징과 편집장. 점심 후 디저트 받고 있는 중.]

태원 ?? 그게 무슨 소리에요.

채린 F 점심 먹자구 데리러 올라갔는데 애가 없어요.

태원 (오버랩)도대체 무슨 소리냐구요. 슬기가 아무 말 없이 나갔단
거에요?

채린 F 네에.

태원 (오버랩)언제요.

채린 F 그건 몰라요..없는 거 알구는 한 시간 좀 넘었어요. 근처 사
방 찾아봤는데 없어요. 외갓집 간 거 같아요. 갈데가 없잖아요.

태원 (벌써 나가면서)전화 안해봤어요?

채린 F 왜 안했겠어요 안 받더니 이제 꺼놨어요 태원씨.

태원　끊어요.(끊고 레스토랑 나가며 통화 시도)

　　[전원이 꺼져 있어 메시지.]

태원　(통화 시도)

S# 친정 마루

　　[집전화벨 우는데 텅 빈 거실.]

S# 레스토랑 앞

태원　……(끊고 다시 통화 시도)

　　[벨 가는 소리‥]

S# 시장 보고 있는 엄마‥

　　[가방 속에서 울리는 전화벨.]

자모　(생선 봉지 받아들며 못 듣고)고마워요 아주머니.

상인　예에 맛있게 드세요.

자모　안녕히 계세요.(돌아서는)

상인　(오버랩)아주머니 전화 아니에요?

자모　?? 아이구 그러네‥(부지런히 뒤져 전화 꺼내 받는)네 여보세요?
　　어어 정서방 웬일이야?‥

S# 레스토랑 앞

태원　슬기 거기 안갔어요 어머님?

자모　F ?? 슬기 온댔어? (멋도 모르고/태원 실망)아우아우 어쩐지 시
　　장 나오는 게 꾀가 나더라. 아이구 나 빨리 들어가야해. 끊어끊어.

태원　(오버랩)슬기 오면 전화하라 그래주세요 어머님.

자모　F 엉 그래 알었어 끊어.(끊어지는)

태원　‥‥

S# 친정 골목을 반 달음박질로 들어오는 자모⋯⋯

S# 친정 현관 앞

슬기 (맨손으로 눈물 닦으며 서 있는).......

자모 (들이닥치다 보고)슬기야!!

슬기 (할머니 보자 와아앙 울음 터뜨리고)

자모 아구우우 내 강아지. 울지마 울지마.(서둘러 주머니에서 열쇠/
현관문 열며)할미 미안해 잘못했어 아이구 오면 온다구 전화를 하
지이이..할미 몰랐어 미안해미안해. 들어가 얼른 들어가들어가.

슬기 (울며 들어가는)

자모 (들어와 부리나케 주방으로 가며)어쩐지이이 어쩐지 시장가기
가 싫더라니 그게 우리 슬기 올라구 그런 걸 할미가 미련해서 몰랐
어. 춥지?(뜨거운 물 한 컵 따라 들고 나오며)엄청 춥지? 자자 이거 마
셔. 후우후우..(슬기 쿨쩍거리며 두 손 내미는데 맨손)?? 왜 장갑 안꼈
어.

슬기 (흐느끼며)잊어버렸어..

자모 쯔쯔쯔쯔...한 겨울에 장갑을 잊어버리면 어떡해애애..

슬기 (물 마시는)....

자모 ...고모가 데려다 줬어?

슬기 (고개 흔들고 물컵 내미는)

자모 더 마셔어어

슬기 (고개 흔들고)

자모 (컵 놓고)그럼 새엄마가?

슬기 (그냥 보고)...

자모 응. 할머니가 손 금방 녹여주께..(옷 들치며)손 여기 집어너.

슬기 (보며)

자모 얼른 너어‥

슬기 할머니이 (울음 비죽비죽 다시 시작하며 달려들어 안는)

자모 (마주 안으며)괜찮어괜찮어.울지마 내 강아지.(포옥 안고 토닥여주며)할미 없어서 화났지‥취 죽겠는데 문은 잠겨있구 그래서 화났지 응?‥‥아구 너 아빠가 전화하래 참. 아까 시장으로 전화왔었어.전화하래.

슬기 …(안긴 채)

자모 (떼어내며)응?

슬기 (보는)

자모 빨리 해 아빠 기다려.

S# 이동 중 태원의 자동차

태원 아직 안 들어왔어요?

채린 F 안갔대요?

S# 태원 차 안

태원 …

채린 F 외갓집 안갔대요?

태원 (그냥 끊는)…

S# 태원 부부 방

채린 ‥‥‥(전화 내리며)…(통화 시도)

  [벨 가는]

태원 F 네.

채린 개 엄마한테 알아봐요 태원씨.

태원 F 끊어요. 슬기 전화 들어와요‥

채린 (안도)하아아아(전화 끊기는/전화 놓고)

S# 이동 중 차 안

태원 어떻게 된 일야. 너. 슬기 지금 어디야.

슬기 F 수유리.

태원 ……아빠 지금 그리 가는 중이야. 있어..

슬기 F ……

태원 아빠 화났어. 왜 화났는지 알지?

S# 슬기의 방

슬기 알어.

태원 F 이러면 안되는거 아냐…..나중에 얘기하자..끊어..

슬기 (끊긴 전화 내리면서)…..

자모 E 슬기야..뭐 먹을래(방문 여는)

자모 E 떡볶이 해주까?

슬기 아니요.

자모 그럼.

슬기 아빠 화났어요.

자모 ??(들어오며)왜.

슬기 내가…집에서 그냥 암말 안하구 왔거든요.

자모 히익…혼자아?

S# 별장 전경(같은 시간)

　　[현관에서 나오는 은수…천천히 준구 자동차 대어져 있는 곳으로.]

관리남 (자동차 먼지 털고 있는 중이다 돌아보며)나오셨어요?

은수 네에.

관리남 햇볕은 따듯해요.

은수 네.

314

관리남   사장님 자동차 바꾸셨네요.

은수   네 바꿨대요.

관리남   먼저 꺼보다 훨씬 좋아보여요 사모님.

은수   네에‥

관리남   사장님은 어떠세요.

은수   좀 나아졌나봐요. 자요. 벽난로 계속 때주세요.

관리남   걱정 마세요. 비워둔 집은 원래 열시간 이상 덥혀줘야 해요.

은수   네 그렇다 그러시네요 아주머니두‥

관리남   ‥‥(부드러운 수건으로 유리 닦는)

은수   (천천히 자리 뜨는)‥‥‥

S# 숲길을 걷는 은수‥‥‥‥

S# 다미의 거실(18회)

은수   난 다미씨한테 적개심같은 거 없어요.

다미   나는 있어요. 난 오은수씨가 싫어요 미워요.

은수   이해해요.

다미   이해? 흥. 뭘 이해해요. 당신이 나를?

은수   다미씨두 내 입장 이해해줬음 좋겠어요.

다미   김샌 입장?

은수   (오버랩)결혼을 깨고싶지 않은 남자한테 걸치고 있는 감정.

다미   (오버랩)지금 나한테 선생님 노릇하러 왔어요?

은수   ‥‥(보는)

다미   나는 내꺼 살테니까 당신은 당신 인생 사세요‥

은수   ‥‥(잠깐 시선 내렸다 드는)진심이었던 거 알아요. 결혼 은퇴 번복
으로 얼마간 다시 겪어야할 일들‥‥혹시라도 자기 문제 드러날까봐

다미 (오버랩)떨고 있어요?

은수 네 많이 떨어요.(쓴 미소)

다미 그렇겠죠‥네‥

은수 그이 문제… 끝까지 덮어주세요.

S# 땅 보며 걷고 있는 은수‥‥

　　　[전화벨‥]

은수 (받는)깼어?

준구 F 어디 갔어‥

은수 밖에 잠깐 산책 나왔어.

S# 침실

준구 (부스스한 채)사람 아퍼죽겠는데 여유있게 산책이나 하구 /들어
　　와 빨리.

은수 F 알았어.

준구 엄마한테 전화 안 왔어?

은수 F 하셨어.

준구 나 아프단 말 했어?

은수 F 아니.

준구 왜 안했어.

S# 숲길

은수 (가던 길 돌아서 걸으며)걱정하실텐데 뭐하러‥

준구 F ‥‥‥

은수 걱정하실 거 아냐.

준구 F 알았어. 빨리 들어와.나 아퍼. 아픈 사람이야(끊는)

은수 (끊고)‥‥‥(걸음 다소 빨라지는)

316

S# 친정 거실

자모 (들어서는 태원에게)아이구 글쎄 저게 아무 말 안하구 저혼자 빠져 나왔대애. 집이 얼마나 난리가 났겠어. 어떡하면 좋아아아.

태원 죄송합니다 어머니.(슬기 방으로)

자모 (오버랩)아니 저기 안방에 있어..(따르며)난 몰랐어 까맣게 몰랐어어.왜 그랬냐 그랬더니 그냥 오구싶어서 그랬대애.

S# 안방

슬기 (담요 둘러쓰고 앉아 있는)

태원 ·····(문 열고 보는)

슬기 ·····(그대로)

태원 (들어오고 엄마 따라 들어와 문 닫고)·····(딸 앞에 앉으며)아빠 왜 화났는지 안다구 했지.

슬기 (끄덕이는)

태원 그럼 잘못한 거두 알겠네.

슬기 (끄덕이는)···

태원 아무리 여기가 오구 싶어두 말없이 집을 나오는데가 어딨어.. 지금 채린이 아줌마 난리났어.

슬기 ···(보는)

태원 왜 그랬어.

슬기 그냥...할머니 보구 싶어서···(울먹해서)

태원 그럼 아빠하고라도 의논을 했어야 하는 거 아냐?

슬기 ····(보며)

태원 못 오게 할까봐?

슬기 (끄덕이는)···

태원 .....(보다가)여긴 어떻게 왔어. 뭐타구 왔어.

슬기 택시..

태원 집까지?

슬기 (고개 흔들며)큰 길에서 내렸어..

태원 집까지 올수 있는데 왜 내렸어..

슬기 돈이..모자랐어..

태원 ....(일어나며)일어나 가자.

슬기 (올려다보며)나 여기서 살면 안돼?

태원 ???

자모 ??? 아이구 이게 무슨 소리야 슬기야. 너 아빠네 간다구 그으
      렇게 고집을 부리더니

태원 (오버랩)안돼..

슬기 (보며)

자모 (둘 번갈아 보는)

태원 니집은 서초동 아빠 집이야.

슬기 그래두 여기서 살구 싶은데?

태원 일어나라구 어서..

자모 (아이 일으켜 세우며)일어나일어나..아우 똥꼬에 소나무 날라
      구우우.. 왜 이랬다저랬다 해애.그럼 못써.그러는 거 아냐 슬기야.

슬기 ....

태원 (손잡으며)가자구..

      [슬기 데리고 나가는.]

자모 (따라 나가고)...

S# 마당

[태원 슬기 데리고 나오고 엄마 따라 나오고]

S# 대문 앞

태원 (데리고 나온 슬기 앞 좌석에 타우고 벨트 매주고 문 닫고)죄송합
니다..

자모 너무 야단치지 마. 어린 맘에 무뜩 오구 싶어 그랬겠지..

태원 네 들어가세요..가겠습니다..(운전대로 가다가 돌아보며)애 엄
마한테는 아무 말씀 하지 말어주세요.

자모 응 그래. 안해 안해야지 그럼..

태원 (운전대로/출발하는 자동차)…

자모 ….저럼 안되는데..마음 잡고 커야하는데에에에(중얼거리는)

S# 대로를 달리는 태원의 차 안

태원 …..(잠깐 보면)

슬기 (고개 아래로 하고)….

태원 아빠 너무 놀랐어…다시는 이런 일 없기를 바래.

슬기 ….

태원 무슨 생각으로 그랬는지 말해봐.

슬기 ….

태원 응?

슬기 그냥…할머니 보구 싶어서…

태원 그게 다야?

슬기 ….응..

태원 간다 그럼 못가게 할 거 같아서 몰래 빠져나온 거야?

슬기 응..

태원 니가 말없이 사라지면 식구들이 놀랄 거 생각 안했어?

슬기   …

태원   너 택시 탔는데 나쁜 아저씨였으면 어쩔 뻔했어.

슬기   …

태원   나쁜 아저씨가 너 데려다 달라는데 안 데려다 주구 딴데루 데
려가 아빠는 영영 너 못 찾구 너는 영영 집에 못돌아오고 그럼 응?

슬기   아저씨 착한 사람이었어. 얼마나 친절했는데…

태원   만약에 말야. 만약 나쁜 아저씨였으면..

슬기   ….

태원   할말 없어?

슬기   잘못했어.

태원   아빠 사랑 안해?

슬기   사랑해..

태원   그럼 아빠 속상하게 하지 말어야지..아빠 얼마나 기막혔는지
너 몰라..니가 잘못되면 아빠는 죽은 목숨이야….혹시 엄마한테 전
화 안했어?

슬기   아니..

태원   왜.

슬기   그냥…

태원   전화는 왜 안받았어 왜 꺼났어.

슬기   그냥..

태원   ….(보다가 더 할 말이 없다)……

S# 친정 안방

자모   (무릎 덮고 두 손 무릎 아래 넣고 앉아 있는)……

   [전화벨]

자모 (얼른 받는/휴대폰)웅 여보 나야.

자부 F 왜 찾았어..

자모 웅 저기 여보 슬기가 지 집에 아무 말두 안하구 도망쳐서 집에 왔었어.

S# 상가 빌딩 근처

자부 (석유통 하나 들고 오다가 잠깐 멈칫)무슨 소리야.

자모 F 몰래 나왔대. 택시 타구 왔는데 돈이 모자라 큰길에서 내렸대.

자부 ???

자모 정서방 혼비백산해서 쫓아와 데리구 갔어 여보.

자부 (오버랩)슬기가 왜 몰래 나와. 그럴 애가 아니잖어.

자모 F 글쎄 말야..그럴 애 아닌데 왜 그랬을까..암만해두 이상하지 여보.

S# 빌라 주차장으로 들어오는 태원의 차. 주차되고

S# 차 안

태원 (잠들어 있는 슬기…잠시 보다가 벨트 풀어주고)…(내려서 아이 안 아 내리며 깨려는 슬기에게)자자 깨지마. 그냥 자..(슬기 그냥 잠으로) ….(안고 승강기 쪽으로)

S# 거실

태원 (아이 안고 들어오고)

채린 (아이스크림 퍼먹다 놓고 벌떡 일어나 달려나오는)슬기야아아.(그 소리에 임실 뛰어나오고)

태원 (채린에 오버랩)깨우지 말아요..올라와요.(계단으로)

채린 …(보며)

S# 슬기의 방

태원 (아이 데리고 들어와 눕히면서)코 자 슬기야. 아무 걱정말구 푸
　　욱 자….(잠시 보다가 나가는)

S# 슬기 방 앞

태원 (나오다 보면)

채린　(서 있고)

태원 (침실로)잠깐 얘기 좀 해요.

채린 …(보는)..

S# 침실

태원 ….(들어와 기다리고)

채린 (들어오며)외갓집이겠지 하면서도 혹시나 해서 얼마나 걱정했는
　　지 몰라요.

태원 (오버랩)왜 연락 금방안했어요.

채린 들어오겠지 어디 문방구나 만화방에 갔나 해서 기다리느라구

태원 (오버랩)무슨 일 있었어요.

채린 ….(보는)슬기가 뭐래요?

태원 …..(보며)

채린 나 잘못한 거 없어요. 뭣보다두 대화가 필요하다는 생각에 마침
　　어머니두 고모두 안계셔서 슬기하구 얘기 좀 할려구

태원 (오버랩)무슨 얘기했어요.

채린 별 얘기 안했는데. 그냥 나랑 잘 지내야 한다구..엄마네 집에도
　　못가구 외갓집에도 못가니까 나랑 친해야 한다구

태원 외갓집 가구싶다 그랬어요?

채린 …네..어머니께 허락받아 달라구..안된댔어요.

태원 또요..

322

채린 나 모르게 지 엄마랑 문자랑 전화하는 거 나 기분 나쁘다구요. 그 소리 안했어야 하는 건데…

태원 …(보며)

채린 그게 슬길 자극했나봐요. 화내면서 대들더라구요. 그래서 그럼 못쓴다구 야단 좀 쳤더니…어른한테 말대꾸 하는 거 안되잖아요.

태원 뭐라구 대들었어요.

채린 ··아줌마가 뭐냐구…지 엄마 아닌데 왜 야단치냐구…

태원 …(시선 잠깐 내렸다 보며) 알았어요.

채린 이래서 이런 재혼이 어려운가봐요··나는 슬기가 나를 잘 따르길래 괜찮을 줄 알았는데 너무 안이하게 생각했나봐요.

태원 (오버랩) 다시는 제 엄마에 대해서 무슨 말 하지 말아요. 나이에 비해 혼자 생각이 많은 애에요. 그냥 편안하게 지켜봐줘요.

채린 보통 아니에요. 벌써부터 저런데 사춘기를 어떻게 겪을지 겁나요.

태원 (그냥 나가고)··

채린 (얼른 따라 나가며) 신경쓰게 만들어 미안해요.

S# 거실

[내려오는 부부.]

임실 (계단 닦는 시늉하고 있다 비켜주고)

태원 깨거든 감기 안 오나 좀 살펴주세요 아주머니. (대답하려는데)

채린 (얼른) 저번에 먹다 남긴 감기약 있어요. 그거 먹이면 돼요.

임실 (오버랩) 아그 맥일라고 귤깝데기 차도 끓이구 있구먼잉.

태원 (나가는)

채린　(현관까지 갔다가 새초롬 돌아서 움직이는데)

임실　크은일 치를뻔 했소잉.

채린　(돌아보는데)

임실　(주방으로 움직이며)다행이 외갓집에 가 있었으니 망정이지 아그가 어디로 없어져 버리기라도 했으믄 빼도 박도 몬허게 전실자식 구박해서 내쫓은 거 배께 딴 말 할수 있었겄소.

채린　아줌마.

임실　(오버랩)걱정돼 허는 말잉께 불러쌌지 마소. 사장님허고 고모 알어보소 새 며느님은 할말이 없을 것이고 집안은 벌컥 뒤집어질 것이요. 아그 입 단속은 나가 할테니께 거그도 입 조심하소잉.(들어가고)

채린　....(보며)....

S# 별장 침실

은수　(준구에게 약 건네고 물컵 주고)...

준구　(받아 마시고)....(물컵 주고 누우며)아으...아으으으으....왜 이렇게 맥을 못추겠냐.

은수　...(보며)

준구　(한 손등 이마에 올리며)아버지한테까지는 불똥 안 튀게 할려구 그렇게 전전긍긍했는데...이제부터 되는 일 아무 것도 없을 거야. 기분 개떡이다 정말.(하는데)

　　[준구 전화벨‥]

은수　(전화 집어주고)

준구　(보고)예 김준굽니다...아니 몸살이 왔어요‥별일 아니에요...예 ...예... 그럼 바로 대량 제작 가능하단 말이죠?...그럼 바로 제작 들

어가도록 하시고 우리제품 천 개 전매장 빠짐없이 모두 하나씩 배

치하도록 하세요. 그리고/ 매장에 피오피(pop)와 부속전시 물들

철저하게 준비해 주도록 하구요. 예…예‥들어가세요‥(끊어 은수 주

며)아버지 아직 나/ 목 날리지는 않으신 모양이군‥(손등 또 올리며)

아으으으으 죽겠다아‥또 졸려.

은수 그럼 자요‥

준구 내 스트레스가 얼마나 컸는지 알겠지?…병난 거 봐‥나 정말 죽

을 맛이었어.

은수 …(보며)

준구 (손등 떼고 보며)당신 진짜 독하다‥어떻게 아프지도 않아.

은수 (조금 웃는 듯하며)생강대추 차 다 끓었을 거야. 갖고 올게.(일어

나는)

준구 내버려둬.아주머니 있잖아.

은수 자요.

준구 아 있어어‥(은수 돌아보고)여기 꼼짝말구 내 옆에 있어‥앉어.

아니 들어와 이리 들어와 나 좀 안아줘. 안아주면서 나 아픈 거 좀

갖구가.

은수 이렇게 허당인 남자한테 평생을 맡기자 생각했으니 참 기막

히다.

준구 무슨 뜻이야.

은수 우리 아빠 감기 들면 전염된다구 엄마 옆에 못 오게 화 내셔.

준구 체 무슨 말이라구. 그럼 어머니 옆에 안가시나?

은수 엄마 말 안들어. 그래서 아빠랑 조금씩 싸우셔.

준구 그게 그거 아냐.

은수　내놓구 자기 몸살 갖구가라는 거랑 어떻게 같아.

준구　군소리말구 들어와.(이불 젖히며)

은수　차 갖구 올라올게‥(문으로)

준구　빨리 와‥‥빨리 오라구 엉?(대답 없고)‥‥

S#　준구네 거실

　　[〈월광 소나타〉 마지막 부문 치고 있는 준모‥‥‥‥]

이모　(책 들고 입만 중얼중얼)‥‥‥(염주 굴리며)‥‥‥‥

도우미1　(주방에서 나와 준모에게)저기‥회장님 들어오셔요 사모님.

준모　(흔들림 없이 연주 그치고 일어나 현관으로)

이모　(돌아보고)

S#　현관 앞

준모　(나와 서고)‥‥

회장　(들어와 도우미가 열어주는 문으로 들어가는)‥‥

준모　(따라 들어가고)

S#　현관 안

이모　(책 들고 섰다가 들어오는 회장에게)들어오셨어요?

회장　예에‥(자기 방으로/준모 따르고)

이모　끄으응‥(자기 방으로)

S#　이모의 방

이모　(들어오며 중얼거리는)위에서 분 물 발치루 내려가는 법이지 뭘. 자기 바담푸웅 했으니 자식두 바담푸웅한 건데 뭘 세상에 없는 인격자 모양 저리 있는대루 인상을 쓰누‥(앉으며)끄으으웅‥코메디가 따루 없다 그래.

S#　안방

준모   (조용히 시중 들고 있고)

회장   기자들 또 안 왔어요?

준모   아니요.

회장   소실장한테 단속하라구 했어요‥백명이든 이백명이든‥

준모   오히려 부채질하는 거 아니에요?

회장   소실장이 서툴게 할까‥진작 얘기했으면 미리 대책 세웠을 거 아뇨.

준모   ‥‥‥

회장   애비가 자식놈 싸놓은 똥까지 치워야 하구.

준모   자식이니까 치우지요‥

회장   사돈댁에서는 아무 말 없어요?

준모   없어요‥

회장   아파트 하나 마련해 주라구 했어요‥첫손주 보면 해줄 생각이 었는데

준모   (오버랩)서둘 거 없어요‥손주보면 선물로 해 줘요. 지금 하는 건 속 보여요‥

회장   ‥‥그런가?

준모   ‥‥

회장   그럼 그만두래야겠구먼.

준모   목욕물 받아요?

회장   그래주면 고맙겠소.

준모   (받아든 옷 어딘가 잠깐 놓고 욕실 쪽으로 아웃)‥‥

회장   (아내 아웃되는 문소리 들으며)언젯적 일인데 아직두 꼬오오옹‥‥

S# 태원 거실

태모   (태희와 들어오며)슬기야아아 할미 들어왔다아아

채린   (주방에서 쪼르르르 나오며)어머니 들어오셨어요? 형님두 같이 들어오세요?

태모   오냐아아

태희   (태모와 함께)어어..슬기 위에 있어?

채린   슬기 자요 형님.

태희   잘 시간 아니잖아.

채린   좀 늦게 자기 시작했어요.

태모   (자기 방 앞에서)약먹게 물 좀 다우.

채린   네에..

태희   (들고 들어온 것 적당히 계단에 놓으며)커피 좀 내려놔.

채린   네에…(올라가는 태희)깨우지 마세요 형님.

태희   ??

채린   깨우지 마세요..충분히 자구 일어나야지 안 그럼 기분 나빠해요.

태희   걱정두 팔자다 엉?(올라가는)

채린   …(보며)

S# 슬기의 방

    [앉아서 카세트 시디로 영어 동화 듣고 있는 슬기. 책 보면서…]

태희   (들어오며)잔다던데 안 자네?

슬기   (보는)깼어요.

태희   공부하는구나.

슬기   네.

태희   아침부터 고모 방에서 책 본댔잖아. 고모 들어왔다구 신고하

는 거야. 내려가자.

슬기   네‥(카세트 끄고 동화책들 대여섯 권 챙겨드는)

태희   줘‥고모가 갖구 내려갈게.

S# 거실

[내려오는 태희 슬기.]

채린   (빈 쟁반 들고 안방에서 내려오다 보고)슬기 깼구나.

슬기   (안 보면서)네에‥

채린   쥬스 줄까?

슬기   아뇨. (앞서 태희 방으로)

태희   커피 앉혔어? (계단에 놓았던 소지품 챙기며)

채린   앉혔어요. 갖다 드려요?

태희   (제 방으로)도우미 아니라며 내가 할게.

채린   형님 뒤끝 굉장하세요.

태희   엉 그러니까 건드리지 마.(들어가고)

채린   (눈 흘기면서 주방으로)

S# 태희 방

태희   (옷 벗으며)뭐하구 지내셨나이까공주님?

슬기   (침대 위에서)그냥…책 보면서…

태희   고모 없으니까 심심하지.

슬기   네. 외로워요.

태희   뭐?

슬기   (보는)

태희   너 외로운 게 뭔지 알아?

슬기   쓸쓸하고 슬픈 거요.

태희 까르르르르 넌 뭐가 될려구 그러니 엉?

슬기 (책 펴면서)…

태희 응?

슬기 나두 모르겠어요.(책 보며)

태희 깔깔 하긴 내가 지금 이러구 있을 줄 나두 몰랐다.

S# 현수 사무실

현수 퇴근시간 다 됐는데 느긋하네. 헤어졌다 다시 만나는 미워도 다시한번 오늘은 데이트 없어요? (뭔가 정리하면서)

하나 자기 만나느라 작업시간 모자란다고 했더니 자기도 헬쓰 끊어서 시간 땜빵한다구 여 유 갖고 일하래요.

현수 괜찮은 남친이네

하나 (픽) 누가 알아요 바람 필 준비하는 건지. 몸 만드는 거 수상하기도 해요.

현수 신경쓰이면 다니지 말라 그래요

하나 괜찮아요. 그래서 갈 놈이면 가고.

현수 (웃는)맞아요. 갈 놈이면 가요. 올 놈은 오고. 나 퇴근해요..

하나 네에..

S# 현수 회사 밖

현수 (나와서 열심히 출구로 걷는데)

광모 E 현수야.

현수 ??(보면 광모 출구에서 현수 쪽으로 오며)

광모 주차해 놓구 데리러 왔어.

현수 뭐얼 어련히 갈까봐.

광모 (같이 걸으며)연애라는 게 이런 거 아냐?

현수 ??

광모 일찍 도착했는데 뻘쭘하게 혼자 앉아 기다리느니 마중 가자. 그럼 좋아하겠지(그래서 온 거야)

현수 (오버랩)여태 너 거쳐간 여자들 전부다한테 한 수법이잖아.

광모 내가? 나 아냐 현수야.

현수 뭐가 아냐. 너 원래 그런 애야.

광모 아닌데

현수 (오버랩)아 약속장소 먼저 도착하면 꼭 안들어가구 입구에서 기다려준다 소리 주하가 했었단 말야..

광모 여기는 입구 아니잖어. 나 한참 한 오분 걸어왔다 야.

현수 .....

광모 이건 그냥 에티켓차원하구 마음이 달라 현수야..한 순간 일분 일초라두 빨리 보구 싶어서/ 더 길게 보구싶어서 두근두근하며 여기 온 거랑은 전혀 달라.

현수 ....(그냥 걷는)

광모 내 마음 상태가 여태까지와는 본질적으로 다르다는 걸 좀 알어줬으면 좋겠다..

현수 ....

광모 뭐냐..그게 결혼한지 십오년 됐는데 여전히 세상에 둘도 없는 보물단지 마누라 데리러 오는 그런 느낌이었어.

현수 그 소리 몇 번째냐.

광모 처음이지. 십오년짜리가 어딨었어.

현수 십오년 빼라. 분통터지니까.

광모 분통은야 나두 터진다. 낭비한 세월 생각하면 기가 막혀.(하는데)

[현수 전화벨.]

현수 (보고)어 주하야.

광모 (오버랩)부르지 마 부르지 마.

현수 어....어 그래 알았어..나두 먹구 들어갈 거였는데 잘됐다.....응.. 어엉 이따 봐..어엉.(끊으며)밥 친구랑 저녁 먹으러 나왔대.

광모 아 잘 됐다. 밥 먹구 우리 뭐하까. 어디 스카이 라운지 가서 한 잔 할까?

현수 밥만 먹구 들어가.

광모 얘기할 시간이 없잖아.

현수 얘기할 게 뭐 있는데.

광모 나는 많어. 많어.

현수 남자 수다스런 거 별로야. 말 안해두 돼.

광모 야 넌 너무 말을 안하는 거 그게 문제야. 바로 그거때매 우리가 꼬였던 거야.

현수 됐어어

광모 물론 내가 돌탱이였던 탓이기도 하지만

현수 (오버랩)됐다구우우.

광모 …(보며 걷는)

S# 별장 침실

준구 (누웠다 일어나며/통화 중)어 출근 못했어 나 곤지암으로 추방 됐다…아버지께 들통났어…아 기자 놈들. 집까지 처들어 왔잖아.

S# 정수 회사 로비

정수 (나오면서 잠깐 멈추고)으응?(뭐?)‥(걷기 시작하며)야아아 참 끈질기기두 하다. 이다미 절대 아니라구 또 한번 못박았는데 걔들

도대체 언제까지 할 작정인 거냐.....기사 검색 안했냐?...다미 오늘 분장실에서 약식 인터뷰 했는데 넌 덮어줬더라. 그런데 김들 샜는지 니 얘긴 뒤군데 밖에 언급 안했어. 완전 진화되는 거 같아..야 다미 참 괜찮은 기집애야. 안 그러냐? 얼마동안 귀양이냐.

S# 준구 별장

준구 내가 어떻게 알어.. 책 쓸란다..(무슨 책)연예인 보기를 돌같이 하라...히히덕거리지 마 임마. 너같은 지능범 못돼 뻘밭에 엎어졌다 그래..끊으라구.(끊고 검색으로 들어가는)

   [기사 제목/이다미 파경 은퇴 번복 사실. 이다미 김모씨와 염문설은 소설.]

준구 .....(하나 클릭해 기사 읽는).....

은수 (들어온다)...(생 오렌지 주스 큰 컵에)

준구 (전화 치우고 은수 내미는 주스 컵 받는)오렌지 있었어?

은수 아주머니 사오셨네..

준구 정수 전화왔어..그 자식은 재미있어 죽어.(반 컵쯤 마시고 내미는)

은수 다 마셔.

준구 뭐. 쉬었다.

은수 (컵 옆에 놓는)

준구 이다미 다시 부인했대..

은수 (보며)

준구 진화될 거 같다구..내 얘기/ 취급 많이 안했대.

은수 ....(보며)

준구 악몽이었어.

은수 괜찮은 여자던데 결혼하지 왜.

준구   ? 미쳤어? 가당키나 해?

은수   나나 그 여자나 뭐가 달라.

준구   말도 안되는 소리. 당신하구 결혼하는데두 허락 떨어질 때까지 얼마나 노심초사했는지 알어?

은수   (오버랩)나는‥그 여자만큼 당신 안 사랑했었어.

준구   알아. 새삼스레 왜 그래.

은수   목숨 걸어놓고 있는 여자 두고 어떻게 딴 사람과 결혼할 수 있었나 모르겠어서.

준구   문제는 나야‥처음부터 그런 상대 아니었어.

은수   ‥‥(보며)

준구   왜…(왜 봐)

은수   당신/여자 용도가 몇가진가 궁금해서.

준구   나 아픈 사람이야.

은수   (조금 웃는)닭계장 또 안 먹지?

준구   맛 없어. 김칫국 시원하게 끓여달라 그래.

은수   그래.(돌아서는)

준구   안 내려가두 되잖아.

은수   김칫국 끓이라며.

준구   금방 올라와‥기다리게 하지 마.

은수   알았어‥마저 마셔‥(나가는)

S# 침실 밖‥

은수   (쟁반 들고 침실에서 나오며)……(씁쓸한)‥‥

S# 침실

준구   (전화 만지작거리고 있다가)…(제이슨 리 찾아놓고 또 좀 망설이는)‥‥

S# 다미 거실

다미   (들어오는/스타일 화장 케이스 들고 따라 들어오는)배고프면 시켜 먹을 테니까 그냥 가. 수고했어 고마워. 쥐.(화장 케이스로 손)

스타일   이제 다됐어요 언니 이틀만 파이팅 해요.

다미   응.화이팅 하자.(가방 받아들고 방으로)

S# 침실

다미   (들어와 화장 케이스 핸드백 적당히 놓고 겉옷 벗고 침대에 엎어지는데)

  [문자 들어오는 소리]

다미   (일어나 벗어던진 옷 주머니에서 꺼내 보면)

  [문자/]

준구   E 니가 마지막까지 나를 부인해줬다는 기사 보았다. 미안하고 고맙다. 사정이 있어 서울을 비우고 있으니까 그렇게 알고 서울 가면 사례할테니까 건강관리 잘하고 힘내기 바란다.

다미   .....(쓰디쓴 미소)....(전화 던지듯 놓고 일어나 옷 벗기 시작)

S# 이탈리안 레스토랑 안

현수   (들어와 안내받아 먼저 자리로 가 앉으며)메뉴 주세요.

광모   (따라 들어와서 앉는)뭐 기분 나쁜 일 있냐?

현수   ???

광모   내가 뭐 잘못한 거 있어?

현수   컨디션이 좀 떨어져 그래.

광모   감기 올거 같아?

현수   아니라니까아..(메뉴 받아보고…주문하고)뭐 먹을래.

광모   (받았던 메뉴 들춰보지도 않고 도로 주며 시선은 현수에게)같은 걸로 주세요.

웨이터　(대답하고 아웃)

현수　(물 마시는데)

광모　주말여행 안갈래?

현수　....(보는)

광모　아니면 하루 교외 나들이같은 거라두

현수　(오버랩)주하한테 뭐라 그러구‥

광모　‥아 뭐 회사 워크샵이라 그러든지

현수　(오버랩)딴 생각하지 말라니까. 그냥 이대로 지내‥뭔가 딴 궁
리하지 말란 말야.

광모　언제까지.

현수　주하 딴 사람 생길 때까지.

광모　기약이 없잖아.

현수　난 십오년 죽쒔어.

광모　그러니까 더 안타깝지‥널 생각하면 아주 안타까와 가슴이 쫄
아붙어.

현수　조용해.(오버랩)

광모　(소리 꽉 죽여)그래서 맘껏 힘껏 마구마구 사랑해주고 싶단 말
야. 니가 행복해서 깔딱 기절할 정도로/미친듯이 사랑해주고 싶다
구.(하는데)

주하　E 야 오현수

둘　(보면)

주하　(김인태와 함께)뭐야 늬들 나 빼구 단둘이 데이트야?

광모　(벌써 벌떡 일어났다)야 데데이트는 니가 데이트지 우린 내내가

현수한테 전화해서 저녁에 뭐 먹여줄래 그랬더니 현수야 받어.

현수 (일어나 있으며)마무리까지 해.

광모 어 밥하기 귀찮다구 먹구 들어가재서

주하 (오버랩)어엉. 나는 빼구우?

광모 수유리서 나올라면 너무 걸리잖어.

현수 주하야(오버랩/인태 눈짓)

주하 어어어..김인태 선생님..친구들이에요 합석해두 되죠?

인태 예..예 그럼요..

주하 오현수. 얘기했죠? 룸 메이트.

인태 김인탭니다.

현수 안녕하세요.

주하 광모야.

광모 어어..안녕하십니까 안광모라구 합니다.(손 내밀고)

인태 처음 뵙습니다..김인탭니다..(악수하는)

S# 같은 레스토랑/시간 경과

광모 (먹으며)하구 많은 식당 중에 왜 하필 여기냐.(와인도 마시는 중)

주하 늬들은.

광모 여기 맛있잖어.

주하 우리도.

광모 (와인 병 들며)드시죠.김선생님.

인태 (조용히 먹기만 하다가)아 예..

광모 (따르고)

인태 감사합니다..(마시는)

주하 샐러드 하나 시키자 광모야.

광모   어 여보세요.

주하   시저 샐러드.

광모   (다가온 웨이터)시저 샐러드요.

웨이터   예 알겠습니다.

S# 레스토랑 화장실

현수   (손 씻는데)

주하   E 어엉 그게…(칸막이에서 물 내리는 소리 쏴아와 함께 나오는)

주하   미션 임파시블 신나게 보구 있는데 전화했더라구 근데 여보세
요 하자마자 박주하 선생 하면서 꺼이꺼이 우는 거야.

현수   ??

주하   (물 틀며)와이프 짐 정리했는데 너무너무 미안하고 허무하고
또 뭐더라 어, 자기가 너무너무 얍삽하고 나쁜 놈 같아 괴로워죽겠
다구. 어떡해.(물 잠그며)마음 약한 박주하(현수에게서 휴지 받아 닦
는)저녁이나 먹자구 꼬셨지. 그렇게 된 사연이야.

현수   (손 닦은 휴지 휴지통에)‥

주하   지금 세상에 보기 힘든 순정남 아니냐? 살짝 감동 먹었다.

현수   엄마랑 아들은 안 온대?

주하   거기서 자리잡을 모양이야.

현수   그럼 저 사람두 가야겠구나.

주하   그럴 생각인가봐. 이민 수속 들어간지 한참 됐대.

현수   어어‥

주하   인상이 어때?

현수   좀‥우울해 보여.

주하   응 쭈욱 그랬어‥교무실에서도 선생들하구 잘 안 어울리구 조

용한 조요오옹한 사람이야. 근데 수업은 디게 잘 하나봐. 애들한테
는 인기 짱이래.(나가며)

현수　그래?(따라 나가며)

S#　레스토랑 홀

[자리로 오다가 둘]

둘　???(멈추는)

인태　(손수건으로 얼굴 싸고 울고 있고)

광모　(멍해서 보다가 둘 보며/뭔 일인지 모르겠어 제스처)

주하　(제자리로 앉으며)선생님..(한 어깨에 손 올리는)

인태　(대답처럼 주하에게 몸 틀고 고개 숙인 채)끄으윽끄으윽......(우는)

광모　???(현수 보는)

현수　....(그냥 보며)

주하　(인태 등에 손 얹으며)네에..네 이해해요..선생님 이해해요 네에..

인태　미안해요..미안합니다 응응응응..(주하 한 어깨에 이마)

광모　(멍하니 보고)

현수　(그저 보며)....

S#　자매 친정

자부　(저녁 먹으며).....

자모　아무래루 새루 들어온 여자때문인 거 같어 여보.

자부　....

자모　아니면 애가 왜..소견 말짱한 앤데...구박하는 거 아냐?

자부　배운 사람일텐데 그럴 리가 있나.

자모　글쎄 말야..슬기두 착한 사람이라 그랬는데 착한 사람이 그럴
리가 없지이 하면서두 왠지 모르게 자꾸만 걸려...지 할머니랑 고

모가 구박할 리는 없잖아.

자부   그냥 오구는 싫은데 안 보내주니까 저 혼자두 올수 있다 그런 거겠지.

자모   그럼 말을 하구 와야지이이. 지 애비 누우렇게 떠서 왔든데‥

자부   ‥‥

자모   그런데 왜 여기 살구 싶다는 소린 해‥

자부   ‥‥

자모   그거두 이상하잖어‥

자부   가 살어보니 거기가 마냥 좋지만두 않었나부지.

자모   글쎄 그 안 좋은 게 뭐냐구.

자부   왜 그러냐구 안 물어 봤어?

자모   애비가 딱 잘라 안돼 그러는데 어떻게 물어봐‥

자부   ‥‥

자모   은수한테는 말하지 말래. 현수한테도 안했어.

자부   하지 마.

자모   알어어어‥

S# 태원네 거실

태모   (장부에 뭔가 적다가)얘는 애 데리러 올라가 뭐하는 거야.

임실   (탁자 컵 치우며 중얼거리는)상 다 봐노면 내려올라 그라지요.

태모   공여언스리 왜 못잡아 먹어 안달이야.

임실   (탁자 뜨며 입만으로 풀럭풀럭)

태모   그만 좀 해 엉? 죽을 때 다 된 늙은이 맘볼 곱게 써야지 자식두 하안참 막내딸 같은 애한테 왜 그래.

임실   아 누가 인간차별 하라 그랬소잉. 사람 못된게 인간차별

태모   (오버랩)글쎄 그만하라니깐!!

임실   (그냥 들어가고)

태희   (나오며)왜 그래 엄마.

태모   아냐.(쥐어박고 장부에 기입)

태희   (소파로 오다가 계단 내려오는 슬기와 채린 보고)슬기 와

슬기   네에..(하고 내려오는데 한쪽 발을 뒤꿈치로 디디면서다)

태희   ?? 왜 그래? 왜 그렇게 걸어?

슬기   아니에요..(멈추고)

채린   ??(슬기 보는)

태희   이리 와 이리와봐..

슬기   (제대로 걸으려다 저도 모르게 한쪽이 뒤꿈치로만 디뎌지는)

태희   쟤좀 봐..와 와봐 빨리.

슬기   (고모에게)

태희   (소파로 손잡고 데려가며)발가락 다쳤어? (태모 보고 채린도 다가
          와보는)어디 찧었어?

슬기   아닌데....

태희   벗어..(양말 벗기고 보는)얘 엄지 발가락이 왜 이래. 벌겋게 부었
          잖어.

슬기   아니에요.(오버랩 발 빼려)

태모   (오버랩/태희 연결)뷌어?

태희   뷌어..얘 발톱 너무 바싹 깎았나봐.엄마. 어어 맞다.(관찰하며)
          한쪽이 살로 파고 들어갈라그래.

태모   쯔쯔 누가 깎아줬어.

슬기   아빠요.

태모　아니 애 발톱을 얼마나 바싹 깎아논 거야, 어디 봐..언제부터 아팠어.

슬기　아까아까부터.

태모　쯔쯔쯔쯔..곪지는 않겠어?

태희　글쎄? 우선 얼음 찜질부터 해보자 올케 얼음 좀 줘.

채린　(살았다)네에.(부지런히 주방으로 움직이고)

태희　E 발이 아프면 말을 해야지이이..

채린　(돌아보는데)

태희　E 이거 디게 아프다 너? 아프지.

슬기　E 걸을라면 아퍼요.

태희　E 아빠 들어오면 발톱깎는 공부 시켜야겠다.(채린 들어가고)

태희　너 이거 잘못 성나면 병원 가 수술해야한다?

태모　할미두 옛날에 수술했었어.

태희　까르르르 걱정마 고모가 보니까 그 정도는 아니야. 엄마 애 좀 봐 겁먹어서 눈이 뗑구래 하하..

태모　호호호

S# 레스토랑

인태　(자기가 듬뿍 따른 와인 물 마시듯 마시고 또 따르고/울음 참느라 애 쓰면서/또 마시고)....큭큭큭...큭큭큭..

세 사람　(아연해서 보는)....

인태　(또 따르는)

광모　주하야..

주하　(인태 와인 잔 치우면서)그만해요 선생님. 그만하세요. 대리 좀 불 러 줘.

광모 어 어 그래…(전화 꺼내 통화)네 여보세요 대리죠?

S# **레스토랑 밖**

  [잠시 사이 두었다가 광모 인태 데리고 나오고 주하 현수 나오고/]

  [인태 자동차/대리 기사. 나와 멈추고/광모 차도 뒤이어 대리 기사/나

  와 멈추는]

주하 어. 광모야/(앞 자동차 손가락질)

광모 (뒷문 열고 인태 태우고 주하 옆자리로 타면서)

주하 따라와. 놓치지 마.

광모 걱정마걱정마.(싫증나서/제 차 뒷자리로/현수는 타고 있고)

S# **인태 차 안**

주하 (기사에게)뒤에 차 한 대 따라와요 아저씨. 봐가며 운전하세요.

기사 예에.

S# **자동차 밖**

  [출발하는 두 대의 자동차. 레스토랑 앞 빠져나가는……]

S# **광모 차 안**

광모 참 초치는 방법두 여러 가지다··

현수 (그냥 앞 보고 있고)

광모 남자가 뭐 저러냐.

현수 가만있어.

광모 ····(잠시 있다가)아 쟨 택시 타구 오면 됐지 왜 꼭 우릴 달구 가

  야하난 말야.

현수 그러구 싶니?

광모 그러구 싶다.

현수 ····

광모　　우린 뭐냐.

현수　　주하 친구. 따라가 태워오는 게 당연해.

광모　　……

S#　준구 별장 침실

은수　　(밥상 차려놓고 준구 내려다보며)밥 먹구 약 먹어야 하는데··

준구　　····(자는)

은수　　···김준구씨····여보··

준구　　(등 돌리는)나중에··이따가······

은수　　····(보며)···

S#　다미 아파트 거실

다미　　(현관문 열어주고 들어오는 송기자/치킨 박스 하나 들고)어서 오세요 송기자님.

송　　(박스 들어 보이며)조금만 사래서 조금 샀는데.

다미　　(박스 빼내듯 받으며)들어오세요. 갑자기 부르면서 심부름까지 시키고 미안해요.

송　　어어 나야 영광이죠. 다미 씨 집공개 최초라는데.

다미　　(오버랩/주방 의자로 가며)사진은 안돼요.

송　　(따르며)둘이 셀카도 안될까?

다미　　호호호 그건 돼요·· 벗으세요.

송　　(벗으며)오늘은 또 무슨 폭탄을 던질려구 이러시나.

다미　　호호호 기대하세요.

S#　같은 주방/시간 경과

　　　[둘 짱 부딪치고]

다미　　술 좀 하죠?

송   뭐…웬만큼은.

다미   그럼 마셔요 우리.

송   그럽시다. (다시 부딪치고 함께 마시는)……

다미   (샐러드 볼/앞접시/그외 간단한 치즈 올리브 안주/ 글라스 놓으며)
송기자님한테 정말 미안해요.

송   ?? 뭐가요? 나 이용해서요?

다미   이용한 거 아니구 그땐 정말 특종 주고 싶어서였어요. 언제나
쿨하구 뒤끝없구 쌈박했으니까 /느낌이 제일 좋은 기자님이었거
든요.

송   으흐흐흐 그래서 연예부 기자 적성에 안 맞는다구들 하죠.

다미   (오버랩)결혼 발표 거짓뿌렁이었어요.

송   ……(보는)

다미   은퇴‥ 헛소리였구요.

송   술이나 마십시다‥ 마셔요.(마시는)

다미   …(빈 잔 내릴 때까지 기다렸다가 따라주면서)송기자님한테만은
사실대로 얘기하고 싶었어요. 이거 죽을 때까지 비밀이에요.

송   (보며)…

다미   미안해요‥그때는 석달 뒤에 뒤집을 계획이었어요.

송   (끄덕)기획사가 뒤집게 했겠죠.

다미   …네‥(와인 잔 들어 천천히 마시는)

S# 태원의 거실. 주방

[채린 차 내고 있고 임실. 키위 접시와 단감 접시 내놓는 중.]

태희   (단감 찍어 슬기에게)발가락 어때.

슬기   (받으며)쪼끔 덜 아픈 거 같아요.

태희　자기 전에 얼음 찜질 한 번 더해줘.(임실 들어가고)

채린　네.

태희　어 그러지 말구 고모랑 자자 고모가 해 줄게.

슬기　네에.

채린　버릇돼요. 제방 두구 왜

태희　(오버랩)슬기 고모 딸 하자.

슬기　??(보고)

채린　??

태모　(과일 먹으며 리모컨 찾아 들다가)??(딸 보고)

태희　싫어?

슬기　왜요?

태희　고모 자식이 없잖아.

슬기　결혼 안해요?

태희　응 안할 거야.

태모　(오버랩)안하는 거냐? 못하는 거지.

태희　못하는 거에서 안하는 걸로 바꼈어.

태모　그럼 좀 나?

태희　슬기 내딸할 거야.

태모　누구 맘대루.

태희　태원인 애 또 날 거 아냐. 나두 제삿밥은 얻어 먹어야하잖아.

태모　....(보며)

태희　지금은 엄마라두 버텨주구 있으니까 그럭저럭 비비구 살지만
　　　엄마 없어봐. 나혼자 둥둥 뜬 개구리 밥아냐.

태모　시집을 가 시집을.

346

태희	사주쟁이가 남편 없대잖아. 폭격맞어 전멸이라잖아.
태모	그까짓게 맞어?
태희	맞으니까 이러구 있지.딴 건 다 틀려두 그거하나는 맞는 거 같어‥
채린	(오버랩)눈을 낮추세요오.
태희	??
채린	결혼 못하는 사람 보면 하나같이 다 제일 큰 문제가 눈이 너무 높다는 거에요. 우선 오백억 재산 가진 사람 그게 가당키나 해요? 그런 허황한 기준을 놓구
태희	(오버랩)왜 그래.
채린	??
태희	어디서 훈수질이야.
태모	(오버랩)일리 없는 소리는 아니다만 벌집은 건드리지 말랬잖냐.
채린	어머니저는 안타까와서
태희	(오버랩)올케가 안타까울 게 뭐 있어. 언제봤다구‥ 올케 나 좋아 해서 안타까워?
채린	형님.
태희	어어 치워버리구 싶은데 버티구 있어서?
태모	또 시작이다.
태희	믿을 놈 없어서 나 때려쳤어. 슬기나 줘. 슬기랑 평생 재밌게 살 다 슬기한테 다 물려주구 죽을 테니까 난 물려줄 자식두 없잖아.
태모	누가 자식두 없이 그러구 나자빠져 있으래?
태희	자식 나 혼자 나아?
태모	누가 혼자 있으랬어?
태희	엄마가 이렇게 낳아놨잖아.

태모 니가 스무날이나 빠르게 밀구 나왔지 내가 그랬어?

태희 아버지 육촌네 초상집에서 몇날 며칠 쭈그리구 앉어 전 부쳐 그렇게 됐다면서.

채린 (저도 모르게 쿡 웃어버리고)

태모 넌 웃을 일이냐?

채린 죄송해요 어머니..

태모 어으어으어으(일어나 들어가며)내가 말을 말어야지 어으으으으.

태희 (슬기에게)잠옷하구 책 갖구 내려와.(제 방으로)

슬기 (일어나 움직이는데)

채린 고모 방에서 잘 거야?

슬기 네에.(돌아도 안 보고 계단으로)

채린 ....(보며)

S# 어느 아담한 전원주택 풍 단독주택 앞··

[인태 차는 주차돼 있고 대리는 갔고 김 뿜고 있는 광모 차.]

[광모 차 기사는 나와 서 있고/]

S# 광모 차 안

[현수 주하 고개가 같이 인태 집 쪽으로 돌아가 있는....]

주하 ...(인태 집 보면서)미안해.

현수 뭐얼..

주하 극장에서 알어봤어야하는 건데...

현수 ....

주하 나쁜 사람은 아닌 거 같지..

현수 ..응..

주하 지루하긴 해두..

348

현수　.....

주하　짚신두 짝이 있다는 말이 맞나봐..어떤 여자였을까..궁금해....

　　　　부럽기두 하구...

현수　(돌아보는)..

주하　나온다..

현수　(돌아보는)

S#　차 밖

광모　(마당에서부터 뛰어나와 대문 닫고 운전석 옆자리로/기사는 광모

　　　　나오자마자 먼저 운전대로)

S#　차 안

광모　(타며)미안합니다아아..

기사　예에 아닙니다.(출발하는)

광모　야 성격 장난아니겠더라..무슨 남자 혼자 있는 집이 그렇게 깔

　　　　끔하냐. 정리정돈이 장난 아냐..

주하　재웠냐?

광모　재우기까지 해야해?

주하　아니 좀 걸려서..

광모　소변 봤다..별 체크를 다해.

주하　그럴 수두 있는 거지 왜 통통거려 너.

광모　(기대면서)안됐더라 니가 책임져 줘..

주하　뭐어??

S#　다미의 주방

　　　[둘 다 적당히 취했는데/다미가 더 취했다.]

다미　(한 손 턱 고이고/와인 잔 흔들면서)김준구....사랑했죠오. 죽도록

사랑했죠‥ (홀쩍 마시고 내리며)지금도‥ 앞으로도 흐흥‥‥아마 여 영원히. 그럴 거에요.

송　그게‥가능해요?

다미　나 촌년이거든요‥호호 아주 촌스런 기집애거든요‥

송　아무리 그래두 그렇게 비인간적인 남자한테 집착하는 건 다미 씨/다미씨 인생에 아무 도움 안돼요.

다미　내 인생에 도움되고 도움 안되고‥그런 거 나는 몰라요‥

송　다미씨.

다미　(오버랩)비인간적이라구 그렇게 간단하게 말하지 마요 언니. 나는 그 사람 이해해요. 그럴 수 밖에 없어요. 자기 아버지 너무너무 무서워하거든요‥ 어머니는 외교관 집안 따님‥나를 어떻게 들이밀 겠어요.

송　오은수씨는 좀 난가?

다미　나보단 낫죠‥나보단 훠얼 나아요. 인정해요. 그리구 김준구가 반했대요. 그게‥답이래요‥할말 없었어요.

송　‥‥(보며)

다미　<u>으흐흐흐흐</u>

송　(마시는)‥

다미　혹시라도 내가 죽으면요 언니‥

송　??(마시다 멈추고 보는)

다미　깔깔깔 걱정 말아요 삼년 안에는 안 죽어요. 이번 계약 끝내기 전에는 죽고 싶어도 못 죽어요. 왜냐‥난 빚쟁이니까‥ 우리 엄마랑 형제들 먹고 살게는 만들어 놓고 죽어야 하니까‥

송　(술잔 놓으며 무슨 말인가 하려고)다미씨

다미 (오버랩)이런 인생두 있다오 언니··나같은 인생도···거짓말로 옷 휘감고 다니면서 거짓말로 밥 먹고 웃고 떠들고/으응 하긴 뭐 배우라는 게 대본에 쓰인대로 참말처럼 거짓말 하는 직업이니까·· 깔깔깔깔

송 (보며)····

다미 언니 자고 가면 안돼요? 나 외로운데···정말 외로운데 응?·····

S# 태원의 거실

태원 (들어오는)····

채린 술 마셨어요?(맞으며 팔 끼려)

태원 (팔 빼내고 태희 방으로)

채린 슬기 고모 방에서 잔대요.

태원 (노크하는)

태희 E 네에·····(문 여는)

태희 슬기 막 잠들었다.

태원 어머니 방으로 좀 와요··(하고 태모 방 쪽으로)

태희 ??(나오고)

채린 (따르고)??

S# 태모 방 앞

태원 (와서)저 좀 들어가요··

태모 E 오냐··많이 늦지는 않았구나.

태원 들어와요.(채린에게/ 들어가는)

채린 ??(태희 돌아보는)

태희 (문으로)

S# 태모의 방

태희　(들어오고)

채린　(들어오는)

태모　(손에 바르던 로션 놓아두면서)술 했어?

태원　(오버랩)슬기 한달에 두 번 외갓집 보냅니다.

태모　??(태희 채린 ??)이게 무슨

태원　(오버랩)외할아버지할머니까지 못보게하구 그리워만 하라는 강요는 어른들 횡포에요.만네살 되기전부터 사년 가깝게 키워준 분들이에요.

태희　동감.

태모　뭐가 동감이야. 그 집하구는 인연 끊으랬잖아. 이제와 새삼스레 왜 이래.

태원　(오버랩)어른들만 끊으면 돼요. 저 끊었어요. 슬기 제 엄마 안 만나면 돼요. 할아버지할머니만 보구 오면 돼요.

태모　새끼 가면 지 에미 자동적으로 보게 되는 거야.

태원　좀 보면 어때요. 무슨 상관이에요.

태모　?? 무슨 상관?? 그년이 애 못보게하다구 발광하든?

태원　(오버랩)어머니왜 입만 열면 년이에요. 그 사람이 그럴 만큼 잘못한 게 뭐에요.

태희　(오버랩)옆길로 샌다.(팔 잡으며)용건 그거 아니잖아.

태원　(뿌리치며)아무리 생각해도 이건 아니에요. 슬기 외갓집 보냅니다. 그런 줄 아세요.

태모　안된다.

태원　됩니다. 제 딸이에요. 어머니 빠지세요

태모　??

태희 (오버랩)엄마엄마(옆으로 앉으며 잡으려)

태모 (벌컥 딸 밀어젖히며)간신같은 년.저리 가!!

태원 (오버랩)다른 사람 아아무도 이일하구 상관없어요. 순전히 제 결정이에요. 따라 주세요. (채린에게)채린씨도 그렇게 알아요. 데려 다 주고 데려오는 건 내가 해요.

채린 (무슨 말인가 하려는데)

태원 그리구 어머니. 만약 이일로 절대 하셔서는 안될 일 하시면/ 그 때는 정말/ 두 번 다시 어머니 안봅니다. 헛말 아니에요··잊어버리 지 마세요··쉬세요(나가고)

태모 (머엉)···

태희 ???(엄마 보는)

채린 슬기가 제 아빠한테 졸랐나봐요 어머니.

태희 (오버랩)나가 보세요.

채린 애가 한군데 뿌리박구 안정해야지

태희 (오버랩)나가라니까?

태모 (태희와 함께)올라가 알어봐라.

채린 ····(보다가 나가고)

태희 ···(보다가)엄마.

태모 많이 취했어?

태희 많이는 아냐. 적다앙히.

태모 머리 컸다 그거야?

태희 머리는 벌써 옛날에 컸지이··

태모 왜 저래.

태희 슬기가 가슴아프게 했겠지이이. 채린이 말이 맞어.

태모　……

태희　아무 짓도 하지 마 엄마.괜히 진짜 황당한 일 당한다.

태모　무슨 일

태희　엄마 안본다잖어어‥건물 하나 팔어들구 슬기 데리구 토끼면 어떡해. 토껴서 슬기 엄마 불러내 도루 합치면

태모　매친 거. 드라마 써?

태희　까르르르르

S#　별장 외경‥

S#　별장 거실

은수　(타는 벽난로 앞에 무릎 세워 껴안고 앉아 난로 장작불 보면서)……

슬기　E 엄마는 아저씨가 잘해줘?

은수　E 응 잘해줘‥많이많이 잘해줘.

슬기　E 엄마는 좋겠다‥아빠는 아줌마한테 그렇게 잘해주는 거 안같아‥잘 안웃어.

은수　……

제21회

S# 친정 현관 앞

슬기　(맨손으로 눈물 닦으며 서 있는)……

자모　(들이닥치다 보고)슬기야!!

슬기　(할머니 보자 와아앙 울음 터뜨리고)

자모　아구우우 내 강아지. 울지마 울지마.(서둘러 주머니에서 열쇠 꺼
　　　　내고/현관문 열며)할미 미안해 잘못했어 아이구 오면 온다구 전화
　　　　를 하지이이..할미 몰랐어 미안해미안해. 들어가 얼른 들어가들
　　　　어가.

S# 태원 차 안

태원　너 택시 탔는데 나쁜 아저씨였으면 어쩔 뻔했어.

슬기　…

태원　나쁜 아저씨가 너 데려다 달라는데 안 데려다 주구 딴데루 데
　　　　려가 아빠는 영영 너 못 찾구 너는 영영 집에 못돌아오고 그럼 응?

슬기　아저씨 착한 사람이었어. 얼마나 친절했는데…

태원　만약에 말야. 만약 나쁜 아저씨였으면..

S# 태원 거실

임실 크은일 치를뻔 했소잉.

채린 (돌아보는데)

임실 (주방으로 움직이며)다행이 외갓집에 가 있었으니 망정이지 아 그가 어디로 없어져 버리기라도 했으믄 빼도 박도 몬허게 전실자식 구박해서 내쫓은 거 배께 딴 말 할수 있었겠소.

S# 별장 침실

준구 아 있어어..(은수 돌아보고)여기 꼼짝말구 내 옆에 있어..앉어. 아니 들어와 이리 들어와 나 좀 안아줘. 안아주면서 나 아픈 거 좀 갖구가.

은수 이렇게 허당인 남자한테 평생을 맡기자 생각했으니 참 기막히다.

S# 현수 회사 밖

광모 뭐냐..그게 결혼한지 십오년 됐는데 여전히 세상에 둘도 없는 보물단지 마누라 데리러 오는 그런 느낌이었어.

현수 그 소리 몇 번째냐.

광모 처음이지. 십오년짜리가 어딨었어.

현수 십오년 빼라. 분통터지니까.

S# 레스토랑

인태 (자기가 듬뿍 따른 와인 물 마시듯 마시고 또 따르고/울음 참느라 애쓰면서/또 마시고)....큭큭큭...큭큭큭..

세 사람 (아연해서 보는)....

인태 (또 따르는)

S# 다미 주방

다미 (한 손 턱 고이고/와인 잔 흔들면서)김준구....사랑했죠오. 죽도록

356

사랑했죠.. (훌쩍 마시고 내리며)지금도… 앞으로도 흐흥....아마 여

엉원히. 그럴 거에요.

송　그게…가능해요?

다미　나 촌년이거든요..흐흐 아주 촌스런 기집애거든요..

송　아무리 그래두 그렇게 비인간적인 남자한테 집착하는 건 다미

씨/다미씨 인생에 아무 도움 안돼요.

다미　내 인생에 도움되고 도움 안되고…그런 거 나는 몰라요..

S#　태모 침실

태모　?? 무슨 상관?? 그년이 애 못보게하다구 발광하든?

태원　(오버랩)어머니왜 입만 열면 년이에요. 그 사람이 그럴 만큼 잘

못한 게 뭐에요.

태희　(오버랩)옆길로 샌다.(팔 잡으며)용건 그거 아니잖아.

태원　(뿌리치며)아무리 생각해도 이건 아니에요. 슬기 외갓집 보냅니

다. 그런 줄 아세요.

태모　안된다.

태원　됩니다. 제 딸이에요. 어머니 빠지세요

S#　별장 거실

은수　(타는 벽난로 앞에 무릎 세워 껴안고 앉아 난로 장작불 보면서)……

S#　타이틀

S#　빌라 전경(밤)

S#　빌라 거실

임실　(분무기 들고 하품하며 나와 화분에 품기 시작하는)….

채린　(안방에서 나와 주방으로)

임실　??(돌아보며)왜 그라요. 사장님 시원찮소?

채린   (그냥 들어가고)

임실   (주방으로)

S# 주방

채린   (들어와 약 먹을 차 만드는)

임실   (들어오며)혈압 오르능가? 슬기아빠 안직 안 들어왔소?

채린   ....

임실   사람이 뭔 말을 하면 대답을 허시오.

채린   (쟁반 들고 나가는)

임실   어매매?…

S# 거실

채린   (나와 안방으로)

S# 태희의 방

태원   (잠든 슬기 한쪽 맨발 가만가만 쓰다듬으며)....

태희   (같이 걸터앉아 태원 보다가/슬기 깨울까 소리 낮춰)덧나진 않겠
　　어…왜 변했냐··쓸데없는 짓 하지 말라더니.

태원   ……

태희   애

태원   (오버랩 일어나며)데리구 올라가면 깨겠죠?

태희   놔둬··

태원   ·····(자는 슬기 보다가 천천히 나가는)…

태희   ·····(따라 나가고)

S# 거실

태원   (천천히 계단으로)

태희   (나와서 태원 보며)·······

358

임실 (화분 물 뿌리다 계단 올라가고 있는 태원 보며)……

태희 (계단 아래로 나와서 보고 있다가 주방으로)…

임실 (무슨 일이야)……??

S# 주방

태희 (들어와 크리스탈 컵 두 개 꺼내 놓고 먹다 남은 양주병 꺼내 식탁에)

임실 뭔 일 있었소?

태희 얼음 좀 뽑아줘요.

임실 ??(의아한 채 움직이며)깜박 잠이 들어버렸소.

태희 어란 어딨어요?

임실 찾어줄텡게 있으쇼.

S# 안방

태모 (청심원 씹고 있는)……

채린 (물컵 들고 대기)……

태모 (물 마셔 넘기고 컵에서 얼굴 비키면서)술을 먹었으면 곱게 올라
가 잘 것이지아닌 밤중에 홍두깨모양 왜 에미는 들이받어. 끄으
응..(꿍얼꿍얼)

채린 (오버랩)슬기가 뭐라 그런 거라니까요 어머니.

태모 그쯤은 나두 알어.

채린 슬기 엄마가 뭐라 그랬을 수도 있구요.

태모 ??(채린 보는)그것들 아직두 연락하구 있는 눈치야?

채린 그런 건 아니구요 어머니

태모 (오버랩)그럼 그게 무슨 소리야.

채린 그런 경우도 짐작할 수 있잖아요.

태모 (오버랩)너까지 짐작할 거 없어. 짐작하는 내색두 하지 마. 전석

덧들려노면 풀어지는데 석달 열흘 걸려.

채린 네에..

태모 (한숨처럼)나두 늙긴 늙나부다아..자식이 만만하질 않어지는 거 보면..

채린 ....(보며)

태모 (누우려 하며)나는 늙어 쭈그러들구 자식은 점점 거세지구우....

채린 다리 주물러 드릴께요 어머니.

태모 올라가 비우맞춰줘..갑자기 왜 그러나두 좀 알어보구.

채린 지금은 술두 마셨구...(다리 주무르기 시작)나중에 해 볼께요.

태모 끄으으으응...

S# 슬기의 방

태원 (슬기 침대에 상의만 벗고 누워 한 팔 눈 덮고 누워)......

[문 열리는 소리.]

태원 (채린인 줄 알고 돌아눕는데)

태희 (쟁반 들고 들어오며)한잔 하자..

태원 .....(일어나는/놓여지는 쟁반 보고)...내 맘 어떻게 알었어요..

태희 잡아.(태원 쟁반 잡고)

태희 (슬기 책상 의자 갖다놓으며)술내 푹푹 나는데 말하는 거 보면 설 취했구나 싶어서.

태원 이상하게 머리가 안 취해요.

태희 (쟁반 잡고 술잔 하나 태원에게/태원 받고 어란 접시 침대에 놓고 제 술잔 집고 쟁반 처리하고)그럴땐 더 마셔주는 거야. 마시자.(잔 부딪 치고 같이 한 모금 마시고 내리며)킬킬 엄마 쇼크 먹었어.

태원 (오버랩)저 사람이 슬기한테 잘하구 있는 거 같아요?

태희   ??··(보다가)그게 천사로 타고난 여자 아니면 백프로 그거 힘
든 거 아냐?

태원   ···(술잔 보며)

태희   (보며)안 보는 데서는 모르지만 보는데서는 뭐··특별히 슬기한
테 못하지는 않어 얘.

태원   (보는)슬기가한번씩 왜 누나한테 내려가 자는데요.

태희   내가 좋아서.

태원   (오버랩)슬기랑 내 사이에 자꾸 끼어들어요. 슬기그걸 알아요.

태희   그거야.

태원   (오버랩)좀 기다려주면 돼요. 천천히 하면.

태희   ····신혼이니까··

태원   (보며)여덟살짜리하구 경쟁해요? 배려가 뭔지 모르는 사람이
에요.지 엄마 못 보구 수유리도 못가구 이렇게 가다가 슬기 비뚤어
져 어느 날 집 나가 거리 아이 되면요.

태희   얘애

태원   담배 피구 술 먹구 아무하고나 어울리구 아무 데서나 자면요.

태희   ?? 너 오바 심하다? (야단치는)슬기가 왜그렇게 돼.

태원   (오버랩)내가···· 얼마나 아픈지 누나 몰라요.누구도 몰라요.

태희   ·····??

태원   나/ 나는 어머니 진작에 버렸어야 해요. 누나도요. 둘다.

태희   ····(보며)

태원   그럴수 없었어요··어머니는 내 어머니고 나는 그이가 낳은 자
식이니까···마약 중독자 살인자래두 자식은 부모를 부정해선 안되
는 거니까··(한 모금 마시고)병든 사랑도 사랑이니까··(울컥)그 사랑

받아먹고 자랐으니까··(잔 비우고 태희 잔 빼내면서)내가 어머니를 버리는 건 그이를 죽이는 거니까···내가 죽는 게 맞는 거니까··(홀쩍 잔 비우고 침대 내려서며)나 여기서 자요··(태희 일어나는/옷 벗는)모른 척 하라 그래요··건드리면 ···가만 안 돼요··

태희   ??? 무슨 일 있었어 태원아

태원   나가요.

태희   ····(보며)

S# 복도 계단 거실

채린   (계단 올라오다 멈추는)??

태희   (복도에서 나타나 계단 내려오며)많이 취했어··슬기 방에서 잔대. 내버려 둬.

채린   왜 거기서

태희   (오버랩)슬기때매 속 많이 상한가봐·· 토달지 말구 놔두라구.

채린   ····(내려가는 시누이 돌아보는)슬기가 왜··· 슬기가 뭐라 그랬대요?(한 짓은 있지만)

태희   (내려가다 돌아보며 오버랩)아 욧점정릴 하면 올케가 태원이한테서 슬기 밀어낼려구 하는 거 싫대.

채린   ??

태희   (그냥 내려가는)

채린   그런 말 들을 정도로 나/ 그렇게 생각한대요?

태희   건드리면 가만 안둔대. 건드리지 마.(제 방 쪽으로)

채린   ????·····(계단 뛰어 올라가는)··

S# 슬기 방 앞 복도

채린   ···(와서 좀 망설이다가 노크)····(대답 없고)·····(다시 노크/대답 없

362

고)…(문 열려 하나 잠겨 있다)……(입 오므라드는)··태원씨……태원
씨/·····

S# 자매 친정 마당(밤)

[잠시 두었다가…]

[전화벨··(한 번)]

S# 마루

[전화벨 넘어오고/마루에 있는 아내 전화기]

자부   (안방에서 나와 전화 들어 보고 받는)?? 어 은수야. 왜.

은수   F 아빠 제가 깨웠어요?

자부   아냐··나 아직 안 자구 있었어.

은수   F 그건 엄마는 잔다는 거네 아빠?

자부   (안심)그렇지··그런데 이 시간에 왜.

은수   F ….

S# 별장 거실

자부   F 무슨 일··있어?

은수   (웃는)응··조금··

자부   F ·······싸웠어?

은수   (오버랩)아니 아빠 그게 아니라 아버님께서 그이 나쁜 짓한 거
아시구 (좀 장난처럼)대애로하셔서 우리 쫓겨났어.

자부   F 쫓겨나?

은수   흐흐 응 처절하게 반성하라구 시골에….자리 바뀌어 잠이 안와
서 그냥…심심해서··

자부   F (오버랩)회장님 아주 훌륭하시다 은수야··

S# 친정 마루

자부 아주 마음에 들어. 훌륭하셔.

은수 F 그렇지 아빠?

자부 (자모 열린 방문으로 앉아서 내다보고 있는)엄마 깼어 엄마 바꿔줘?

은수 F 아냐 괜찮아. 그래서 지금 서울 아니라구‥그 얘기할려구.

자부 알었어.

은수 F 어쩌면 아빠 생신날 못갈 수도 있어.

자부 됐어됐어. 괜찮아‥상관없어.

은수 F (오버랩)아빠‥

자부 응.

은수 F ‥‥

자부 엉 왜‥‥

S# 별장 거실

은수 어떡해 (아빠)나 저 사람 보기가 싫어‥‥옆에 있는 게 ‥힘들어‥
좀 지나면 괜찮아질까? 안 괜찮아지면 어떡해.

S# 친정 마루

자부 아냐 괜찮아져. 세월이 약이랬어‥좀금 더 지나면 무뎌질 거야
‥은수야‥‥은수야‥

S# 별장 거실

은수 (손끝으로 눈물 닦으면서)응 아빠. 그만 끊을래. 주무세요‥

자부 F 그래자‥자도록 해 응?

은수 네. 들어가요.(끊는데)

준구 E 뭐해

은수 (깜짝 놀라서 보는)

준구 (계단 거의 아래서)언제부터야‥

364

은수 조금 아까 내려왔어.

준구 아픈 사람 팽개치구/ 일어나 빨리.

은수 (일어나는)

준구 뭐 먹을 거 없나? 출출한데.

은수 찾아볼게.(주방으로)

S# 별장 주방

은수 (들어와 냉장고 열고 들여다보는)‥‥

준구 (들어오는)뭐 줄 거야.

은수 도토리 묵 있는데‥

준구 집에 어리굴젓. 뜨거운 밥에 그거 먹구 싶네.

은수 오믈렛은 어때.

준구 좋아 그거 먹읍시다.

은수 (야채 박스에서 양파와 당근 꺼내/도마 내놓고 양파 껍질 벗기는데)

준구 (뒤에서 안는다)

은수 올라가 있어.

준구 싫어. (더 깊이)

은수 (밀어내려 하는데)

준구 (획 돌려세우고 입 맞추려)

은수 (밀어내며 얼굴 피하며 애쓰다가)‥‥‥(모질게)싫어 싫단 말야!!!

준구 ??

은수 (작은 칼 한 손에 든 채 주먹 부르쥐고)대체 무슨 생각으로 사는 사람이야. 지금 이럴 상황이야?

준구 칼은 놓구 얘기 해. 무서워.

은수 (칼 개수대에 아무렇게나 던져 넣으며)건드리지 말랬잖아.

준구   그래 빨간 풍선 깜박했어.

은수   (오버랩)함부로 취급하지 마. 날 좀 내버려 둬.(주방 나가며)

준구   ……(나가는 아내 보며)

S# 별장 침실

은수   (들어와 거칠게 문 닫고 장에서 이부자리 꺼내 바닥에 던지듯 펴는)….

준구   (들어와 보는)……

은수   (누워버린다/준구 반대 방향으로)

준구   ……(보다가 침대로 움직이며)유세떨지 마.

은수   ……

준구   (걸터앉으며 은수 등 보다가)싫으면 싫다 한 마디면 간단한데 어디서 칼 세워들고 발끈이야.

은수   싫다 그랬어.

준구   여자한테 거절 당하는 남자 기분이 어떤 건가 당신 알아?

은수   ….

준구   그건 모욕이야.

은수   (벌떡 일어나며)지금 모욕이랬어? 영광입니다 안해서 모욕이야? 모욕이 뭔지 당신 알아?!!

준구   끝난 일은 깨끗이 끝내야하는 거 아니냔 말야!!!

은수   끝낸 건 내 머리야. 마음이 머리 말 듣기 싫대.

준구   고고한 척 해봤자 오십보 백보야··잘난 척 그만하고 대충 해.

은수   ……(보며)

준구   (이불 홱 젖히며)그냥 살기로 했으면 힘들게 하지 말구 순하게 살아.(이불로 발 집어넣으며)그렇게까지 빡빡하게 굴어 당신한테 득되는 게 뭔데.당신뿐이다 그럼 됐잖아. 태어나 첨으로 부모 아닌

366

사람 앞에 무릎까지 꿇었어. 사람 꼴 얼마나 더 우습게 만들어야 직성이 풀리겠어.

은수 .....(보며)

준구 쿨하구 나이스한 오은수 어디갔어.전부다 쇼였던 거야? 나 잡을라구?

은수 .....(서늘해서)

준구 내가 불쌍하지두 않어? 회사에 할일은 태산인데 귀양살이에 아프기까지 한데 응?

은수 ....(보며)

준구 왜 그렇게 몰인정해..정떨어질라 그런다.

은수 (오버랩/포기)건드리지만 마..

준구 불 꺼.

은수 *끄구 싶은 사람이 꺼.*

준구 .....(보며)

은수 ....(보다가 눕는)

준구 (기막혀)허/...참 별꼴을 다보네.(일어나 스위치로)..

S# **별장 외경(밤)**

[침실 불 꺼지고 잠시 두었다가]

F.O.

S# **준구네 정원(낮)**

[대문에서 들어오고 있는 은수.]

도우미1 (나와 있다가 목례하고)

은수 안녕하셨어요?

도우미1 네에..회장님 출장 가셨어요.

은수   네에‥(알아요)

S# 거실 현관

[들어오는 은수.]

이모   (서 있다가)어서 오너라‥이게 얼마만이냐.

은수   (인사하며)안녕하셨어요.

이모   (오버랩)나야 항상 안녕한 사람이지. 준구는

은수   회사에 내렸어요.

이모   일요일인데?

은수   네 처리할 게 있다구요.

이모   으응‥들어가자‥

S# 거실

준모   (책 보고 있는)‥‥(안 보는)

은수   (다가와 인사)저 왔습니다 어머님.

준모   고생했다‥불편했지?

은수   아뇨 잘 있었습니다.

이모   몸살은 다 난 게야?(돌아보는)

은수   네‥그런 거 같아요.

준모   (오버랩)늬들 불러올리느라 이모가 애 많이 쓰셨어.

은수   (이모에게 목례)

이모   녀석 몸부림 안 치대?

은수   네 좀‥전화로 회사 일보구 회사에서 들어오기두 하구요‥

이모   그러엄. 제 할 일은 해야지. 어이 올라가라.

은수   네 저기 그런데 어머님.

준모   (보는)

은수   내일 (하는데)

　　　[집전화 울리는]

준모   (전화받는)네 한남동입니다.(이모 앉으며 보고)

준구   F 저에요 어머니.

준모   그래.

S# 준구 사무실

준구   (컴퓨터 켜놓고 보면서)내일 장인어른 생신이래요. 집 사람 오늘

　　　가 하루 자구 오게 해주세요.

준모   F ….

준구   아버지 안계시니까 그래두 되잖아요.

S# 준구 거실

준모   너는.

준구   F 전 저녁에 잠깐 뵙구 올려구요.

준모   알았다. (끊으며)늬 아버지 생신이라면서.

이모   오오 그래애?

은수   네‥그래서

준모   다녀오렴‥ 내일 점심 전에는 와.

은수   네 어머님. 감사합니다.

준모   (책 집어 들고)

은수   (돌아서는데)

이모   아흐레 만이다.

은수   (돌아보며)네에.

이모   손꼽아 기다렸다.

은수   저두요 흐흐‥(계단 오르는)……

S# 준구 침실

은수 (들어와 서서 방 보며)…..(있다가 드레스 룸으로 움직여 핸드백 놓으며 혼잣소리)웃어 웃어..다시 시작이야. 시작하는 거야.(장문 열며) 시작하는 거야.

　　[노크]

은수 ?? 네에..(드레스 룸 나오고)

도우미2 (문 열고 여행 가방 두 개 들여놓는)

은수 아….(거드는)

S# 태원의 거실

임실 (청소기 미는데)

태희 (주방에서 사과 깨물어 먹으며 나오는)아줌마 김치전 좀 부쳐요.

임실 …(못 듣고)

태희 아줌마..

임실 ??

태희 (악쓰는)김치전 좀 먹자구요!!

임실 아따.(멈추고) 귀 안 먹었소. 알았소.(다시 밀기 시작)

태희 호홍 호ㅎㅎㅎㅎ(어이없어/엄마 쪽으로 돌아서는데)

태모 (버럭/커다란 계산기 두드리며 뭔가 맞추다가)아 그거 좀 꺼요!!

태희 (얼른 청소기 뺏어 끄며)이따 해요. 엄마 뿔났잖아요.

태모 원..정신 사나워 죽겠네. 사람 계산 맞추고 있는 거 안 보여?

태희 내가 맞춰준다니까.

태모 (계산기 털고 다시 시작)말시키지 마.

태희 사과 맛있다아아.

태모 조용해.

S# 태원 침실

태원 (옷 입고 있는)

채린 …(보다가/작심)다른 날 보내요.

태원 ??(돌아보는)

채린 외할아버지 생신이면 슬기 엄마두 갈 거 아니에요.

태원 ….(그냥 입는)

채린 다른 날 많은데 왜 하필 오늘이에요.

태원 다른 날 많지만 생신날 보내구 싶어서요.

채린 이혼한 전처 아버지 생일 기억하는 거두 이해할 수 없는데 뻔
      하게 애 엄마 올 거 알면서 정말 너무하지 않아요?

태원 (오버랩)채린씨

채린 (오버랩)어떤 여자가 이런 걸 이해해요

태원 어쩌다 한번 제 엄마 보는 것도 막아야겠어요?

채린 태원씨가 이러니까 슬기가 나랑 잘 지낼 생각이 없는 거에요.
      이러니까 딴 생각만 하는 거라구요.

태원 (오버랩)아이하고 어른 사이 문제 있는 건 어른 책임이에요.

채린 야단 한번 쳤을 뿐이에요. 그것도 안돼요? 난 슬기가 어이없어
      요. 이제 나랑은 눈도 안 마주칠라 그래요.나 얼마나 속상한지 아
      세요? 태원씬 왜 내 입장은 생각 안해줘요.

태원 (그냥 움직이는)……

채린 이럴 줄 알았으면 결혼 안했어요.

태원 아니라고 했는데 왜 했어요··(돌아보며)

채린 ?? 태원씨가 하자 그랬잖아요. 무슨 소리에요?

태원 ….(할 말이 없고)

채린 정말 실망이에요.

태원 마찬가집니다

채린 ???

태원 내가…. 고마운 마음이 들게 해 줘요‥

채린 마찬가지에요.

태원 ??

채린 슬기 때문에 이럴 줄은 정말 몰랐어요.

태원 슬기가 채린씨 경쟁자 아니란 말 안했어요?

채린 경쟁 아니에요

태원 ….(그만두고 상의 들고 나가려)

채린 애가 얼마나 맹랑한지 당신은 몰라요.

태원 ??(보는)

채린 나두 노력하구 있어요. 노력해두 안 받아주는데 어쩌란 거에요.

태원 ….(그냥 획 나가고)

채린 ………(약 올라 있다가 부르르르 나가는)

S# 복도

[슬기 방 문 닫히면서 채린 튀어나와 계단으로]

S# 거실

채린 (계단 뛰어 내려와)어머니‥저이 슬기 외갓집 보낸대요.

태모 (계산기 치우다 잠깐 보고)……(장부들 접어 챙기는)

태희 …(엄마 보다가)그런다구 선전포고 했잖어.(앉아서 스트레칭
  하던 중/목 늘이면서)

채린 (오버랩)내일.

태모 (오버랩)놔둬어.

372

채린 (오버랩)할아버지 생일이래요 그럼 슬기 엄마두 올 거 아니에요.

태모 ??(채린 보는)

태희 (엄마 보며)…(뻐끔)

채린 어머니

태모 (오버랩)매를 번다 벌어. 하 같잖아 죽은 척 했더니 뭐가 어째?

태희 (오버랩)엄마 스톱.

태모 ??

태희 스톱스톱. 못들은 척해 모르는 척 해.

채린 (오버랩)형님.

태희 (오버랩)머리 진짜 나쁘다 학교 제대로 다닌 거 맞어? 이집 불
지르러 들어왔어? 아무리 어머니어머니 해봤자 태원이가 싸늘하
면 올케 찬밥이야. 노인네 들쑤셔 태원이 성질 뻗치게 만들어 뭐할
참인데.

태모 (오버랩)그럼 어디다 하소연해.

채린 (냉큼)네 어머니.

태희 (오버랩)건물 팔아 없어질 때 태원이가 올케 데리구 갈까?

태모 ‥(뿌우우)

채린 ?? 무슨 말이에요?

태희 건드리지 마. 내애버려둬.(엄마에게)

태모 죽었어?

태희 죽은 척하는 김에 계속 죽은 척 하라구.

태모 (무슨 말인가 하려는)

태희 E (연결)애 심각해애애‥ 수틀리면 진짜 날를 거 같다니까?

태모 ……(보며)

슬기   E 할머니이이.

태모   (돌아보고)

슬기   (계단 중간에서 뛰어 내려와 통통통/기쁨에 넘쳐 할머니 목 껴안으며)할머니 고맙습니다아아.수유리 보내주셔서요..쪽쪽쪽쪽

태모   ??(아들 보며)으응…응 그래..그래그래

채린   ???(이 노인네가)??..

태원   나가자..

슬기   엉..고모 빠이빠이..

태희   빠이빠이이이...

채린   (머엉)....

　　　[부녀 나가고....]

태모   (계산기 장부 챙겨 일어나는데)

채린   어머님이 허락하셨어요?

태모   (움직이며)끄으으으응....

태희   까르르르르르르르

채린   ??

S# 어느 호텔 골프 연습장

준구   (들어서 정수 찾아서).....(정수 앞으로)

정수   (힐끗 보고 공 날리고 타석에서 나서 골프채 세우고 손 내밀며)귀경을 축하한다.

준구   (손잡으며)마지막 통화한 게 언제냐.

정수   ...나흘 전? 닷새 전? 정확한 게 필요해? 통화기록 봐?(전화 꺼내며)

준구   무슨 얘기했어.

정수   일 끝내구 열흘 휴가 받았대. 여행 간다구. 말 했잖아. 그게 다야.

374

준구　어디로 간단 말 안했어?

정수　안했다니까. 야 이제 신경 끊으라니까 왜 그래.

준구　전활 왜 안받어.

정수　걔 장끼 아냐.

준구　약 주워먹구 뺑을까봐 겁난다.

정수　작품 계약해 놓구 설마.

준구　너 한번 해봐‥

정수　있어봐‥‥(통화 시도)‥‥‥아예 꺼났네‥

준구　‥‥(정수 보며)

S#　다미의 욕실

[카세트 음악. 저스틴 비버 〈As Long as You Love Me〉 틀어져 있고…]

다미　(들어앉아 와인 마시고 있는‥‥와인 잔 놓고 깊게 잠기면서)‥‥‥(훼 엥한 얼굴)‥‥

S#　현수 원룸 거실

현수　(작업대 앉아서 주하가 주려는 오만 원 두 장 밀어내며)아 됐어어.

주하　케익 하나 사다 드리라니까?

현수　(오버랩)울엄마 돈 아깝다구 제일 싫어하는 게 케익이야. 더구 나 슬기도 없어. 케익 들고 들어갔단 엄마한테 욕 먹어.

주하　그럼 고기 사.

현수　됐다니까?

주하　(테이블에 돈 탁 놓으며)안 받으면 적어서 그러는 걸로 알테니 까 뭐.

현수　(별수 없이 피식 웃는)알었어.

주하　(주방으로 가며)이 울보 남자 조용하니까 또 심심하다 현수야.

현수　올 때 안 됐어?

주하　어제 왔어야 하는데 소식없잖아··오자마자 찾을 줄 알았는데 시드니에서 운명의 여인을 만났나아아(냉장고 여는)

현수　니가 해 봐아아.

주하　(물병 꺼내며)뭐얼··그럴만큼 그런 건 아냐.

현수　·····(작업)

주하　연락하면 받구 아니면 말구.

현수　····

주하　근데 진짜 이상하지 않니? 그으렇게 치대더니 왜 딱 끊어? 전화료 무서워서? 문자는 돈 안 들잖어. (물 따르고 병 냉장고로 넣으며) 밀땅하는 거야? 아니 자기랑 나랑 뭔데 밀땅이야? 주제를 모르는 거 아냐?

현수　····

주하　(의자에 앉아 책 집어 들며)누구세요? 실례지만 김인태가 누군데요? 그래야겠다.

현수　····

주하　강아지 싫어하는 울엄마 몇 년 전에 내가 푸들 한 마리 사갖구 들어갔었잖아 왜.

현수　(작업하며)깡숙이.

주하　깡숙이

현수　(오버랩)친척집으로 쫓겨간 애.

주하　엉. 걔가 그래두 밥 주는 사람이라구 엄마 발뒷굼치만 쫓아다녔잖아. 귀찮아 죽는다구 차구 소리지르구 난리치더니 애 보내 놓구는 쫓아다닐 때는 성가시더니 없으니까 허전하다더라. 지금내

376

가 딱 그 비슷한 기분이야.

현수　….

주하　내가 남자가 너무 궁한가?‥

　　　[현수 전화벨.]

현수　(보고)어엉 내려가아‥(끊고 겉옷 챙기는)

주하　걘 요즘 이상하게 굴더라?

현수　(옷 입으며 문으로)뭐가.

주하　올라오지 왜 전화야. 계속 그래 계속‥

현수　귀찮은 거지이.

주하　나한테 뭐 유감 있는 거 아냐?

현수　(돌아보는)무슨‥

주하　아니 꼭 나 안 볼라 그러는 거 같아. 아니면 이제야 양심의 가
　　　책을 느끼는 건가?

현수　물어볼게.(나가는)

주하　안 그래두 된다 그래애.안광모 쓰레기 하치장 보내버린지 꽤 된
　　　다구우.

　　　[현수 나간 문 닫히고]

주하　(일어나며)호주나 따라갈 걸 그랬나아아?…

S#　원룸 앞

현수　(나오고)

광모　(문 열어주는)

현수　(타는데)

광모　일 좀 했어?

현수　(타면서)주하가 너 이상하댄다.

광모 뭐가.

현수 절 피하는 거 같대··이제야 양심의 가책 느끼는 건가.

광모 (문 닫고 운전대로)

S# 차 안

광모 (타면서)늬 둘 놓구 보는 게 편할 수 있냐? 점점 그래진다··(벨트 매며)지 집에 안 간대?(아니면)따로 나가 살든지.

현수 (오버랩)가자아.

광모 어디 먼저

현수 한군데만 가면 돼·· 위에서 선물 사고 지하에서 장 보고.

S# 차 밖

[출발하는 광모 자동차··]

S# 친정 골목 대문 앞

[골목으로 들어오는 은수의 차··]

은수 (멈춘 차에서 내려 조수석에서 작은 가방과 핸드백 꺼내다가 차 소리에 돌아보는)

[와서 멎는 태원의 차··]

은수 ????

태원 (내려서 슬기 쪽 문으로)

슬기 (벌써 내리며)엄마아아··

은수 어어··슬기야. 오랜만.(손바닥 내밀고)

슬기 오랜만.(올려다보며 손바닥에 제 손바닥 탁 치며)

은수 (아이 당겨 옆에 붙이며 태원 보는)???? 무슨 일이야?

태원 생신이시잖어··

은수 ????(안 보여준댔잖어)

378

태원 슬기 소원이래. 아빠 간다.

슬기 어엉.

태원 잘 지내.

슬기 아빠두.(부녀 뽀뽀하고)

태원 (몸 일으키며)괜찮지?

은수 괜찮아……그쪽은.

태원 응… 나두. 생신 축하드린다구 말씀드려….갈게.(돌아서는데)

은수 고마워.

태원 (돌아보는)……

은수 고맙다구.

태원 미안해….미안했어…

은수 아냐….이해해..이해했어……(그냥 조금 웃는 듯)

　　　[차로 오르는 태원. 문 닫히고]

S# 현관과 마루

자모 (재봉질하다 전화받은 참)어엉 똘똘이 엄마두 건강해. 건강이
　　　으뜸이야 으흐흐흐흐 우리 영감 잘있지 그러엄..응…응 그래 너무
　　　오랜만이네에 우리 이러구 살지 말자. 이제부터는 내가 전화 자주
　　　할게..응..으응 잘있어어? 고마워어?(끊는데)

슬기 (튀어 들어오며)할머니이..

자모 ??? 아구 아구 이게 슬기야 너 또오(하는데 은수 들어오는)????

은수 까르르르 슬기야 할머니 얼굴 좀 봐.

슬기 하하 할머니 우리 귀신 아니야. 하하하하.

자모 (오버랩)무슨 일이야 어떻게 된 일이야아아 (거의 울 것 같다)

S# 태모의 방

채린   (쿨쩍쿨쩍 울고 있는)‥‥

태모   ‥‥(안됐어서 보다가)채린아아

채린   네에에‥

태모   슬기 지 외갓집 가는 건 니가 봐줘야겠다.

채린   ???(울다 보는)

태모   사람 정이라는 게 그렇게 칼루 무베듯 그렇게는 안되는 거쯤
은 너두 알잖어. 어린 게 저 키워준 할아버지할머니 보구 싶어 안
달을 하니 애빈들 어떡해.

채린   그렇지만 어머니

태모   애비두 딱 끊자아 그래놓구는 새끼 안타까워 어쩔수 없었던
게야. 새끼 안타까운 꼴 못보는 게 부모 맘이란다.

채린   그렇지만 슬기 엄마 올 거 뻔히 알면서 하필 오늘 날 잡아서

태모   (오버랩)서로 시간 맞췄겠냐? 나는 그렇게는 생각 안해. 그럴 사
람은 아니야 우리 태원이가‥

채린   ‥(보는)

태모   걔가 온다한들/오기야 오겠지 그래. 그렇지만 태원이가 부러
캐 보자구 집안까지 들어가지는 않을 거야.

채린   누가 알아요.

태모   내 새끼 내가 알어.

채린   그렇게 싫어하시는데 몰래 만나구 다녔잖아요.

태모   (좀 열 올라서)그건 혼인 전 일이지.

채린   ??

태모   이면경계가 확실한 사람이야 내 아들. 양반 중에 상 양반이구.

채린   그런데 어머니 왜 의심하셨어요.

태모　믿는 맘 반 의심 반이라 그랬다.

채린　어쨌든 전 싫어요 어머니.

태모　……(물끄러미 보는)

채린　싫어요.

태모　니가 싫은 게 문제가 아니라 태원이가 널 마뜩찮아하는 게 문제야.

채린　??

태모　(안타까워서)왜 그렇게 요령이 없어. 거꾸루 가 거꾸루. 태원이보다 더어 슬기 생각 슬기 걱정하는 걸루/지 애비보다 더어 알뜰살뜰 챙겨봐. 우리 아들은 여자한테 푹 빠져 지 새끼 밥을 먹는지 죽을 먹는지 모르는 얼뱅이들 하구는 달라. 너 눌자리 보구 발 뻗어야지 내가 너같으면 얘 내가 먼저 /여보세요 슬기 외갓집에 보내줍시다아아.애가 너무 가여워요오오 나는 아무렇지도 않아요오오 /그랬겠다.

채린　….(보며)

태모　응?……응??

채린　(보며)….

S#　준구네 이모 방 앞

준구　(들어오며)이 사람 갔어요?

준모　(차 들고 서서)전화 안했어?

준구　아직 다 안 풀렸어요.

준모　너는

준구　저녁 먹구 잠깐 다녀올려구요··저도 안편하고 어르신도 불편해 하셔요.(안으로)

S# 이모의 방

준모 (들어와 찻잔 놓는데)

이모 (붓 펜 놓고 상 좀 치우며)사위가 터분터분해야 편하지.

준모 …

이모 아직 다 안풀려? 이눔아 그게 그렇게 쉽게 풀릴 일인줄 알어?
한 짓은 있구 이눔아 너두 처가 코 디밀기 민망할 거다.(찻잔 집으며)

S# 준구의 방

준구 (들어오며 홀렁홀렁 벗는데)

[전화 문자 들어오는]

준구 (열어보면)

다미 E 왜 전화했어··(준구 보며)········(있다가 통화 시도)

[벨 가는]

다미 F 네에··

준구 여행간다 그랬다면서 …어디야.

다미 F 어디라구 하면 와 줄테야??

준구 시끄러. 어디야. 언제 와.

S# 다미 침실

다미 (기대어 앉아 마시면서)····

준구 F 언제 오냐구.

다미 왜·· 와이프 허락 받았어?…전화는 해두 된대?··

준구 F 또 술 먹니? 그러다 너 알콜중독돼.

다미 (오버랩)흐흥. 무슨 상관. 오빠 상관있어? 상관 없잖아.

S# 준구의 침실

준구 너때매 시골 쫓겨가 열흘이나 처박혀 있다 왔다. 할만큼 했으

382

니까 이제 그만 하자 엉? 어디야 대답해.

다미　F　오빠가 뭘 했는데. 오빠 한 거 없잖아.

준구　(오버랩)어디야.언제 와.

다미　F　어딜 가.

S# 다미 침실

다미　갈데가 어딨어. 가구 싶은 데가 어디야. 그런 데 없어. 의욕도 없어. 체력도 없어.오늘까지만 마시구 내일부터 정신차릴 거야.일 해서 빚 갚아야해‥빚 떼먹고 죽진 말아야지. 나 죽으면 우리 엄마 당장 길바닥으로 쫓겨나.(끊고 마시는)‥‥

S# 준구의 침실

준구　(끊긴 전화 내려다보며)‥‥(있다가 걸터앉으며 통화 시도)

　　　[전화벨 가는]

준구　애 집에 있는 거 같다. 가서 달래줘. 술 퍼 먹구 있어.

정수　F　얌마 나 집에 막 들어왔어‥ 뭐라 그러구 다시 나가냐.

준구　봐주는 김에 한 번 더 봐줘.

정수　F　짜식 야 내가 니따까리야?

준구　미안하다구. 미안해.

정수　F　내일해. 나 애들하구 놀아줘야해.(끊는)

준구　‥‥(끊긴 전화 내리며)‥‥‥

S# 다미 아파트 승강기와 복도 현관

준구　(승강기에서 내려 다미 현관으로 곧장)

S# 아파트 안 현관 거실

　　　[전자 키 소리 들리고 들어오는 준구.]

준구　(멈추고 보는)

다미 (와인 병 거꾸로 들고 똑똑 떨어지는 방울 받다가 내리고 돌아보는)

준구 (다가들어 병 뺏어 치우며)술 먹다 죽을래?

다미 (보며)여기 오면 안 되는 거잖아.

준구 신경 쓰이게 좀 하지 마. 왜 똑바로 못 서고 흔들거려.

다미 신경은 쓰여? 진짜?

준구 (오버랩)다미야.

다미 (오버랩)으응 신경은 쓰이는구나.얼만큼 요마아안큼? (손가 락 끝)

준구 (어깨 안아 침실로)

S# 침실

준구 (끌고 들어와 침대에 앉히며 같이 앉아 두 어깨 잡고)나 봐. 보라구.

다미 (보며)왜…말 잘 들으면 사탕 줄 거야?

준구 …..(보며)

다미 (한 쪽 손 올려 검지 장지 두 손가락으로 준구 뺨 금 긋듯 천천히 내려 입술에 대고)…와이프한테 뭐라 그러구 왔어.(속삭이듯)나한테 온 거 알아?…모르지..

준구 …..(보며)

다미 (손가락 댄 채)나 와이프 전화번호 아는데..내가 와이프 한테 꼬 질르면 어쩔려구 오빠..당신 남편 나한테 또 왔었다. 또 온다..나 술 먹다 죽을까봐 걱정한다..내 침실에도 마구 들어온다.(하면서 달려 들어 두 손으로 준구 귀 감싸고 입 맞추는/열정적으로)…..

준구 …..(잠시 두었다가 떼어낸다)그만 해.

다미 …..(보며)왜….흔들려?

준구 입 다물어.

다미 흔들리지. 내 입술 여전히 달콤하지..

준구 하지 마.

다미 흔들리면 쓰러져. 버티지 마.

준구 (오버랩)다미야

다미 (오버랩)안아 줘 안아줘 안아줘.

준구 (오버랩)잡놈 만들지 마 알았어?!!

다미 잡놈 따로 없어 오빠. (웃으며)따로 있다고 생각해?

준구 (오버랩/ 벌떡 일어나며 안 주머니에서 봉투 꺼내 내미는)빠리 오
      픈 티켓이랑 약속했던 사례야.

다미 (올려다보며)....

준구 휴가 까먹어서 못가면 환불 하면 되구..사고 싶은 걸 사든지 니
      어머니 드리든지 마음대로 써.

다미 필요없어 다 해결했어.

준구 내가 보낸 문자...진심이야..진심으로 고마워....너만큼 나한테
      잘한 여자두 너만큼 날 원하는 여자두 아마 평생... 다시 없을 거야.

다미 .....(보며)

준구 나 보는 거 마지막이야..다시는 너 찾을 일 없어..마지막으로
      부탁하자. 나 잊어. 잊고 이제부터는 너 자신/너 자신만 사랑해...

준구 E 정신 차려 일 열심히 하면서 건강하게 살아..마음으로 응원
      할게.

다미 (오버랩)안 받을래.

준구 (침대에 놓으며)약속했던 거야.

다미 내가 해결했다니까.

준구 마지막까지 카버해줬으니까.

다미   안 받을래.이거 받으면 오빠 나한테 빚 없어지잖아. 그렇게 해

      주기 싫어.

준구   ....(보며)

다미   잘래...(침대 위로 엉금엉금).....(엎어져 눕는)

준구   ....(보다가 돌아서는)

S# 아파트 현관 앞(어두워지고 있다)

준구   (고개 숙이고 걸어 나와 앞에 대어진 자동차로).....

S# 차 안

준구   (타고 벨트/ 시동 걸고 잠시 앞 보며)......(있다가 출발하는데)

      [전화벨··]

준구   (받는)네에.

준모 F 너 어디야··

S# 아파트 빠져나가는 준구 차

준구   E 수유리 가요.

준모 F 온다간다 소리도 없이 얘가·····

S# 태원 거실

태원   (실내복/앞서 내려오고 채린 뒤따라)....(주방으로)

S# 주방

태모   (들어오는 아들 잠깐 보고 수저 들고)

태희   (김치전 먹으며)밥 먹자.

태원   네.(앉고)

임실   (밥과 국 갖고 와 놓아주며)감자국 좋아하지요잉.(감잣국)

태원   예 고맙습니다 아주머니.

임실   사장님이 끓이라했소. 어렸을 때 감자국 좋아라했다고.

386

태원   예.(엄마 잠깐 보는데)

태모   (오버랩)밥 먹어‥빈대떡으로 배 채울 거야?

태희   아무 거나 무슨 상관이야.

태모   끌끌‥(국에 밥 말면서)시간 내서 태희랑 이태원에 좀 가 봐라.

태원   ??

태희   내일 계약한대‥설계하는 친구 보여줬는데 괜찮대. 엄마 칠층
          앉힌대.

태원   나대지예요?

태모   나대지가 어딨어. 헐구 지어야지.

태원   ...

태희   그래서 거기 일층에 내가 까페 차려볼까해.

태모   ?? 무슨 페?

태희   까페. 까가 안들렸어?

태모   딴 데 알어봐.

태희   왜애애.

태모   니가 뭐 아는 게 있어 까페야.

태희   사람쓰면 돼애.

태모   시끄러./

태희   아니 나두 뭔가 고정적인 수익이 있어야겠단 말야.

태모   임대료 나오는 건 수입 아냐?

태희   채린이랑 같이 할까?

채린   (오버랩)어머 형님 저는 까페 아니에요.저는 그런 거 못해요.

태희   그럼 뭐 할 수 있어?

채린   아이 낳아 키워야죠. 슬기두 돌봐야 하구‥슬기 얼마 안 있으면

사춘기에요..애들 사춘기 넘기는 게 정말 힘들대요. 게다가 요즘 애들 사춘기 빨라졌대요.

태희 (태원 보며)알았어.그거두 중요한 일이기는 하다.

태모 살림 제대로 하구 자식 제대로 키우는 거 만큼 중요한 일이 어딨어 그럼..돈 벌어 오라는 사람 없으니 그저 너는 차분하게 남편 보비위 자식 건사만 잘 해라.

채린 네에 그럴 거에요 어머니.

태희 임신했어?

채린 ??

태희 아니 이 했나싶어서.

채린 아직…얼마나 됐다구요.

태희 (오버랩)아줌마. 나 얼음 냉수 좀요..전이 좀 짰어요.

임실 (냉장고로)여태 먹어놓구는..(꾸덜꾸덜)

S# 친정 마루

자부 (슬기 무릎에 앉아서 할아버지 수염자리 만지는/작업 탁자에 현수 은수 저녁상 차리고 있고)그게에 젊었을 때는 아침에 말끔하게 면도 하구 나가면 점심 때 지나면서 벌써 안에서 수염이 자라 밀고 나와 만져보면 꺼끌꺼끌 했는데에? 이제는 할아버지 늙어서 젊을 때 안 같아..수염이 많이 드물어지기두 하구 힘두 없어지구 ㅎㅎㅎㅎ.

슬기 응 별로 안 따거.

은수 (뭔가 차리며)내려와 할아버지 다리 아프셔.

자부 아냐아냐 괜찮아. 안 아퍼 그냥 있어.

슬기 (내리려다 말고)할아버지가 그냥 있으래.

현수 (쟁반 들고 오며)내려와 다 큰 게. 엉뎅이가 커어다란 게.

388

슬기   이모 엉뎅이가 크지 내껀 아직 (두 손 모아 보이며)요만한데? 아
        빠는 맨날 언제크나언제크나 그러는데?

자부   허허허허

현수   (오버랩)눈 깜짝할 새야 야. 어느날 자고 일어나면 스무살이구
        서른 살이구 그래.

슬기   에? 그런게 어딨어. 여덟살 담 아홉살 그담 열살 그렇게 크는
        거지 그치요 할아버지.

자부   그러엄 그럼그럼

자모   (찌개 냄비 들고 탁자로)참 오랜만에 늬 아빠 큰 소리로 웃는다.
        얼마만인지 모르겠어. (찌개 앞 공기와 국자 챙겨 은수 탁자로)

은수   이제 내려 와.

슬기   엉..

자모   (찌개 뜨면서)마앗있을 거야. 싱싱한 생태에 싱싱한 오징어 으흐
        흐흐

자부   내일이 아니라 오늘이 생일이다 뭐가 이렇게 많어.

자모   에미랑 슬기 왔잖어 땡겨땡겨.

자부   그래 땡겨 땡기지 뭐까짓.

        [오버랩 현관 벨.]

모두   ??

현수   네에…(현관으로)누구세요오오

준구   E 예 접니다..

모두   ??(은수 일어서는)

자부   온댔어?

은수   그럼 아빠.

준구　(들어오는)

현수　(좀 비켜주고)

은수　어서 와.

준구　내가 시간 잘못 잡았나봐.

은수　괜찮아‥올라와.

준구　(올라와 일어서 있는 부모 앞으로)저 왔습니다.(목례)

자부　(손 내밀며)어서 오게.

준구　(손잡고)생신 축하드립니다.

자부　으응 고맙네.

준구　안녕하셨습니까.

자모　응 네 으응‥여보 상 따루 보께.

자부　어 그래 그래야지.

준구　(오버랩)아니 저는 안 먹어두 됩니다.

자부　그런게 어딨어‥이리 들어와.

준구　예‥(하다가 슬기 보고)어‥너 슬기구나.

슬기　(엄마한테 붙어 엄마 보며)네.

은수　인사.

슬기　안녕하세요.

준구　응‥그동안 꽤 컸구나‥나 누군지 알아?

슬기　네‥

준구　그래 흠흠.

은수　들어가.

준구　응‥(안방으로 움직이는)

현수　(퍽 앉으며)슬기야 우린 먹자. 앉어.

슬기   네에.(앉는데)

자모   (주방에서 작은 냄비 내밀며)얘 찌개 찌개.

은수   엉..(찌개 작은 냄비에 더는)……

S# 마당(밤)

    [잠시 두었다가 나오는 준구와 은수…대문으로…]

S# 대문 앞

준구   (나오면서)들어가.

은수   가..

준구   내일 봐.

은수   이따 갈게.

준구   ?? 왜.

은수   그래야할 거 같아서.

준구   괜찮아 내일 와..애두 와 있는데..

은수   가..

준구   엄마한테는 아이 왔다는 말 하지 마.

은수   ….(보며)

준구   어쩔 수 없잖아.

은수   나두 몰랐어. 생신이라구 애아빠가 배려해줬나봐. 불만이야?

준구   (김 좀 새면서)참 감동적인 사람이군. 내가 뭐랬다구 뾰족하게 굴어.

은수   말하지 말란 소린 왜 해. 내가 그만한 분간두 없어?

준구   ….(보다가)잘못했어 그래.

은수   슬기가 전염병환자야?

준구   ??

은수   슬기 데려가겠다구 한 거 헛소리였어. 손 한 번 못 잡아 줘?

준구   나 애한테 서툴러‥그게 트집이야?

은수   마음이야…가라구.

준구   이래서 어디 살겠니?

은수   (시선 내리는)

준구   대체 언제까지 이럴 거야.

은수   가.

준구   (김새서 차에/부웅 뜨는 차)

은수   ………(서서 보다가 돌아서 들어가는)

S# 마루

[귤껍질 벗겨 먼저 입에]

현수   와아아 맛있다 무지 맛있다.(슬기 입에)

슬기   (냴름 받아 씹으며)응 달어. 무지 달어.

현수   달기만 한 게 아니라 귤 향기가 물씬 나 아빠.(쪼개서 엄마 아빠에게)

자부   어 맛있다.

자모   (오버랩 동시에)잘 만났네에에

현수   누가 사왔게?

슬기   (손가락으로 가리키며)이모

현수   딩동댕? (슬기 현수 낄낄거리고)

자모   (귤 집어 벗기며)김사장이 밥 한공기 다 비웠어 현수야.

현수   뭐어(그래서)

자모   아니 이 우리 집 음식이 입에 맞을까 했는데 잘 먹었다구.

현수   배 고팠나부지(뿌우)

은수　(들어오고)

자모　귤이 엄청 맛있어 애 얼른 와.

은수　응.(와서 앉는데)

현수　너 선물 뭐 갖구 왔어?

은수　현찰 박치기.이따 드릴께요.

현수　(오버랩)돈 냄새 난다.

은수　엄마 돈 좋아하잖어.

자모　(오버랩)응 나 돈 좋아해. 돈이 최고야.

자부　체면 좀 차려어.

자모　<u>으흐흐흐흐흐</u>

S#　태원의 서재

태원　(책 보고 있는)

채린　(차 들고 들어와 눈치 보며 놓아주는)....

태원　...아...고마워요..

채린　얘기 좀 해요..얘기할 거 있어요.

태원　(의자 돌리며 보는)....

채린　어머님께 꾸중 들었어요.

태원　나 그런 얘기 안듣고 싶다고

채린　(오버랩)아니 그런 게 아니라 내가 잘못 생각했다구요. 슬기에
　　대해서..

태원　....(보며)

채린　이해가 부족했어요. 나는 그냥 하루 빨리 친해지구 싶어서 그
　　런 건데 내 욕심만 부린 거였나봐요.

태원　(찻잔 들어 마시고 내려놓으며)어른 욕심으로 아이가 희생하라

는 건 옳지 않아요.

채린 절절히 깨달았어요.

태원 다행이에요.

채린 그래서 앞으로 외갓집 가는 거‥갈 때 데려다 주는 거 내가 할 께요.

태원 ‥‥‥(보며)

채린 슬기하구 친해지구 싶어요.

태원 고마워요. 그렇게 해요.

채린 (웃으며)나한테 화난 거 풀어요. 누구나 잘못 생각할 수 있잖아요.

태원 그래요‥누구나 그럴 수 있죠.(의자 돌리며)쉬어요. 나 좀 있다 갈께요.

채린 내가 먼저 샤워해요.

태원 그래요.

채린 너무 오래 기다리게 하지는 마세요.

태원 예에

채린 (나가고)

태원 (기대앉으며)‥‥‥

S# 친정 주방

[자매 설거지 마무리.]

현수 뭐어‥그날이 그날이야‥너처럼 익사이팅 그런 거 우린 없어.

은수 그렇게 비틀어주구 싶어?

현수 그나마 다행이다. 시부모가 정신병자는 아니라서.(손 씻으며)

은수 응 맞어.

현수 그런데 슬기 할머니 세상 뜰 때 된 거 아니니? 사람 변하면 죽는

394

다더라? 웬일야?

은수 (행주 털어 널며)나두 그게 여엉 걸려. 그럴 수가 없는데, 내일 고모랑 통화해 봐야겠어. 뭔지 불안해.

현수 통화하구 알려주라. 기름통 몇 개나 필요할지 미리 준비해놓게

은수 (웃는)웅 알려주께.. 슬기 자야 해.(주방 나가는)

S# 마루

은수 (안방으로)슬기 자니?

슬기 E 아니? 아지익.

S# 안방

부모 (아빠/아내 손가락 만져주는데 슬기는 다른 손 잡고 할아버지 흥내 내고 있는)

은수 (들어오며)호호 너두 해보는 거야?

슬기 웅 배워서 서초동 할머니 해 줄라구.

자모 어이그으으 기특하기두 하자이이이

은수 (아이 앞에 앉으며)내일 아침에 깨면 엄마는 없을 거야.

슬기 알아 말했잖아.

은수 할아버지 할머니 마않이 웃으시게 해드려어?

슬기 어떡해야하는 건지 잘 모르는데?

자모 (오버랩)아무 것도 아아무 짓도 안해두 돼. 그냥 이렇게 있기만 해두 우리는 좋아. 마악 웃음나 행복해.

슬기 웅··슬기는 행복 바이러스야.

자부 허허허허

자모 (동시에)맞어맞어. 어구구구구구 내 강아지.

은수 잘자? 언제나 행복한 마음으로?

슬기　응 엄마두.

은수　아일러브유?

슬기　미투우우?

은수　(이마 잠깐 붙였다 떼고 일어나며)언니랑 차 한잔 마시구요.

자부　어 그래 고마워.

자모　(오버랩)고마워고마워.

은수　아우 참..(나가는)

S# 슬기의 방

현수　(침대에 올라앉아 티백 담갔다 꺼냈다/찻잔 두 개에/티백 하나로)····

은수　(들어오는)··

현수　쉽게 안 잘 걸?

은수　잔소리 할라다 내버려뒀어.

현수　학교두 안가는데 뭐.

은수　(걸터앉으며)응. 그만해두 되겠어. (찻잔 들어 마시는)

현수　(티백 따로 놓고)···(찻잔 드는)견딜만 해?

은수　어떡해..또 이혼해?

현수　또 이혼이 무서워 주저앉아 뭉갤 건 없어. 난 그렇게 생각해.

은수　그냥···내가 너무 잘난 척 했구나 생각해.

현수　내가 느을 지적하는 거. 잘난 줄 알구 저는 늘 옳고 너무 간단
　　하구 건방지구

은수　옳소오오오.

현수　정서방 엄마 안된달 때/지성이면 감천이랬어 걱정마 그랬어.

은수　감천시킬라구 죽을 애 쓰다 내가 가루가 돼버렸어.

현수　덩치 큰 집 아들들 막 논다더라 막 그랬더니 별 걱정을 다해애

396

여자하기 나름이야

은수 깔끔한 줄 알았어. 잘 생기구 유능하구 나만 알거 같구 시부모님 서초동하구 전혀 다르셨어. 이런 꼴 될 줄 상상두 못했어. 슬기 아빠 어머니한테서 독립 못한 남자기는 했지만 배신은 안했어. 배신할 사람은 아니야. 알고보니 어이없게 이 남자도 부모 지배권 안에서 꼼짝 못하는 데다 설상가상 여자까지 매달고 있어. 아래 위층 뛰어다니면서 발바닥 아프며 눈치보는 거 똑같아. 먼저처럼 인격 모독은 안하는데 한정없이 어려워. <u>흐흐흐흐</u> 다르면서 같아..나 왜 이렇게 된 거니 언니.

현수 첫번째는 사랑만 원했었구 두 번 째는 신데렐라 원해서.

은수 ....(보는)

현수 사랑만으로 만사오케이 아닌 거/현실은 잘 먹고 잘 살았다 신데렐라 동화 따위 없다는 거/꼭 엎어져 깨져봐야 알어?

은수 그러니 바보지.

현수 바보지.

은수 응..(일어나 걸어놓은 옷 떼면서)그래서 세 번 째 결혼 할 일 생기면 그때는 어떤 사람 잡을까 생각 중이야.

현수 (일어나며)갈라구?

은수 가야지.(입으며)

현수 ....

은수 신데렐라 웃기지 말라 그래. 시어머님 남편 자구 오라는데두 가야할 거 같은 거 그래서 가는 거/<u>흐흐흐흐</u>(나가는)

현수 (따라 나가는)

S# 마루

현수 　나 떨어 트려.

은수 　갈라구?

현수 　가지 뭐해. 엄마아 은수 가요오 나두요오.

자모 　E 어어엉…

은수 　미역국 맛있게 드세요 아빠아.

자부 　E 어어 그래.

자모 　(나오며)슬기 잠 들었어 조용히 나가.

S# 마당(밤)

　　[두 딸 나오고 엄마 문 열고 내다보려]

현수 　(닫으며)됐어됐어‥

자모 　E 잘가아아.

두 딸 　어엉. 네에에‥(대문으로)

S# 대문 밖

현수 　(나오다 ?? 은수도 ??)

광모 　(제 차에서 내리고 있는)어 은수 왔구나.

은수 　어 네.

현수 　(오버랩)왜 왔니?

광모 　데리러.

현수 　쓸데없는 짓두 한다. 와 달라 소리 안 했잖어.

광모 　데리러 온댔잖어.

현수 　언제에.

광모 　아까 못들었어?

현수 　(조수석으로)너 안 했어.

광모 　했어.

현수 잘 가라.

은수 어엉..

광모 아까 분명히 했거든?

은수 안녕히 가세요.

광모 (손 들어 보이고 운전석으로)

은수 (운전석으로 / 문 닫히는)

S# 이동 중 광모 차 안

현수 안 했어.

광모 했어.

현수 못 들었어.

광모 안했어.

현수 ??

광모 지금쯤 나올 시간 된 거 같아서.

현수 전활 하지이.

광모 김 빼길 왜해.

현수 은수가 이상하게 생각할 거야.

광모 그렇게까지 이상할 건 없잖아. 시장 봐 데려다 주구 나중에 데리러 가 주구. 한 겨울. 우리는 오오오오랜 친구.

현수 .....(뿌우우)

광모 말했잖아..그동안 골탕먹인 죗값 죽어라 치른다구..안 그럼 지옥 갈 거 같다구. 지옥 싫다구.

현수 저녁은.

광모 엄마냐? 내 나이가 몇인데 밥 먹은 거 챙기냐. 짬뽕 곱빼기

현수 샤워 안했어?

광모　자기 전에 할 거야. 왜.

현수　냄새나.

광모　무슨 냄새. 너 유혹하는 페르몬?

현수　양파 냄새애애‥

S#　흐르는 차량들

S#　은수 차 안

은수　‥‥(운전하며)‥‥‥‥

　　　[배경음악‥‥‥‥]

S#　자동차 전면 유리가 흐려지는/눈물 때문에‥

S#　차 안의 은수

은수　(한 손등으로 눈물 닦는)‥‥‥‥‥‥

S#　대문 앞에 와서 멎는 은수의 차‥‥‥

　　　[사용인들 맞아주고/ 은수‥‥대문으로 천천히‥‥]

S#　대문 안‥‥정원

은수　‥‥‥‥(들어오다 문득 멈춰 서서 집을 보는)

S#　은수 시각에서 집 전경‥‥‥

　　　[도우미 나온다.]

은수　(걸음 서둘러 들어가는)

S#　현관

은수　(들어오며)좀 늦었죠‥

도우미　방금 들어가셨어요‥

은수　네에‥(이모 방 앞에서)이모님 저 들어왔어요‥

이모　E 내일 오는 거 아녔냐?

은수　네에 왔어요오오‥

400

이모   E 쯔쯔 잘했다 그래.

S# 거실

은수   (들어와 안방으로)어머님 저 왔습니다.

S# 준모 침실

준모   (이불 젖히다가)내일 오라니까 왜애..

은수   E 그냥 왔어요 어머니.

준모   그래 기특하구나‥

S# 방 밖

은수   ‥‥안녕히 주무세요 어머님.

준모   E 그래 올라가 쉬어라‥

은수   ‥‥(계단 쪽으로)‥‥‥(계단 천천히 올라가며)

제22회

S# 슬기의 방

태원 그럴수 없었어요··어머니는 내 어머니고 나는 그이가 낳은 자
식이니까···마약 중독자 살인자래두 자식은 부모를 부정해선 안되
는 거니까··(한 모금 마시고)병든 사랑도 사랑이니까··(울컥)그 사랑
받아먹고 자랐으니까··(잔 비우고 태희 잔 빼내면서)내가 어머니를
버리는 건 그이를 죽이는 거니까···내가 죽는 게 맞는 거니까··(홀짝
잔 비우는)

S# 별장 침실

은수 (벌떡 일어나며)지금 모욕이랬어? 영광입니다 안해서 모욕이야?
모욕이 뭔지 당신 알아?!!

준구 끝난 일은 깨끗이 끝내야하는 거 아니냔 말야!!!

은수 끝낸 건 내 머리야. 마음이 머리 말 듣기 싫대.

준구 고고한 척 해봤자 오십보 백보야··잘난 척 그만하고 대충 해.

은수 ·····(보며)

S# 태원 침실

채린   이럴 줄 알았으면 결혼 안했어요.

태원   아니라고 했는데 왜 했어요..(돌아보며)

채린   ?? 태원씨가 하자 그랬잖아요. 무슨 소리에요?

태원   ....(할 말이 없고)

채린   정말 실망이에요.

태원   마찬가집니다

채린   ???

S# 다미 침실

다미   (한쪽 손 올려 검지 장지 두 손가락으로 준구 뺨 금 긋듯 천천히 내려 입술에 대고)...와이프한테 뭐라 그러구 왔어.(속삭이듯)나한테 온 거 알아?...모르지..

준구   ....(보며)

다미   (손가락 댄 채)나 와이프 전화번호 아는데..내가 와이프 한테 꼰 질르면 어쩔려구 오빠..당신 남편 나한테 또 왔었다. 또 온다..나 술 먹다 죽을까봐 걱정한다..내 침실에도 마구 들어온다.(하면서 달려 들어 두 손으로 준구 귀 감싸고 입 맞추는/열정적으로)

S# 친정 슬기 방·····

현수   사랑만으로 만사오케이 아닌 거/현실은 잘 먹고 잘 살았다 신 데렐라 동화 따위 없다는 거/꼭 엎어져 깨져봐야 알어?

은수   그러니 바보지.

현수   바보지.

S# 자매 친정 안방

은수   할아버지 할머니 마않이 웃으시게 해드려어?

슬기   어떡해야하는 건지 잘 모르는데?

자모 (오버랩)아무 것도 아아무 짓도 안해두 돼. 그냥 이렇게 있기
만 해두 우리는 좋아. 마악 웃음나 행복해.

슬기 응..슬기는 행복 바이러스야.

자부 허허허허

S# 타이틀

S# 22회 준구네 정원(아침/보름 후)

S# 거실

은수 (주방에서 나와 빠르게 서재로).....

　　　[노크하고]

은수 아버니임.

회장 E 어어 그래....(잠시 후 나오고)

은수 안녕히 주무셨어요?

회장 으음....(주방으로)

은수 (따르며)여독은 좀 풀리셨어요?

회장 아직두 어리벙벙해애.

은수 출장이 너무 오래셨어요.

회장 으음. 제자리 돌아오려면 좀 걸리겠다.

S# 주방

이모 (들어오는 회장과 은수)좀 주무셨다면서요.

회장 예에 서너시간 자는 것같이 잤어요.

이모 작년다르구 금년 다르구 무슨 소린지 아시겠죠?

회장 허허허허 예에.(준구가 빼준 의자에 앉으며)

이모 출장 일수 많은 건 되도록 다른 사람 내보내구 회장님은 간단
한 것만 가세요.

회장　아직 그렇게 몸사릴 나이는 아닙니다. 당신 안 와요?

준모　(주방에서 나와 앉으며 수저 들고)

이모　준구녀석 본사루 데려가 옆에 두구 가르쳐

회장　(오버랩)아직 멀었어요.(국 뜨면서)

준구　(수저 드는)

이모　E 아 다른 집안은

준모　(오버랩) 별참견을 다해요 왜.

준모　어련히 알아 할까.

이모　다른 집은 애

준모　(오버랩)인사발령까지 낼려들지 말구 글쎄 조용히 먹어요.

이모　닥치고 먹기나 해라. 끄으응 알았다.

회장　(작게)허허허허

S#　**태원의 거실**

[태원 부녀 손잡고 내려오며]

슬기　오늘은 피아노 치구 와서 그림만 그릴 거야. 스케치 북 한권 다
　　그릴 거야. 그동안 그림을 못 그렸어.

태원　그래. 얼마나 많이 그렸는지 퇴근하구 검사해야지.

슬기　응 그런데 많이 그린 게 문제가 아니라 좋은 그림인가가 문제야.

태원　뭐?

슬기　선생님이 그러셨어.

태원　흐흐흐흐 맞는 말씀이다 그래.

채린　(주방에서 나오며)슬기야 고모 아침 잡수라구 응?

슬기　네.(고모 방으로 통통통 뛰고)

채린　(태원 보고 웃고 안방으로)

채린 E 어머니임?(태원 주방으로/한편 슬기-고모오 아침. 태희-E 알

았어어..)

S# 안방

태모 (팔꿈치까지 로션 바르고 있는)‥‥

채린 (들어오며)가려우세요?

태모 시작할라 그런다.

채린 (다가들며)어떻게 완치하는 방법 없을까요?

태모 있으면 내가 왜 이 고생이야.

채린 얼마나 괴로우실까 안타까와 죽겠어요.

태모 (일어나며)끄으응 안해본 짓이 없다 안 다닌 병원이 없구. (방

문으로)

채린 (따르며)언제부터 그러셨어요?

태모 언제부턴지 알면 특효 치료법이라두 있어?

채린 아으 어머님두 호호.

S# 거실에서 주방

태모 (나와 움직이며)스파 가 오일 마사지나 할까아아

채린 네그러세요 어머니.

둘 (주방으로)

S# 주방

태원 (엄마 소리 듣고 일어나고/슬기도 일어나고 태희는 그냥 콩자반 주

워 먹는)

[태모 들어와 앉으면서 태원 슬기도 다시 앉고]

채린 (들어오며)아줌마 국 주세요오.

임실 ‥‥

406

채린 아줌마아아..

임실 알아들었당께에..

채린 (앉으며)슬기야 우리 오늘 좋은 데 가자.

슬기 ??(보는)

채린 아빠가 너 마술 보여주래. 마술 보러 가자.

슬기 ??(고모 본다)

태희 ?? 마술 공연하는데 있니?

태원 있던데요.

태희 (반갑게)그래 가자 슬기야.

채린 내가 데리구 갈 건데요.

태희 같이 가면 안돼?

채린 그게 아니구

슬기 (오버랩)좋아요 고모두 같이 가요.

채린 …(태원 보는)

태원 (엄마와 같이 먹기 시작하며)누나 참 어울리지 않게 마술 좋아하
     죠.누나가 슬기보다 (채린 보며)더 좋아할 거에요.(조금 웃는)

채린 호호 그러세요? 정말 안 어울리네. 마술 그거 다 트릭인데 트릭
     에 속는 건데

태희 (오버랩)올케 빠지는게 좋겠다.

채린 ?? 네?

태희 보면서 저 사람 안 죽어 저 상자 속이 어떻게 생겼냐면 말야아아

채린 (오버랩)아으 형님 제가 왜 그런 말을

태희 (오버랩)마술이 트릭이라는 거 누구 몰라? 알아도 모르는 걸로
     천진한 맘으로 놀라고 감탄하면서 즐기는 게 마술이야. 육칠십 노

인들두 여서일곱 어린아이로 만들어 주는 거. 올케같은 사람 옆에 있으면 김새.

태원 (오버랩)누나.

태희 엄마 그러잖아애. 저거저거 다 순전히 손놀림에 속는 사기야사기. (엄마 표정)

태모 뻐언한 거 보면서 하하 호호 어머나어머나 너 영락없는 바보야.

태희 (오버랩)까르르르르 보라구. 내가 없는 말 해?

S# 현수의 원룸

[주방에서 현수와 광모 잉글리시 브렉퍼스트 준비하고 있는 중. 프라이 네 개째 한 접시에 꺼내는 현수.]

광모 (이미 네 쪽 구워져 담긴 바구니에 튀어나오는 토스트 두 쪽 꺼내 넣으면서)여행가구 싶다. 자구 일어나 호텔에서 먹는 아침 생각나.

현수 (프라이 접시 식탁에)…

광모 (빵 바구니 식탁에..식탁에는 구운 소시지와 아채 볼. 프렌치프라이 이미 놓여져 있고)호텔이 어지간만 하면 다 먹을만하거든..

현수 (오버랩)주하야아아

주하 E 잠깐마안.

광모 야 식어어어어

주하 알았어어어.(추리닝 바지 한쪽 다리는 입고 한쪽 다리 끼면서 내려오는)…

광모 뭐하느라 이렇게 꾸물거리냐

주하 내려가는 중이라구우우(하다가 계단 헛디뎌 두 개쯤 꼬여 떨어지는)아으으윽

현수 ??

광모   (동시에 뛰며)뭐야뭐야..

주하   아 왜 재촉을 해애애.

광모   너 다리 꿰면서 내려온 거야?

주하   (엉덩이로 앉아 다리 마저 꿰며)부러진 다리 또 부러졌으면 너 손
       해보상 십억 들어갈테니까 그렇게 알어.

광모   간댕이만 부어 갖고/일어나 빨리.

주하   (일어나 바지 올리고)

광모   됐다 십억 굳었다.(식탁으로)

주하   (식탁으로)으으으으 냄새 좋은 거어어..빵 귀지는 냄새는 진짜
       환상이야 현수야. 내 아이디어 좋았지?

현수   어엉(커피 따르며/석 잔./광모 앉고)

주하   (제 커피 들며)일주일에 한번은 이렇게 먹자 우리. 이게 훨씬 간
       단하잖어.

현수   별로 간단할 거두 없어.

광모   (오버랩)간단하기는 더 복잡해.

주하   (오버랩)근데 쥬스가 없다.

광모   빵 한 쪽 안 군 애가 뭐 말이 많어어.

주하   ?? 아니 주스가 빠졌다구.

광모   니가 나가 사오든지이

주하   뭐?

현수   (앉으며)먹자. 감사히 잘 먹겠습니다.

광모   감사히 잘 먹겠습니다.

주하   너 왜 구박하는 모드같냐?

현수   아 먹어어.

주하 아니 최근에 주욱 느끼구 있는 건데 구박모드 맞어. 왜 그러는
 건데.

광모 좀 움직이란 말야 내 말은. 너 밥 만들어 차리는 건 거의 현수
 한테 띠밀고 먹기만하잖어‥

주하 나 설거지 담당이야 야. 쟨 만드는 거 담당 난 치우는 담당.

광모 너 설거지하는 거두 별로 못 봤어.

주하 ???

광모 공평해야하는 거잖아. 내가 볼때 너는 거의 안 움직여.

주하 그래서 니가 뭐 현수 엄마기라두 하냐? 내가 자기 딸만 부려 먹
 는 거 같어 열받은 엄마야?

현수 (오버랩)너 왜그래. 주하 할 거 다 해. 그리구 그거 니가 감놔대추
 놔할 일 아니잖어.

광모 아니 이 나는‥

주하 (오버랩)왜 그러는데.

광모 뭐 얼.

주하 (오버랩)왜. 낚시가 잘 안되냐? 걸려드는 여자가 없어? 생각만큼
 잘 안돼?

광모 뭐?

주하 어머나 진짜? 까르르르르. 그럼 내 저주가 통한 거야?

광모 먹자아.

주하 그럴수록 나한테 잘해야지너. 잘해도 저주 풀어줄가 말깐데 엉?

광모 (먹으며)풀어주라.

주하 싫다.(강아지들 왔다 갔다 보여주세요)

 [잠시 각각 먹는 세 사람…사이…]

현수 김인태씨 진짜 이상한 사람이다. 어떻게 이렇게 조요오옹하니?

광모 까인 거지 뭐.

주하 ??

광모 아니면 온다는 날에서 일주일이 넘었는데두 소식 깡통일수 있냐?

주하 내가 그 남자랑 뭐 했니? 까이구자시구할 게 뭐 있어.

광모 까이구자시구두 아닌데 까인 게 더 기분나쁘지.(좀 놀리는)

주하 ....(보다가)그건 맞다. 기분 디게 나뻐.

광모 생각있으면 니가 먼저 해애애.

주하 형 별 훈수를 다 둔다. 니 훈수 필요없거든?

광모 까박까박 기다리느니 먼저 하겠다.

주하 누가 까박까박인데

광모 너. 바로바로 너‥

주하 (인상 쓰는)

S# 친정 안방

자모 (목도리 둘둘 감아주며)영하 십도래서 도시락 안 쌌으니까 설렁 탕 뜨끈하게 먹어.

자부 인심 썼어?

자모 썼어. (자기 주머니에서 만 원짜리 하나 꺼내 남편 주머니에)곱배 기 먹어곱배기

자부 흐흐 고맙네.

자모 아 따끈이

자부 필요없어어

자모 아냐아아 손 시려. 얼마나 도움이 되는데에에.(손난로 두 개 챙

기면서)

자부 줘어 그럼.(받아서 주머니에)

자모 마스크마스크.

자부 주머니에 있어어(하며 나가는)

S# 마루

자부 (나오며)현수 와서 홍삼 갖구가라는 말 꼭 일러어.

자모 엉. 오늘은 안 까먹을게.

자부 당신두 꼭 먹구.

자모 먹어먹어 걱정 마.(남편 신발 놓아주고)

자부 (신고)저녁에 봐.

자모 응..(남편 나간 문으로 내다보며)고생해....엇춰. 춥다 춰.(문 닫고
부지런히 탁자로/쭈그리고 앉으며 혼잣소리)까먹지 말구 잊어버리기
전에...(전화 들어 찍는)...응 현수야 엄마..다름 아니구우우? 와서
홍삼 가져가라구..아니이 저번 아빠 생신에 사부인이 홍삼을 다섯
박스나 보내셨어어..아빠가 두 개는 우리 먹구 세 박스는 너 멕이
라구..??..아으 돈 아까워라. 집에 홍삼 잔뜩 있는데에...

S# 준구 정원

[현관에서 나오는 준구 부부. 추운 날씨.]

준구 (나오면서)요리 공부 간다구?

은수 응.

준구 춘데 그냥 있지 그래.

은수 일주일 넘게 집에만 있었어.

준구 알았어. 알아서 해. (빠르게 나가는)

은수 ....(잠시 보다가 돌아서는)

S# 현관/거실

은수 (들어와 거실로)굉장히 추워요 이모님. 오늘 절에 가시는 거 쉬

세요.

이모 햇볕나면 괜찮아. 차 마시자.

은수 네에..(앉으려다 문득/속이 울렁거려 입 다물고)....

준모 이모 (모르는 채 차 따르고 찻잔 집어 들고)

은수 저 잠깐..

준모 ??

이모 왜.

은수 네 이모님(하며 서둘러 계단으로 뛰어 올라가는)

이모 (보다가)...소변 참으면 병돼 애 참지 마아.

은수 (그냥 뛰어 올라가고)

이모 싸겠나부다 ㅎㅎㅎㅎ

준모 (찻잔 들고 내려다보며)덜 우려졌나봐.

이모 그냥 마셔. 어떻게 번번이 딱 맞어 덜어져..(마시는)

S# 부부 이 층 거실

은수 (거의 뛰어 들어와 침실로)

S# 침실

은수 (들어와 드레스 룸 통해서 욕실로)...

S# 욕실

은수 (들어오며 울컥울컥 변기로 가 뚜껑 열고 숙여 울컥울컥).....(나오는

건 없다)....(구역질 멈추고 ....가만히)......

S# 대문 앞

은수 (나와서 시동 걸린 자동차로 오르고 출발하는)......

S# 운전대의 은수··

은수 ······(혹시····착잡한)····

S# 약국이 있는 거리

[은수 차 대어지고 은수 잠깐 주차 등 켜놓고 내려서 약국으로 들어가는······]

S# 쿡피아 요리 교실

은수 (명랑하게 들어오면서)저 왔어요 선생님.

선생 (재료들 꺼내놓는 중이다가)어서 오세요오.

은수 너무 나쁜 학생이죠 죄송합니다.

선생 죄송해야죠 그럼. 너무 쉬어서 쉬다가 흐지부지 아닌가 했는데 반가와요.

은수 다시 한번 죄송합니다.(다시 인사하고 옷 벗으며) 이제부턴 가능하면 안 쉴께요.

선생 어디 아프거나 했던 건 아니에요?

은수 네 좀··피곤했었어요.

선생 오늘은 동파육이랑 양장피에요.

은수 네 선생님 잠깐만요··(핸드백 들며)

선생 빨리 다녀오세요.나 오늘 바뻐요··한시부터 방송 잡혀 있어요.

은수 네 선생님(화장실 쪽으로)

선생 (뭔가 콧노래 부르면서 요리에 쓸 그릇들 챙겨 내놓는다)········(그러다가 문득 한쪽에 둔 전화 집어 통화)나에요 아줌마. 애들 아빠 일어났어요? 새벽 다섯시에 들어왔어요 소리나는 일 하지말구 소리 안나는 일만 하면서 깰 때까지 기다려요···물론이죠. 술 안 먹구 새벽까지 뭐하겠어요··아우 아줌마 부아지르지 말구 암말 마요··끊

414

어요(끊으면서)(한숨처럼)그래애애··니 몸이지 내 몸이냐. 마암대
루 해라아아아··

S# 화장실

[임신 양성 반응 테스트기 들고 멍하니 서 있는]

은수　··········

S# 병원 전경

S# 신부인과 진찰실 앞

[대기 중인 여자들/산모 섞여 있고.]

S# 진찰실

[초음파 검사 화면에 임신 5주 차 사진]

은수　····(긴장해서)

닥터　E 마침내 성공 (차트 기록하며)축하해요 은수씨.

은수　??

닥터　오주차에요.

은수　(오버랩)저기 지난 번 생리하고 며칠 안돼서/그게 배란 때는 아
니었는데요 선생님.

닥터　이번 생리는요.

은수　늦어지고 있어요.엿새째에요.

닥터　확률적으로는 희박하지만 간혹은 생리중 임신도 있어요.개개
인 인체 안에서 벌어지는 일 우리 다 알수 없죠. 마음 놓고 기뻐해
도 돼요. (오디오 삭제/닥터 계속해서 주의사항 일러주고 있는/배경음
악 스니크 인)·····

은수　(의사 보며)······

S# 병원 로비

은수　(걸어 나오고 있는)‥‥‥‥

S# 야외 주차장으로 걸어 들어오고 있는 은수‥

S# 자동차 안

은수　(운전대로 타는)‥‥‥(가만히 앞을 보면서)‥‥‥

S# 14회 침실(어둠 속)

[스탠드 다 꺼진 어둠 속에서 은수 껴안고 어찌해보려는 준구와 필사

적으로 저항하는 은수‥‥‥]

은수　(저항하다 어느 순간 포기하고 소리 내어 울음이 터지는)

준구　???‥‥(잠깐 멈추고 보다가 계속하며)됐어. 울지 마‥ 미안해 조

용해‥

은수　(흐느껴 우는/포기하고)‥‥‥

S# 차 안

은수　‥‥‥‥‥

S# 마술 공연 무대

S# 객석

[환호하는 관객들. 태희와 슬기는 좋아죽겠고‥채린은 어정쩡‥‥아이들

데리고 온 어른들‥아이들 숫자가 더 많다]

S# 무대와 객석 다시 한번

[마술사 재밌는 멘트도 넣어주세요.]

S# 재단실(공장)

[테이블 위에 어질러져 있는 자투리 천, 책, 그림들.]

현수　(아기 팬티 그림 여럿 나와 있는 종이 엽서 건네주며 / 그 중 크게 나

온 사진 짚어주며)오늘 실장님이 연구하셔야 할 건 이 팬티예요.

실장　(받아서 보며)아이구 귀엽네‥(엽서 뒤집어 보며)이거 사람팬티

예요?

현수 맞아요. 으흐흐 애기꺼요. 이 브랜드가 애기들 팬티 너무너무 이 쁘게 잘 나와요.

실장 이런 걸 하고 싶은 거예요? 이건 궁뎅이가 쪼끄만 아기라야 이쁠 텐데? 아님 티에 붙여서?

현수 티에 붙여서요. 팬티로만 만들면 부해서 기저귀 찬 것처럼 웃겨질 거예요.

실장 (엽서에 시선 둔 채)그 중에 이 프릴달린 팬티가 맘에 든다는 거죠? 고민 좀 해야겠는데요

현수 (같이 보며)이 프릴을 어떻게 만든 건지 연구 좀 해 주세요. 그리고 프릴 위에 주머니를 단 건가요 주머니를 달고 프릴을 단 건가요?

실장 (눈 가까이 가져가 살피며)프릴 먼저 박고 주머니 달았을 것 같은데요? 하여간 어려운 것만 가져 온다니까. 연구해 봐야지 뭐.

하나 (들어오며)오선생님 대표님이 찾으시는데요.

현수 ??

S# 사무실

현수 (나타나며)네 대표님.

대표 어 나랑 매장 순례 좀 하자구.

현수 안되는데요.

대표 대표가 말하는데 안되는게 어딨어

현수 선약 있어요.

대표 회사 일야?

현수 아뇨 삿적인 약속요.

대표 근무 시간에 삿적인 약속 괜찮아?

현수 점심 안먹구 일했는데요. 그리구 저 프리랜선데요 대표님.

대표 (장난으로 눈 부릅뜨는)그러니까 정규직 디자이너로 들어오란 말야!!

현수 절대 싫습니다아(핸드백 챙겨 나가는)

대표 재주만 믿구 까불다 큰 코 다쳐어.

현수 네에에.(나가며)

대표 (하나에게) 재훈이 나오랬는데 어떡하냐‥

하나 어으 이모오오오.

S# **회사 주차장**

현수 (빠르게 나와 정차돼 있는 은수의 차로)‥‥

S# **은수 차 안 전면 유리로 보이는 오고 있는 현수**

S# **차 안의 은수**

S# **차 밖**

현수 (올라타는)

S# **차 안**

현수 (타며)무지 오랜만이다.

은수 (웃는)오랜만.

현수 (벨트 빼며)잘 지내구 있다면서.

은수 응. 어디루 갈까.

현수 좀 있으면 저녁인데 시간 널널해? 어르신들 안 계셔?

은수 (출발하며)그렇게 널널하진 않아.

현수 ‥‥(은수 보며)

S# **발레파킹이 되는 어느 카페 앞**

[잠시 두었다가….]

S# 카페 별실··

은수 안 먹어?(케이크 먹으며)맛있어 먹어··

현수 …(보며)

은수 (케이크 또 베어 먹는)····

현수 (오버랩)할말 있으면 빨리 해. 김준구 끝 안났어?

은수 (차 마시는)····

현수 으응?(빨리 해)

은수 (찻잔 내려놓으며 보는)나…아이 들어섰대.

현수 …(보는)

은수 그런데 아이한테 정말 미안하지만 반갑지가 않아.

현수 기다렸잖아.

은수 응··많이 기다렸었는데…(그런데)안 산다 그러면서는 아이없어 다행이다 그랬었어. 그 사람/ 문제 해결됐다 생각하구는 빨리 아이 갖자 그랬을 때··그러자 대답하면서 나 속으론/ 아직은 아니야/ 더 있다가/좀 더 두고 보고 그랬었어.그랬는데 그때 벌써 들어와 있었던 거야··(울먹해지면서)언니 나 어떡해. 얘가 안 반가워. 나 너무 나쁜 아인가봐 너무너무 미안한테 솔직한 마음이 반갑질 않아.

현수 (오버랩)무슨 말 기대하구 왔어.

은수 (오버랩)편안한 상태에서 생긴 아이 아니야. 너무 실망하고 화나 있고 그 사람이 미웠을 때야.

현수 그래서 안 낳구 싶다구?

은수 (오버랩/강한 부정)아냐 그런 짓을 어떻게 해.

현수 그러엄(무슨 말 하고 싶은 거야)

은수   (오버랩)아무 일 없이 편안하게 기다렸다 오게 안 만든 그 사람
이 더 미워.꼴보기 싫어. 아직 그 사람에 대한 믿음도 확신도 없는
데 얘는 왜 굳이 지금 찾아와 날 나쁜 사람 만들어.

현수   ……(보며)

은수   나…(보며)나쁜 거지.

현수   (오버랩)무슨 말인지 알아는 듣는데 아이가 무슨 잘못이야. 아
이는 반가워해라.

은수   ….(보며)

현수   치사한 소린데‥바람피는 남편 붙잡아 놀라구 애써 자식 하나
더 낳는 여자들두 있다그래.

은수   정말 치사하다.

현수   더 치사한 소리로 너 이러는 거 딴사람들 놀구있다 그럴 거야.
니네 사대독자아냐. 그런 집안 자식 낳는 거 엄청난 보험인데 무슨
말이 많냐구. 아들이면 더더욱이구.

은수   ……(보며)

현수   너를 엄마로 선택해온 아이야. 복잡하게 딴 생각말구 환영해줘.

은수   절망으로 무너져있을 때 왔어‥

현수   니 희망이 될려구 찾아와줬나보지.

은수   ….(보며)

현수   엄마는 좋아하겠다.

은수   말하지 마. 엄마한테 갈까 그러다 안갔어.

현수   (웃는/오버랩)그래두 내가 날 거 같았어?

은수   떽떽거려두 말귀는 알아들으니까.

현수   축하한다.

420

은수   (보는)‥

현수   부디 아들 낳아서 권력자로 등극해라.

은수   권력자?

현수   사대독자 대 이어주는 게 너 어딘데에.

은수   천구백 삼십년이야?

현수   그 집은 그런 거 아냐?

은수   ‥맞어 그래‥

현수   여영 안 풀어지면 진짜 너두 한번 바람 피구 분을 풀던지.

은수   (피식 웃는)‥응 기회 있으면‥

현수   ‥‥‥(보며)

S# 운전하는 은수

현수   E 구멍난 배 수리해서 다시 출항한 거나 같잖아.구멍 메꾼 자리 맘에 안들어. 튼튼한 배라고 생각했는데 구멍이 왜 나.기분나빠 나빠나빠‥구멍은 제대로 메꿔졌나.물 새들어오는 거 아닐까. 그딴 군생각 잡생각 하지 말구 살아. 수선 제대로 안된 거면 그때 배 버리고 뛰어내리면 돼.

은수   ‥‥‥

S# 준구 사무실

준구   (컴퓨터 보고 있는)

[이다미 대하드라마〈문정왕후〉첫 촬영 기사. 분장한 스틸 사진.]

[노크와 함께 들어오는 정수.]

준구   어.(일어나며 기사에서 빠져나간다/정수 쪽으로/손 내밀며)본지 오래다.

정수   (손잡는)어떻게 이제 살만해? 회장님은 어떠셔.

준구 겨우 식탁에는 앉게 하신다. 아직 멀었어. 앉어.

정수 (앉으며) 은수씨는.

준구 아래층에서는 아아무 일 없었어.(앉으며) 이층에서는 웃는 얼굴 뒤에 또 하나의 얼굴이 나는 네가 한 일을 알고 있다야.

정수 하하하하 신경쓰이겠다.

준구 만만찮아서 반했는데 그거 때문에 애 먹구 있어. 자다가 발 닿는 것도 피해.

정수 아직?

준구 내년 이맘때면 윤허하실랑가 모르겠다.

정수 하하하하하하.

준구 그래서 구조조정은.

정수 나야 뭐..형들하구 아버지 몫이지. 난 못끼어들구 있는 게 오히려 행복이야. 우리 형들 아버지한테 매일 깨지잖냐. 돌대가리들 전부 나가 죽으라구.

준구 니 자리는

정수 (안주머니에 손 넣으며) 변동 없어. 안 올려주신다..(봉투 꺼내놓으며) 다미가 인편에 보내왔더라.

준구 (봉투 보는)

정수 받아놓고 통화했어.

준구 ....(봉투 보며)

정수 됐다가 혹시 십년 이십년 뒤 지가 쪽박차면 그때 도와달래더라.

준구 (봉투 휙 집어 들고 일어나 금고로)

정수 재미있는 아이야.

준구 (금고에 봉투 집어넣으며) 쪽박차는 일 없이 잘하라구 전해. 쪽박찼을 때 받는 건 거지같은 기분이라 자존심 아플 거 아니냐구.

정수　관리 잘 하라는 얘긴 했어. 식구들도 이제 잘라내구.

준구　(닫고 세팅하고 돌아서며)걔 그거 못해. 저 하나 그렇게 태어난 거/

　　지 식구들 책임지라는 사명으로 생각하니까‥

정수　(일어나며)좌우간 너 여자 복은 있어. 솔직히 부럽다.

준구　(바지 주머니에 두 손 찌르며)복인지 환지 모르겠다.

정수　나 작은 형네 저녁초대야.

준구　그래‥

정수　(손 들어 보이며 나가고)

준구　(테이블로 가 전화 집어 통화 시도)

　　[벨 가는‥두 번.]

은수　F 네에‥

준구　뭐해‥

은수　F 들어가고 있어‥

준구　늦게 했어?

S#　**한남동 집 바로 근처로 들어오는 차**

은수　E 아니‥언니 좀 만나구‥

S#　**차 안**

준구　F 으응‥일찍 들어갈게.

은수　응

준구　F 저녁 뭐 먹여주나‥

은수　저녁 식단 안 봤어. 뭐 먹구 싶은데 (대문 앞)

S#　**사무실**

준구　모르겠는데‥갑자기 생각 안나.

은수　F　(오버랩)다 왔어··내려야 해.

준구　어 그래··끊어.

은수　F　응.(끊기고)

준구　·····

S#　대문 앞

은수　(차에서 내리는)···(목례로 답례하면서 대문으로)

S#　정원 걸어 들어오는 은수

은수　········(들어오다가 한 손 아랫배에 대면서)···

S#　거실

은수　(빠르게 들어오며)저 들어왔어요 어머니.

준모　(침실에서 빈 컵. 수프 그릇 들고 나오다 멈춰서)뭐 딴 볼일 봤니?

은수　네··나간 김에 언니 좀 만나구요 어머니.

준모　그래(알았다)니 아버지 종일 주무신다 종일.

은수　네에··(어떡해요)

준모　(주방으로 움직이며)이모님 냉채 준비하신다. 옷 갈아입고 내려
　　와 배우렴.

은수　네에··(대답하고 계단 뛰어 올라가는)

S#　침실

은수　(들어오면서 곧장 가방 놓고 빠르게 옷 벗는)

S#　욕실

은수　(갈아입은 옷/들어오면서 곧장 치약 묻혀 입에 넣으려다 아랫배에
　　손 잠깐 대고)·····(있다가)

은수　E　그래···안 그럴게. 잘못했어··미안해. 건강하게 잘 자라서 내
　　희망이 되어줘···부탁해.(눈 감는다)········

424

S# 태원 욕실

채린 (임신 테스트기 들고 뿌우우.)

　　[음성 반응. 한 줄.]

채린 (휴지 잘라 막대기 싸서 휴지통에 던지듯/뿌우우우)

태원 (들어오는/막 퇴근했다/채린 보고)어 미안해요..

채린 아.(거의 동시에)들어왔어요?

태원 비어있는 줄 알았어요.

채린 괜찮아요. 기분이 좀 이상해서 올라왔었어요.

태원 ??(무슨)

채린 아..좀 피곤해서 혹시 임신 아닌가해서..아니에요..슬기랑 외
　　출이 되었나봐요. 마술 보구 나와서 형님이 사진 전시회 보자 그래
　　서 거기두 갔었거든요.

태원 알아요. 슬기 문자 왔었어요.

채린 언제요?

태원 아까. 나가 줘요.

채린 아 네.. 금방 내려와요..저녁 다 됐어요.(욕실 문으로)

태원 에에…(채린 나가고도 잠시 문 보며)…

S# 거실

채린 (내려오는데)

태모 저녁하다 말구 올라가 뭐했어.(티브이 보다)

채린 네 어머니 잠깐.

태모 (오버랩)퇴근했는데 맞아주는 사람 없으면 섭섭해. 슬기두 자구
　　너두 없구 쯔쯔쯔.

채린 슬기 깨워 저녁 먹어야 하는데….

태모 (티브이 끄며)내 깨울테니까 어이 상 봐.

채린 네에에

　　[각각 주방으로 태희 방으로.]

태모 (태희 방 앞에서)슬기야아아아....(대답 없고)

S# 태희의 방

태모 (방문 여는)

태희 (슬기 포옥 안고 자고 있는)

태모 쯔쯔쯔..축대쌓구 들어왔어? 일어나아!!!

태희 으으응.

태모 애미 들어왔어 저녁먹어. 일어나.

태희 (일어나며)슬기 아빠 들어왔대..깨 깨..

슬기 응..네..응..(다 안 깬 채 발치로 기어내려 문으로)

태모 (비켜주며)으이구으이구 흐흐흐흐. 저렇게 좋을까아아.(소리 내어 하품하는 딸)?? 턱빠지겠어어(구박)

태희 생각 잘못했어 엄마.

태모 ?? 또 내가 뭘.

태희 아니 나아..(느른하게 엄마 보며)이럴 줄 알았으면 진작에 우수한 유전자 찾아 애나 하나 낳아둘 걸.

태모 ?? 무슨 풀 뜯어먹는 소리야.

태희 남자 아쉬운 건 진심 모르겠는데 슬기 보구 있으면 자식은 하나 있으면 차암 좋겠다 그래.(침대 내리며)

태모 남편 폭격맞았다는 건 자식두 없단 말인데 무슨 새끼 타령이야.

태희 (엄마 앞서 나가며)글쎄 왜 남의 초상집 빈대떡은 부쳤냐구우우.

태모 아 시끄러.

S# 태희 방 앞 복도

태희 (따라 나오는 엄마 돌아보며)지금이라두 한 번 해봐?

태모 뭘 해.

태희 자식 낳는 거.

태모 누가 들어 이것아!!

태희 깔깔깔깔

S# 거실

　　[모녀 주방으로.]

태희 결혼 안한 늙다리 딸 배불러 왔다갔다 하면 엄마 어떨까.

태모 어떨 거 같니 어떨거 같어.(하는데)

　　[뭔가 털썩 하는 소리.]

채린 E 이제 그만 좀 해요오!!!

둘 ??

S# 주방

　　[주방과 식탁 사이에 떨어뜨려 박살난 뚝배기와 알찌개 내용물.]

임실 (행주로 처리하다)??(올려다보는)‥(거의 다 수습되는 중)

채린 그만해요 네?

임실 (일어나며)아니 내가 뭐 해론 말 했소. 뜨거운 거 들 때는 요로
　　코롬 겨드랑이를 붙이고 (태모 모녀 들어오는)딴데 정신 팔지 말고
　　고대애로 갖다 놔야하는디이(남아 있다)

채린 (오버랩)아줌마가 하지 날 왜 시켜요.

임실 아니 나가 놀고 있었소? 밥 푸면서 그것좀 갖다 노라니께 그거
　　하나를 제대로 못허고 (두 팔 앞으로 다 펴서 그릇 잡아 띄운 흉내 내

는)요러구 앞으로 나란히를 허고 가다가 박살을 내고는/ 고게 고라는 게 아니다 갈차 주는데 왜 소리는 빽빽 지르능가?

태모 그만둬요.

임실 아 펄펄 끓는 뚝배기를 요렇게 들고 가는 사람이 어딨소.

태모 됐다구.

임실 (오버랩)보시오 제대로 들고가다 놓쳤으면 시방 발이 난리가 났을 건데 이러어구 가다 털썩했으닝께

태모 (오버랩) 그걸 왜 애를 시켜.

임실 밥 펐다고 안하요.

태모 밥을 애더러 푸게 했음 됐잖아.

임실 밥도 제대로 풀줄 모른당께요.

태희 (오버랩)아줌마아.(그만하세요)

채린 (오버랩)아줌마 일부러 그러는 게 내가 모를 줄 알아요?

임실 이잉?

채린 (오버랩)가르쳐 줄려면 미리 가르쳐주던지 모르는 척 하구 있다가

임실 (오버랩)아 입은 옆으로 찢어졌어두 말은 바로 합시다. 뜨거운 거 들때는 허고 갈쳐줄라고 시작하는데 아줌마.알아서 해요. 그러고 이러어구 가다가 자기 혼자 털석 해놓구는 누구헌티 뒤집어 씌우능가잉?(태원과 슬기 들어오고)

채린 (연결하세요)나중에 얘기해요.

임실 (궁시렁거리며 주방으로)낭중에 보자는 늠 안 무섭드먼.

태모 (오버랩)밥 안 줘?

임실 알찌개는 뷕바닥이 다 먹어뿌렸소.

태모 국은 있을 거 아냐.

채린 (기분 나쁘지만)들깨 시래기 국 끓였어요 어머니.

태희 오오 아줌마 들깨국 반갑지이이.

태모 (오버랩)베스 넣지 말구 국 떠 와..

태희 알았어.

채린 내가 할게요.

임실 고모가 하시오.

채린 ?

태희 내가 하께.

태모 (앉으며)원 밥 얻어먹는 게 왜 이리 시끄러워. 안자. 슬기야 앉어.

　(둘 앉는)

태모 너는 집안일은 도통 아무 것도 모르구 왔니?

채린 ......

태모 끄으응..(슬기에게)다 저녁때 자구 일어나 밤엔 어떻게 잘 거야.

슬기 그래두 잘 수 있어요.

태모 물이래두 갖다 놔라.

채린 네에..

태모 (아들 눈치가 좀 보인다. 중얼거리는)더러 그런 집이 있어. 평생 할 집안일 미리 안 가르쳐 보내두 생쌀 안 먹는다구..결혼해서부터 배워두 이삼년이면 선수되는 게 살림이라구..

태원 .....(식탁 내려다보며)

태모 마술 구경이 그래 재미있든?

슬기 네 너무너무 재미있구 신났어요. 할머니는 오늘 뭐하셨어요?

태원 (엄마 보는)

태모 E 할미는 오늘두 일 하구 들어왔지. 은행 볼 일두 보구 사람두 만나구우.

S# 태원 침실

태원 (좀 올랐다)무작정 아주머니 바꾸자는 소리 할 게 아니라 아주머니를 선생님으로 모시면서 이것저것 배운다는 자세로 지내봐요. 나쁜 분 아니에요. 정도 많고 착한 분이에요.

채린 그럼 내가 나쁜 사람이라는 거에요?

태원 나 결혼하기 전부터 계셨었구 슬기 엄마 편들다 어머니랑 틀어져 나가셨다 슬기 두 살 때 다시 오셔 이날까지 이집 살림 혼자 다 하시는 분이에요.

채린 (오버랩)근본적인 문제에요. 저 아주머니 나를 싫어해요.

태원 그건 채린씨한테 문제 있는 거에요. 채린씨가 아주머니를 도우미로 밖에 생각 안하기 때문이에요.

채린 그럼 도우미를 상전으로 모시란 거에요?

태원 (맥 빠져서 보는)

채린 도우미는 어디까지나 도우미잖아요 도우미는 도우미의 자세가 돼 있어야 하는 거 아니에요?

태원 우리 누가 어머니가 누나가 내가 아주머니를 도우미만으로 생각하는 사람 있어요?

채린 어머님두 고모두 아줌마한테 소리 지르구 막 하잖어요.

태원 잘못봤어요. 어머니 누나 아주머니 인정하구 많이 의지해요. 제대로 봐봐요.

채린 슬기엄마는 저 아줌마 비우맞추면서 살았어요?

태원 ?? 그 사람 얘기는 하지 맙시다.

430

채린   어떻게 했길래 저 아줌마가 편까지 들어줬었나 궁금해요.

태원   ....(보는)

채린   네?

태원   (문으로)

채린   태원씨.

태원   (나가버린다).....

채린   ????

S# 안방

태모   조근조근 가르쳐 조근조근.

임실   갈쳐줄라고 했는데 탁 잘라버리고 잘난 척하다 그래놓구는

태희   (오버랩)아줌마

임실   그리고 지가 먼저 소리 질렀소잉. 나는 그냥 한마디박에 안했소. 사람이 뭔 말을 시작하면 끝까지 들어보라고. 잉 한마디 더했구먼. 비싼 눔으 명란을 뛥바닥한테 멕여 아까워 죽겠다고.뛥바닥이 알찌개가 먹고싶다고 하더냐 아 그랬더니 별안간 소리를 빼액/ 차암 나가 벨꼴을 다 보겠소.

태모   (오버랩)아 슬기 에미하구는 아삼육이더니 쟤는 왜 못잡어먹어 으으렁거려.

임실   슬기 엄마는 진국이었소 사장님. 저 며느리는 앞이 안보이는구먼웅.(태모/??)

태희   (오버랩)나가요 나가. 나가자구요.(끌고 나가는데)

태모   (오버랩/혼잣소리)저 여편네가 작심을 한 여편네지 저게 엉?

S# 거실

태희   (임실 끌고 주방 입구로)별일두 아닌 걸 아줌마 왜 부욱북 엄마 혈

압올려요.

임실 자꾸만 날 갖고 뭐라 허시니께에..아 나도 힘들고 짜증나요. 설
거지가 산이요 산. 그냥 올라가 버렸잖소.(주방으로)

태희 (잠시 보다가 쪼르르르)

S# 안방

태희 (들어오며)아줌마 월급 좀 올려줘.

태모 ?? 월급 더 달래?

태희 아 그게 아니구우우(남아 있는 데서)

S# 준구의 거실

준구 (계단 내려오는데)

[침실에서 나오는 부모.]

준구 일어나셨어요?

회장 ….(그냥 앞서고)

준모 (따르고)

준구 …(김새지만)….(따르는)

S# 주방

[부지런히 상 차리고 있는 은수와 도우미.]

이모 (서서)어서 어서.. 어서어서..(자리 조금 옮겨놓기도 하면서)

은수 (김치 종류들 갖고 와 식탁에. 입 꼭 다물고)…

[세 사람 들어오는]

이모 늙은이 허기져 쓰러지겠어요.

회장 아 먼저 드시지 그러셨어요 왜.

이모 어서 앉으세요.

회장 예에.

432

이모　(도우미 냉채 접시 갖다놓는)간만에 냉채 좀 먹재서 묵은 솜씨 발휘하느라 등짝 땡겨가며 만들었는데 두시간이나 냉장고 들어갔다 나왔으니 원.

회장　겨울에 냉채는 차지요.

이모　?? 안 땡기면 들지 마세요.

회장　허허 그런 말이 아니구요.

이모　아니기는 그런 말이구먼.

회장　(숟가락 들며)잘못 했어요..허허허.

준모　앉어라..(은수에게)

은수　네..(앉다가 욱 치미는 구역질 입 꼭 붙이고 욱욱 너무 표 나게는 하지 말 것)…

회장　(오버랩)어디 냉채 좀 줘 봐요.

준모　(앞 접시에 종류별로 조금씩 담기 시작하는)

이모　김칫독 새로 헐었대요. 짱하니 아주 끝내줘요.

회장　어련하시겠어요. 보살님 덕분에 우리 김치가 으뜸중에 으뜸인 거 압니다.

이모　깍뚜기두 제대루 맛들었구요.

회장　예에에(하는데)

은수　(일어나며)어머님 저 저 잠깐.(부지런히 나가는)

준모 이모　??(고개 돌아가고)

준구　??

S#　거실

은수　(나와서 입 손바닥으로 막고 계단 뛰어 올라간다)….

S#　현수의 원룸 거실··

[들어오는 현수와 광모]

현수 (달려드는 강아지들)오오오오 쭈쭈뽀뽀..사랑해사랑해사랑해 애애?

광모 (강아지 만지며)나두나두 나두우우?

현수 박주하 뭐하니이이.(대답 없고)?? 자니이?

광모 나간 거 아냐?

현수 있는다 그랬는데?(옷 벗어 소파에 처리하며)늬들 저녁 먹었어 안 먹었어..먹었어? 안 먹었어? 애들은 먹었어두 안 먹은 척 알수가 없어(하며 광모 돌아보는데)

광모 (들고 들어온 봉투 든 채 한 손에 메모 보며 오버랩)주하 나갔다. 현수야. 김인태 선생 만나러 나간다. 애들 저녁은 먹였으니까 사기쳐두 넘어가지 말 것.

현수 (주방으로)문자래두 치지. 너무 많이 샀잖어.

광모 됐다 먹어.(도시락 꺼내며)

S# 어느 피자집

주하 (피자 덜은 접시 내밀며)아 뭐…나중엔 약간 궁금은 했죠. 온다는 날에 하안참 지나면서두 문자 한통 없으니까. (제 것 덜면서)어디 아픈가. 집안에 무슨 안 좋은 일 있나 하하 밥을 여러번 같이 먹은 사람인데 그런 궁금증두 없을 수야 있나요 자연스러운 거 아니에요?

인태 (웃으며)궁금하게 생각했다니 기분 좋으네요.

주하 ??

인태 가는 비행기 안에서 많이 생각했었어요..그게..내가 박주하 선생한테 너무 부담스럽게 굴지는 않았나/박주하 선생님 누구나 터

434

놓고 편하게 대해주는 사람이라는 거 아는데 그렇더래두 내가 너무 등신처럼 굴었던 거 아닌가.꽝장히 챙피했어요.

주하 하하 뭐가요?

인태 남자가 한번두 아니구 두 번씩이나 질질 짜는 거두 보여주구.

주하 (오버랩)아 상관없어요. 그런 거 전혀 조금두 문제 될 거 없어요. 눈물이 나오는 걸 어떡해요. 울어지는 걸 어떡해요··웃음은 참아져두 눈물은 참아두 나오잖아요?

인태 ·····(보며)

주하 (자른 피자 제 입으로 가져가며)드세요.

인태 네··(피자 자르는)··

주하 나는 웃음두 못 참아요 하하···저기 우리 외할머니 초상치를 때요 나 아주 죽을 뻔했잖아요. 아빠 친구분들 다섯이 단체 조문을 왔었는데 글쎄/ 식당에서 커피 내다가 보니까 그 중에 한분 양말이 그거 있죠 무좀 방지 발가락 양말. 장갑같은 거요. 그걸 신으셨더라구요. 그걸 보는 순간 가압자기 푸우욱 웃음이 터질라구 하는데 죽겠더라구요.

주하 E (웃으며 보는 인태) 혓바닥을 깍 깨물구 눈에 힘 빡 주구 죽을힘 다해 참는데두 도오저히 어떻게 할 수가 없는 거에요. 쟁반 놓구 그냥 튀어나갔죠.

주하 그런데 글쎄 이게 웃어두웃어두 끝이 안나는 거 있죠. 그러다가 결국 엄마한테 들켜서 두들겨 맞았어요. 맞으면서두 웃었어요.

인태 하하하하

주하 ??(보는)

인태 ?? 왜 그러세요.

주하 김인태 선생님 많이 웃으세요. 웃는 얼굴이 좋으네요.

인태 아이 뭐어..

주하 정말이에요..느을 웃으세요 그러는 게 좋겠어요네?

인태 예 명심할게요.

주하 (오버랩)그런데 왜 그렇게 오래 계셨어요?

인태 어머니께서 붙잡으셔서요..와봤자 혼자 청승이나 떨 거 굳이
서둘 이유없다구요. 아들 녀석두 붙어서 떨어지질 않구요.

주하 에에에(그랬군요)그런데 왜 무소식이셨어요?

인태 그건...박주하 선생한테 부담이 될까봐....

주하 (보며).....

인태 나는 그렇게 자신있는 사람이 못돼요 아시겠지만.

주하 .....(보며)

S# 현수 원룸

　　[소주 먹고 있는 현수와 광모.]

현수 (소주 따르다 멈추고 보는 상태).....

광모 ....왜.

현수 (따라 마시는)

광모 놀랬냐?

현수 (오버랩)결혼이라는 걸 꼭 해야하냐?

광모 안해그럼?

현수 (안주 먹는)

광모 난 신혼여행을 일년짜리 세계일주 배낭여행으로 생각하구 있어.

현수 ....(씹으며 보는)

광모 병원은 변선생이 맡아준대. 벌써 얘기 끝냈어현수야.

현수 (오버랩)난 아니다광모야.

광모 ?? 왜.

현수 귀찮아.

광모 ….(보는)현수야

현수 (오버랩)아 귀찮아. 결혼은 남자한테만 이익인 제도야. 옛날에
는 그래 여자 밥은 얻어 먹었다. 밥 하나 얻어 먹는 걸로 유모 찬모
침모 요리모 청소모 다아 하구 살었어. 오로지 밥 얻어먹는 거 하
나로

현수 E 시부모 시조부모 시백부모 시숙부모 시고부모 시숙 시동생
시누이 동서들에 기타 사촌 육촌 팔촌까지 우우우우. 시대 바뀌어
여자들 훨씬 편해졌대두/

현수 그럼에도 불구하구 결혼은 여자한테 불리해. 하물며는 같이
돈 버는 여자한테두.

광모 우리 집은 심플해 현수야. 외삼촌 두분에 이모 한분에 아버지
쪽으로 큰아버지 한분 뿐이야.

현수 사촌들 있잖아.

광모 아 사촌이 뭔 상관이야.

현수 귀찮게 왜 꼭 결혼이라는 걸 해야하냐.전부다 남자여자 결혼
으로 엮여서 지지구볶구 살어야하냐. 왜 내가 그 전부다에 합류해
야하냐구. 바보같지 않냐?

광모 사랑은 왜 하냐. 사랑하면 같이 살구 싶은 게 당연한 거잖아.

현수 사랑하면 꼭 같이 살어야해?

광모 사랑의 완성이 결혼이야.

현수 사랑의 종말이 결혼이다.

광모 ……너 나랑 결혼하구 싶은 생각은 없으면서 그냥 좋아만 했던 거야?

현수 ……(보는)

광모 엉?

현수 너같은 똥강아지 놓구 내가 너랑 결혼하는 꿈을 꿨겠냐?

광모 아 과거는 묻어버리구우우.

현수 결혼은 안하지만 배낭여행은 할 수 있다.

광모 …(보며)…·

현수 결혼은 안하지만 니 집 내 집 왔다갔다하면서 하루 이틀 같이 지낼 수는 있다.

광모 뭔 개소리야아아.

현수 결혼은 영혼의 구속이야.

광모 야 꼴 떨지 마아.

현수 뭐어?

광모 (벌떡 일어나며)별 그지같은 소리 다 들어보겠네. 너혼자 똑똑하구 세상이 다 바보냐? 다아 바보라 다 결혼해? 도대체 언제부터 그딴 웃기는 생각을 한 거야.

현수 (일어나며)태어나기 전부터.

광모 ??

현수 가라(상 치우기 시작)

광모 ……(보다가 거들기 시작)니가 그딴 생각을 하구 있으니까 뭔지 모르게 넌 아니었던 거야.

현수 ……(비닐 꺼내 남은 것들 싸려고)

광모 글쎄 아니더라구.

현수   광모야.

광모   (부어터져)‥뭐.

현수   (돌아서 광모 목 안고 입 맞추는/ 한 손에 비닐 쥔 채)

광모   (잠깐 얼떨떨하다가 받아주는)‥‥(그러다가 소파 쪽으로 밀고 가는)

현수   아냐 아냐 야아아.

광모   뭐어 내가 뭘 어쩌는데.

현수   아니란 말야.

광모   김칫국 마시지 마야. 그거 아니란 말야.

현수   떨어져떨어져 떨어져어어어

      [현관 도어록 쪽 전자음 소리.]

둘   (화들짝 떨어지고)

주하   (들어오면서 쇼핑백 들고)어 너 왔니?

광모   어 어엉.

주하   (쇼핑백 거꾸로 쏟는/ 와르르/오메가쓰리 프로폴리스 로열젤리 기

      타 등등. 호주에서 살 수 있는 약들 두세 병씩)

광모   뭐냐.

주하   밥 친구 선물. 필요한 거 있음 너두 갖구가.

광모   기분이 존 거 같다?

주하   나쁠 거 있니? 그 동안 쓴 밥값 빼구두 넘치게 선물 받아왔는데.

    (하며 이 층으로)

광모   (보다가 현수 보는)…

현수   (광모 보는)…

광모   (입으로/간다/손 신호)

현수   가.

광모 (두 팔로 하트 그려 보이고 현관으로)

현수 (현관으로 빠르게 내달아 신발 바로 놓아주려다 갑자기 신발 문으로 던져버린다)

광모 ???

현수 가.

광모 뭔 액션이야? (작은 소리)

현수 집에 가 생각해봐.

광모 내가?

현수 (주방으로)

광모 ????

S# 준구 주방

준모 (차 준비하고 있는데)

은수 (과일 접시 들고 나와 놓다가 저도 모르게) 으윽(손으로 입 막는)

두 여인 (보고)

은수 (울컥울컥하면서 뛰어나가고)

두 여인 ....(잠시 은수 나간 쪽 보고 있다가 동시에 고개 돌려 서로 보는)

......

이모 (속삭이는)부처님 깨신 거 아냐?

준모 ???

S# 욕실

은수 (튀어 들어와 변기 뚜껑 열고 서너 차례 윽윽거리고 물 내리고 세면대로/양칫물 받아 입 헹구는데)

준모 E 아가.

은수 ?? 네 네 어머니..잠깐만요.(급히 입 헹구고 문으로)

S# 침실

은수   (나오며)네에.

준모   (드레스 룸 입구에 서 있다가 침실로 좀 움직이며)속이 나쁘니?

은수   네..네 좀..(나오며)

준모   어떻게 나쁜데..

은수   ....

준모   토할 게 있어?

은수   아니요..그냥...

준모   소변 자주 마렵니?

은수   ...네..좀..

준모   생리는 언제 했니.

은수   (오버랩)어머니 저...병원 다녀왔어요..

준모   ?? 맞아? 맞는 거야?

은수   네..그렇대요.

준모   (환하게 웃어지며)잘했구나아. 정말 잘한 일이야 응? 얼마나 된
       거야 의사 뭐래.

은수   오주차래요.

준모   조심해라..당분간 준구 가까이 못 오게 해.위험해.알지?

은수   네.

준모   준구는 알아?

은수   말 안했어요.

준모   왜.

은수   미워서요.

준모   아이 위해서두 그만 미워하렴. 자숙하구 있잖니.

은수   (그냥 웃고)

준모   이모님 생색을 얼마나 내실까··이모님 기도값 크게 받는다구 벼르구 계신데 나 큰일났다 얘.

은수   좀 깎아 달라 그러세요.

준모   (오버랩)아냐 니 아버지한테 넘기면 돼. 호호

은수   네 그러세요.

준모   너무 움직이려 들지 말구 몸 애껴. 알아서 하겠지만 혼잣몸 아니니까 아래위 오르내리는 거두 줄이구 졸리면 자구 몸 차게 하지 말구 속에서 안 받는다구 먹는 거 소홀하면 안돼··당기는 거 있으면 그때그때 뭐든지 먹어줘라.

은수   네.

준모   고맙다··(팔에 손대며)

은수   기다리시게 해 죄송합니다.

준모   대신 반가움이 갑절이야··

은수   네에…

준모   쉬어라 응?

은수   네··

준모   (나가고)

은수   (문까지 따르고)

S# 거실

이모   (계단 아래/올려다보고 있다가 준모 나타나자)맞니? 맞어?

준모   (내려오며)맞대요.

이모   아이구 부처님 감사합니다아아 나무아미타불 관세음보살.

준모   (웃으며 침실로 빠르게 들어가고)

442

이모　나무 관세음보살 관세음보사알 (하며 움직이는데)

회장　E (버럭)뭐요? 참말이요? 허허허허 허허허허허

이모　(웃으며 침실 돌아보는)

회장　E 허허허허허허허

S# 준구 침실

은수　(화장대 의자에 앉아서)…..(제 얼굴 물끄러미)……

S# 친정 안방

자부　(잠자리 위/아내 눈에 안약 넣어주는)아 가만 좀 있어. 약 들어가는데 눈을 감으면 어떡해.

자모　벌어졌을 때 떨어트리지 왜 깜박거릴 때 너어.

자부　이거봐이거 쯔쯔.

자모　됐어됐어 들어갔어. 됐어.

자부　되긴 뭘 돼.(잡으며)가만 있어.

자모　내가하께내가(안약 뺏어 자기가 넣는)됐잖어. 내가 한다는데 우기기는.

자부　껌벅거려어어

자모　(껌벅거리며/고개 젖힌 채)하구 있어‥

자부　(발 이불에 집어넣으며)은수 전화 안왔었어?

자모　아니‥며칠 소식이 없네‥뭐 안 좋은 일있나아(안약 치우며)

자부　맘 잡구 사느라 바쁜가부지.

자모　맞어. 무소식 희소식이래.

자부　(눕고)

자모　끄으응‥(눕는)

자부　큰녀석두 조용하구.

자모　뭐하나 전화해 보까?

자부　놔둬어..근석두 무소식 희소식이겠지.

자모　나는 여보 내 강아지 보름에 한번은 볼수 있어서 마음이 훨씬 좋아졌어.

자부　(고개 돌려 보는)...

자모　(돌아보며)다리 힘두 더 나아진 거 같구 젊어지는 거 같어.

자부　슬기가 보약이구먼

자모　(한숨처럼)사람은 정서방이 양반인데....대차지 못한 거 하나 빼구는 그런 양반이 없는데....어떻게 그런 사람한테서 정서방같은 아들이 나왔는지..

자부　아버지가 용한 양반이었다잖아..

자모　어지간했어야 그냥 살지...지금 며느리는 살만한가 몰라.

자부　동네방네 걱정 다한다..

자모　으흐흐 그렇지?

자부　주름 잡혀 똑바루 누워.

자모　에이 어차피 다 늙었는데 뭐...(남편 가슴에 손)옛날 정서방을 보면 여보..우리 은수 한테 하는 게 너어무나 사랑하는 게 넘치구 넘쳤는데...지금 김서방은 그런 게 별로 /정서방만큼 안 보여

자부　뭐얼 몇 번이나 봤다구.

자모　그래서 그런가?..응 결혼한다구 인사왔을 때는 그래보이기는 했다..은수마안 쳐다보다 갔어.

자부　좋았으니까 그렇게 열심히 쫓아다녔겠지.

자모　그런데 왜 바람을 피워.

자부　다른 얘기 해애.

자모 무슨 얘기‥내가 당신한테 첫눈에 반했던 얘기?

자부 허허허허 그래 그럽시다‥(아내 쪽으로 돌아누우며)그거 조으네 흐흐.

자모 으흐흐흐.

자부 몇년 전이지?

자모 후년이면 사십년이야.

자부 그래‥참 오오래 보구 살았네.

자모 그런데 나는 그렇게 오랜 거 안같어. 한 사년 산 거 같어.

자부 나는 당신이 여전히 스물 한 살 같어‥

자모 아으아으아으.

자부 흠흠흠흠흠흠‥

S# 현수 침실

　　[따로따로 엎드려. 현수 바닥. 주하 침대.]

주하 (피스타치오 껍질 벗겨 먹으며)나는 그렇게 자신있는 사람이 못 돼요 그러는데 순간 내 보호본능이 꿈틀하는거 있지.

현수 (피스타치오 깨물어 껍질 벗기는)

주하 E 아 이 남자한테 자신감을 만들어주구 싶다.

현수 그래서 자주구 싶었어?

주하 대화 수준을 좀 높이자 엉?

현수 밥친구하는 김에 잠친구두 해줄까 그랬잖어.

주하 오늘은 그딴 생각 안했어. 지금두 안하구 있어.

현수 자신감 어떻게 만들어 줄 건데.

주하 데이트 해보자 그랬어.

현수 ??

주하   전혀 오염 안된 남자같아. 누구처럼 이력서 지저분 안해. 와이프 한 사람 밖엔 없대.

현수   ....(보며)

주하   별로 재미는 없지만 내가 재미있게 해주면 되지 뭐.

현수   ....(보며)

주하   놀랬니?

현수   아니 사람마다 취향이라는 게 있는데 취향두 바뀔 수가 있는 건가 해서.

주하   (일어나 앉으며)내 취향에 문제있는 거 같아서 바꿨어. 키 훌쩍 크고 체격 좋고 어디 내놔두 안 쩨이게 잘 생긴 놈한테 당한 꼴이 뭔데.

현수   그건 취향을 바꾼 게 아니라 생각을 바꾼 거지.

주하   어쨌거나.

현수   지루한 걸 어떻게 견딜라구.

주하   엄마가 돼 보는 거지 뭐.

현수   에에?

주하   내가 좋아하는 놈보다 나 좋아하는 사람이 날 거 같아.

  [오버랩. 현수 전화벨]

현수   (보고)에에..

광모   F 현수야 나 알었어.

현수   (주하 잠깐 의식하고)네에..

S# 광모 오피스텔

광모   (잠옷/ 왔다 갔다 하며)주하 옆에 있지..듣기만 해..니가 왜 내 운동활 집어 던졌나 이유 알았어. 신기 편하게 놔주다가 내가 왜 이 나

446

쁜 자식한테 이런 서비스를/ 갑자기 뻐친 거야. 맞지. ‥

S# 현수 침실

현수　아닌데요.

광모　F 아냐? 그럼 뭐야.

현수　‥‥

광모　F 아아 그건 줄 알았는데‥그거밖에는 없는데?

현수　지금 바쁩니다. 내일 얘기하죠.끊습니다.

광모　F 야야 현수야.(끊고 전화 놓는데)

주하　누구야.

현수　알거 없어.

주하　뭐하는 사람야?

현수　알 거 없다니까.(벌떡 일어나며)맥주.

주하　엉‥(계단 내려가는 현수에게)누군데에. 사귀재애?

S# 준구의 침실

　　[전체 등 끄고 스탠드만 켜는.]

은수　(잠옷으로 걸터앉아서)‥‥‥(일어나 문으로)

S# 서재

준구　(책 보고 있는)‥‥‥

은수　(들어서는)‥

준구　??(돌아보는)‥‥

은수　먼저 잔다구.

준구　아직 잘 시간 아니잖아.

은수　자고 싶어.

준구　속 아직 불편해?

은수   괜찮아.

준구   빨간 풍선 매달았어?

은수   당분간 기대하지 마.

준구   당분간 언제까지.

은수   당분간.

준구   징그러워지는 참야 알아서 해.

은수   무슨 공갈이야?

준구   벌도 지나치면 반항심 생겨.

은수   (돌아서는)마음대로 해.

준구   그게 말이야? 될대로 되라 소리 아냐.

은수   (잠깐 멈췄다 나가며)자기 일은 자기 알아서 하라구.

준구   ……(김새서 보는)

S# 침실

은수   (들어와 스탠드 끄고 침대로 들어가는데)

준구   (책 들고 들어와 등 돌리고 책 보는)

은수   ….(등 돌리고 누운 채)약속 지켜.

준구   무슨 약속.

은수   (일어나 앉아 등 보며)무슨 일이 있어도 반드시 지켜야해.

준구   알아. 알고 있어.

은수   일어나 봐.

준구   ??(돌아보는)

은수   일어나 앉아. 앉아서 들어.

준구   ???(일어나 앉는)…

은수   별탈없으면 당신..시월에 아빠될 거야.

448

준구　???

은수　미워서 안가르쳐 줄려구 했는데..당신… 아빠니까 알 권리 있어.

준구　(보면서 어쩔 줄 몰라 하다가 팔 잡아당겨 안는다)……

은수　(마주 안으며)….(눈 감는)좋아? 기뻐?

준구　(떼어 보며)당신 안 좋아?

은수　좋아.

준구　신경쓰지 말라면서 혼자 얼마나 신경쓰였는데. 만약 안되면 어떡해. 아버지 어머니 당신 좀 더 어린 사람이었으면 하시는 걸 문제없다 믿어달라그래놓구 나 은근 쫄았었어…하하하..아아아 됐다..(다시 꽉 안으며)이걸로 아버지한테 박힌 미운 털 완전 해결 될 거야. 적시 적타 만루 홈런이야 여보.

은수　(오버랩 안긴 채)약속 지켜.

준구　걱정마. 맹서해. 당신 밖에 없어.

준구　E 두 번 다시 당신 상처 안줘.절대 그런 일 없으니까 날 믿어.

은수　……고마워. 믿을게……

S# 태원 침실

채린　(마주 안고 눈 감고 있는 태원 얼굴에 가만가만 입술 붙였다 떼었다 하는)……

태원　……

채린　자요?….잠들었어요?….안 자는 거 아는데…안 자는 거 알아.. (하고 아예 두 손으로 태원 얼굴 싸쥐고 달려들 듯이)….

태원　……(어느 만큼 견디다가 상체 일으키며 얼굴은 피하면서 채린 껴안 아 쓰러지는)….

채린　(껴안으며)태원씨이이이…

S# 준구 주방

은수 (주스 따라 마시면서)......

S# 준구 정원(밤)

[잠시 두었다가]

F.O.

S# 태원 거실

S# 주방

임실 (시금치나물 무치는 것 가르치는/양념 다 넣고 나서)그랑께 간장
은 넣는 둥 마는 둥. 파 마늘에 참기름 두 숟갈 넣고 마지막에 통깨
를 좀 넣고/이집은 나물 무치는데 지저분하다고 통깨를 쓰니께.알
어두고 요렇게 요 손가락 끝으로 조물조물/해 보시오.(즐겁지는 않
지만)

채린 (장갑 낀 손으로 무치기 시작)

임실 손가락에서 힘을 빼야제 나물 다 뭉크러지겠네. 그냥 요렇게
힘빼고조물조물.....(채린 하는 것 보다가)아따 나물 무치는데 뭔 장
갑잉가.

채린 손에 얼마나 세균이 많은데 아줌마도 장갑끼세요.

임실 (힐끗 보는데)

태모 E 차 좀 내 와.

채린 네에 네 어머니이..(장갑 냉큼 벗고 차 준비)

임실 ???

S# 거실

태모 어으 꿈자리 뒤숭숭해.

태희 (앉은 채 스트레칭 중)무슨 꿈 꿨는데?

450

태모 외할머니‥외할머니만 꿈에 나오면 며칠동안 되는 일이 없어. 다된 계약 깨지거나 공장에서 사람 다치거나‥(신문 당기면서)태원 이 안 내려왔어? 왜 신문이 그대루야.

태희 아 내려왔나부네.

태희 (신문 뒤적이다가)？？？…

　　[기사‥ 성재기업 한성재 사장 4백7십억 기부.]

태모 ？？？？(기사 읽고 있는)

채린 (차 들고 나와 내려놓으며)드세요 어머니.

태모 얘‥

채린 네.

태모 (신문 내밀며)？？？

채린 (보고)아‥ 네‥ 아버지 기사네요‥

태희 ？？？

태모 E 너 알구 있었어?

채린 저번에 말씀드렸었잖아요.

태모 아니 그건‥그건그건 그건그건

태희 뭐야아 (신문 뺏어 보고)？？？ 사백칠십억 기부우?

채린 내년에 백 칠십억 더 내신대요.

태모 (턱이 까불러지고)‥

채린 어머니 저 시금치 나물 무치다 나왔어요.

태모 어 어어 어어(채린 들어가는데)

태희 까르르르르르깔깔. 엄마 꿈자리 사납게두 생겼네 뭐어.

태모 ‥‥‥(맥 쭉 빠져서)‥‥‥(어깨가 툭 떨어져 한곳 보면서)

태희 ？？ 엄마‥‥엄마아.

태모 (진지하게)나 자구 일어났지‥지금 이거 꿈아니지.꿈 아니지. 꿈
속에 꿈 아니지.응?

태희 우후후후후후후

제23회

S# 현수 원룸

광모 까인 거지 뭐.

주하 ??

광모 아니면 온다는 날에서 일주일이 넘었는데두 소식 깡통일수 있냐?

주하 내가 그 남자랑 뭐 했니? 까이구자시구할 게 뭐 있어.

광모 까이구자시구두 아닌데 까인 게 더 기분나쁘지.(좀 놀리는)

주하 ....(보다가)그건 맞다. 기분 디게 나뻐.

광모 생각있으면 니가 먼저 해애애.

주하 형 별 훈수를 다 둔다. 니 훈수 필요없거든?

S# 카페

현수 너를 엄마로 선택해온 아이야. 복잡하게 딴 생각말구 환영해줘.

은수 절망으로 무너져있을 때 왔어..

현수 니 희망이 될려구 찾아와줬나보지.

S# 준구 사무실

준구 ....(봉투 보며)

정수 뒀다가 혹시 십년 이십년 뒤 지가 쪽박차면 그때 도와달래더라.

준구 (봉투 획 집어 들고 일어나 금고로)

정수 재미있는 아이야.

준구 (금고에 봉투 집어넣으며)쪽박차는 일 없이 잘하라구 전해. 쪽 박찼을 때 받는 건 거지같은 기분이라 자존심 아플 거 아니냐구.

S# 태원 주방

임실 (일어나며)아니 내가 뭐 해론 말 했소. 뜨거운 거 들 때는 요로 코롬 겨드랑이를 붙이고 (태모 모녀 들어오는)딴데 정신 팔지 말고 고대애로 갖다 놔야하는디이(남아 있다)

채린 (오버랩)아줌마가 하지 날 왜 시켜요.

S# 태원 서재

채린 슬기엄마는 저 아줌마 비우맞추면서 살았어요?

태원 ?? 그 사람 얘기는 하지 맙시다.

채린 어떻게 했길래 저 아줌마가 편까지 들어줬나 궁금해요.

S# 현수 원룸

현수 너같은 똥강아지 놓구 내가 너랑 결혼하는 꿈을 꿨겠냐?

광모 아 과거는 묻어버리구우우.

현수 결혼은 안하지만 배낭여행은 할 수 있다.

S# 태모 거실

채린 저번에 말씀드렸었잖아요.

태모 아니 그건··그건그건 그건그건

태희 뭐야아 (신문 뺏어 보고)??? 사백칠십억 기부우?

채린 내년에 백 칠십억 더 내신대요.

454

태모 (턱이 까불러지고)··

S# 타이틀

S# 태원의 거실

임실 (청소기 미는데)·····

　　[안방에서 나오는 태희와 동네 의사, 간호사.]

임실 (청소기 끄고)

태희 아줌마 녹두죽 좀 쒀요··

임실 많이 올라갔능가?

태희 네에··(의사 배웅하러 나가고)···

임실 갑작시레 뭔 일이랑가 고놈에 혈압이 왜 또 갑작시레 치올라. 건드린 사람두 없는디(주방으로)

S# 태모의 방

태모 (주사 매달고 누워 눈 감고)으으으으웅···으으으으웅··아이고 내 팔자야 ···아이고 내 신세야아아아···끄으웅···(눈 뜨며)이눔으 중매 쟁이년 사기칠 데가 없어 나한테 사기를 쳐?··이눔으 여편네 가만 두나 보자 어디··으으으웅.(그래도 혈압은 내려야겠다 눈 감고)머리 를 배꼽 아래로··으으으웅 배꼽아래로오오오··후우우우우 우우우 우우우

태희 (들어와 침대 옆에 걸터앉으며)아무 생각도 하지 말고 머엉하게 그냥 머엉하게 있어.

태모 멍청이 됐냐?(그래도 성질)

태희 이럼 안된다니까아. 성질피면 혈압 오른다니까.

태모 후우우우우우.

태희 욕심이 화를 부른다 응? 며느리 상속에 침발라났다 낙망해서

혈압 터졌다 치사하지 않어?

태모 터졌니? 터졌어?

태희 이러면 터진단 말야. 이렇게 신경질이며언.

태모 그거때매 올랐다구 누가 그래.

태희 아니면 머리가 왜 깨져.

태모 푸우우우우 중매쟁이 년한테 속은 게 분해서 그래.

태희 그게 그거네.

태모 내가 나 먹구 쓸 게 없어 그래?

태희 그러게.

태모 재산은 많으면 많을수록 좋은 거야.

태희 그렇구말구.

태모 (째려보고)

태희 <u>으흐흐흐</u>

태모 치이/ 아무래두 재‥자기네 자식 아닌 거 같어.

태희 ??

태모 남의 자식 데려다 키운 거야. 그렇잖으면 어떻게 자식보다 모 오교야 모오교가 뭔데.

태희 노블리스오불리제

태모 ???

태희 엄마 목숨보다 돈이 더 비싸? 더 중해?

태모 ‥‥(보는)

태희 죽으면 아무 것도 아니잖어. 끝이잖어. 며느리 상속날아간거 분해하다 이 좋은 세상 빨리 떠나구 싶어? 멍청한 짓 아냐?

태모 (시선 내리는)

태희　엄마 얼마나 신나는 인생이야. 얼마나 누리구 살어. 서태후가 부러워?

태모　누가 그거 때문야?

태희　솔직합시다아아

태모　중매년때매라니까.

태희　그게 그거라구 글쎄.

태모　어떻게 그거야.

태희　우리 오래오래 오오오래 삽시다 엄마아아.슬기 시집가서 자식 낳구 그 자식이 또 자식낳는 거까지 봐야지이이..

태모　내 나이가 몇인테 오십년을 더 살아.

태희　음 그건 좀 무리겠네

태모　(눈 째지게 흘기는)

태희　으흐흐흐...엄마 자..자자..(이불 만져주며)나 나가줘 있어줘.

태모　슬기 언제 와.

S#　피아노 학원이 있는 상가 주차장

　　[전화벨··]

채린　엄마 저에요. 뭐하느라 전화 안받았어요?..아아(그랬군요).. 어머니 신문 보셨어요...

S#　채린 차 안

채린　아버지 말씀이 맞았어요. (웃으며)좀 실망하셨나봐요. 아침 드시면서 단 한마디도 안하셨어요·· 글쎄 미리 예고했는데두 아마 안 믿으셨나봐요...네··네··(슬기 나오는 것 보이고)엄마 아이 나왔어요 끊어요...걱정 마세요. 들어가세요··(끊고 돌아보는)

슬기　(피아노 책가방 들고 타는)...

채린 열심히 했어?

슬기 네에..

채린 (출발하면서)먹고 싶은 거.

슬기 없는데요.

채린 말해애. 사갖구 들어가게.

슬기 생각나는 게 없어요.

채린 지금부터 생각해....응?

슬기 네에..

채린 아이스크림?

슬기 아빠가 망고 아이스크림 사온댔어요.

채린 우리가 사갖구 들어가자. 아빠한테 사지 말라구 문자 보내면 돼.

슬기 네에..

S# 움직이는 자동차

채린 E 넌 그런 걸 왜 아빠한테 부탁하니 앞으론 나한테 해.

슬기 E 네에..

S# 태원 거실

채린 (앞서 들어오며)슬기 왔어요 어머니이..(따라 들어오는 슬기에게)할머니 방에 계신가보다. 얼른 가 인사 드려.

슬기 네..(안방으로)

채린 (아이스크림 잠깐 놓고 슬기 따르는)

S# 안방

슬기 E 할머니이이..

태모 (일어나 앉아 버섯차)

태희 (차 더 따르다가)들어와아아.

458

슬기   (들어와 보고)??(주사 보는)

태희   할머니 혈압 올랐어. 너 기다리구 있는 중야.

채린   (들어오며)??

태희   (연결)얼른 옷벗구 할머니 혈압내려.빨리.

슬기   (부지런히 옷 벗는데)

채린   왜요 어머니.(다가들며) 많이 올랐어요?(태희에게)병원 가서
      야하는 거 아니에요?

태희   (찻주전자 놓으며)선생님 다녀갔어.지켜보래.

채린   (슬기는 벌써 올라가 할머니 안아주고 있고)뭐 신경쓰이는 일 있
      어요 어머니?

태모   (오버랩)피아노 잘 쳤어?

슬기   네.

채린   (오버랩)어머니.

태모   (오버랩)신경쓰는 일 있음 니가 해결해줄래?

채린   ??

태희   슬기한테 맡기구 우리 나가자. 나와나와.

S# 거실

채린   (앞서 나오는/ 돌아보며)많이 높아요?

태희   좀. 아줌마 죽 갖구 오라 그래.

채린   네에..(옷 벗으며 주방으로)

S# 주방

임실   (쭈그리고 앉아 식탁 다리 걸레질)

채린   무슨 일 있었어요? (벗은 옷 의자에)

임실   아아무 일 없었소. 아침부터 기분은 좀 안 좋은 거 같드만.

채린   죽 갖다 드리래요.

임실   눈 없소? 저기 쒀났소…

채린   ….(잠깐 보고)알았어요.(움직이고)

임실   (닦기 시작)늙어빠진 나보다 이뻐라하는 메느리가 갖고 들어

　　　가는 게 더 좋을팅께잉.

S# 태모의 방

태모   (슬기 옆에 기대어 앉히고)아니야아아 속상한 일 아아무 것도 없

　　　어··그저 혈압이라는 게 괜앤히 그러는 수가 있어··할미가 걱정 돼?

슬기   네에··

태모   으이구 내새끼착한 새끼.

슬기   할머니 나 오줌 마려워요.

태모   어 그래그래.

슬기   (침대 내려서는 문으로)

태모   왜애 저리 가저리.(안방 욕실로)

슬기   옷 갈아 입을려구요.

태모   오냐 오냐오냐··

　　　[노크]

슬기   (문 열고 나가면서 채린 들어오는)

채린   죽 드세요 어머니··

태모   …..(기대어 앉은 자세 세우는)

채린   (죽 쟁반 놓아주며)좀 괜찮아지셨어요?

태모   (수저 드는)…

채린   언제 재셨어요··한번 재 볼까요 어머니?

태모   됐다··(죽 먹기 시작하는)아으 이눔으 쥐어박으며 먹으래두 먹

기싫은 죽........

채린   .....(보다가)어머니 혈압 좋았었는데 왜

태모   (오버랩)말 시키지 말구 나가 니볼일 봐라… 나 죽 좀 먹자 응?

채린   네 드세요 어머니.....(보며)

태모   (안 보는 채)니 부모님은 참.....훌륭하신 분들이구나. 우리같은 사람은 열 번 죽었다 깨나두 못할 일을 그렇게 터억하니..

채린   그렇게 말씀해주신 거 아버지 아시면 좋아하실 거에요. 제가 말씀드릴께요…

태모   ..(잠깐 보고 다시 먹으며)그런데…늬집 ..뭐냐..재산이..얼마나 되니.

채린   ?? 저는 잘 몰라요..

태모   하기는 ..우리 애들두..잘 모르니까.....그런데 그게.. 진정으로 너한테 넘어올 게 하나두 없다면 너는…니 마음은 어떻겠니(여전히 안 보며)

채린   쭈욱 그렇게 알고 있었기 때문에 뭐…그렇지만 좀 아쉽기는 하죠오.

태모   우리 태희같으면 내 눈을 후벼팔텐데..흐흐흐흥(며느리 보며) 너는 그저 아쉽다아아 그 정도구나..

채린   네에..

태모   너두 훌륭하다 응

채린   아버지껀 아버지 뜻대로 하시는데 어쩌겠어요.저한테는 권리 없잖아요 어머니..

태모   말인즉슨 옳다. 가 수정과 좀 갖구 오렴..

채린   네..어머니(나가고)

태모   (닫히는 문 보며)저런 빙충이같은 거.

S# 준구 침실

은수   (청소기 밀고 있는데)

   [노크. 은수는 못 듣고]

도우미1   (가만히 문 열고)

은수   ??(청소기 끄고)네에‥

도우미1   (비닐봉지에 각각 과일 담은 큰 쇼핑백 들고 들어오고 도우미2는 대중소 접시 세 개 따로 다른 손으로 뚜껑 덮힌 견과류 그릇 안고 과도 들고 따라 들어오는)이모님께서 올려 드리라고

은수   (오버랩)아으 안 그러셔두 되는데에에…

도우미1   (새로 들여놓은 중형 냉장고로)과일 많이 드시래요‥

은수   아니아니 제가 할게 할게요‥두세요‥

도우미1   네 그럼‥(냉장고 앞에 쇼핑백 놓고)

도우미2   (침대 덮개에 놓으며)견과류 많이 드시래요.

은수   네 네에에‥(둘 나가고 냉장고 문 열어놓고 접시와 과도부터 맨 윗 칸에 넣고 과일들 꺼내 야채 박스에 넣기 시작/냉장고에는 우유 세 병 주스 몇 병 요구르트 몇 병 물 몇 병만 들어가 있다)‥‥

   [다시 노크.]

은수   네에에‥

도우미2   (침대 식탁 들고 들어와)어디 둘까요 사모님.

은수   ?? 저 환자 아니에요.

도우미2   속 많이 안 좋으실 때 쓰라구 사모님께서 준비해 두라시네요‥

은수   ‥‥(할 말이 없고)주세요.(상 건네받고 웃어주는)

도우미2　(웃으며 목례하고 나가고)

은수　…..(상 놓아둘 자리 찾는)

S#　준구 주방

[차와 과일]

이모　(과일 베어 물며)절 다섯채 지어내라면 뒤로 넘어가겠지.

준모　??

이모　절 다섯 채가 대수야?

준모　아들일지 딸일지 두고 봐야 알죠.

이모　절 다섯채 약속하면 아들이다.

준모　어이구 참.아줌마.(주방 출입구로 들어오는 도우미들)

도우미1　(뛰어와)네 사모님.

준모　잉어즙 주문하세요.

도우미　아직 꽤 남았는데요.

준모　그거 아줌마들 나눠먹구 새로 불러요.

도우미1　네에..

이모　먹구 늦둥이들 하나씩 낳아.

도우미1　아으 이모님두.(도우미2 같이 좀 웃어주고)

준모　스테이크 재웠어요?

도우미1　E 네 사모님..

회장　(들어오며)아침 주세요.

준모　(일어나고)

이모　아침이 아니라 점심입니다아아

회장　배고파 깼어요.(앉으며)얘는요.

이모　며느리 찾지 마세요. 며느리 회장님보다 더 귀하신 몸이에요.

회장　허허 예에 그렇습니다아아.

S#　준구의 방

은수　(침대 머리 마른걸레질하고 있는)……

　　[메시지 음.]

은수　(화장대 전화/확인)

현수　E 상태 어때.

은수　(통화 시도)

　　[벨 가는]

현수　F 어엉

은수　나 다 꼴 안 떨구 운명에 순응하기로 했어.

S#　회사 근처 이탈리안 레스토랑

은수　F (연결)언니 말대로 나한테 희망으로 찾아든 아이로 믿을려구.

현수　응 뉴스 팬찮네‥긍정 마인드로 심플하게 전환하고 매진해라.

은수　F 그럴려구.

현수　니 남편한테 말 했어?(물잔 집으며)

은수　F 어머님께

S#　준구 침실

은수　먼저 말씀드렸어‥식탁에서 메스꺼워 튀어나오다 어머님께 체
　　크당했어.

현수　F 좋아하셔?

은수　응 많이.

현수　F 김준구는.

은수　좋아하는데 첫째 이유가 자기 아버님께 미운 털 박힌 거 해결됐
　　다구 적시적타 홈런이랜다. 애같어.아무 생각이 없어.

현수　F 뭐 그게 엄청난 스트레스였나부지.

S# 레스토랑

현수　(연결)귀엽게 봐줘라.

은수　F 귀엽지는 않어. 한심해.

현수　(웃으며)집에 얘기해두 돼?

은수　F 응 해‥운명에 순응하기루 했다니까.

현수　알았어. 점심 먹으러 나왔어. 끊어.

은수　F 응 안녕.

현수　엉.(끊고 입구 보며)얘 왜 이렇게 늦어어(하다가)??

태원　(직원 남녀와 함께 들어오고 있는)

웨이터　세분이십니까?

태원　네.

웨이터　(현수 뒷자리로 안내)

태원　(앞서 들어오다 현수 보고 멈추는)

현수　(일어나며)안녕하세요.슬기 아빠.

태원　(웃으며)안녕하세요.(직원들은 먼저 자리로)어떻게 이쪽까지 나오셨어요.

현수　아‥매장 나왔다가요.

태원　아.네.

현수　슬기 보내줘 고마워요.

태원　당연한 일인데요 뭐.

현수　당연한 게 안당연했었으니까요.

태원　네 그랬죠‥그럼‥(눈인사하고 움직이려는데)

현수　슬기 아빠.

태원　(보고)

현수　은수 아이 가졌어요.

태원　....아...네..추축하합니다.

하나　(뛰어들어 와 하아하아 숨차 하며) 기다리셨죠.

현수　그럼.(하고)

태원　네.(움직이는)

현수　E 어린 사람이 왜 그래요 운동 좀 해요.(앉으며 나누는 대화)

하나　E 백미터 경주했어요.

S#　현수 자리

현수　구두는요.

하나　(냅킨 펴면서) 막상 신어보니까 별루에요. 이거저거 권하는대로 신어보다가 깜짝 놀라서 뛰어 왔어요.

현수　여보세요

웨이터　(태원 자리에서 주문받다가) 예 잠깐만요 손님 죄송합니다아.

S#　태원 자리

태원　(메뉴 보고 있는)……

두 직원　…(태원 보며)…

태원　(메뉴 넘기는)……

여직원　리조또 팬찮아요 사장님.

태원　아…봉골레주세요..(웨이터 대답/메뉴 건네주면서) 와인 한잔 할까요?

남직원　낮인데요?

태원　한잔쯤은 뭐..주세요.

남직원　하우스와인으로 하시겠습니까?

466

태원 그러세요.(하며 물 마시는데 잔을 비워버리는/ 웨이터는 주문 마치자 현수 자리로/현수 주문하는 소리 작게 들리면서)

여직원 (제 물잔 태원에게)제 꺼두 드세요사장님..안 건드렸어요

태원 하하..(물잔 들며)냉수먹구 속 차려라에요?

여직원 네?

태원 흠흠 아니에요 (물 더 마시는)....

　　　[태원 전화벨.]

태원 (보고 받는)네에..

태희 F 늦지 마라..엄마 기분 별루야.

태원 왜요. 아줌마하구 그 사람또

S# 태희 방

태희 (오버랩)아냐아아..(엎드려 책 보고 있는 슬기 돌아보며)혈압이 잠깐 올랐었어..

S# 주방

임실 속이 아주 깊었제에.(늙은 호박 반으로 갈라 씨 퍼내면서)그으렇게 못잡어 먹어 난리를 쳐두 눈물만 뚝뚝 흘리면서 말 대답 한번 안하구 참아내드만/ 나가 편들었다 쫓겨나 한 일년 좀 지나서 하두우우 도로와라와라 해서/아 슬기아빠 아니었으면 끝까지 나 안왔어.슬기아빠가 하루 와서 사정사정하더라구.

채린 (나머지 반쪽 씨 퍼내며 오버랩)아줌마. 아줌마 얘기는 그만두고요.

임실 ??

채린 아줌마 얘기가 궁금한 게 아니라

임실 아니이(오버랩) 무신 얘기든 선은 이렇고 후는 이렇고가 있는

것이제

채린　그래서요(오버랩)

임실　그래 와 보니께 슬기 엄마도 좀 변했드라고..변하지 안 변하고 살 수가 있나.

채린　어떻게요?

임실　잘 울지를 않더라구.그리고 간간이 그건 아닙니다도 허고 어느 날 나 붙잡고 그라더라고. 아무래도 못살것같다고. 그래 내가 살지 마라 안했소.둘이는 참말로 좋았제에..천상연분이었당께..하늘 아래 고로코롬 서로 좋아하는 신랑 각시는 둘도 없을 것이라..

채린　(오버랩)왜 그렇게 좋았던 거 같아요?

임실　천상연분이랑께 사람 말 어디로 들으시오? (보온병에 턱짓)차다 마셨을텐디?

채린　아..(일어나는)

S# 거실

채린　(나와서 안방으로)

S# 태모의 방

태모　(주사는 뺐고/이불 뒤집어쓰고 등 돌리고 누워 통화 중/소리 죽여) 사기가 아니면 뭐야. 나한테 뭐랬어. 외동 딸에 물려받을 재산이 어머어마하댔잖아……그럴 줄 몰랐다는 게 말이 돼? 무슨 중매쟁이가 그따위야……세상에 없는 노랭이라는 것도 속였잖어. 뭐? 있어두 있는 티 안내구 인격이 고결해? 그래서 죽어가는 사돈 수술비 십만원갖다 줘? 그게 고결한 인격이야?……(이불 홱 젖히며 일어나는)아니아니 이 여편네가..

S# 안방 밖

채린 ??(노크하려다 멈추는)

태모 E 누굴 잡어. 누굴 도둑년 취급이야!!! 사둔 재산이 나랑 무슨 상관이야!!

채린 ....

태모 E 떠들지 말구 중매값 내놔‥못 내놔? 이런이런 너 사기가 전문이구나. 엉 그래 밥 줄 끊어놀테니까 다 먹구 산 줄 알어. 끊어!!

채린 (보온병 들고 입 조금 벌어진 채 서 있는)……(입 꼭 다물며 다잡는) ………(사이 두었다가 노크)

태모 E 누구냐.

채린 (아무렇지도 않다)저에요 어머니.

태모 E 왜애.

S# 안방

채린 (들어오며)아줌마가 차 다 드셨을 거라구 하셔서요.

태모 아직 남았다.

채린 차는 따듯하게 드셔야 하는데 그래서 보온병에 담았어요‥이거 드세요

태모 난 뜨거운 거 싫다.

채린 그럼 주전자에 따러 놀께요.

태모 그냥 둬. 섞어 마시면 되지.

채린 어 그러세요. 그게 좋겠네요‥(보온병 놓고) 좀 주물러 드릴께요.

태모 필요 없다‥(누우며)

채린 혈액순환에 도움돼요 어머니.

태모 괜찮대두.

채린 (주무르려 앉으며)저 힘 안들어요.

태모　(오버랩 이불 속에서 발 찬다)아 왜 여러번 말 시켜 성가스럽게 스리…

채린　....(보다가)네에에…(나가고)

태모　(벌떡 일어나 앉아)후우우우우 후우우우우··

S#　태모 방 앞

채린　........(나와 서서…굳어서)........

S#　친정 마당(낮)

자모　E 어어어엉?

S#　마루

자모　(마루 닦던 중)정말이야아?

S#　회사 사무실

현수　(칫솔질하며)병원 갔다 왔대. ··그러엄 엄청 좋아하신대. 서방 두 좋아라 그러구···응···그런데 엄마···성 다른 자식 두 마리 그거 괜찮은 건가?

S#　친정 마루

자모　(질색)아으 하지마. 뭐 좋은 소리라구.

현수　F 아니이이··둘다 정씨거나 김씨였음 좋았겠다 그래서.

자모　따로따로 크는데 뭘··그리구 지 자식 성붙여 부르는 에미가 어딨어 괜찮아.

S#　화장실

현수　(입 헹굴 물병 집으며)그냥 그런 생각이 잠깐 들었어요····응 ··끊어.(끊고 입 헹궈 뱉고 거울 보며 중얼거리는)운명에 순응이라아아아··

S#　준구 침실

은수　(핸드폰 슬기 사진 보고 있는)········

디졸브

S# 서울 야경…

S# 발레 공연 무대……

　　[객석의 준구 일가족……]

은수 (가만히 보고 있다가)……(울렁거리기 시작)…

준구 (돌아보고)…

은수 ….(애써 참다가 입 막고 일어나는)

준구 죄송합니다 죄송합니다.

부모 이모 (두 사람 돌아보는)……

S# 은수 앞서고 준구 뒤따라 빠져나가는

은수 (잠깐 계단에 걸려 엎어질 뻔)

준구 (급히 잡아주고)……

S# 공연장 밖

은수 (나오면서 바로 화장실로 뛰고)……

준구 (나 참··하는 얼굴로 따른다)…

S# 객석

준모 (작게 중얼거리는)심한 거 같아요.

회장 당신두 그랬어요.

이모 조용들 해요··

준모 ….(무대 보며)

회장 ……(무대 보며)……

S# 여자 화장실에서 좀 떨어진

준구 ….(기다리고 있는)

은수 (나와서 준구 쪽으로 손수건 클러치 백에)

준구   집에 있자니까.

은수   어떻게 그래. 아무 말씀두 안하시는데‥

준구   집에 갑시다.

은수   유난스럽다 그러실 거야.

준구   가자구.(어깨에 손)

은수   (움직이며)누가 방귀꼈어.

준구   (웃는)

은수   당신이었어?

준구   ?? 나 아냐. 앞자리야.

은수   속 뒤집어져 죽는 줄 알았어.

준구   ㅎㅎㅎㅎㅎ.(전화 꺼내 통화 시도)아 김과장 우리 지금 들어가
        니까 차 대줘요.아니 우리만요‥(끊고)저쪽에 가 있어‥여기 춰.

은수   괜찮아.

준구   감기들면 안된다면서‥

은수   그건 그래‥(안쪽으로 들어가는)

준구   ‥‥(비죽이 웃는 얼굴로 아내 보는)‥‥‥

S# 이동 중인 준구 차 안

은수   (눈 감고 고개 좀 옆으로 기대어)‥‥‥‥

준구   (보고 있다가 한 손 잡고)

은수   (눈 뜨고 돌아보는)‥‥

준구   높은 신발 이제 신지 마‥이모님 뭐라 그러시잖아.

은수   (끄덕이고 눈 감는)‥‥

준구   (은수 머리 어깨에 기대게 하는데)

        [자동차 급정거. 크게 출렁이고]

준구 　??(은수도??)....뭐에요!!!(벼락같이 고약하게)

기사 　죄송합니다.

준구 　운전 하루이틀입니까!!!??

기사 　갑자기 튀어나와서

준구 　(오버랩)시야확보 제대로 안하고 있었다는 거잖아요!!

은수 　???(준구 보며)

준구 　제대로 하세요.

기사 　예.

준구 　(은수 돌아보고 웃는데)

은수 　(같이 웃어지지가 않는).....

S# 준구 집 앞

[두 사람 내려서 안으로. 은수가 앞서 빠르게.]

S# 정원(밤)

은수 　(들어오는데)

준구 　(따라붙으며)왜애..왜 갑자기 쌔애애하게 굴어웅?

은수 　들어가 얘기해.(걸음 더 서두르며)

준구 　??(잠깐 멈추고)

S# 침실

은수 　(빠르게 들어와 겉옷 벗어 침대에)

준구 　(들어와서)......뭐야..

은수 　(오버랩)운전하다보면 갑자기 급부레이크 잡아야할 경우 생겨.그게 그렇게 고함칠 일이야?

준구 　?? (코트 벗는)그거 때문이야?

은수 　당신 기사한테 쭈욱 그러구 다녀? 품격 보여 그러지 마.

제23회 　473

준구 (비위 상해)무슨 품격까지..당신 때문에 그런 거야. 알지두 못
      하구 왜 그래.(코트 침대에 던지듯)

은수 같은 말 다르게 얼마든지 할수 있어. (코트 집어 들고 드레스 룸
      으로)당신 같은 사람 재미없어.

준구 ……(보다가 드레스 룸 앞으로)나같은 사람 뭐.

은수 ….

준구 엉?

은수 안하무인.

준구 내가 월급주는 사람한테 그 정도두 하면 안되냐?

은수 ??(돌아보며)월급은 노동력 값이야. 인격 포함 아니라구.

준구 ??? 왜 이렇게 어렵게 나와 이 사람.

은수 (준구 쪽으로 나서며)어렵게 사는 사람 자존심 없는 줄 알아? 나
      버스타구 지나면서 아빠회사 앞에서 아빠보다 어린 사장한테 우리
      아빠 조인트까이는 거 본 적 있어. 아빠 거기 계속 다녔어. 자존심
      없어 선줄 알아? 먹구 살아야했기 때문이야.

준구 ….(보며)

은수 엄마 주인 집 여자한테 전화로 욕먹으며 쩔쩔매는 거두 여러번
      들었어. 그런 거 보면서 너무 많이 분했기 때문에 당신 같은 사람
      정말 싫어.

준구 (오버랩 두 손 들어 보이며)오케. 알았어. 충분해.알아들었어

은수 …….

준구 (다가들며)오바했어 그래.나 매너 좋은 사람이야.. 흥분상태라
      그런 거야 당신이 이해해.. 당신 때문이야..누가 임신하래?

은수 (보며/미워서)…..

준구   (눈물 닦아주며)뭘 눈물까지 흘리면서 분풀이야. 이거 완전 엉

     뚱한데 분풀이 아냐.

은수   (코트 걸며)인성문제야.

준구   ....(보며)

은수   나 이 얘기 처음 입 벌렸어. 우리 아빠엄마 아무 것도 몰라..

준구   그래.반성하께..옷 갈아 입어.(드레스 룸 나가며 타이 푸는)...

은수   .....(문득)어머님께 문자 넣었어?

준구   어..어 지금 해..(전화 꺼내는)

은수   (나와 입구에)나.... 좀 예민해져 있나봐.

준구   네. 공부 자알했습니다 선생님...(문자 치기 시작하는)

은수   .....(보며)

S# 태원 거실

태원   (현관에서 곧장 안방으로 좀 빠르게)

채린   (따르며)금방 나와요 태원씨.

태원   ..(안방으로...노크하고 들어가고)

채린   (동시에 태희 방으로)...

S# 안방

태원   (들어와 보는).....주무세요?

태모   아냐아..

태원   .....뭐 신경쓰이는 일 있어요?

태모   (돌아누우며)공여언히 괜히 그러는구나...어이 나가 저녁 먹어.

태원   추운 날은 외출하지 마세요..

태모   글쎄에(한숨 섞어)어제 돌아다닌 게 그랬나 싶다..

태원   ....(보다가 돌아서는데)

태모 태원아아..

태원 네..(되돌아보는)

태모 (끄응끙거리며 일어나 앉아)나한테는 너하구 니 누이가 전분 거 알지?

태원 ??..네..

태모 나는 숨쉬는 거 먹는 거 일 해서 돈 만드는 거 전부다가 늬들 위해서지 딴 목적은/딴 목적 하나두 없었어. 지금두 마찬가지구.

태원 네..

태모 그래….채린이하구는 이제 어느 정도는 마음이 통해? 니 식구 같아?

태원 ….노력해요..

태모 아직두 노력해야 해?

태원 왜요 어머니.

태모 힘들어?….아직두 뭐냐 정이 안가?

태원 제가 잘해야죠..걱정하지 마세요..

태모 끄으응(한숨)어떡하나 세 번 장갈 갈 수두 없구..

태원 ?? 그게 무슨 말씀이세요.

태모 너한테 미안해서어.. 싫다싫다 하는 걸 어거지로 시킨 게 미안 해서.

태원 (쓴웃음)나가 볼께요.

태모 오냐..(아들 나가고)…(찻잔 집어 들며)아이구 왜 이리 후둘거리 나…후둘거려 죽겠네에에…

S# 주방

슬기 (들어오는 태원)아빠 얼른 와.

476

태원	어엉..(코트 벗어 들고 들어와 처리하고 앉고)
채린	아줌마아아.
임실	밥 푸고 국 떠야닝께 쪼께 기다리쇼.
태원	안 바뻐요 아주머니..먼저 시작해요.(누나에게)
태희	(문고판 책 보고 있다 놓으며)슬기 먹자.
슬기	엉..
채린	(두부 부침 슬기 식 접시에)두부 많이 먹어 슬기. 그래야 머리 좋
	아져.
태희	(채린 보며)올케 두부 많이 먹었어?
채린	즈인 식탁에 두부 없는 날 거의 없었어요./
태희	그래서 머리 좋아?
채린	나쁘진 않죠. 형님보다 들어가기 힘든 대학 다녔으니까요.
태희	이거 좋은 머리 대답이야?(태원 밥과 국 받고)
태원	(잠깐 아줌마에게 웃어 보이고)
채린	(연결)시비 걸지 마세요 형님. 저 솔직해서 그런 건데..
태희	솔직인줄 아는데 주책인 거두 있어.
채린	?? 저만 보며 긁고 싶어 못참겠나봐요.
태원	말투가 원래 그래요. 신경쓰지 말아요.
태희	고맙다.
채린	나한테만 그러는 거 같아요.
임실	(저쪽에서)뭐얼 어머니한테두 그러는구먼.
채린	(혼잣소리처럼)그런가? 두부 안 먹어?
슬기	나중에요..아빠 갈치 맛있어.
태원	(얼른 접시 옮겨주며)먹어 혼자 다 먹어.

슬기 에해해해해

태원 그렇게 좋아?

슬기 고모랑 스키장 갈 거야.

태원 아아 그래?

태희 너 스키 별로니까 내가라두 데려가 가르쳐야지.

태원 좋아요 부탁해요.

채린 우리도 같이 가요.

태원 난 춘 게 싫어요.

태희 은수랑은 갔더라?

채린 ??

태희 이런 걸 주책이라 그러는 거야. 응?

S# 태원 서재

태희 (차 테이블에)금덩어린 줄 알구 덥썩 집어들었는데 알구 보니 똥덩어리야. 얼마나 맥빠지겠니 응?(소파에)

태원 너무 매도하지 말아요.

태희 그래서 혈압 치솟은 거야. 분통터져서.

태원 ….(그냥 찻잔 드는)혹시 슬기 엄마랑 연락있어요?

태희 아니?

태원 아이 가졌다네요.. 점심 먹으러 갔다가 처형 만나 들었어요.
(마시는)

태희 뭐..스텝 잘 밟구 있구나..그래서.

태원 (찻잔 내려놓으며)그렇다구요..

태희 솔직하게.

태원 솔직하게 으으으음…참 나쁜 여자다아..(웃으며 보는)

478

태희　….(보는)

태원　내가 참….못난이였다아아아 흐흐.

태희　…..(보다가)그만해 바보야.

태원　(오버랩/시선 내린 채)우리요…은수랑 나…다시 태어나 만나기로 했어요.(보며 웃는)그런데 조건이 있어요. 엄마는 아웃이에요. 다른 엄마로 태어나래요.

태희　나는

태원　누나는 상관안하든데요?

태희　(일어나는/찻잔 들고)그만해‥남의 사람이야. 너도 그렇구.

태원　예에‥그럴 거에요‥

태희　내려간다.

태원　예.(태희 아웃)…..(천천히 차 마시면서)….

S#　준구 침실

은수　(등 돌리고 자고 있고)

준구　(등 돌리고 책 보고 있는)…(책장 넘기며 잠깐 눈동자가 허공으로 뜨고)

S#　다미 침실

다미　…..(노려보는)

차　대표가 말을 안든 걸 어떡하냐야. 내가 아니야. 나 잘못한 거 없어. 분명히 홍콩에서 전화로 약속했고 나는 그걸 믿었던 죄밖에 없어.

다미　(두 주먹 부르쥐어 올리며)야아아아아아!!!!

차　(오버랩)잠깐잠깐 다미야. 내말 들어 들어봐‥대표두 문제지만 너두 문제야 다미야. 대표 주장이 일리가 없는 것도 아냐.

다미 뭐라구?

차 대표가 너를 못 믿겠다 그거야. 니 지랄같은 성격을 믿을 수가 없대. 그거 덜컥 내 줬다가 너 그거만 챙기고 목이라두 매구 늘어지면 어떡하냐 소리야. 나두 그건 일리 있다구 생각해 다미야.

차 E 너 술퍼먹구 펑크가 대체 몇 번이냐. 이틀 사흘 행방불명 세 차례에 약 먹구 뻗구 밤새도록 처울어 얼굴 해산어멈돼 못 찍구 엉?

차 지금까지 니가 보여준 일련의 니태도에 문제가 있는 거야.

다미 (오버랩)그래서 안 내놓는다구?

차 계약 끝나면서 깨끗이 같이 끝내잔다.

다미 ……(노려보는)

차 사고치지 말고 일 끝내자 우리. 삼년 금방 가. 그렇게 긴 시간 아냐. 금방금방이야.

다미 허….허허허허허(허탈한)….

차 ……(보다가)그 입장두 이해할 측면이 있어 다미야.

다미 (오버랩)야이새꺄. 너 내편이랬잖아. 책임진댔잖아. 오래비랬잖아. 수단방법 안 가리구 뺏어온댔잖아!!!

차 야녀 이새끼저새끼까지는 심하다 어?

다미 (오버랩)이제와서 뭐? 그 입장두 이해해?

차 다미야.

다미 (오버랩)어느 날씨 좋은 날 내가 저기서 뛰어내리면 어떻게 되는데. 응? 그럼 어떻게 되는 건데.

차 야 이기집애야 니가 이러니까 너를 믿을 수가 없는 거야. 그러니까 그거라두 움켜쥐구 있어야

다미 (오버랩)나 죽구난 뒤에 그거 풀어서 늬들이 건지는 게 뭔데..난 아아무 상관없어. 죽은 년이 그딴 거 무슨 상관이야. 나 모르잖아.

차 야 공갈두 한두번이지 이제 그만 좀 해라. 싫증난다.니 엄마를 생각해. 니 형제들 생각해. 너하나 그렇게 간단한 일 아니잖아.

다미 (벌떡 일어나며 찻잔 접시째 집어 날려버리고)

차 (잽싸게 피하고)미치겠네..야 이거 새 양복이란 말야!!!

S# 준구 침실

준구 .....(있다가 은수 쪽으로 돌아누우며 뒤에서 안는).....

은수 .....(자는 것처럼)

준구 자?

은수 ...응...

준구 (바로 눕히며 목에 얼굴 파묻으려)

은수 (밀어내는)조심해야할 시기야.

준구 ....언제까지.

은수 석달.

준구 ......(보다가)뭐냐아아(김새서 바로 눕는)

은수 .....

준구 정말이야?

은수 기본상식이야.

준구 ...후우우우우우

S# 태원의 침실

채린 (혼자 앉아서)..........

S# 슬기의 방

태원   (나란히 기대어 앉아)아빠 결혼하기 전에는 너 아줌마 좋다구
했었잖아..아냐?

슬기   그랬어.그런데 결혼하니까 그때보다는 좀 그래.

태원   뭔가 니가 변한 거 아닐까? 그전에는 아빠랑 둘이었는데 셋이
된 게 싫다는가 뭐 그런 거.

슬기   응 그런데 아빠랑 있을 때 아줌마가 아빠 데리러 오는 거 싫어.

태원   그걸 이렇게 생각해봐..아줌마가 이나구 엄마면..엄머가 데리
러 와두 싫을까?

슬기   그런 거 안해봐서 몰라.

태원   ....(보며)

슬기   그때는 내가 엄마 싫어. 왜 아빠데려가!! 좀 내비둬!! 그럴수 있
잖아.

태원   아줌마한테두 한번 그래 봐.

슬기   그렇게 안해두 나 싫어하는데 뭐.

태원   그거 아닌데 절대 아닌데..아줌마 너랑 친해지고 싶은데 니가
안 받아준다 그러든데.

슬기   정말?

태원   아빠가 거짓말하는 거 봤어?

슬기   아니.

태원   그럼 아빠 말 믿어야지..

슬기   아빠 왜 안데리러 오지?

태원   글쎄? 이상하다 <u>ㅎㅎㅎ</u>

슬기   아줌마는 아빠가 무지무지 좋은가봐 그치?

태원   응 그런거 같아.

482

슬기 (미끄러져 누우며)오늘은 고모한테 안가두 되겠다.

태원 왜.

슬기 그냥 책 읽어줘.

태원 어 그래‥(책 집어 들고 시작하는)

S# 태모의 방

태희 (걸터앉아 혈압 체크한 거 보고 풀며)안정됐어. 푸욱 자구 일어나면 가쁜 할 거야.

태모 괘앤히 삐싼 돈 처들여 옷사주구 빽 사주구 했어.

태희 깔깔 엄마 싼티나.

태모 뭐?

태희 어차피 꿈 박살났어. 거기다 폼까지 구겨야겠어? 모르는 척 관심없는 척 지내.포기해 응?

태모 포기안하면 뭐 어쩔 거야.

태희 엄마가 이런데 내가(혈압기 치우며)돈보구 달려들까봐 남자들 경계하다 날샌거두 웃기는 일이지 호호.

태모 세상이 하아아 망가져 그런 놈이 태반이니까아아‥

태희 나한테 고마운 줄 알어. 내가 멍청해서 사기꾼 중에 사기꾼 끌어들여 엄마 빈털터리 안 만들어준 거.

태모 내가 누군데 그런 꼴을 당해.

태희 좌우간 안됐수. 동정을 금치 못해.

태모 이기죽거리지 말구 나가.

태희 티내지 말라구우우 불꺼줘?

태모 놔둬. 로션 발라야 해.(일어나고)

S# 거실

태희　(나오면서 전화 /꺼내 번호 찾으며 제 방 쪽으로/통화 시도)

　　　[벨 가는….]

S#　준구 욕실

　　　[전화벨.]

은수　??(거품 욕조 물 받던 것 잠그고 놓아두었던 전화 집어 들고 보는)

　　　[태희고모.]

은수　??(약간 긴장)네 여보세요.

태희　F 임신 축하해.

은수　?? 어떻게 아셨어요?

S#　태희 방

태희　(화장대로)태원이가 점심 먹으러 갔다 언니 만났대드라. 그러
　　　드래.

은수　F 네에.

태희　(앉으며)너 나쁜 여자라드라.

S#　욕실

은수　….

태희　F 엄마 바꿔 다시 태어나 살자 그랬다면서….그런 말 하는 애
　　　가 아닌데 안됐어 죽을 뻔 했어.

은수　(오버랩)슬기한테는 내가 말할테니까 말하지 말라 그래주세요.

태희　F 엉 그게 낫겠지. 암튼 축하한다.

은수　··네에··

태희　F 잘자.

은수　안녕히 주무세요··(끊는데)

준구　(문 여는)누구야.

은수   슬기 고모.

준구   왜.

은수   안부.

준구   그 집 식구하구 아직 안부 챙겨?

은수   그럼 안돼?

준구   ….(보며)

은수   슬기가 좋아해. 슬기 부탁 했었구.

준구   알았어. 쌔애해 질 건 없어. 그냥 물어 봤어. 욕조 목욕은 괜찮은
         거야?

은수   자구 싶은데 잠이 안 와.

준구   빨리 하구 나와 와인 한잔 합시다. 그럼 잘 잘 거야.

은수   술 안돼.

준구   어‥그런데 되는 건 뭐야.

은수   평화로운 마음.

준구   …괜히 물었군‥(김새서 문 닫는다)

은수   (닫힌 문 보며)….

S# 준구 침실

준구   (드레스 룸에서 나와 침대로 오르는데)

         [전화벨.]

준구   (보면)

         [제이슨 리.]

준구   ……(망설이다 드레스 룸 쪽 보며)정수한테 전달 받았다.

다미   F 정신차리라 그랬단 얘기 들었어.

준구   그래 왜.

S# 다미 주방

다미 (와인 병 꺼내 놓으며)보고싶어 ….보고 싶어.

준구 F …..

다미 보고 싶어.

준구 F 와이프 임신했어. 그만해 응?

다미 …..

준구 F 끊어..(끊기고)

다미 …….(전화 내리며)…..(전원 꺼놓는)

S# 준구 침실

준구 (전화 전원 꺼놓고 팔 하나 뒤통수에 넣고 누워)………

S# 광모 오피스텔

광모 (현수 끌고 침대로)

현수 하지 마하지마..하지 마아아아.

광모 가만있어 가만 있어.

현수 (쓰러트려지면서)어디서 하던 버릇이야 너어!!!!

광모 (멈칫해서 보는)

현수 드런 자식.(밀어젖히며)드으으러운 자식.

광모 현수야.

현수 (일어나 머리통 후려갈기는)

광모 (얻어맞고)…..잘못했어.

현수 그러구 싶어? 그런 식으루 하구 싶어?

광모 못참겠어 현수야.

현수 나 십오년인데 그걸 못참아?

광모 알았어알았어알았어.

486

현수 너 조금만 받아주면 바로 이래. 그 생각밖에 없어.

광모 알았다구.

현수 딴 여자들이랑 똑같이 취급하지 마.

광모 그런 거 아냐.

현수 아니긴 뭐가 아냐 나쁜 자식.

　　　[현수 거실로//코트 입고 /목도리 두르고 /장갑 끼는데]

광모 (나와 붙으며)니가 달달하게 굴었잖어.

현수 ??(쏘아보는)

광모 너두 원하는 줄 알았지. 우리 분위기가 그랬어 현수야.

현수 원할 땐 원한다구 말 할게.

광모 뭐가 그렇게 까다롭냐 넌.

현수 주하 뒷구멍에서 그럴 수 없어.

광모 너 결벽증이야.

현수 아냐. 최소한의 의리야.(펑 나가고)

광모 ‥‥‥(잠시 있다가 후다닥 옷 챙긴다)

S# 원룸 골목

　　　[광모 차 와서 멎고.]

현수 (내리며)가.

광모 (내리는)

현수 왜 내려 가라니까.

광모 현관까지 데려다 줄라구.

현수 필요없어.(움직이고)

광모 (따르는)

S# 원룸 안

[강아지들 발자국 소리 듣고 현관에 모여 있고]

[전자음.]

현수　(문 열고)가.

광모　E 물 한잔 줘. 속이 타.

현수　…(잠깐 망설이다 들어와 아이들 안으며 반가워하고)

광모　(바로 들어와 괜히 아이들 머리 만지며)쭈쭈 뽀뽀 아빠다아빠.

현수　(흘기는데)

광모　(주방으로 가며)앤 또 없는 거냐?

S#　당구장에서 주하에게 당구 가르치고 있는 인태

[가르치는 대로 정확하게 맞고 주하 펄펄 뛰면서 좋아하는….인태도 즐
겁고/ 손바닥 짝 맞추고 인태, 주하 등 뒤로 가서 다시 시작··]

S#　현수 원룸

현수　(침실에서 내려오다 보면)

광모　(선 채 소주 병나발 불고 있다)…

현수　그게 물이냐?

광모　물두 마셨어.

현수　(주방으로)안주도 없이…(냉장고 열고 이것저것 꺼내는)

광모　(보며)‥‥‥

S#　원룸 식탁/시간 경과

[같이 마시고 있는 두 사람.]

광모　변할 수 있어 얼마든지 변할 수 있어. 나 변했잖아.

현수　(보며 마시는)…

광모　울 엄마 젚때 그러는데/ 내가 그랬거든. 나 이제 여자들한테 별
흥미가 없다구. 그랬더니 엄마가 놀만큼 놀았나부다 그러더니 결

혼 전 실컷 논 놈들이 결혼하구 착실하게 살기두 한 대. 왜냐.. 여자 졸업한 거래. 다 똑같은 거 알기 때문 일 거래.

현수 딴 애기 해라.

광모 그런데 지가 난장판으로 놀았던 놈 중에 의처증되는 놈두 있 대. 웃기지. 난 그건 걱정할 필요없어. 너 바람기 없거든. 내가 너 몰라? 너는 지나치게 너 자신을 사랑하기 때문에 절대로 허튼 짓할 애가 아니야..

현수 믿지 마..거리로 뛰쳐나가고 싶었던 때두 많았으니까.

광모 생각으로만 하하.. 한 번도 그래본 적 없잖아.

현수 너 늙은 거 보면 나 늙은 거 알아.

광모 아직 늙기까지는 아냐.

현수 (턱 고이며)너 차암...보기 좋았는데.. 그 때는 니가 지나치게 큰 거 같았는데.

광모 (오버랩)좀 튀게 컸었지. 너는 밤낮 뚜웅..쟤는 무슨 불만이 저렇게 많은가 했지.그래두 너 입 이렇게(닭 똥구멍)내밀고 왔다갔다 하면 그게 웃기면서 귀여웠어.

현수 너 첨 봤을 때는 나 거의 자폐였어.학교는 다녔다..하루 걸러거나 이틀 걸러거나. 부모 걱정 마않이 시켰다. 지금은 왕 된 거야야..

광모 왜 그런 거야.

현수 그냥...다 귀찮구 시시하더라.

광모 그래두 유기견 돌보미는 꼬박꼬박 나오더라. 혹시 나 보러였냐? 응?

현수 (보며 생글생글)엉.

광모　정말?

현수　너 가야겠다.(일어나며)

광모　아직 남았어(술병)

현수　일어나..

광모　왜애(일어나며)

현수　취했나봐. 주하한테 의리 지키기 싫어져.

광모　?? 조금만 더 마시면 어떨까.

현수　가.빨리.(움직이는데)

광모　(뒤에서 안아버리고)

현수　(순간 확 돌아서 마주 안으며 달라붙어 입 맞추며 자연스럽게 위치
　　가 바뀌는데 주하 들어오는 서늘한 바람에 눈 뜨고)??(광모 확 밀치는)

광모　????(주하 보고)

주하　……(입 벌리고)……

현수　주주주하야.

주하　(작게)기절은 이럴 때 하는 거 아니니?

현수　주하야

주하　야 이 기집애 납쁜년.

광모　주주주주하야.

주하　(오버랩)이것들 순 쌍것들 아냐.

현수　얘기할게

주하　(오버랩)뭘 뭐얼/내눈으로 똑똑히 봤는데 뭘 더 얘기할 게 있어‥

현수　(다가서며 말하려는데)

주하　(연결)너 아무리 남자가 궁해두 이건 아니잖아 기집애야. 저
　　자식은 내논 놈이라 그렇다치구 너 뭐야, 너 도대체 뭐야아!!!

광모　(오버랩)너 알지두 못하면서 덮어놓구 깽판치지 마아!!

현수　(오버랩)너 가.

주하　(광모에 오버랩)뭘 알아야 하는데

광모　(오버랩)그러니까 얘길 들어. 얘기한단 말야.

현수　(광모 밀어내며)가가 가아아아.

주하　(오버랩)언제부터야 너 니 자식 양다리걸친 거였어?

광모　(현수 뿌리치며 오버랩)그거 아냐!!

주하　어엉 그래. 설마 그건 아니겠지.

현수　(오버랩/주하 잡으며)앉아 앉아서 얘기해.

주하　(오버랩 홱 갈기며)이럴 수 있어? 너 이럴 수 있는 거야?

광모　야아아.

주하　니가 나한테 어떻게 이래. 다른 사람두 아니구 니가 나한테
　　　에에

현수　미안해 주하야.

주하　너 나랑 같이 죽여준댔잖어 저 새끼이. 어엉엉엉엉 어어어엉
　　　엉엉.

현수　....(보며)

광모　(뭐라 말하려는데)

현수　(팔 잡아 말리는)

주하　(갑자기 울음 뚝 그치고)오케이. 세상에 전혀 없는 일은 아니겠
　　　지. 그래 언니 남편 동생 남편두 훔치는 세상에 뭐 (계단으로 빠르
　　　게)쌍 것들 순 쌍 것들.

현수　나 스무살때부터 광모 좋아했어.

주하　(걸음 뚝 멈추고).......(있다가 천천히 돌아보는)????

현수 (눈물 뚝뚝)이 자식 딴 짓하구 다니는 거 바라보고 있을 수 밖에

　　없었어.

주하 ????……

S# 원룸 앞

　　[꽤 길게 그냥 두었다가 터덜터덜 나오는]

광모 ……(제 자동차로)……

S# 자동차 안

광모 (차에 타서)………(앞 보며 있다가)아아아으…아아아아아………

S# 원룸 주방

주하 (보고 있고)……

현수 (두 손으로 이마 고이고)……(눈물 툭툭툭툭)……

주하 너……너 …바보니? 어떻게……아니 어떻게……말을 못하겠다··

　　말이 안나와.

현수 ……

주하 너 천치야? 멍텅구리야?!!

현수 ……

주하 와아아아아…..야아아아아아.. 나 너를 이해할/쑤가 없다 응?

현수 미안해··미안해 정말.

주하 이해할 /쑤가 없어. 정말 이해가 절대 안돼…

현수 응응 내가··그래애.

주하 ….

현수 (휴지 뽑아 눈에 대며)나한테 관심없는 애한테 ….어떡해애··

주하 그럼 짤라 버리지 해바라기가 뭐야. 안광모가 뭔데. 니가 뭐가

　　아쉬워서.

현수 글쎄 말야.

주하 잘난 척은 독판 하면서 ……(입 벌리고 보다가)너 소설 주인공 하구 싶었니? 고대애루 늙어죽을라 그랬어?

현수 (코 푸는)…

주하 짝사랑 기록세울라구?

현수 그냥··그렇게 되더라.

주하 광모 안 토끼구 그냥 결혼했으면····너 우리 사는 거 보면서 쭈욱···그냥 그럴 참이었니?

현수 (보며)너한테서 내 마음 접었었어.

주하 ·····(보며)미치겠다. 응 니가 나를 미치게 한다. 도대체 그게 무슨 악취미야아.

현수 ·····

주하 (일어나며)병원 가봐라. 정상 아냐. 너 환자야··지금 너무 늦었구 내일 방 뺄 게.

현수 (보는)······

주하 (거실로)····(계단으로)······

현수 ······(가만히)

S# 원룸 밖(사이 좀 두고)

S# 원룸 침실(불 꺼져 있고)

주하 (침대에 누워서 눈 감고)······

현수 (바닥에 누워서 등 돌리고)·········(충분한 시간)····

주하 (부시시 일어나 현수 쪽 보는)·········(침대 내려서 현수 등 뒤로 가 안고 눕는)··········바보 콘테스트 없냐? (가만히)········몰랐어···미안해····그런데 나는···· 죽는 날까지 너···이해는 못할 거야······그래두 죽는 날까지 우리….친구는 하자 현수야..

현수   ……….

주하   (울음 터지며)너 정말…… 힘들었겠다…..

현수   ……

F.O

S# 준구네 거실

은수   (찻잔 들고 나와 서재로)…

이모   (자기 방에서 나오다 보고)살곰살곰 걸어라 아가.

은수   (돌아보며)안녕히 주무셨어요?

이모   오냐아아 (주방으로)잠시 잠깐두 잊지말구 조심해.

은수   네에…(서재로 노크)아버님.

회장   E 그래애..

S# 서재

은수   (들어와 찻잔 놓으며)제 시간에 일어나셨네요 아버님.

회장   아니야 세시에 깼어.

은수   (어떡해요 얼굴)

회장   너는 잘 잤냐?

은수   네..저는….

회장   으으음(찻잔 들고)

은수   (목례하고 두어 걸음 뒷걸음으로)

S# 주방

준모   (차 만들며)아아무 꿈도 없었어요.

이모   (따라진 찻잔 당기며)가만 있어 내가 대신 꿔 줄테니까..

준모   (그냥 웃고 앉는데)

494

은수   (들어오는)

이모   너 태몽 안꿨냐?

은수   ?? 모르겠어요 이모님.

이모   친정 어머니께 한번 여쭤보렴..어머니가 먼저 꾸기도 해.

은수   네에..

이모   아직 안 꾸셨으면 아무 꿈두 꾸지 말구 기다리시라 그래. 내가 꿀
      거니까.

준모   아으으 (꿈도 맘대로)

은수   네에에..(도우미 준구 주스 갖고 와주고/ 준구 받아드는)

S# 운동실

준구   (운동하고 있는)·······

은수   (주스 들고 들어오고)···

준구   거기 놔요.

은수   (놓고 돌아서는데)

준구   잠깐··(운동 기계 멈추고 땀 닦으며)깊은 잠 못자는 거 같던데···(주
      스 집으며)··여러번 뒤척이더라구··

은수   응 서너번 그랬던 거 같아.

준구   그건 아직 마음에 평화를 못 찾았다는 얘기지.

은수   마셔요.(돌아서는)

준구   무슨 꿈 꿨어···내가 깨워줬잖아··

은수   생각 안나네.

준구   누구한테 목 졸리는 거처럼 끙끙거리던데.

은수   생각 안나··마셔.(나가는)

준구   (마시는)·····(은수 사라진 방향 보며)

S# 현수 주방

현수   (커피 따라 들고 계단으로)

S# 침실

주하   (트렁크들에 소지품 채워 넣고 있는 중).....

현수   (올라와 보며)......

주하   ......

현수   커피..

주하   (돌아보고 받아서 마시는)

현수   꼭...당장 나가야하니?

주하   내가 없어주는 게 너 편할 거 아냐.

현수   집 먼저 구해놓구 나가두

주하   (오버랩)빈 오피스텔 있을 거야..없으면 집에 들어갔다 나오면
        되구..

현수   ....(보며)

주하   전화는 하자..전화할게..

현수   오피스텔 같이 봐주러 다니면 안돼?

주하   인태씨 있잖어..걱정 마.

현수   .....나 보기 싫지.

주하   아냐..보기싫을 거 뭐 있어. 따지고 보면 나두 가해자중에 하
        난데..

현수   그런 게 어딨어.

주하   미련곰탱이였던 나 자신이 한심할 따름이야..허허..광모자식
        한테 홀려서 바람잡이 해달라구 목을 매질 않았나..결혼하게 도와
        달란 부탁을 안했나..(머그잔 놓으며)얼굴 뜨끈거려 죽겠다.

496

현수   ....(보며)

주하   (짐 넣으며)어젠 당구 배웠어..재밌더라.

현수   ....(보며)

주하   웨이크보드두 잘탄대. 보는 거랑 달라. 여름에 배워주기로 했어.

현수   재밌겠다.

주하   어 새로운 세계야..

현수   ....(보며)

　　　[침대 머리맡에서 현수 전화벨.]

현수   (움직여 보고 받는)네 아빠. 무슨 일인데요.

S# 마루

자부   엄마가 좀 다쳤어. ...아니 놀랄 건 없어..놀랄 건 없는데 날두
　　　춥구 택시 잡는데까지 한참이라. 엎어져 턱이 찢어졌는데 피가 많
　　　이 나.이두 다친 거 같구.

자모   (수건으로 입과 턱 꽉 누르고 남편 보는데/수건이 피로 좀 젖었다)

S# 현수 침실

현수   (오버랩)(발 구르며)아 어떡하다가아아아/가 지금 가 아빠.(끊
　　　으며 외투 챙기는)주하야 너 운전해.

주하   ??(보고 있다가)무슨 일인데에.

현수   울엄마 다쳤대애.(주하 코트 채서 집어 던지고 뛰어 내려가는)

주하   으으응?

현수   (벌써 뛰어 내려가며)빨리이이!!

주하   알었어 알었어어어.

S# 원룸 앞길

현수   (뛰어나와 원룸 보며 인상 쓰고)

주하　(뛰어나오며 시동 걸고)

둘　(타고)

　[부웅 뜨는 자동차…]

S# 골목 대문 앞

부모　(나와 있는데)

　[들어오는 자동차..부모 주하 차는 낯설다..]

현수　(집 앞에 멎는 자동차에서 뛰어내려 피 보고 놀라서)어떡하다가아 아!!!

자부　(오버랩)타타 여보 빨리 타··(아내 태우고 아버지도 타고)

S# 차 안

현수　(조수석으로 타며)왜애 어떡하다 그랬는데에.(차는 부웅 출발하고)

자부　간장 떠 오다 계단 모서리에 엎어졌대.

자모　미안해 현수야 미안해미안해애애··

현수　아으 아으아으··속상해.

자부　미끄러워어.

현수　미끄러우면 조심을 했어야지이이

주하　(오버랩)얘 시끄러 가만 있어.

현수　(주하 보고)

주하　(현수에게 인상 부욱 쓰고)괜찮아요 어머니··응급실 금방 가요. 십오분이면 충분해요.

S# 준구 주방

　[은수 빠진 아침 식사 중.]

준모　?? 누구 보내구 쉬세요.

498

회장 잠깐 다녀오면 돼요. 오늘 널 하는 친구 차일피일하다 떠나면 평생 후회돼요.

준모 의식도 없다면서요.

회장 내 양심에 문제지요.. 고등학교 때 그 어머니한테 밥도 여러번 얻어 먹었는데 나중에라도 어머니가 아셔봐요..여행 가기 전에 다녀와 금방 들린다 그랬는데 가야 해요.

이모 어머니가 아직 생존해 계세요?

회장 구순인데 아직 정정하시대요.

이모 쯔쯔..어머니 목숨 아들 나눠주구 먼저 가시잖구..

회장 어머니껜 미국으로 치료 받으러 갔다 그런대요.

이모 까딱하면 줄초상 나지 그럼·····

준모 숭늉주세요

도우미 E 네에에

S# 준구의 방

은수 (침대 걸터앉아 우유 마시고 있는/ 침대 위 작은 상에/ 과일 종류. 샐러드 수프)·····

S# 태원 주방

　[가족 식사 중.]

태모 (먹다가 멈추고 채린 보는)

채린 (검정콩 골라내고 있는)····

태모 너 뭐하는 거냐.

채린 ?? 네 저 콩 안 먹어요 어머니.

태모 애보는데 자알하는 짓이다. 콩만큼 좋은 게 어딨는데 콩을 왜 안 먹어.

채린 어렸을 때부터 밥에 논 콩은 안 먹었어요.

태모 쯧 군소리 말구 먹어.

태희 (오버랩)놔둬어‥뭘 먹는 거까지.

태모 슬기 배워.

태희 슬기는 잘 먹는데 뭘. 나두 밥에 콩 싫어. 안 먹는 사람 있어.

태모 그거 이리 다우.(콩 골라놓는 접시 태모에게/ 주워 먹으며)이걸 왜
　　안 먹어. 이렇게 맛있는 걸‥‥두부는 먹으면서 왜 콩은

태희 (오버랩)아 엄마(하지 마)

태모 (그만두고)

태원 아주머니.

임실 에에. 뭐 필요항가잉?

태원 슬기 목욕 좀 시켜주세요.아주머니하구 하겠대요.

임실 잉 그라지그라지요.

태모 아줌마랑 너 오늘 아래 위층 홀꺼덕 뒤집어 구석구석 대청소 좀
　　해라.

채린 ??

임실 벨로 그럴 거 없는디

태모 (오버랩)일 많아졌다구 대강대강 모를 줄 알아?

임실 워매 사람 잡네. 허리 부러져라 할 일 다하는구먼

태모 (오버랩)너 시집 와 청소 한번 제대로 안했잖냐.(좋게)아줌마 하
　　는 거 보고 찬찬히 배워 이제부터 청소는 니가 맡아주렴.

채린 저 혼자서요?

태모 아줌마 혼자 다했는데 왜.

채린 ???(태희 보고)

500

태희 (모르는 척)

채린 (태원 보는)

태원 갑자기 그건 무릴 거에요. 청소 아줌마 한분 불러주세요.

태모 돈이 어딨어.

채린 (생글생글)할수 없는 건 할수 없다고 말씀드릴래요. 저 그거 못
해요 어머니.

태모 ??

태희 ??

채린 대신 청소아줌마 제가 부를게요. 그럼 되죠 어머니?

태모 낯선 사람 집에 들이는 거 싫다.

채린 그럼 어떡해요..전 한번두 해본 적 없는데..걸레 한번두 안 빨
아봤는데요.

태모 그런 것 같기는 하더라만 우리가 무슨 재벌 집두 아니구 해야
하면 해야지 어쩌겠니/

태희 (오버랩)아 엄마 아줌마 하나 더 불러어.

채린 어머 형님 고맙습니다아아아..

태모 (보며)…

태원 (수저 놓고 일어나며)그렇게 하세요. 슬기 안녕.

슬기 안녕(태원 나가는)

채린 (일어나며)감사합니다 형니임..(꾸벅하고 나가고)

태모 ????(나가는 채린 보며)

태희 (엄마 보는)…

S# **거실**

채린 (가방 들고 신 신는 것 기다리는)

태원   (가방으로 손 내미는)

채린   (가방 주면서)고마워요 여보.

태원   (말없이 나가고)

채린   (현관에서 돌아서며 딱딱한 얼굴로)⋯⋯

제24회

S# 태모 안방

태모 ··(잠깐 보고 다시 먹으며)그런데···늬집 ··뭐냐··재산이··얼마나 되니.

채린 ?? 저는 잘 몰라요··

태모 하기는 ··우리 애들두··잘 모르니까····그런데 그게·· 진정으로 너한테 넘어올 게 하나두 없다면 너는···니 마음은 어떻겠니(여전히 안 보며)

채린 쭈욱 그렇게 알고 있었기 때문에 뭐···그렇지만 좀 아쉽기는 하죠오.

태모 우리 태희같으면 내 눈을 후벼팔텐데··흐흐흐흥(며느리 보며) 너는 그저 아쉽다아아 그 정도구나··

S# 회사 사무실

현수 (칫솔질하며)병원 갔다 왔대. ···그러엄 엄청 좋아하신대. 서방두 좋아라 그러구···응···그런데 엄마···성 다른 자식 두 마리 그거 괜찮은 건가?

S# 준구 침실

은수 ??(돌아보며)월급은 노동 값이야. 인격 포함 아니라구.

준구 ??? 왜 이렇게 어렵게 나와 이 사람.

은수 (준구 쪽으로 나서며)어렵게 사는 사람 자존심 없는 줄 알아? 나 버스타구 지나면서 아빠회사 앞에서 아빠보다 어린 사장한테 우리 아빠 조인트까이는 거 본 적 있어. 아빠 거기 계속 다녔어. 자존심 없어 선줄 알아? 먹구 살아야했기 때문이야.

S# 태원 서재

태원 솔직하게 으으으음…참 나쁜 여자다아..(웃으며 보는)

태희 ….(보는)

태원 내가 참….못난이였다아아아 흐흐.

태희 …..(보다가)그만해 바보야.

태원 (오버랩/시선 내린 채)우리요…은수랑 나…다시 태어나 만나기로 했어요.(보며 웃는)그런데 조건이 있어요. 엄마는 아웃이에요. 다른 엄마로 태어나래요.

S# 다미 거실

차 …..(보다가)그 입장두 이해할 측면이 있어 다미야.

다미 (오버랩)야이새꺄. 너 내편이랬잖아. 책임진댔잖아. 오래비랬잖아. 수단방법 안 가리구 뺏어온댔잖아!!!

차 야너 이새끼저새끼까지는 심하다 어?

S# 현수 원룸

주하 (갑자기 울음 뚝 그치고)오케이. 세상에 전혀 없는 일은 아니겠지. 그래 언니 남편 동생 남편두 훔치는 세상에 뭐 (계단으로 빠르게)쌍 것들 순 쌍 것들.

504

현수   나 스무살때부터 광모 좋아했어.

주하   (걸음 뚝 멈추고)……(있다가 천천히 돌아보는)????

현수   (눈물 뚝뚝)이 자식 딴 짓하구 다니는 거 바라보고 있을 수 밖에 없었어.

주하   ????……

S# 타이틀

S# 준구네 정원(낮)

S# 준구의 침실

은수   (속옷 다림질 준비하는 중)….(생각이 슬기에게/ 세탁물에서 손 놓고 침대 쪽으로. 걸터앉으며 전화 집어 들고 내려다보며)…..

S# 태희의 방

태희   (얼굴에 팩 붙이고 누워 있고)

슬기   (방바닥에 앉아서 퍼즐 맞추기/나이에 맞는/쓰리디 입체 퍼즐 신데렐라 성은 어떨까….골똘히 하고 있는)

    [메시지 들어오는]

슬기   (옆에 전화 집어 들고 열어보는)

은수   E 엄만데요 슬기씨 바쁘세요?(슬기 웃으며 답장 찍는다‥)

태희   누구야?

슬기   엄마…

태희   전화해…

슬기   (잠깐 보고 좋아서)네에에‥(통화 버튼 누르는)

    [전화벨 가는 한 번에]

은수   F (너무 반갑게)어 전화했네?

슬기   고모가 하랬어. 고모랑 있어.

은수   F 어 그렇구나..뭐하는 중인데?

슬기   고모는 팩하구 나는 퍼즐 맞추기.

은수   F (태희 일어나며 팩 떼고)슬기 오늘 행복해?

슬기   응 할머니 나가시구 임실 할머니는 어떤 아줌마랑 청소 하시구 아줌마는 뭐하는지 모르겠어.(슬기 돌아보고)

은수   F 어떤 아줌마가 누구야?

슬기   (태희 돌아보며)응 청소해주는 아줌마. 일주일에 한번.

은수   F 으응 그랬구나.

슬기   엄마는

S# 준구의 침실

슬기   F (연결)오늘 행복해?

은수   F 응 엄마두 괜찮아.

S# 태원 거실

[침대 이불 다 바닥에/완전 벗겨진 매트리스 머리 쪽과 다리를 돌려 앉히는 중이다]

임실   (낑낑거리다가)아 힘 좀 쓰랑게. 젊은 사람이 어쩨 그렇게 힘을 못쓰능가?

여인   나는 이런 일 하는 사람 아니에요 아주머니.(부었다)

임실   옴마? 이런 일하는 사람 따로 있능가?

여인   나 재작년 척추 수술 했어요.

임실   ?? 그런 사람이 왜 왔당가?

여인   가라 그러니까 왔지요.

임실   쯔쯔 혼자 할랑게 쩌어리 멀찌기 비키쇼잉. 비키쇼.비키쇼.(혼자 하면서 꿍얼거리는)않느니 죽지. 어디 사람이 없어 아이고 참.저번 아줌마는 힘 좋드구만.

S# 태원 주방

채린 (혼자 착즙기에서 오렌지 주스 만들고 있는/오렌지 껍질들과 과도)

.....(입 꼭 붙이고 주스 채워지는 것 보다가 끝나자 빼내어 와인 글라스에

가득 따라/천천히 마시는)......

S# 준구의 방

은수 맞어 이제부턴 쭈욱 임실 할머니랑 목욕해··할머니가 진짜 좋

으신 분이야.그리구 슬기를 정말정말 예뻐하시는 할머니야.

슬기 F 나두 그렇게 생각해.

은수 고모 아직두 팩 하셔?

슬기 F 아니 뗐어 얼굴 때려주구 있어. 고모는 얼굴 많이 때려줘. 그

래야 안 늙는대.

태희 F (새어 들어온)야아아

슬기 F (소리 내어 웃는)

은수 (웃으며)그래 그만 끊구 고모랑 놀아··

슬기 F 응··

은수 안녕.

슬기 F 안녕(끊기는)

은수 (전화 놓으려는데)

　　[전화벨.]

은수 응 언니.

현수 F 바뻐?

은수 아니 별루··

S# 거리

현수 (씩씩하게 걸으며) 그럼 집에 좀 가봐라. 엄마 다쳤어.

은수 F ?? 어딜?? 언제.

현수 간장 떠 갖구 들어가다 미끄러져 턱 찢어져

S# 준구 침실

은수 ???(위에)

현수 F (연결) 께매구 이두 다치구 말씀 아냐. 며칠됐어.

S# 거리

현수 (연결) 너한테 알리지 말라는데 자식 됐다 뭐하냐. 부모만 자식 때매 속 아파야 해? 시간 괜찮으면 잠깐 가봐.

S# 준구 공장 내부

[자동화로 제조되고 있는 생산 라인 이동하며 둘러보는 준구 / 일행들.]

[공장장에게 설명 듣는 준구의 모습. / SMD 라인에 멈춰 서서 공정 잠깐 지켜보는 준구]

준구 에스엠디(SMD) 공정의 불량률은 어느 정돈가요?

공장 네 (다소 과장스럽게) 영쩜 영영영영일 프롭니다. 사장님.

준구 하하 네 잘 관리되고 있네요. (이동하며) 현재 생산케파가 얼마나 되죠?

공장 네 저희 제1공장에서는 월 삼만대, 연간 삼십육만대의 생산량으로 작업되고 있습니다.

준구 증산은 얼마나 가능하신가요

공장 최대로 풀가동하면 30% 정도 추가생산이 가능합니다.

준구 그래요. 그럼 제 2 공장에서 일본물량을 소화하고 제 1 공장에서 유럽바이어 추가오더를 진행하면 될 것 같네요. 다음 달부터 월 1만대 증산을 해 주시구요. 추가 작업하시면서 품질관리더욱 철

508

저히 해 주세요.

공장 예. 걱정마십시오 사장님.

S# 친정 대문 앞

[은수 자동차 빠르게 들어와 멎고/뛰어 들어가는··]

S# 마루 주방

자부 (묽게 쑨 죽 냄비 찬물에 담가놓고 부채질해가면서 저어 식히고 있는)·······

S# 안방

자모 (턱에 붕대, 인중에 시퍼런 멍. 부어오른 채 누워 한 손에 거울 들고 보다 거울 툭 떨어트리듯 놓으며)······후우우우우···나쁜 맘 먹은 거두 없는데에에에··

은수 E 엄마아아··

자모 ??(놀라서 허둥지둥··마스크 쓰며 일어나는)

자부 E 너 웬일야.

은수 E 언니 전화했어요.

자부 E 그 자식은 가만 있으라니까 말 안듣구

은수 (문 열고 엄마 보며 들어오는)

자모 (보며 마스크 안에서)뭐하러 뭐하러 와아아··

은수 어디 봐.엄마.(달려들 듯)

자모 (피하며)괜찮어 볼 거 없어 괜찮어어.

은수 어디 보자구우우.

자모 (손 저으며 뒷걸음치며)싫어싫어 하지 마··나 괜찮어 괜찮어어.

은수 (엄마 젓는 손잡고 마스크 벗기고 보는)·······

자모 ····

은수 (속상해 눈 감고 고개 잠깐 옆으로 돌렸다 엄마 보며)조심좀 하지 엄마는 이게 뭐야아.

자모 (한 손으로 입 가리고)미안해.잘못했어어어.

은수 (마스크 집어 들고)써 못 봐주겠어.

자모 (그 상황에도)으흐흐 그렇지?(은수 씌워주고 본인도 마스크 귀에 걸고)

은수 왜 말 안했어. 나 자식 아니야?

자모 아 뭐 좋은 일이라구우.

자부 (밥상에 식힌 달걀죽에 간장. 동치미/들고 들어오는)

은수 (앉은 채 코트 벗으며)얼마나 다친 거예요.

자부 턱 ***바늘 꿰매구 앞니가 (상 놓으며)한 개는 안으루 심하게 들어가구 세 개는 그보다는 덜하구…. 제자리 돌리는 치료해야 해.

은수 치료는 된대요?

자부 된대….될 거래.

은수 (오버랩)아빠 우리 집 다니는 치과 선생님

자부 (오버랩)놔둬‥여기 치과두 잘 한 대. 신경쓰지 마.

자모 (남편과 함께)아냐아아 괜찮어어.

자부 (오버랩)좀 먹어‥달걀 두 개 풀어 넣었어‥

자모 배 안고퍼.

자부 어떻게 배가 안 고파 나는 배고파 죽겠구먼.

자모 (오버랩)얼른 나가 사먹어 빨리 나가.

자부 (은수에게)아직 식혀먹어야 해. 입안이 괴롭대(웃으며)어이 먹으라니까. 나 나가야 해‥

자모 알었어어‥(마스크 벗고 죽 먹기 시작하는)

510

은수   ……(먹고 있는 엄마 보다가 눈물 쏟아져 일어나 나가는)

자모   (나가는 딸 보고)

자부   (같이 딸 잠깐 돌아보며)쯔쯔. 자알 자구 일어나 왜 일은 저질러 갖구는.

자모   글쎄 말아아..

S# 마루 가운데

은수   (주방을 향해 서서 두 손으로 얼굴 가리고 울고 있는)……

S# 현수 사무실

현수   (뭔가 일하다가 문득 전화 집어 내려다보는)….

S# 주하 새 오피스텔

[주하와 인태 주방 살림살이 사온 것들 박스 뜯어 꺼내놓고 있는 중. 최소 밥솥. 밥공기 국 공기 서너 개씩.. 도마 칼. 기타 등등..]

인태   (밥솥 코드 있는 쪽에 갖다놓고 오는데)

주하   (밥공기 국 공기 꺼낸 것들)이거 싱크대 넣어주세요.

인태   내가 씻을게요.

주하   두세요, 내가 해요 씻을 거 많아요.

인태   (그릇 옮기며)맡겨두세요. 엄마 계실 때두 거의 다 내가 했어요. 나 음식두 잘해요.

주하   호호 그래요오?

[메시지 들어오는/인태 돌아보고]

주하   (두리번거리다 소파 탁자에 전화로/ 움직여 확인)

현수   E 뭐하는 중인지는 모르지만 생각해보니 고맙단 말도 못하고 보낸 거 같아. 덕분에 울 엄마 신속한 처치 가능했어. 고마워.

주하   E (답 쓰는)어제 오피스텔 결정하구 오늘 이사.주방 살림 정리하는 중..인태씨가 도와주고 있어. 엄마는 좀 괜찮으시니?

S# 현수 사무실

현수   E (답장)아직 보기 괴로워. 그래도 부기는 많이 빠졌어.

S# 친정 안방

은수   (머그잔 하나 들고 마주 앉아서 보며)······언제까지 죽 먹어야 해.

자모   (마지막 숟가락 상에 놓으며)어 내일부터는 밥 먹을 거야..아빠
         가 고생이지 뭐. 내가 한 대두 기어이 들어왔다 나가. 내가 손 다쳤
         어? <u>으흐흐</u>

은수   어떻게 넘어졌길래애.

자모   미끄러졌지이이..폭 고꾸러졌어. 이렇게 폭/(은수 상 물리고 마
         스크 집어 들며)정신 딴데 팔어 그렇다구 아빠한테 혼났어 그래두
         뼈 안 다친게 어디야.(마스크 쓰는)

은수   ·····(보며)

자모   속은 어때.

은수   그냥 그래··

자모   슬기때하구 어때.

은수   ·····(보며)

자모   괜히 물어봤어?

은수   아냐··슬기때는 구박까지받느라 정말힘들었었는데··구박은
         안받으니까 훨씬견딜만 해··

자모   아들이면 좋겠다··아들 기다리실텐데··

은수   (오버랩)엄마일 좀 제발 그만 둬··이제 안 벌어두 돼애.

자모   알어어··조금만 더 하구··길어야 이삼년이야 걱정마. 너 가봐
         야잖어?

512

은수 (오버랩)아버님께서 엄마아빠랑 저녁 한번 하신다구..일정 뽑
　　 는다 그러셨는데(엄마 벌써 손 휘젓는)당분간 안되겠네 뭐.

자모 안돼안돼..안 다쳤어두 안돼..나 어려워 싫어.

자모 E (가만히 보는 은수)정말 싫어. 니가 잘 말씀드려. 어으으으으
　　 (체머리 흔드는 느낌)나 싫어. 싫어싫어..

은수 ·····(보며)

S# 운전하는 은수

은수 ··········

　　 [전화벨.]

은수 네에··

다미 F 이다미에요.

은수 ??···

S# 다미 아파트 승강기에서 내려 다미 현관 쪽으로

은수 ·····

　　 [잠시 사이 두었다가 벨 누르고.]

　　 [잠시 사이 후 현관 다미가 열고.]

다미 들어오세요.

S# 아파트 거실

은수 (들어서고)

다미 (안으로 움직이며)생각보다 빨리 왔네요. 오세요··

은수 ····(안으로)···

다미 (커피 따르는)·····

은수 ·····(보며)····

다미 (커피 잔 은수가 앉을 자리에 내놓고 제 것 따르는)

은수   ‥‥‥(보며)

다미   (커피 잔 들고 움직이며)앉으세요.

은수   (앉는다)‥‥

다미   ‥‥(앉으며 한 모금 마시는)

은수   ‥‥‥(보며)무슨‥‥

다미   (보며)임신하셨다면서요.

은수   ‥네‥

다미   그래서‥편안하신가요?

은수   ‥왜‥‥보자구 하셨어요.

다미   김준구씨는 덮어졌고 임신도 했고 그래서 이제 모든 게 다 끝
         났어요?

은수   하고 싶은 말 하세요.

다미   가면이냐 진심이냐 했었죠?

은수   네‥

다미   준구오빠 마지막까지 덮어달라고 부탁하러 왔었구요.

은수   네‥

다미   그랬으면 최소한 고맙다는 인사 한마디쯤은 해야 되는 거 아
         니에요?‥

은수   그건‥

다미   역시 가면이었어요?

은수   (시선 내리며)그렇군요. (보는)실수한 거 같아요.

다미   그런 실수할 사람 아니지 않아요?

은수   (오버랩)다미씨 그날/내 부탁 상관없는 다미씨 마음이랬어요.
         내 부탁은 거절하고 다미씨 마음으로 결정한 거로 생각했어요.

다미 아아 그랬군요··

은수 혹시 내 부탁도 뭔가 영향을 끼쳤다면 감사 인사했어야 하는군요.

다미 ·····(보며)

은수 직접 인사는 안했지만 끝까지 그 사람 보호해준 다미씨 마음에 혼자 감사는 했어요.

다미 ····(보며)

은수 그 때문에 보자구 한 건가요?

다미 (오버랩)아뇨··그거 때문에 보자구 한 거 아니에요. (옆에 두었던 사진 봉투 밀어놓으며)····(시선은 은수에게)

은수 ···(시선 봉투에)

다미 보세요··

은수 ??(이게 뭔가요)

다미 기획사에서 얻어냈어요.

은수 ·····(봉투 집어 안에 것 빼내면)

[숨어서 찍었으나 분명한 준구와 다미의 사진들 대여섯 장····]

은수 ···(천천히 한 장 한 장 다 보고 봉투에 넣어 내려놓으며 시선 내린 채)이걸 보여주는 이유가 뭔가요.

다미 오빠 좀 보내줘요.

은수 ??(보는)

다미 오은수씨 보다 내가 먼저에요. 내가 더 많이기는 하지만 오빠 두 나 좋아했어요. 지금도 나한테 흔들려요.

은수 (오버랩)다미씨.

다미 (오버랩)내가 배우만 아니었으면 결혼했을 거랬어요.

은수 (오버랩)이 다미씨.

다미 (오버랩)새치기해 들어온 건 당신이에요. 나는 오빠 위해 할 수 있는 짓 다했는데 당신이 한 건 뭐에요. 당신은 그냥 꽃가마 타구 들어가 최고 대접 받으면서 잘 살잖아요. 나한테는 당신/갑자기 끼어들어 내가 목숨 건 오빠 채뜰어간 이갈리는 여자에요.나눠서 안될 게 뭐에요. 반반두 아니구 조금만 달라는 건데 조금만요.

은수 (오버랩)제정신이에요?

다미 아아..수면제 다 안깼어요. 그래도 정신은 말짱해요.

은수 (의자에서 내려서며)말짱한 정신으로 할 수 있는 말이 아니에요.

다미 일주일에 하루두 안돼?

은수 ?? 누구한테 반말이야.

다미 어 내가 반발했어? 미안.

은수 근사한 여자라구 생각했어.. 멋있다구.

다미 반말하네?

은수 (핸드백 챙기며)당신이 먼저라는 말 뜻 알아. 그런데 먼저 나중이 무슨 의미야. 그 사람은 날 선택하면서 당신 버렸는데. 당신 존재 알았으면 결혼 안했어. 몰라서 했어. 미리 /결혼 전에 알려주지 왜 안 그랬어.

다미 당신 말대로 멋질라구. 한번 멋져볼라구.

은수 그랬으면 끝까지 멋져 봐. 이건 아니잖아?

다미 (오버랩)야아아!! 넌 내가 아니잖아.

은수 넌 나니?

다미 너는 차지하구 살잖아.

은수 나는 사회적으로 법률적으로 인정받구 보호받는 와이프야. 이

516

다미는 와이프 상대로 남자 나누자는 헛소리나하는 어이없는 상
간녀/그것도 과거 상간녀에 불과하구.

다미 ‥‥‥(보며)‥‥

은수 내말이 틀렸어요?

다미 (고개 좀 옆으로)아니 안 틀렸어요.

은수 ‥‥‥(보며)

다미 ‥‥(그대로)

은수 이런 상황까지는 생각 못했어요.

다미 (오버랩)나두…(의자 내려서며)나두 이럴 생각은 아니었는데/
당신한테 엎드려 두손비비면서 살려달랄 참이었는데‥(침실로 흔
들흔들)흐흥‥왜 당신만 보면 오장이 뒤집어지는지 모르겠어.

은수 ‥‥‥(보다가 다미가 방문 열자)그 요구는 거절해요.

다미 (그냥 들어가고)

은수 ‥(움직이다가 잠깐 멈추고 생각하고 돌아서 사진 봉투 집어 들고 현
관으로)‥‥

S# 다미 침실

다미 (침대에 가로로 아무렇게나 쓰러져 천장 보면서 찢어지게 울고 있
는)‥‥‥‥

S# 거리 풍경

S# 운전하는 은수

은수 ‥‥‥‥‥

S# 전시장(삼청동 카페)

준구 (피시 전시되어 있는 모습 감상하듯 한쪽부터 둘러보는 /여러 가
지 디자인의 피시들 보다가 / 약간 비뚤어져 있는 설명 태그 바로 놓아주

다)??? (돌아보면/한쪽 공간 / 바닥엔 로봇 청소기 돌아다니고 있고 /
연구원 두 사람)여긴 웬일들이세요?

연구1   (리모컨 손에 들고 있고) 네 필드 테스트하러 나왔습니다.사
장님

준구   지난 번에 필드테스트 끝내지 않으셨나요?

연구2   (노트북 열린 채로 들고 데이터 입력 중이던)가정내 테스트는 끝
났구요, 매장활용도가 높을 것 같아 매장환경에서 테스트해 보고
있는 중입니다. 마침 우리 제품 전시 중이라 여기가 좋을 것 같아
서요.

준구   (끄덕 / 잠시 청소기 움직임 지켜보다)특허 편하게 등록됐다드
군요.

연구1   예.바퀴없는 청소기는 세계최초라 아주 수월했습니다. 참, 미
국 전시회 반응은 아주 좋았다는 소문이든데요 사장님.

준구   예. 오늘 보고받았는데 거의 폭발적이었다고 하네요. 삼십개
국에서 사전주문 들어 왔대요.

S# 오후 거리 풍경이 밤으로··· 디졸브

S# 태원의 주방

　　[식사 중 가족. 태원 빠지고.]

태모   이번 김 잘못 샀어 맛없어.

임실   (주방 저쪽에서)새며느님이 장 봤구먼요.

채린   (시모 눈치 잠깐 보며)그렇게까지 맛없지는 않은데···

태희   맛없어. 슬기가 벌써 알아보구 안 먹잖아.

채린   맛없어? (슬기에게)

슬기   (김 집으며/그래도 안 보며)그렇게까지는 아니에요.

518

채린   (슬기 보고 표정으로 그렇게까지는 뭐야 맛있다 그래야지)

태모   E 청소 아줌마 왔다갔어?

채린   네 그럼요 어머니.

임실   (태모 숭늉 대접 갖고 오며)아까운 일당만 썼었지 나혼저 다 했는데 뭐얼.

태모   ??(임실 보는)

임실   아 척추 수술한 사람이 왔더라구요. 그런 사람이 어떻게 힘을 쓰요. 괘앤히 그런 사람 잘못 부렸다 고장나면 어쩌요.

태모   니 어머니는 책임진다 그랬다면서 어떻게 그런 사람이 왔어.

임실   나 말이요 나말이 그렇당께.

채린   먼저 아줌마가 집안에 무슨 일이 있대요 어머니.

태모   사람 바꿔 들낙날락 끄으응.

임실   밥은 잘 먹대애애애.빨리 튼튼해지라고 돼지고기 두리치기 해서 앵겼더니 참 잘도 먹드만.(주방으로 가며)

태모   내돈 갖구 인심썼구먼.

임실   아따 돼지고기가 얼마한다구.

태모   일당 값두 못했다면서.

임실   대신 나가 다 했응께 사장님 배아플 건 없지라.

태모   임실댁은 월급 받잖어. 월급은 월급대로 일당은 일당대로 그게 뭐하는 짓이야.

임실   아 나도 안 반갑다 안하요. 점심 따로 차려 바쳐야지 간식 줘야지 군일만 더 생기고 일이나 제대로 하면 모르겠는데 일들은 하나같이 워치게 그렇게 썰렁썰렁 으이구우우. 차라리 슬기 아빠 노는 날 무거운 건 좀 들어달라 그러고 새며느리 그날그날 좀 치우구 살면 되었구만.

태모 (오버랩)누가 아니래.

태희 (오버랩)그런 거 못한다잖어.

태모 안하는 거지 못하는 게 어딨어.

채린 (어리광스레 오버랩)어머니이이.

태모 (오버랩)입맛없어 먹히질 않는다. 뭐 하나 속시원골이 있어야 먹는 거두 신이 나지 이건 원 나가두 답답 들어와두 답답 시원한 꼴이라구는 없으니 끄으응(일어나 나가며)숭늉 컵에 담아 내와라.

채린 네에··

슬기 (나가는 태모 보고)

태희 일어나 빨리이이.

채린 (일어나는데)

임실 (컵 갖다 놓아주고 숭늉 대접 집어 채린에게)

채린 (받다가 놓치면서)앗 뜨거/

임실 오매? 뭣이 뜨겁다고 그라요?

채린 아줌마 손하구는 달라요.

임실 요것이 뭐시 뜨겁단 말요. (대접 집어 올려 식탁에 탁 놓으며)호들갑은 원··

채린 형님 좀 만져 보세요.

태희 (놋대접 들었다 놓으며)갓난 애기 손이야?

채린 안 뜨거워요?

태희 놓칠 정도는 아냐.

채린 제가 워낙 손 피부가 얇아요 슬기야 너좀 만져봐.

태희 아 그만하구 아줌마 숭늉 다시 줘요. 컵에줘요 컵에.

520

임실   물은 내가 내갈 것인께 닦으쇼.

채린   (주방으로)아줌마가 닦아요.

임실   ???(했다 태희 보는)

태희   (그만두라는 눈짓)

S# 거실

태모   (티브이 켜고 채널 바꾸기 하고 있는)····볼게 없긴 없어··없긴 없
          어··(채널 놓으며)아 물 안줘?

태희   E 좀 기다려요오오

태모   아 거깄는 거 들고만 나오면 되는 눔으걸 뭐하는데에.

태희   (나오며)놋대접이 뜨겁대·· 바닥에 떨어뜨렸어.

태모   쯔쯔쯔쯔··

태희   뜨겁긴 좀 뜨거웠어. (소파로)그렇다구 못쥘 정도는 아닌데 손
          피부가 원래 얇대.

태모   화초를 키운다 화초를 키워.

태희   너무 티나게 그러지말라니까아.(작은 소리)

태모   내가 뭐얼.

태희   에으으으 (뭘은 무슨 알면서)

태모   사기당한 기분이라 그래.(작은 소리)

태희   재가 상속받을 게 몇백억이라 그러진 않았잖아. 재 부모두 그
          런 말 안했구.

태모   중매년이 그랬어.

태희   중매두 그럴줄 몰랐다면서어.

채린   (컵에 숭늉/나오는)

태희 모녀   (얼른 아닌 척)

채린 (컵 놓으며)드세요 어머니.

태모 오냐아..(컵 들며)그렇게 뜨겁든?(한껏 좋게)

채린 네에..뜨거운 거 안 들어봐서요.

태모 (보며)우리 귀하신 며느님. 해보신 건 뭐가 있나요.

채린 ??

태모 안됐구나. 고생한다..(하고 마시다가 펄쩍)앗 뜨거. 이눔으 여편
네 누구 퇴죽일 있어??

채린 글쎄 그렇다니까요 어머니이..

태희 슬기 왜 안나와?

채린 아줌마 과일 준비하는데 있어요.

태모 그러엄 그래야지. 그렇게 어렸을 때부터 보구 배워야지 그럼.
후우우 (숭늉 식히는)

채린 ...(보며)

S# 준구 거실

은수 (차와 과일 내고 있는).....

준모 드세요.

회장 (귀 만지며)누가 내 험담을 이렇게 하는 거야. 왼쪽이 욕먹는
거지요?

이모 (자기 찻잔 당기며)두쪽 다 험담아닌 칭찬으로 해두면 속 편
해요.

회장 허허허..(찻잔 집으며)

이모 올라가구 싶냐?

은수 ..네에..

준모 올라가렴.

은수 (목례하는데)

회장 어 애 참 니 부모님 모레 저녁으로 별일 없으신가 여쭤봐라.

은수 아 저 아버님..굳이 마음 안 쓰셔두

회장 (오버랩)여쭤봐 일식이 좋은지 중식이 좋은지도 여쭤보구

은수 저기..실은 엄마가 좀 다치셨어요.

준모 ??

이모 어디를.

은수 네 여기(입 부분)

준모 왜애.

은수 넘어지면서 계단에 부딪혔대요.

이모 저러언..

준모 너 그래서 다녀온 거야?

은수 네에..

준모 미뤄야겠네요..

회장 우움.알았다 그럼 나으실 때까지 미루자.

은수 꼭 안 그러셔두 됩니다 아버님. 즈이 엄마 놀래서 절대 싫다구
      아버님 어머님 어려워서 싫다구 펄쩍 뛰셨어요.

회장 허허 어렵기는.안 그러셔두 된다 말씀드려.

은수 네에.

이모 어렵기는 내 목 쥐구 있는 있는 회장님두 아닌데 뭐가 어려워.
      (하는데)

도우미1 (총총히 나오며 은수에게 눈신호)

은수 네..(쟁반 도우미 주고 현관으로)……

S# 정원

준구 (빠른 걸음으로 들어오고 있는)

은수 (나오는)…

준구 (은수 보고 걸음 더 서둘러서)내가 오늘 전화했던가?

은수 아니.(가방 받고 돌아서는)

준구 (따르며)아 정신없이 바빴네··정말 정신이 없었어 여보.

S# 현관 복도 거실

은수 (먼저 들어와 남편이 벗은 신발 가지런히 놓아두고 따르는)

S# 거실

준구 다녀왔습니다…

회장 보고 받았다.

준구 예. 더 열심히 하겠습니다··

회장 으음.

준모 얼른 내려와 저녁 먹어.

준구 네 아 지금 저녁 생각없어요(은수에게)아줌마 차리지 말라 그
래요.

은수 (주방으로/받았던 가방 준구 주고)

준구 (연결)너무 뛰어다녔더니 일찍 배가 고파서 마지막 미팅 끝나
고 케익 한 쪽 먹었어요 어머니.

이모 밥을 먹어야지

준모 (동시에)알아서 해.

준구 (좀 웃어 보이고 젠걸음으로 계단 올라가는)

이모 전석이 제 기운 찾았다.

회장 예에··일도 제대로 자알 한답니다.

S# 이 층. 거실 통해서 침실로 빠르게 들어가는 준구

524

S# 침실

준구 (들어오면서 가방 침대에 던져놓고 곧장 상의 벗어 던지고 몸 날려 침대에 털썩 누워 팔 두 개 위로)으으으으으(스트레칭.)....(그러다 벌떡 일어나 방바닥에 팔굽혀펴기 하는).....

[벗어 던진 옷 안에서 울리는 전화]

준구 (일어나 보고 꺼내 받는)어 들어왔어...들어와 쉬고 싶은 생각밖에 없다 그랬잖아...야 술도 기운 있어야 마셔 완전 녹초라니까...응...어 이번 달은 결석이다...야 눈치는 무슨 그런 거 없어.. 끝났어..엉 ..어엉(끊고 조끼 벗어 던지고 와이셔츠 팔목 풀며 화장대로 가 제 얼굴 잠깐 보고 목 단추 풀다 놓여 있는 봉투에 시선).....(무심히 집어 내용물 꺼내보는)/..(댓바람에 굳어버리고 빠르게 사진 다 체크하는데)

은수 (들어오고)

준구 (돌아보는)...

은수 .....(준구 옷 챙기는)

준구 이게 어디서 났어.

은수 이다미한테서 받았어.

준구 ??

은수 (옷 걸려 움직이는)기획사에서 빼냈대.

준구 이걸 왜 당신한테 줘.

은수 나 불편하게 만들구 싶었겠지.

준주 ......우편으로 왔어?

은수 (옷 걸며)만나재서 아파트로 갔었어.

준구 거긴 뭐하러 가.

은수 내가 피할 이유 없잖아.

준구   ....(은수 쪽으로)그래서 무슨 얘기했어.

은수   일주일에 하루 당신 나누어 달래.

준구   ???

은수   안된댔어. 남편이 누구하구 나눠먹는 케익은 아니잖아.

준구   (오버랩)술 취했어?

은수   아니..수면제 덜 깼다 소린 했어.

준구   어디로 튈지 모른댔지. 전화 계속 안 받았더니 돌아서 당신이
        래두 건드리자 그러는 거야. 신경쓰지말구 무시해 치워.

은수   ....

준구   여보.

은수   반말하더라.

준구   ???

은수   같이 해줬어.

준구   ....

은수   치면 받을라구 했었어. 다행이 거기까진 안갔어.

준구   여보.

은수   남편 나눠달라는 여자 상대한 와이프 나 말고 또 있을까? 기분
        더러웠어. 더러워. 그렇지만 당신한테 뭐라고 싶지는 않아. 당신은
        약속했구 이 다미 집착이 안됐기도 하니까.

준구   (오버랩) 당신 아이가졌다 그러지 나는 연결 안되지 못견디겠
        는 거야. 반 미친 거야. 다시는 만나지 마. 무슨 말을 해두 만날 필요
        없어.속셈 뻔해. 당신 흔들어 우리 사이 망치려는 수작이야. 우리
        사일 못 참겠는 거야 못 봐주겠는 거야.

은수   그럴 수도. 새치기 한 사람 나니까 분하겠지.

준구 누가 새치기야.

은수 나‥그쪽 입장에서는 그게 맞어.

준구 그런 거 아냐. 처음부터 결혼 상대 아니었어.

은수 차라리 결혼상대로 사귀다 헤어진 게 나. 여잘 놀이 상대 삼을
수 있다는 당신… 혐오스러워.

준구 ‥‥‥(보며)

은수 오늘은 못웃겠어‥씻어. (제 할 일 하는)‥‥‥

준구 (어깨가 떨어지며 할 말이 없고)

　　[각각 입 다문 채‥‥‥‥]

준구 (갑자기 던져놓았던 전화 집어 들고 나가고)

은수 (돌아보는)…

S# 준구 서재

준구 (들어오면서 통화 시도)

　　[벨 가는 소리.]

S# 다미의 침실

　　[화장대 앞에서 머리하고 있는 다미.]

다미 (손 뻗쳐 전화 집어 보고)잠깐 나가 주세요.

미용 네‥(나가고)

다미 네에.

준구 F 너 뭐야.

다미 나 이다미.

준구 F 너 이럴래?

다미 흐흐흥. 와이프 건드렸더니 전화하는군. 그럴 줄 알았어.

준구 F 집 사람 왜 오라가라야 니가 뭔데에!!!

다미   나 독오른 방울뱀.

S# 준구 서재

준구   ??

다미   F (연결)일 가려구 준비하는 중이야‥ 시간 없어. 끊어.

준구   (오버랩)사진은 어떻게 된 거야.

다미   F 사진이라두 내노라구 난리쳤더니 차실장이 카피해 왔더라.
      원본은 못 준대.

준구   다미야.

다미   F (오버랩)한 씬만 찍으면 들어와. 할말 있으면 와. 가까운 데
      야. 한 시간이면 충분해.

준구   (오버랩)이제 좀 잊고 살자 엉?!!

다미   F 나는 못잊어.그래서 오빠두 못 잊게 할 거야.(준구 무슨 말인
      가 하려는데)오라구. (끊어버리는)

준구   (끊긴 전화 움켜 내려다보며 잠시 있다가 후닥닥)

S# 욕실

은수   (양치한 칫솔 씻고 있는데)

      [준구 드레스 룸에 들어와 거칠게 옷 꺼내는]

은수   ?

S# 드레스 룸

은수   (나오며)어디 갈려구.

준구   이기집애 가만 두면 안되겠어.

은수   죽이기라두 한다는 거야?

준구   (옷 입는)

은수   가지 마.

준구   ....(옷 입는 것 계속)

은수   가지 말라구!!

준구   지 말루 독오른 뱀이래. 무슨 짓을 할지 몰라.

은수   그래서 나눠주구 올려구?

준구   ??? 무슨 말 안 되는 소리야.

은수   가지 마. 갈 필요없어.

준구   (오버랩)걜 다룰 수 있는 사람은 나밖에 없어. 내 말만 듣는 애
       란 말야. 놔뒀다가 이 기집애 불어버리면 나 어떡해. 나 끝장이야.

은수   불라 그래.

준구   ?? 뭐?

은수   아버님 모르시는 거 없어. 우리 벌받을 거 다 받았어. 같은 일
       로 다시 벌주시진 않을 거야.

준구   문제가 달라!!

은수   그럼 쫓겨나면 될 거 아냐!!

준구   남에 일이야? (기막혀)

은수   (들고 있는 옷 뺏으며)나눠갖겠다구 달려들면 당신 못 뿌리칠
       거야. 이제 어느 만큼은 당신을 알아. 더는 못봐줘. 안 봐줄 거야.

준구   ...(보며)

S# 태원의 거실

태원   (엄마 방 앞으로)저 들어왔어요 어머니.

태모   E 그래애애..

채린   (방에서 떨어지는 태원에게)슬기 고모 방에요.

태원   (다소 부드럽게)얼음 냉수 좀 줘요.

채린   네..

태원　(태희 방으로/노크하며)슬기야..

슬기　E 아앙.

태원　사랑이 식었나? 나와 보지도 않아?

태희　E 야 우리 바빠아.

S#　**태희의 방**

태원　(문 열고)뭐에요..뭐가 바쁜데요

슬기　(노트북으로 오목 게임 중인 태희)컴퓨터가 너어무 잘해서 고모 계에속 져 아빠.

태원　(들여다보며)아아..만만치 않을 걸요?

태희　만만치 않은 게 아니라 내가 바보 멍텅구리같다.

태원　(소리 내어 좀 웃으며 슬기 만지는)넌 뭐가 뭔지 알구 들여다 보는 거야?

슬기　뭔가뭔지 알아볼려구 보구있는 거야.

태원　흠흠흠..알았어..조금만 있다 올라와..코자야지 응?(그동안에 도 태희는 게임 열중)

슬기　으응..

S#　**태희 방 거실 계단**

태원　(나오면/계단 아래서 얼음 냉수와 맥주 두 캔 들고 기다리는)....(채린 쪽으로)아주머니 벌써 주무세요?

채린　고단하다구 일찍 들어갔어요. 생색을 얼마나 내는지 피곤해 죽겠어.

태원　(계단 오르며)연세를 생각해 드려요.

채린　아무리 그래두 너무해요.

태원　....

채린 저녁만 먹었어요?

태원 마시면 길어질 거 같아서 한약 먹는다 그러구 피했어요.

채린 잘했어요‥흐훗. 우리 같이 해요.

태원 좋은 생각. 그럽시다.

S# 침실

[들어와 곧장 태원은 옷 벗어 처리하고 채린은 쟁반 놓으며]

채린 물 줘요?

태원 아니 맥주로 대신하죠.

채린 (얼른 캔 따서 태원에게 내미는)

태원 옷 갈아입구요.

채린 그럼 내가 먼저‥(한 모금 마시고)아으.시원해. 맥주는 첫 모금
이에요.

태원 (그냥 웃고)

채린 컵을 갖고올걸 그랬나?

태원 괜찮아요.

채린 (의자에 앉으며)당신이 싫어하겠지만 그래두 해야겠어요. 어
머니 변하신 게 맞아요.

태원 (잠깐 돌아보고 그만두고)

채린 결혼 전 어머니가 아니에요. 날마다 순간마다 느껴요.

채린 E 오늘은 글쎄 저녁 먹을 때요. 청소 아줌마 부르는 거 못마땅
하다는 걸/임실 아줌마 월급은 월급대로 나가고

채린 이중으로 돈 나간다고 아예 내놓고 그러셨어요.

태원 신경쓰지 말아요.

채린 E 이제는 야유까지 하세요‥

채린 귀하신 며느님 해보신 건 뭐가 있냐구.. 게다가 고모 중간중간 베스 넣죠 그럴 땐 정말 대답할 말이 없어요

태원 (오버랩)나두 이럴 때 대답할 말이 없어요. (의자로 캔 집어 열면서)결혼 전에 얘기했었죠 왜. 어머니 채린씨가 보는 게 다가 아닐 거라구.

채린 달라두 너무너무 다르셔요.

태원 내가 어떻게 해줄 수 있는 문제가 아니에요. (벌컥벌컥 마시고 내리며)모든 사람을 힘들게 하시죠. 그런 분이에요.

채린 어머닌 내가 상속이나 엄청나게 받을 줄 알구 이뻐하셨던 거 같아요.

태원 …..(보며)

채린 그거 밖에는 갑자기 돌변하신 이유가 없어요.

태원 그건…아니에요.(본인도 자신 없지만)

채린 뭘요 슬기 엄마두 없는 집 자식이라구 내놓고 구박하셨다든데.

태원 ….(굳어서 보는)

채린 미안해요 슬기 엄마 얘긴 하지 말랬는데 나도 모르게..

태원 (마시고 내리며)여러가지 이유로 나를 포기하라 그랬었는데

채린 (오버랩)아니에요 그럴 순 없었어요. 그냥 불평하는 거지 후회한다는 건 아니에요. 첫순간에 알았다니까요? 첫순간부터요.

태원 (캔 들어 보이며)맥주 생각 잘 했어요..

채린 나두 마시구 싶었거든요. 결혼하면 같이 나란히 기대 앉아서 와인 한잔씩 마시고 뜨겁게 사랑하고…달콤하게 잠드는 상상을 많이 했었는데….

태원 (보며)….

채린　태원씨는 와인도 별로 안 좋아하고‥환상 많이 깨졌어요. 결
혼생활이라는 건 환상이 깨지고 부서지는 과정이라드니 그런가
봐‥(맥주 마시는)

태원　‥‥‥(보며)

채린　맥주 더 갖구 와요?

태원　아니 이거면 충분해요.

채린　아쉽다아아 모처럼 같이 한잔 하는 건데에에

슬기　E 아빠 슬기 올라왔어어‥

태원　어어 금방 갈께에에(일어나려는데)

채린　저기요 태원씨. 슬기 책 읽어주는 거 내가 하고 싶어요.

태원　‥‥(보는)

채린　(일어나며)친해지는데두 도움되구 해로울 거 없을 거 같아요.

태원　‥‥(생각하다가)그래요 한번 해 봐요.

S#　슬기의 방

슬기　(잠옷 입고 있는데)

　　　[노크.]

슬기　네에 들어오세요오오.(채린 들어오고)??

채린　아빠가 아줌마한테 읽어주래.

슬기　아빠는요.

채린　샤워‥ 누워. 어떤 책 읽을 거야. 어. 이거야?(침대의 책)

슬기　네에‥

채린　누워 빨리

슬기　(눕고)‥‥

채린　(읽기 시작/태원이 읽는 것과는 영 다르다. 대사가 많이 섞여 있는

부분. 대사도 지문처럼)

슬기   (가만히 듣고 있다가)……아줌마.

채린   ??

슬기   그냥 내가 읽다가 잘께요.

채린   왜 그래?

슬기   졸려요 그래두 될 거 같아요.

채린   아빠 아니라 싫어?

슬기   목소리가 달라지니까 이상해요.

채린   내 목소리 첨 들어? 뭐가 이상해. 이상하다는 니가 이상한 거야.

슬기   (보는)……

채린   (계속 감정 없이 읽어나가는)……

S#   주하 오피스텔

주하   (소파에 누워 오징어 다리 씹으며)………

[티브이는 저 혼자 시끄럽고……]

S#   현수 원룸

[소파에 나란히 앉아 티브이 보고 있는……(오락 프로)…둘 다 말없이 ….(홍삼 팩 하나씩 빨아들이며)]

현수   (티브이 끈다)….

광모   (돌아보고)….

현수   주하 ..혼자 자는 날이야..

광모   (고개 앞으로)응.

현수   걔 혼잔 거 싫어하는데…

광모   생긴 거 같지 않게..(홍삼 팩 비워놓으며)

현수   내가 쫓아낸 거 같아..

광모　우리 둘이..

현수　.......(홍삼 팩 광모 것 옆에)

광모　편해진 거두 있잖어..아닌 척 하는 거 힘들었었는데..

현수　첨엔 좀 부담스러웠는데...애가 수선스럽잖어...그런데 살다보니 또 혼잔 거 보다 날 때두 있더라...혼자 있으면 쭈쭈뽀뽀 말구는 웃을 일이 없잖어..

광모　애가 사람 따분하게는 안하지.

현수　혼자 잘려구 누웠으면 혼자 깨서 일어나면 뭔가 허전해.

광모　그러니까 결혼하자..

현수　......

광모　주하한테두 깨났겠다 못할 거 없잖어..하루가 아까운데...안 아깝냐?

현수　얘 뭐하구 있을까..

광모　전화해 봐아.

현수　....

광모　으응?

현수　나중에..너 앉혀놓구 전화하는 거 비열해.

광모　나 숨죽이구 없는 척 하께.

현수　....

광모　(현수 전화 집어주며)해애.

현수　(받아서 놓으며)가라.

광모　(뿌우 보는)

현수　(일어나며)혼자 있구 싶어. 빨리 가.

광모　...(일어나며)어떻게 뽀록나기 전보다 더 재미가 없냐..달달한 거두 전혀 없구.

현수   (빠져나가려)

광모   (잡으며)뽀뽀나 한판 심하게 하구 갈게.

현수   (밀어내며)나 그러기 싫어. 그냥 가..

광모   ....(보며)

현수   쭈쭈뽀뽀 올라가자아아아.(계단으로)

광모   (보다가)야. 우리가 뭐 나쁜 짓했냐? 사정이 그럴 수 밖에 없었잖아아..

   [현수 대꾸 없는]

광모   알았다. 잘자라..(현관으로)

S# 현수 침실

현수   (옷 벗으며 강아지들한테)기다려..옷 갈아입구 엄마한테 뽀뽀해주구 자. 알았지? 기다려..(꼬리 흔드는 강아지들)응..까자두 하나씩 주께. 주께주께

S# 원룸 밖

광모   (나와서 자동차로).....(뭔지 저도 좀 무겁다).....(자동차 문 열다 멈추고)...어어이 오줌 싸구 나올 걸.(타는)

S# 차 안

광모   (타고 벨트 매고 시동 걸고 출발하는데)

   [전화벨.]

광모   (블루투스 꽂고 받는)네에 안광몹니다아아.

주하   F 현수랑 있니?

광모   (좀 놀라서)아아아아닌데.

주하   F 왜 더듬어?

536

광모   니니니가 전화해서‥너라군 생각 안했거든.

주하   F 어디야.

광모   집에 가는 길이야. 왜‥

S# 오피스텔 지하 주차장으로 들어와 멎는 광모 차

광모   (내려서 승강기 쪽으로)

S# 광모 집 층 오피스텔 승강기 올라와 멎고 광모 내려서 제 복도로‥‥‥‥

광모   (문득 멈추고)

주하   (광모 문짝에 기대듯 서서 고개 조금 꺾고)‥‥‥‥

광모   ‥‥‥‥(다가가 서는)‥‥

주하   (보는)‥‥

광모   전화 여기서 한 거야?

주하   (문에서 떨어져 주고)‥‥

광모   (도어록 전자 키 누르는)

S# 광모 오피스텔 안

　　　[들어오는 둘.]

광모   (자동차 키 현관 그릇에 넣고)뭐 마실래.

주하   (오버랩)필요없어. 와 앉어‥‥(소파로 가 앉는)

광모   ‥‥‥(보다가 옷 벗어들고 가 마주 앉는/보며)‥‥

주하   ‥‥(탁자 내려다보며)‥‥

광모   ‥‥(보다가)왜‥

주하   (보며)왜 왔을까‥왜 보자구 한 거 같니.

광모   나야‥나야 모르지. 보자구 한 거 너니까 나는

주하   (오버랩)너/‥‥

광모   ‥‥‥응.

주하 현수갖구 장난치지 마. 걔까지 주저앉게 만들면 나 너 가만
 안둬.

광모 ....(보며)

주하 장난으로 던진 돌 맞구 개구리 죽어.

광모 주하야.

주하 (오버랩)입 벌리지 말구 듣기만 해. 너 십오년이나 현수 학대했
 어.볼꼴 못볼꼴 다 보면서도 니 옆에서 못 떠난 빙충이야. 다른 여
 자들이랑 달라. 알아?

광모 ....

주하 몰라? 모르겠니?

광모 ....(보며)

주하 대답해 이 자식아.

광모 입 벌리지 말라며.

주하 너 지금 장난치자는 거야?

광모 입 벌리지 말래서

주하 (오버랩)안광모오!!

광모 알아, 너무 알아..

주하 ....(노려보는)

광모 너무 그러지 마...무섭다.

주하 죽는 날까지 현수한테/현수만 쳐다봐. 그래도 너 걔 썩어 문드
 러진 마음에 대한 보상 다 못해.

광모 알았어. 알아..

주하 니가 어떤 생각으로 현수한테 마술 뼈쳤든 나 너 절대 안 믿지
 만 암튼 가엾어 그냥 두고 볼 거야. 그런데 만약 너 또 지랄병 도지

면 그땐 내가 니 거기 잘라버리고 감방간다‥

광모   ‥‥‥(보며)

주하   빈말 아냐‥명심해.

광모   차라리 총이 낫겠다.

주하   ‥‥‥(노려보는)

광모   아냐‥걱정 마‥나 안 그래. 현수는 달라‥다른 거 나두 알아.

주하   그래. 할말 끝이야. 간다(벌떡 일어나 현관으로)

광모   (일어나 보는)

주하   (나가고)‥‥

광모   (문 닫히고 아랫도리 내려다보며)쫄지마야. 니 잘못 아냐‥(하다가)아‥(뛰어나가는)

S# 복도

광모   (승강기로 가는 주하 옆에 따라붙는다)

주하   ??(멈추고 보는)

광모   지하 주차장 여자 혼자 위험할 수 있어. 너 겁 많잖어.

주하   ‥‥그래 ‥고맙다.

S# 현수의 거실 침실

현수   (타월 감고 앉아서)‥‥‥‥‥(화장대에)‥‥‥(전화 들고)‥(통화 시도)

    F 벨 가는

주하   F 어 나야‥

현수   뭐해.

S# 운전 중 주하

주하   어 잠깐 술 사러 나왔어. 넌 뭐해?

현수   F 씻었어‥너 괜찮아?

주하　뭐..안 괜찮을 게 뭐야.....현수야.

현수　F 나 자꾸 너한테 미안해.

주하　얘 좀 봐. 너 내꺼 뺏었어? 아니잖아.

S# 현수 원룸

현수　그래두 뭔지

주하　F (오버랩)밥 친구가 그릇들 전부다 씻어주구 청소 깨애끗이 해주구 갔어 현수야..자기는 정리정돈이 취미래. 며칠에 한번 도우미로 쓰래 깔깔깔깔

현수　주하야.

주하　F 엉 ..왜..

현수　나 늬들 잘되기 바랬어..거짓말 아냐. 믿어 줘.

주하　F 그래 믿어..얘 나 신경쓰지 마아아아..

현수　(이마로 주먹 올리며)........

S# 준구 침실

준구　(등 돌리고 누워)……(눈 감고)

은수　(냉장고 앞에서 우유 마시고 있는데)

　　　[메시지 들어오는]

은수　(침대 옆 테이블 전화 집어 보는)

슬기　E 잠잘 때 듣게 엄마가 어린이 동화 녹음해서 줄 수 없어?

은수　??? (일어나 앉는)…

은수　E (문자 찍는)응 슬기야 알았어..엄마 해줄게 얼마든지 해줄게..(보내고 기다리는)

슬기　E (문자 들어오는 신호)알았어 굿나잇.

은수　E (문자 치는)굿나잇.

540

준구　(등 돌린 채)꺼놓지 그래.

은수　(돌아보는)‥‥

준구　‥‥‥‥

F.O

S# 준구네 마당(아침)

S# 거실

　　[준모 회장 따라나오며]

준모　지압 선생 아홉시에 와요.

회장　알았어요.(서재로)

준모　차 어디 그리 줘요?

회장　그래요.(들어가고)

S# 주방

준모　(들어오며)차 서재에서 드시겠단다.(먹고 난 상 치우는 도우미들)

은수　(쟁반 따로 준비하며)네에‥

준구　연습장 갔다 올께요.

은수　(시부 찻잔 들다가 잠깐 보고)

준모　너무 이르지 않아?(자기 찻잔 당기며)

준구　하다보면 더워요.

이모　그러다 감기 초대하기 십상이다.

준구　괜찮아요‥(은수 시부 찻잔 들고 먼저 나가고)다녀 올께요./

S# 거실

은수　(나와서 서재로/ 노크)

회장　E 어어‥(아내 들어가고)

준구　(보고 있는)‥‥‥‥(잠시 후)

제24회　541

은수 (나오며 보고)

준구 갔다올게. 점심은 정수 하구 먹을 거야.

은수 (주방으로)…

준구 (계단으로)

S# 주방

은수 (쟁반 적당히 놓고)저 좀‥

이모 어 그래‥올라가라. 올라가 내려오지 마라.

은수 네에‥

준모 (오버랩)과일이래두 먹어라‥그렇게 시원찮게 먹어 어떡해.

은수 네. 저두 열시 쯤 잠깐 서점에 좀 다녀올게요 어머니.

준모 내 책들이 취향에 안 맞니?

은수 그게 아니라 살 게 좀 있어서요.

준모 그러럼.

이모 옷 단단히 입구우.

은수 네에에//(대답하고 나가는)

S# 준구의 방

준구 (입고 있던 옷에 가디건 덧걸치고 있는/하프 코트 꺼내놓고)……

은수 (들어오는)…

준구 (힐끗 보고)전화 꺼놨어. 밤 촬영한댔으니까 들어와 있을 거야.

은수 거기 드나드는 거 이제 그만해.

준구 드나들고 싶어서가 아니라 얼굴 팔린 애라 만날 장소가 없어.

은수 경비 아저씨들은 신경 안쓰여?

준구 내가 누군지 몰라. 알아두 그 사람들 입 무거워.딴 데 안 떠들어.

은수   ……(그만두고 보며)

준구   딴 생각하지 마. 솔직하잖아. 정직한 거 좋아하는 사람.

은수   정직한 거 섞어가면서 속일 수도 있지 뭐.(화장대로)

준구   김새게 굴지 마. 사람 좀 믿어.

은수   왜 굳이 쫓아간다는 건지 이해 안돼.(로션 바르려)

준구   ……(보며)

은수   알아서 해.(로션 바르는)말 안하고 갈수 얼마든지 있으니까 내
       가 말리는 것도 당신 솔직한 것도/ 의미없어.

준구   ….(보다가 휙 옷 집어 들고 나간다)

은수   ….(로션 바르며)……

S# 대문··

    [골프채 실리고 있는…]

준구   (나와 인사받으며)내가 해요. 쉬어요.(자동차로)……

    [출발하는 자동차……]

S# 차 안

준구   (이어폰 끼고)

    [벨 가는 소리….여러 차례··]

준구   (이어폰 빼 던지는)………

S# 다미 아파트 승강기에서 내린 준구. 곧장 다미 현관으로/ 곧장 전자 키 누
    르고 들어간다

S# 비어 있는 다미 거실

준구   (살펴보고 침실로)

S# 침실

준구   (문 열고 들어오다 침대 보고 멈추는)???

송 (가운 걸치고 침대 위. 신문 보다?? 준구 보는/한 손에 머그잔)....최 소한 노크는 하셔야죠...

준구 (어째야 좋을지 모르겠는데)

송 E 쳐들어오실 거라 그러더니

송 다미 말이 맞았네요..다미씨이이..(침대 내리며 욕실에 대고) 손 님 오셨어어어..

다미 E 기다리라 그래요.

송 들으셨죠? 커피 드시면서 기다리세요.

준구 (그냥 나간다)

S# 거실 주방

준구 (나와서 낭패한……입 꾹 다물고 어쩔 줄 모르다가 거실 소파로/푹 앉 아버리는)………(다미 나오는 문소리 따라 고개 휙 돌아가고)

다미 (나타나 보는)……

준구 (노려보며)누구야.(나직이)

다미 송선화 기자..

준구 ??

다미 E 본 적 없나 참? 요새 자주 만나.

다미 외롭다면 달려와 같이 자주기도 하구..내 얘기 다아 들어주구.

준구 (벌떡 일어나며 오버랩)너 이게 무슨 연출이야.

다미 어젯밤에 올 줄 알았는데 안 오더라? 혼자 있으면 술 퍼먹구 나두 모르게 목 매달거 같아 같이 있어달라구 불렀어. 아직은 그럼 안되니까.

준구 전화 왜 안받아.

다미 내 맘대로 할 수 있는 거 전화밖에 없잖아. 그래서 나 전화가

544

좋아.

준구 ……(보며)

다미 까르르르. 오빠 얼굴 웃겨. 당황했어?

준구 (오버랩)너어어(하는데)

송 E (주방에서)커피 주까?

다미 아니이? 언니 만워언.

송 (커피 따르며)그래애애‥

다미 오빠 오냐 안오냐 내기했거든? 내가 이겼어.

준구 너어!!! (송기자 의식하고 소리 줄이는)미친 짓 그만 끝내구 정신차려. 니가 아무리 무슨 짓을 해두 아무 소용없어이러면 이럴 수록 너만 정신병자돼 알아?

다미 송기자 걱정마 오빠. 기사 안써.

준구 (오버랩)너어 두 번 다시 내 와이프 건드리지 마. 그 사람 임신 중이야.

송 (커피 들고 와 오버랩)커피 드시죠. 김준구씨.

준구 (오버랩)필요없습니다.(나가버리는)….

다미 ……(준구 나가자)….(송 기자 쟁반에서 머그잔 하나 들며)봤지?

송 너무 멀쩡하다. 놔주기 싫은 거 이해한다‥

다미 호호호 (주방으로 움직이며)나 이해하는 사람 언니밖에 없어. 우리 술타령하자.

송 너무 이른 거 아냐?

다미 와아 시작하자구우우

S# 승강기 안에서 눈 깍 감고 있는 준구…

S# 골프 연습장

준구   (공 때리고 있는 중)……(두 개나 세 개쯤)

S# 광모 오피스텔

천   (아들 깨우는)야…야야…

광모   (돌아누우며)아으으으 좀 내버려 둬어어어..

천   (다리께 이불 훌렁 걷으며)일어나일어나

광모   (오버랩)아으 나 못잤단 말야 엄마아아아.

천   밥 먹구 자면 될 거 아냐.

광모   안먹어안먹어.

천   (오버랩)엄마 할 얘기 있어. 아주 중대한 얘기야. 빨리 일어나 정 신 차려.

광모   뭔데에에에…

천   선봐…..정말 멋진 신붓감 나타났어.

광모   (벌떡 일어나 엄마 보는)????

천   스물 여덟..부모 다 음대 교수에 개두 음악. 하프 하는 애야.

광모   (오버랩)씻을게 우선 씻을 게 엄마.(침대 내리며)

천   괜찮지? 나이가 좋지? 게다가 대단한 미모래 얘.(화장실 가는 광 모)그것두 자연미이인..

S# 같은 오피스텔 식탁

천   (생선 바르다 멈춘 상태)????

광모   (열심히 먹으면서)보라면 보기는 하겠는데 엠블란스 대기시켜 야 할지도 모른다구.

천   왜애..뭣때매.

광모   소올찍하게 나갈 거거든. 나는 의자왕이다. 그동안 나 거쳐간 여 자가 삼천명이다.

천   야아아아!!!

광모   한 여자 한달이상 만나본 기록이 없다. 어떤 경우는 사흘에 빠이빠이하기두 했다.. 선천적으로 싫증을 무지무지 빨리 내기 때문에 한 여자랑 지겨워서 길게 못 간다. 동시에 다섯 여자두 친 적이 있다. 두 세명 동시는 부지기수다.

천   그만 놀구 이제 그만 장가가자 광모야.

광모   응 가야지. 나두 가구 싶어.

천   어하다 마흔이야. 자식이 너무 늦어어..

광모   나같은 놈 나올까봐 자식은 안낳을 거야.

천   너같은 놈 낳기두 힘들어 그 걱정은 하지 마.

광모   씨도둑질은 못한다면서. 아버지한테 물려받은 거 고대애로 자식한테 갈 거 아냐. 엄마가 한 말이야.

천   약속 잡을게. 아무래도 주말이 낫겠지 광모야.

광모   (오버랩)현수랑 결혼 할 거야.

천   비엔나에서 수요일에 온다니까(하다가)???

광모   애쓰지 마 엄마..

천   ????(아들 얼굴 자세히 보는)

광모   현수랑 해.

천   내가 아는 그 현수는 설마 아니겠지.

광모   그현수 맞는데 엄마

천   (입 벌어지고)

S# 자매 친정 주방

현수   (설거지하면서)싸우구 나간 거 아니라니까 엄만 왜 자꾸 그래애.

자모   (같이 움직이며/마스크)암만 생각해두 자알 지내다가 왜 갑자

제24회 547

기 나갔나 수상시런 생각이 들어서어.

현수　수상한 거 아무 것도 없어.그냥 따로 살아보고 싶대서 그래라 했던 게 다야.

자모　혼자 살면 아무래두 밥 챙겨 먹는 거두 잘 안하게 되구 그런 데에…

현수　챙겨먹을 거 다 챙겨 먹어 별 걱정을 다해..

자모　아빠두 걱정하더라 뭐.

현수　(주전자에 끓고 있는 귤 차)그만 꺼두 되는 거 아냐? (엄마 무슨 소린지 잠깐)(레인지 불 끄며)나 왔을 때 벌써 끓구 있던데.

자모　어 꺼꺼..꺼두 돼..

S#　광모 오피스텔

천　????

광모　(보며..물 집어 드는)…그렇게 됐다구…(마시는데)

천　안돼!!

광모　??

천　미쳤어?

광모　아니.

천　둘 다 미쳤어 미쳤어.

광모　우리 멀쩡해 엄마.

천　(오버랩)주하랑 현수 친구야. 너 이눔 자식 주하랑 결혼식장까지 걸어들어갔던 놈인데 늬들 주하한테 어떻게 그런 잔인무도한 짓을 해.

광모　엄마.

천　그건 인간 탈 쓰고 할 짓이 아냐. 절대 해선 안되는 짓야

548

광모   (오버랩)주하 양해했어 엄마.

천   ???

광모   주하는 오히려 현수한테 미안해해.

천   무슨 잠꼬대야 그게!!

광모   현수가 나 좋아하는 거 눈치 못채 결혼할라 그랬던 거. 감정 정리 끝났어. 유치하게 이러쿵저러쿵 그런 거 없어. 현수한테 잘못하면 가만 안둔다구 주하 나한테 공갈치구 갔어 어제 밤에.

천   ……(멍하니 보는)

광모   우리 엄마 세대하구 달라. 어떻게 합니까 그런 거 우리 안해. 그래? 그런 거야? 그랬던 거야? 그랬어?(남아 있는데)

천   (오버랩)안돼.

광모   ?? 왜 안돼.

천   세대가 달라. 죽었다 깨나두 난 이해 못해. 어떻게 실컨 놀던 애 절친이랑 그래. 그건 나쁜 짓이야. 내 절친이 내 남편 훔쳐간 거랑 똑같아.

광모   그게 아니지 엄마아아.

천   안돼.(벌떡 일어나며)절대로 안돼. 셋 다 또라이들이야.

광모   (일어나 보고)…

천   (소지품 챙기며)미친 것들……(현관으로)꿈도 꾸지마.

광모   엄마

천   (오버랩/팩 돌아보며)며느리 둘 들여놓구 살래? 현수 옆에 주하 세워놓구 봐?

광모   주하가 왜 현수 옆에 서있어어.

천   저런 바부팅이. 니눔 주하한테 한 짓을 어떻게 잊어버려!!

광모   엄마가 주하야?

천   어으 어으어으(현관 여는)

광모   주하 벌써 사람 생겼단 말야.

천   ???(돌아보는)

광모   걔 데이트해애애.

천   정말야?

광모   (목 긋는 시늉)

천   차암….늬들은 쉽기두 하다.

광모   그러니까 엄마

천   (오버랩)안돼.

광모   왜 안돼.

천   늙었어.

광모   핫 참 엄마.

천   (오버랩)애 못 낳아.(나간다)

광모   애 필요 없다니까아아..

S# 어느 서점. 아동 도서 코너에서 동화책 고르고 있는 은수…

S# 사우나에 들어 있는 준구와 정수…

준구   (기대어 앉아)……

정수   ………(보다가)기집애 참…

준구   ……

정수   (기대면서)그걸 고소를 할 수도 두둘겨 팰 수도 없구 어떡하냐.

준구   ……

정수   나쁜 애는 아닌데에에에…은수 씨한테는 미안한 말이지만…어쩌다 한 번씩 만나주는 건 어떨까..

준구　…..

정수　쥐두 새두 모르게…

준구　(비웃듯)쥐두 새두 모르게··흥··그 기집애 아는 사람 아무도 없다구 잡아 뗐었어.그걸 믿었으니 내가 순진한 놈이지.

정수　기획사가 보험삼아 작심하구 그물 쳐 놨었으니까 그런 거지/자 알 써 먹고 보험 챙겼으니까 이젠 그럴 일 없겠지.

준구　누가 알아.

정수　그게 불안하면 뭐하러 아파트엔 갔었냐.

준구　인간적으로 호소하러.

정수　…필요하면 내 퇴촌 집 써··

준구　(보는)…

정수　외딴 집이라 괜찮을 거야. 지가 운전해서 오라 그래.

준구　(누우며)필요없다아아··

S# 준구의 방

은수　(소형 녹음기 테스트 중. 사온 동화책들)….(시험 중)슬기야 엄마 녹음 시작할려구. (멈췄다가 녹음된 것 플레이해보면)

은수　E 슬기야 엄마 녹음 시작할려구··(녹음된 소리 나오고/책 펴들고 녹음기 작동/읽기 시작 마치 구연동화하듯/『벌거벗은 임금님』?『백설공주』?『장화신은 고양이』?)

S# 원룸 앞

광모　차 와서 멎으면서 동시에 현수 나오고

광모　(문 열어주며)타이밍 기가 막히다. 우리는 하늘에서 묶어준 연인이야.

현수　(빗쭉 웃고 타고)

광모 (타고)

　[자동차 출발하면서]

광모 E 드라이브하기 조오은 날이다아아아..

S# 준구의 방

은수 (한참 진행된 책 읽기……(대화체는 약간 과장된 어투로)

　[노크]

은수 ??(멈추고)네에에

준모 (무 전 들고 들어오며)이모님이 무우 전 드시고 싶대서 좀 부치
　랬어. 깨끗하고 담백한 맛이라 먹을 만 할 거야.(하며 침대 위 동화책
　과 녹음기에 시선)

은수 네 저기..딸 아이가 동화 녹음해 달래서요..잠잘 때 듣는다구..

준모 그 소리였구나. 아무도 없는데 통화하는 소리는 아니구 뭔가
　했다.

은수 네에..좀 우습죠?

준모 식기 전에 먹어.

은수 네에.

준모 우유는 마셔주구 있지?

은수 네 열심히 마셔요 어머니.

준모 그래..(나가고)

은수 ….(잠시 기다렸다가 녹음 마지막 부분 똑똑 노크 소리 지우고 연결
　해 다시 녹음 시작하는)…….

S# 댄스 연습실에서 연습 중인 태희 흉내 내고 있는 슬기

태희 ……(춤추다 보고)슬기야!!(하지 마)

슬기 (멈추고)으해해해해해 (웃으며 두 손으로 입 막는다)….

S# 태모의 방

태모 ???

채린 ….(보며)

태모 너 그게 무슨 버르장머리 없는 소리야엉? 시에미 인격모독하

냐??!!!

채린 (보며)….

제25회

S# 친정 안방

자모 (손 저으며 뒷걸음치며) 싫어싫어 하지 마..나 괜찮어 괜찮어어.

은수 (엄마 젓는 손잡고 마스크 벗기고 보는)……

자모 ….

은수 (속상해 눈 감고 고개 잠깐 옆으로 돌렸다 엄마 보며) 조심좀 하지 엄마는 이게 뭐야아.

자모 (한 손으로 입 가리고) 미안해. 잘못했어어어.

S# 다미 아파트 거실

다미 일주일에 하루두 안돼?

은수 ?? 누구한테 반말이야.

다미 어 내가 반발했어? 미안.

은수 근사한 여자라구 생각했어.. 멋있다구.

S# 태모의 거실

태모 오냐아..(컵 들며) 그렇게 뜨겁든? (한껏 좋게)

채린 네에..뜨거운 거 안 들어봐서요.

554

태모   (보며)우리 귀하신 며느님. 해보신 건 뭐가 있나요.

채린   ??

태모   안됐구나. 고생한다··(하고 마시다가 펄쩍)앗 뜨거. 이눔으 여편네 누구 퇴죽일 있어??

S# 준구 침실

준구   지 말루 독오른 뱀이래. 무슨 짓을 할지 몰라.

은수   그래서 나눠주구 올려구?

준구   ??? 무슨 말 안 되는 소리야.

은수   가지 마. 갈 필요없어.

준구   (오버랩)걜 다룰 수 있는 사람은 나밖에 없어. 내 말만 듣는 애 란 말야. 놔뒀다가 이 기집애 불어버리면 나 어떡해. 나 끝장이야.

S# 태원 침실

태원   (캔 들어 보이며)맥주 생각 잘 했어요··

채린   나두 마시구 싶었거든요. 결혼하면 같이 나란히 기대 앉아서 와인 한잔씩 마시고 뜨겁게 사랑하고···달콤하게 잠드는 상상을 많 이 했었는데····

S# 광모 오피스텔

주하   죽는 날까지 현수한테/현수만 쳐다봐. 그래도 너 개 썩어 문드 러진 마음에 대한 보상 다 못해.

광모   알았어. 알아··

주하   니가 어떤 생각으로 현수한테 마술 뻐쳤든 나 너 절대 안 믿지 만 암튼 가엾어 그냥 두고 볼 거야. 그런데 만약 너 또 지랄병 도지 면 그땐 내가 니 거기 잘라버리고 감방간다··

S# 타이틀

S# 태모의 방

태모 (24회 마지막 연결)너 나를 뭘로 보는 게야. 내가 늬집 재산에 침
 흘리다 헛물켜구 너 구박한다는 거야?

채린 (오버랩)그렇게 말씀 안드렸어요 어머니. 제가 느끼기에 결혼 전
 에 어머니 저 대하시는 거 참 좋으셨는데 지금 그때 그어머니 아닌
 거 같다구 혹시 상속 때문에 섭섭하시냐구

태모 (오버랩)그게 그말 아냐 그게에.

채린 (보는)

태모 E (연결)내가 늬집 재산에 눈독들여? 으응 저거 다아 내 며느리
 한테 굴러들어오는 거어어 그러다 헛물키구 분통터져 너 구박해?

S# 거실

임실 (찻주전자와 찻잔 들고 서서)???(너무 가까이는 서 있지 마세요)

채린 E 아니면 무슨 이유로 갑자기 저를 미워하세요.

태모 E 내가 언제.

S# 태모의 방

채린 요즘 주욱 그러세요. 결혼 전에는 아니 결혼하구두 저 참 사랑
 스러워하셨었어요.

채린 E 제가 결혼한 건 어머니가 빽이었기 때문이에요. 어머니두
 그러셨잖아요. 나만 믿어라 내가 니편이다. 내 아들은 내말은 거역
 못한다. 하늘 아래 둘도 없는 효자다. 안 그러셨어요?

태모 그랬다.

채린 사귀는 데까지 오래 걸려 그렇지 한번 사겨노면 평생 변할줄
 모르는 아들이다. 걱정마라 조금만 기다려주면 무슨 말인지 알거
 다 안 그러셨어요?

556

태모　그래 그랬다.

채린　너는 그저 태산같은 나만 믿으면 된다 안 그러셨어요?

태모　???

채린　안 그러셨어요?

태모　너 나 문초하냐?

채린　??

태모　(오버랩)시에밀 남의 재산이나 탐내는 도둑년 만들어놓고 너 지금 범인 잡아다 놓구 문초해?

채린　그게 아니라 어머니가 변한 이유를 알고 싶어서

태모　(오버랩)이이뻐서 들여놨는데 안 이뻐. 그게 이유야.

채린　왜요.

태모　??..너 할줄 아는 게 뭐가 있어. 며느리는 며느리로서 적어두 기본은 돼 있어야할 거 아냐. 아니 말이 난 김에 말인데/ 도대체 늬 어머니는 널 어떻게 키워 남의 집 며느리루 보낸 거냐. 툭하면 아 줌마랑 쌍심지 세워 시비나 붙구 그릇 하나를 제대루 쥘줄을 모르구 나 그런 거 못해요 어머니 나 이런 거 해본 적 없어요 어머니. 화초 들여놨어?

채린　집안 일 할줄 몰라두 상관없다 그러셨어요. 어머니 안 그러셨어요?

태모　?? 그래 그랬다. 그런데 설마했지 그렇게까지 발바닥일 줄은 몰랐다.

채린　....(보며)

태모　참 기가막히구 코가 막혀서. 뭔가 대하는 게 전같지 않다아싶으면 그저 혼자/ 내가 뭐가 부족한가 이건가 저건가 고민하구 연구하구 반성할 것이지 너 어디 얼투당투 않은 모함이야 엉?

채린 (웃으며)알았어요 어머니, 제가 자격지심이었나보네요. 만약에 그 일때문이라면 어떡하나 너무 걱정돼 어머니께 확인하고 싶었어요.

채린　E (보는 태모)저두 어머니 그렇게 천박한 분으로 생각하지는 않았어요. 이제 개운해졌어요.

채린 불쾌하게 생각하지 마세요 어머니.어머니 지적하신 거처럼 제가 요령이 없고 어리석어요. 이해해 주세요.

태모 너한테 귓쌰대기 맞었다.이 황당하구 불쾌한 기분 씻을려면 석달열흘은 걸리겠지. 원 생사람을 잡아두 분수가 있지 끄으으응‥(외면)

채린 (보며)죄송해요 잘못했어요 어머니.노여움 푸세요.

태모 ‥‥

채린 (일어나며)쉬세요 어머니‥(나가고)

태모 (문 달히자 문 보며)아니 저거 저렇게 맹랑한 거였어?

S# 거실

채린 (쟁반 든 임실댁 지나쳐 주방으로)

임실 (어정쩡 보다가 부지런히 따르는)

S# 주방

채린 (냉장고에서 요구르트 하나 꺼내들고 나가려)

임실 (들어오며)참 간도 크네잉. 고모한테 얼마나 얻어터질라고 그라요.

채린 (나가며)이유모르구 당하기만 할 순 없어요‥

임실 ‥‥(나가는 것 보다가)어흐흐흐흐흥‥‥그람 해보쇼한번. 하룻

558

강아지 범 무선 줄 모르는구먼 참.(쟁반 놓고 주방으로/행주 삶는 냄비 열고 김 팍팍/집게로 뒤적이며)저것이 모지라는거 아닌가잉? 어째 지 분수를 몰러두 저렇게 모르는감. 동서남북 천지 분간은 해야제잉.슬기 엄마는 서방 사랑이나 받었제. 저거저건 이두저두아닌 것이 쯔쯔쯔즈. 사람은 그저 머리가 좋구 볼일이지 머리 나쁘면 남 고생 지고생‥고걸 꼭 물어봐야 아능가? 돈독이 머리 꼭대기 까지 오른 사람이라 속이 쓰려두 엄청 쓰릴 거라 내 일러줬구먼. 쯔쯔쯔즈..

S# 태원의 방

채린 (요구르트 먹으며 들어와 화장대 의자에)……(무표정으로 있다가 일어나 결혼사진 앞으로)……(사진 보며 먹는)……

S# 행사장

[행사장에 들어서는 태원]

여직 (반색) 와 주셨네요 대표님.

태원 네 은주씨 오랜만이네요. 많이들 다녀가셨나요?

여직 네 그럼요. 바쁘실텐데 와 주시고 너무 감사합니다.

태원 별말씀을요. 이런 행사에 빠지면 안되죠. 많이 준비하셨다고 들었어요.

여직 흐흐 네, 자연이 곧 출발점이자 종착지라는 걸 올해 컨셉으로 꾸며 봤는데 천천히 둘러보시고 소감 좀요 대표님.

태원 어련하셨겠어요.하하

남직 (음료가 든 쟁반 들고 다가와)음료 한 잔 하시겠습니까

태원 네 고마워요 (음료 잔 하나 집어 드는)

여직 그럼 둘러보시고 소감 좀 얘기해 주세요.

태원 네 그럴게요. 볼일 보세요.

여직 네 대표님. (목례하고 다른 손님 맞이하러 빠지고)

태원 (행사장 설치물로. /뒤로 다른 방문자들)

국장 E 정대표 오랜만입니다.

태원 (돌아보고)아 송국장님, 정말 오랜만이시네요. (다가온/50대 국
장/한 손엔 음료/국장이 내민 손 잡으며)안녕하시죠?

국장 하하 예에. 고캠프 지난달 표지 잘 나왔던데요?

태원 감사합니다. 저도 지난달 밀라노 화보 잘 봤습니다. 기사 좋던
데요.

국장 말도 말게, 그거 못나올뻔한 화보였어. 공항에서 짐싸서 다시
올 뻔 했거든.

태원 아니 왜요?

국장 명품브랜드하고 같이 기획한건데 거죽만 명품이지 속은 거지
더라구.

태원 알만 하네요.

국장 요즘 대세는 정말 아웃도언가봐. 패션잡지는 힘들어. 나야 뚝
심하나로 눈비 맞아가며 버티는 거구. 잘나가는 건 정대표밖에 없
는 것 같아.

태원 그럴리가요.

국장 그렇다니까. (하는데)

기자 E 송국장님, 정대표님. (둘 돌아보고)

국장 아이구 강기자도 오셨네. 여기 오면 다 만난다니까.

태원 안녕하세요 강기자님. (에서)

S# 준구의 방

은수   (녹음하고 있는/다른 동화로 넘어가 있다/ 열심히 최선을 다해 녹음하고 있다가 갑자기 울음 터지며 녹음기 끄고 입 가리고 울기 시작하는)⋯⋯⋯

준구   (들어오다 보고)???

은수   (울음 수습하는)⋯

준구   ??⋯⋯왜 그래.

은수   아냐.

준구   그게 뭐야⋯

은수   슬기가⋯ 잘 때 듣는 동화 녹음해 달래서⋯

준구   (옷 벗기 시작하며)슬픈 대목이야? 당신 그렇게 감성적인 사람이야?

은수   ⋯

준구   우리 아이한테 해로워. 재미있는 걸로 해. 그런 거두 있잖어.(은수 옷 챙기러)

은수   (옷 챙기며)그런 거 아냐. 이런 녹음이 필요한 슬기가 너무⋯⋯ 마음아파.

준구   ⋯⋯(보다가)아들을 낳아. 그럼 당신 딸 여기 드나들 수 있게 해줄게.

은수   ⋯⋯

준구   응?

은수   빈말하지 마. 슬기 보지 말라는 집안이야.

준구   그래두 한번씩 보잖아.

은수   (옷 들고 드레스 룸으로)⋯⋯

S# 영화관

[스크린에서 나오는 영화 〈겨울왕국〉 좋아하며 보고 있는 슬기와 태희….]

S# 준구 침실

준구   (냉장고에서 맥주 한 캔 꺼내들고 나가려는)

은수   (드레스 룸에서 나오며)뭐라 그래.

준구   ….(보는)

은수   만났을 거 아냐.

준구   못 만났어. 전화 안받아

은수   아파트로 안 가봤어?

준구   안 갔어.

은수   …왜.

준구   왜가 어딨어.가지 말라며. 당신 말 들었어. 뭐 잘못됐어?

은수   왜 화를 내.

준구   내가 초딩이야? 당신 내 엄마구? 해야 할 말 있으면 할 테니까 그냥 좀 놔둬 줘엉? 일일이 묻구 대답하구 또 묻구 또 대답해야하구/ 내꼴이 이게 뭐야.

은수   있을 거라구 아파트로 간댔으니까

준구   (오버랩)염병 될대로 돼라 가기 싫어져서 그만뒀어. 연습 볼 때리구 정수만나 사우나하구 밥 먹었어. 그게 다야

은수   …..(보는)

준구   그렇게 보지 마. 그런 눈빛/ 기분 나빠. (휙 나가는)

은수   ………(있다가 포기하고 돌아서는)….

S# 준구의 서재

준구   (들어와 앉으며 캔 열어 벌컥벌컥 마시는)…….

S# 다미의 거실 현관

다미 (송기자 따라 현관으로 좀 취했다)언니 고마워‥잘가.

송 어엉.(현관으로 움직이며)그만 마시구 들어가 자아‥

다미 알았어‥알았음.(경례 붙이며)우후후후후. (신 신는 송)언니언
니.(올려다보는 송 목 한 팔로 안고 뺨에 쪽쪽)미안해애애? 사랑해애
애애?

송 흐흐흐 알았어 그래‥나두다나두. 들어가 응?

다미 오케이이…(한 손 들어 흔들고)

송 (현관문 여는데)

정수 (서 있는)…

송 ??(다미 돌아보고)

다미 ??

정수 (다미에게 웃어 보이는)

다미 으흐흐. 괜찮아 언니. 다른 오빠‥그런 오빠 아니구 그냥 오빠.
들어와. 언니 안녀엉.(하고 주방으로)

송 ………(다미 움직이는 것 보며 있다 정수에게 가벼운 눈인사하고)

정수 안녕히 가십시오….(들어서는데)

다미 E 오빠 와서 이거

다미 좀 열어줘.(새 와인 병 내밀고)

정수 (움직여 다미 쪽으로/와인 병과 따개 받아 싱크대에 놓고) 옷부터
벗자.

다미 응그래.(인심 좋게 끄덕하고 새 와인 잔 정수 자리에 놓으며 송기자
글라스 싱크대로)

정수 (옷 벗어 처리하고 마개 돌려 넣으며)저 여자가 송기자냐?

다미   응 송선화.

정수   동침한 거 같다드라.

다미   깔깔, 응 했어.

정수   너 바이냐? 저 여자 레즈?

다미   하하 아냐. 오빠 여기 첩이지.

정수   (병/코르크 빠지고)잘해 놓고 산다.

다미   준구 오빠 기절하게 놀라서 토꼈어.

정수   (다미 잔에 따르며)일부러 한 짓이야?

다미   아아니? (글라스 들며)웅..어쩌면 그럴지도.

정수   (병 들고 제자리로 돌아 나오며)뭐야..확실하게 말해.

다미   오빠 맘은 그렇게 다아 확실해?(정수 앉으며 제 잔에 따르는)올 줄 알았는데 안오더라? 그래서 송기자 불러 같이 잤어. 일어나면서 어쩌면 아침에 올수도 있겠다. 그럼 재밌겠다 내기걸었는데 운 좋게 내가 이겼어. 일부러 부른 건 아닌데 결과는 그렇게 됐단 뜻이야.

정수   (오버랩)준구····그만 해방시켜줘라.

다미   ·····(보며)

정수   세상 사람들이 부러워죽는 우리 같은 놈들. 무지막지한 바윗돌 머리 위에 놓구. 어렸을 때부터 본능적으로 아버지 눈 밖에 나면 끝이라는 공포를 껴안고 살아. 그 스트레스 끔찍한 거야.

다미   ···(보며)누구나 자기 스트레스는 끔찍해.

정수   단언하는데 준구 녀석···너 상당히 좋아했어. 단지 결혼을 할 수 없었던 거 뿐이야..걜 이해해줘라.

다미   ·····(보며)

정수　놓아주기 원하는 사람 /놓아주는 거두 사랑이야. 놓아달라는
데 안 놔주고 너처럼 이러는 건…사랑이 변질된 집착이야. 집착은
병이다.

다미　알아.(시선 내리며)

정수　…..(보다가)다미야.

다미　(오버랩)머리 아파..

정수　….(보며)

다미　오빠는 참 좋은 사람이야..오빠는 나를 그래두 사람으로 대
해 줘.

정수　(웃는)야 사람을 사람으로 대하지 그럼

다미　(오버랩)송기자 기사 쓸까봐 겁나서 정수오빠 보낸 거지?(보
며)

정수　신경쓰이지 안 쓰이냐?

다미　괜찮다 그랬는데..내가 쓰라기 전엔 안 써..그런 사이야.

정수　…..(보는)

다미　저 필요할 때만 찾지 말구 내 전화 받아주라 그래. 정신병자
만들지 말구 전화래두 받으라구.. (내려서며)잘래..오빠 잘가..(침
실로)

정수　…….(앉은 채 보다가 잔 비우고 일어나는)

S#　다미 침실

다미　(들어와 침대가 아닌 바닥에 누워버리면서 제 가슴 쪽 옷을 움켜잡
아 늘려 뜯는)………

S#　준구의 서재

[전화벨]

준구 (받는)어 만났어?

S# 준구 침실

은수 (누워서)……(가슴에 녹음기와 동화책)……

S# 바다가 있는 풍경…

[추워서 웅크린 채 껴안고 해변을 걷고 있는 광모와 현수…광모는 한 번씩 쭉쭉거리고 현수는 피하다 받아주다가 하면서 싫지는 않다…… ………]

S# 해변 호텔 커피숍

현수 (커피 잔 두 손으로 감싸 쥐고)나오길 잘했다..속이 뻥 뚫렸어.

광모 그러니까 군소리 달지 말구 모든 걸 나한테 맡겨.

현수 너한테 맡겼다가 고속도로에서 퍼질 뻔 했다. 장거리 뛰는 애 가 어떻게 개스두 안 채우고 출발하냐.

광모 흥분해서. 싫다구 버텨서 틀렸나부다 포기했는데 갑자기 가자 그러는 바람에 맘 변하기 전에 빨리 출발하자 서둘다가

현수 (오버랩)여기(둘러보며) 괜찮다아아.

광모 엉 괜찮지.우리 일박하구 갈까?

현수 ???

광모 아니이이..딴 뜻 아니구 낼 일요일인데 기어이 서울 갈 일 없으 니까 그냥 아름다운 담소나 나누자는 거지.

현수 (오버랩)쭈쭈뽀뽀는.

광모 아 쭈쭈뽀뽀…

현수 (커피 마시는)

광모 주하한테 아니 주하는 안되구 변선생한테 부탁할 수 있는데. 저녁밥하구 낼 아침 밥만 주면 되잖아.

현수 (오버랩)넌 니 자식두 그렇게 키울래?

광모 그건 아니지이

현수 (오버랩)여지껏 즈들끼리 재워본 적두 모르는 사람이 주는 밥 먹은 적두 없어. 빨리 마시구 일어나. 애들 기다려.

광모 아직 괜찮어야.

현수 길 막혀.(하는데)

　　[현수 전화벨.]

현수 (보고)???? 니네 엄마가 왜 전화하셨지?

광모 ???

현수 네 어머니.

천 F 광모하구 있니?

현수 ?? 네 (광모 보며)네 그런데요

S# 호텔 현관 앞

　　[나오면서]

현수 왜 니 맘대루 니 멋대로야.

광모 (오버랩)야 선보라 그러는데 그럼 어떡하냐.

현수 ??(했다가)보면 될 거 아냐.(퍽퍽 걸어 나가며)

광모 (현수 말에 잠깐 멈칫 섰다 따르며)너 그게 무슨 말야.

현수 귓구멍 막혔냐? 보라면 보면 될 거 아니냐구.

광모 내가 선따월 왜 봐. 아무리 개걸레였어두/이거 니가 한 말야. 아무리 그랬어두 나 절대 양다린 안 걸쳤어. 그건 내 원칙이구 철칙이었다구.

현수 형

광모 뭔 의미 콧바람야.

현수   (멈추고)니 어머니 목소리에서 나 벌써 알았어.나좀 보자.(엄마한테) 나 아니잖아아

광모   아 그건 주하랑 니 관계가 있는데 어떻게 그러냐는 뜻이지 별거 아냐 현수야.

현수   아니이이 (발 구르며)내가 한다 그랬냐구우우우!!!!

광모   나랑 안하면 누구랑 할 건데에에에!!!

현수   왜 소리질러 왜 소리 질러.

광모   니가 먼저 질렀잖아.

현수   (오버랩)이 상태에서/주하 저러구 있구 내 맘 아직 결정두 안 됐는데 주책없이 왜 엄마한테 깨놨냐 말야. 반가와 안 하실 거 뻔할 뻔인데에에!!

광모   아 그건 걱정마. 주하 때는 뭐 반가와했냐? 울엄마 쿠울해. 자기 생각에 아니래두 일단 오케이하면 끝이야.주하 때 울엄마 봤잖아.

현수   그래!! 울며 겨자 드시면서 아닌척 애쓰시는 거 봤다.

광모   야 너 어떻게 울엄마를

현수   (픽픽 자동차 있는 쪽으로)…

광모   (서서 보며)…야아으…엄마는 진짜 나한테 물어보지두 않구 (픽픽 현수 쪽으로)

S# 고속도로 차량들

　　[사이 좀 두었다가]

광모   E 주하 벌써 데이트 하구 있구 우리 셋 깨끗이 정리 끝났다구 해.

S# 차 안

광모   그렇게 얘기했으니까.

568

현수　....(뿌우우우)

광모　우리 셋은 아무 문제 없다구....엉?

현수　......(여전히)

광모　현수야.....현수야....사랑하는 현수야..

현수　.....

광모　결혼 안한다 소린 절대 하면 안돼 너.초치지 마 알았어?

현수　.....

광모　무슨 생각을 하는 거야야아.

현수　배아퍼. 화장실 가야 해. (오만상 찡그리고)

광모　?? 싸겠어? 쌀 거 같아? 야 휴게소 아직 멀었는데에...(어쩌냐아아)

S#　태원 거실

　　[태희 슬기 들어오는]

태희　(슬기 앞세우고 들어오며)난 크리스토프가 진실한 남잔 거 첨부
　　터 알았는데?

슬기　나는 감쪽 같이 속았어. 너무 분해.

태희　까르르르르

임실　(주방에서 나오며)아고오오 우리 아그 들어왔나암?

슬기　아줌마 이거요.(쿠키 봉투 내밀고)

임실　(받으며)요것이 뭣이랑가?

슬기　쿠키에요.

임실　오오오.

태희　(앞서 움직이며)슬기야.

슬기　(태희에게/태희 노크)

S#　태모의 방

태모 (혈압기 빼면서)들어와.

　[슬기 앞서 들어오는]

슬기 할머니 혈압 올랐어요?

태모 아니야..그냥 한번 재봤어. (혈압기 서랍에) 영화는 재미있든?

슬기 네 재밌었어요.

태희 (백 놓고 옷 벗으며 오버랩)얘 나갔어?

태모 슬기 옷갈아 입어라.

슬기 네에.

태희 (벗은 옷 들고 백 집는데)

태모 너는 좀 있구.

태희 ??(슬기 나가고)

태모 이리 와 앉어..

태희 ??(의아한 채 엄마 옆에 걸터앉는)??? 왜?

태모 저게(소리 낮춰)눈치 없는 처억 하면서 그게 아니었던 거 같아.

　(딸 안 보며)

태희 ??

태모 우리가 조심해야겠어.

태희 뭘?

태모 아 내가 달라진 이유가 뭐냐구 들이받더라구.

태희 들이받어?(어디서 감히)

태모 지 아버지 상속 못 받는 거때매냐구

태희 (입 벌리고 보다가)아 그러니까 표내지 말랬잖어. 아우 정말
　못말려. 잘못하다가는 상속 날아가자마자 며느리 구박한다 소문
　파다하게 퍼지니까

570

태모　(오버랩)중매쟁이 이년이 저 집에 쏘삭거린 거야.(딸 보며)

태희　그렇지.벌써 똥은 한판 싸 노셨지 응.

태모　(똥? 째려보는)??

태희　그거두 하는 거 아니랬지.

태모　크으음. (안 보며)

태희　그래서 뭐랬어.

태모　뭐랬을까.

태희　생사람 잡지 말라 그랬겠지.

태모　알면서 왜 물어.

태희　(끄으응 일어나며)내가 손 좀 볼게.(백 챙기는)

태모　(오버랩 펄쩍)놔둬. 건드리지 마.

태희　들이받았다며. 며느리 군번이 그건 아니지이이.

태모　들이 받았다는 건 내 말이구…

태희　뭐야아아.

태모　가만있어. 머리를 쓰자…머리를 써..

태희　……그럼 써 보셔..

태모　……

S#　태원의 방

채린　(핸드백 닦아주고 있는)……(또 하나 내놓아진 백)

　　　[노크]

채린　(아무렇지도 않게)네에에.

태희　(문 열고)뭐해?

채린　어 들어오셨어요?

태희　(들어오며)일어나. 일어나는 거야.

채린 아으 뭐 그렇게 까지 해요. 무슨 왕실도 아니구.

태희 ....(보는)

채린 (일어나는)어머니 뭐라 그러시죠?

태희 그러네? 올케가 오해두 너무 끔찍한 오핼 해서 충격받았대.

채린 어떡해요.혹시나 걱정돼 말씀드렸는데 어머님이 오히려 오해 하셨나보네요.

태희 그래?

채린 저 아니에요. 사람이 어떻게 그럴 수가 있겠어요. 상상하기도 싫은 일이죠. 형님이 잘 좀 말씀드려 오해 풀어드리세요.

태희 그래 엄마한테 얘기할게.

채린 고맙습니다 형님.

태희 (오버랩)올케 아직 잘 모르는모양인데 우리 엄마 성격이 원래 그렇게 일관성이 있다군 할 수 없어. 날씨랑 비슷하지. 자기 편안 할 땐 맑은 날 머리 시끄럴 땐 흐린 날.열받으면 비바람. 요즘 바깥 일이 자기 맘대루 안 풀리나봐. 일일이 신경쓸 거 없어 응?

채린 어머니한테 익숙해지는데 한참 걸리겠어요.

태희 그렇지. 나두 꼬박 사십년이니까.군은 살 배기면 괜찮을 거야. 태원이 사랑하지? 사랑의 힘으로 견뎌.

채린 네에..

태희 다시는 우리 엄마 건드리지 마. 혈압 고위험환자야. 잘못했다 가 쓰러져 대소변 받게 생기면 어떡할 거야.그거 누구 일이야.(다 소 위협)

채린 어떻게 그런 무서운 말을 하세요오오.

태희 실제 상황에 비하면 지금 내 말은 안 무서운 거지이

572

채린 아으으으

태희 (오버랩)화 부르지 말구 주의해. 나 딸이야. 내 엄마야.

채린 네에에.

태희 (나가는)

채린 (문 보면서)…(흘기듯)

S# 채린 방 밖

태희 (지나며)슬기 뭐하니이?

슬기 E 졸려요오오

태희 그래 잠깐 자아아

S# 계단

태희 (렛잇고 렛잇고오 흥얼거리며 내려와 주방으로)

S# 주방

태희 (들어오며)저녁 뭐 먹어요?

임실 옥돔을 굴까아아 가자미를 조릴까 그라는구먼요.옥돔 궈노면
가자미 찾고 가자미 해노면 옥돔 찾고 그라니께 시방 점 치고 있소

태희 (커피 준비하며)옥돔 궈요. 엄마 옥돔 잘 먹으니까.

임실 가자미 찾으면 고모가 맡으시오.

태희 (원두 뚜껑 열어보고)이거 왜 이렇게 푹푹 줄어?(원두병)

임실 고거요

태희 네.

임실 새며느님이 하루 서너번씩 갈아대드구면.

태희 이걸요.

임실 고거요.

태희 (어으 참)

임실　뭐라그랄라다 눈 똥구래서 덤비면 또 심정만 상할 거고 귀찮아 내비뒀소.

태희　(그라인더에 원두 두 숟갈 넣으며)네에에

임실　고것이 제엘 맛있다 헙디다. 입은 다 똑같으닝께.

태희　똑같죠오오

임실　슬기 엄마는 고런 거 일절 안 건디렸는데··

태희　아줌마 그러다 새서 엄마한테 욕바가지 먹어요.

임실　걱정마시오. 안직 요기(입)고무줄은 안 삭었웅께.

S#　준구의 정원(밤)

S#　현관에서 나오는 어른들과 준구 내외··

이모　춥다 들어가라들어가.

은수　네 이모님. 즐거운 시간 보내세요 아버님어머님.

회장　오냐 들어가라.

은수　네에··

이모　(문득 멈추며)아 정말 나는 빠지면 안돼 애?

준모　아으(언니 팔 끼면서)누군 가구 싶어 가요? 딴소리 말구 나가요 빨리.

이모　(멈춰 선 채)집에서두 먹는 밥 한끼 먹자구 이어 귀찮어

준모　부처님 모시는 홍회장 노모께서 언니 꼭 보자 그러신다잖아요오.

이모　아 작년 이맘때 날 당신 막내 딸인줄 아시더라니까.

회장　(앞서서)부처님이 불러 가시는 셈 치구 어서 나오세요.

이모　(오버랩 움직이며)에으 부처님두 구찮어요오오.

회장　(작게 웃으며 앞서 나가고/준모와 이모 따르고)

준구　(따라 나가고)

은수　(보고 서 있다 돌아서는)······

S# 광모 오피스텔

　　[들어서는 현수와 광모.]

광모　엄마 우리 왔어.

천　(소파에 앉아 광모 옷들/추리닝 러닝셔츠 등등 개키고 있다가 보는)
어서 와라.

현수　····(현수 천 쪽으로)····(꾸벅)안녕하셨어요. (뚝뚝하게)

천　오랜만이구나.

현수　네에··

광모　엄마 왜 여기서/좋은데 많은데··

천　(일어나 주방으로/냉장고 주스 꺼내 세 컵 만들면서)빨래 돌린 거
두 갖구와야니까 여기서 보자했어. 현수야 와아.

현수　(식탁 쪽으로)

광모　(침실 쪽으로/옷 벗으며)현수 기분 상할 말은 하지 마 엄마. 나
현수 정말 사랑해. 생전 처음 여자 사랑하는 거야.

천　애 식상해. 너 그거 새여자 만날 때마다 했던 소리야.

광모　(돌아보며)아 엄마 초치지 마 진짜. 여태까지는 다 착각 잠꼬대
였구 지금이 진짜 진실이야. 나 사랑이 뭔지 잘 몰랐던 놈이야. 이
제 알았어. 이제 이거야말로 사랑이야.

천　앉어.

현수　····(앉는)

천　어디 갔었니.

현수　(보는데)

광모　(침실에서 옷 갈아입으며)가까운 바다바다. 바다 보구 왔어.

천　현수야.

현수　....(보는)

천　이건 아니지 않니?

광모　(오버랩)그러지 말라니까아.

천　(오버랩)나 현수 데리구 얘기하는 거야

광모　걔 지금 나한테 성질났어. 엄마까지 도와주지 마.

천　...(현수 보며)왜 성질이 났니?

광모　엄마한테 말했다구.

천　가만좀 있어 빙충이같은 놈아!!

현수　...(뚜웅 시선 내리고)

천　......(보다가)난 늬들을 도오저히 이해 못하겠다. 니가 어떻게 광
　모야.

현수　네..... 그러실 거에요.(뚜웅)

광모　(오버랩)얘기했잖아. 얘가 먼저 옜다구우

천　그래서 안된다. 그거 때문에두 늬들은 안돼.

현수　걱정 마세요 결혼 안해요.(안 보며)

광모　야아아(튀어나오며 오버랩)내가 부탁했잖아아.

천　(아들에게 눈 부릅뜨고)

광모　....(꽁지 잠깐 내리고)

천　이건 무슨 소리야 늬들 사귄다면서

현수　그렇긴 한데....(머리 잠깐 손가락으로 긁고)제가 결혼이라는 사
　고를 칠 정도로 순진하지두 않구 그리구...결혼에 대한 꿈같은 거
　두 없는 아이라서요.

576

광모　(오버랩)(앉으며)현수야.현수야..

천　(오버랩)애 너 나좀 봐라.

현수　(보는)

천　결혼 아니라니까 일단은 고마운데/그런데 너 그 얼굴이 사귀는 남자 엄마한테 보여줄 얼굴이니?

현수　(입 닭 똥구멍)

천　E (연결)얼굴이 표정이 그게 뭐니.

현수　...아 어....자리가 거북해요. 제가 결혼은 싫다 분명하게했는데 지맘대루 이렇게 / 말하자면 제가 거절했는데 거절을 당하게 만들어서 기분 별루에요.

광모　신경쓰지마신경쓰지마.

천　(오버랩)얘가 이게 신경쓰는 거야? 어른 앞에서 내 앞에 이 얼굴이?

광모　아 얘 원래 이래. 난 이 얼굴이 제일 이뻐.

천　(아들 한심해서 물끄러미 보는)....

광모　(두 여자 눈치 번갈아)

천　결혼 안하구 사귀기만 한다구?

광모　해해 결혼해.

천　너한테 안 물었어!!

현수　(오버랩)네.

천　....왜.

현수　(입 다시 닭 똥구멍).....(보며)

천　얘.

현수　어머니 저 아니다 그러시죠 그러실줄 벌써 알았어요. 우리 엄

마 아빠두 물론/ 얘가 어떤 앤지 빠삭하게 다 알구 계시니까 아니
라 그러실 거에요. 양쪽 부모님들 아니라는데 잘 살테니 걱정말라
구 부도날지두 모르는 어음 떼며 설득하구 그런 과정이 너무 귀찮
아요.

광모 (오버랩)현수야.

천 (오버랩)어쨌거나 고맙다 정말 고맙구나.

광모 (오버랩)엄마엄마

현수 (웃으며 오버랩)걱정마세요 안심하세요 어머니..

S# 현수 원룸

　　[싸움 붙어 있는 현수 광모]

현수 (벗은 옷으로 소파 후려갈기듯)싫은 이유 백가지두 더 돼. 한 번
읊어봐? 혼자 있고 싶을 때 커어다랗게 왔다갔다 방해하는 거 싫
어. 말하기 싫을 때 말해야 하는 거두 싫어. 애 낳아야하는 숙제도
부담스러. 나는 나 자신으로 나 생긴대로 자연스럽게 살다 죽고 싶
단 말야.

광모 원하는대로 다 해주께에!! 보기 싫다면 안보게 해주면 될 거
아냐.애같은 거 안 낳아두 돼. 상관없어.말하기 싫으면 하지 마. 그
거 지금까지두 너 한번씩 했던 짓 아냐.

현수 결혼하면 지금 감정이 나냐. 생활과 습관/타성으로 바뀌어. 결
혼에 묶여서 결혼을 살아야하는 거 재미없어.

광모 니가 언제는 그렇게 재미있는 애야? 너 밤낮 시큰둥 밤낮 지루
한 애 아냐.

현수 널 어떻게 믿구 결혼까지 해 이 자식아!!

광모 ??

현수　너 짐승인데에에.

광모　지금까지는 아무도 모르게 나혼자 상처로 다녔는데 결혼하면 나혼자로 안 끝나잖아 이 자식아.

광모　(현수 양 팔 잡으며 오버랩)현수야현수야.

현수　(오버랩)우리 엄마아빠한테 나까지 이혼녀 돼줘? 결혼하구 싶어 돌아버릴 지경두 아닌데? 결혼이 인생의 목표두 아닌데?

광모　(오버랩)나 짐승 아냐 현수야아.

현수　너 짐승이야.

광모　진화했어야 사람으로!!

현수　…(보며)‥짐승사람‥

광모　아냐…안 그래…너한테 그런 짓 안해‥절대 안해…‥절대…절대…‥

현수　…‥(보며)…‥

광모　(포근히 안아주는)…‥믿어라…믿어 주라…

현수　(마주 안는)…‥

S# 준구네 정원(밤)

S# 준구의 침실

은수　(녹음기 챙겨 케이스에/움직여서 핸드백 선반으로/다음에 들고 나갈 핸드백 결정해서 집어넣고 침대로 들어가 눕는)…‥…‥(잠시 있다가 일어나는)…

S# 준구의 서재…

준구　…‥(전화 만지며 앉아서)…‥…‥(읽던 책 펼쳐져 있고/컴퓨터 모니터도 켜 있는 상태)…‥

은수　(들어오는)…‥…‥뭐해‥

준구 아무 것도……녹음 다 했어?

은수 오늘은 더 안할려구··그거두 피곤하네··

준구 (일어나 나가며)그럼 이제 들어가두 되겠군··

은수 …(나가는 준구 보는)

S# 침실

준구 (들어와 가운 벗고 침대로)····

은수 (들어와 침대로 들어가며)짜증나게 해서 미안한데 어쩔 수가 없어.

준구 (한 팔 머리 목뒤에 넣은 채)다른 여자들하구 똑같은 거지 뭐…

은수 (앉아서 보며)····

준구 (돌아누우며)정수가 만났는데 전화는 받아주는 게 좋겠대.

은수 ·····(보며)

준구 전화만이라두 받아주는 게… 안 그럼 무슨 짓을 할지 모른다구··

은수 무슨 짓.

준구 ?? 몰라서 물어?

은수 일어나 봐 여보·· 일어나서 얘기해.

준구 해애.

은수 ······(기다리는)

준구 (일어나 앉는/보며)무슨 얘기··해.

은수 나는 왜 당신 이다미에 대한 욕망/····그게 아직 살아있는 거처럼 느껴지지?

준구 무슨 소리야 그게.

은수 아니면 정면돌파해. 겁내지 마.

준구 어떻게 그래.

은수 아버님께 사면 받았잖아.

준구 세상에 까발려지면. 아버지 혼자 아시는 거하구 공개 망신 당하시는 게 같아?

은수 쫓겨나면 쫓겨나.

준구 ?? 남의 일이야? 당신하구 내가 남이야?

은수 같이 쫓겨나 구멍가게라도 하면 돼.

준구 ??

은수 아이 양육비는 넉넉히 주시겠지. 설마 아이까지 모른 척은 안하실 거야.

준구 아이…그래 아이가 나오지…(쓴웃음)아이 때문에 쫓아 내는 거까지는 안하시겠군. 구세주가 있었어.구멍가게는 안하구 살어두 되겠어.(누우려)

은수 이다미 그렇게 못해.

준구 죽을려구 약 털어먹었던 애야. 신경 불안정한 애./이판사판 얼마든지 할 수 있어.

은수 …..(보며)그래서 전화 받아 달래주다 전화해 달래구 찾아가 달래다 안자 그럼 안을 거야?

준구 (획 다시 일어나)대체 그게 무슨 소리야.

은수 당신이 밟을 수순 예측이야.(오르기 시작하며)

준구 예언자야? 점쟁이야?

은수 (이불 획 걷으며)옷 입어 갑시다.

준구 어딜 가.

은수 당신 같이가 걔 얼굴 마주 하고 똑똑히 말 해줄 거야.

준구   미쳤어?

은수   (드레스 룸으로)잠깐이지만 말도 텄었어. 가면 벗고 알몸으로
　　　붙어볼래.

준구   이리 와아.

은수   옷 입어 빨리.

준구   정신차려

은수   (오버랩)누구한테 정신차리래. 나? 내가 정신차려야 해? 나 아
　　　이 가졌어. 당신 아빠 돼. 아직도 정리 못해서 핑계만 있으면 쫓아
　　　가는 당신. 못 만났다는 말 백프로 믿는 줄 알어? 기껏 한다 소리가
　　　전화래두 받아줘야겠다구?

준구   말 똑바로 해. 정수 말이지 내 말이 아냐.

은수   뭐가 달라. 당신 서재서 전화 기다리고 있었잖아. 아니 벌써 통
　　　화했던 건가? 여운/즐기고 있었던 건가?

준구   이 여자가/ (침대 뛰어 내리는)이제 막 나가기로 한 거야?

은수   내 남자 내가 지켜얄 거 같아서. 내 아이 아빠 내가 붙잡아놔야
　　　할 거 같아서.

준구   ·····(보며)

은수   ·····(그냥 옷 입는)

준구   ······(보며)

은수   옷 입어 빨리.

준구   진정하고 대화로 의논합시다.

은수   이거 다 소용없는 짓이라는 거 알아. 그래도 갈 거야 가서 눈
　　　똑바로 보면서 말할 거야. 더럽구 치사하지만 할 거야.

준구   ·····꼭 지금이래야 해?

은수 왜…미리 알려 준비시킬려구?

준구 ???

은수 당신 나 다 몰라. 우리 엄마가 나 고집한번 세우기 시작하면 목이 빠져두 접는 법 없는 못된 기집애라 그랬어. 당신 안가면 어머니 모시구 가.

준구 ….????

S# 정원

은수 (먼저 나와 대문으로………대문 거의 나서는데)

준구 (뛰어나오고)….

S# 자동차 대기 중인 열려 있는 대문 안

준구 (뛰어나와 운전대로)

은수 …(잠시 보고 조수석으로 타고)….

S# 출발하는 자동차………

S# 차동차 안··

준구 ……(운전하며)

은수 ……(앞 보며)…..

준구 가라앉혀…..아이한테 해로워…

은수 …….

준구 어디 가서 차 한잔 하구 들어갑시다··

은수 ……

준구 당신 피해 의식이야…물론 내가 만들어준 거긴 한데…나 그런 거 아냐.. (은수 돌아보며)그만큼 혼났으면 됐지 무슨 욕망이구 나발이구야..

은수 (그대로)……

준구   어디로 갈까…어디가 좋을까‥

은수   (돌아보며)우습게 보지 마.

준구   ‥‥그럼 정말 가겠다는 거야?

은수   이런 걸 농담으로 해?

준구   폼 구기게 당신

은수   (오버랩)포옴‥‥포옴?‥‥폼같은 거 누가 박살냈는데.

준구   ‥‥‥(할 말 없고)

은수   운전에나 신경써. ‥‥

준구   명령하냐? 명령해?

은수   아이 때문이야. 상관없어?

준구   ‥‥‥(미워서 보다가)그래애애‥천군만마다. 빌어먹을.

S# 태원의 거실

태원   (슬기 앞세우고 나오는/저녁 먹고/나오며)우리 슬기 체력을 좀 길
       러야지 안되겠는데? 영화 한편 보구 들어와 두 시간이나 자면 어떡
       해. 봄 되면 아빠랑 나가서 경보래두 해야겠다.

슬기   그게 뭐야?

태원   어 이렇게 빠르게 걷는 거 이렇게.

슬기   아빠 바보같아.

태원   하하

채린   (따라 나와 오버랩)우리 셋이 똑같은 츄리닝 입구 좋겠네요. 우
       리 그러자 슬기야응?

슬기   (채린 안 보는 채)네.(아빠 손잡고 계단으로)

태희   (나오며)엄마 봤어?

태원   네.

태희   기분 어때.(채린 약간 긴장)

태원   괜찮으시던데요?

태희   (주방으로)슬기 굿나잇.

슬기   굿나잇.

　　　[계단 따라 오르며]

채린   저녁 두 많이 드셨어요. 과식하시는 거 아닌가 걱정될 만큼(하
　　　는데)

태모   E 아줌마아아

채린   ?/네어머니이이(쪼르르 태모 방 앞으로)

태모   물 좀 미지근하게 만들어 한 컵 다우··소화제 먹어야겠어.(부드
　　　럽게)

채린   ?? 체하셨어요?

태모   그만 먹어야지 싶을 때 숟가락 딱 놔야하는데 한 두숟갈이 꼭
　　　이래··

채린   네에 어머니··금방 갖다 드릴께요··

태모   오냐아아

태원   눕지 마시구 좀 서성거리세요 어머니.

태모   (문 닫으며)오냐아아.

태원   올라가자.

슬기   아빠아빠··(가위바위보 하자는)

태원   어 좋아그래. (둘 가위바위보로 계단 오르기)

S#   다미 거실

다미   (〈문정왕후〉 대본 들고 서성거리며 입으로 대사 외고 있는 중)·······
　　　[현관 전자 키 음.]

다미   ??? (현관 보며)

준구   (들어오는)

다미   오빠아아 (현관으로 움직이려다 멈춘다)

    [준구가 잡고 있는 문으로 들어오고 있는]

은수   ....

다미   ..... (보며)

준구   (먼저 오르고)..(은수 보며)...

은수   (망설임 없이 들어와 다미 앞으로 와 서며) 내가 같이 와 달랬어요.

다미   무슨 일이이야 오빠.

준구   너하구 할 얘기가 있단다. (은수 보며)

다미   ..... (보다가) 오세요. (의자 쪽으로 돌아서) 들어보죠.

은수   (오버랩) 그냥 여기서 해요. 앉을 거까진 없어요.

다미   그래요? 그럼…하세요.

은수   이이는 자기가 모른 척하면 다미씨가 폭탄 떠뜨릴까봐 두려워
    해요.

다미   ......그래서요.

은수   내 생각에는 그 폭탄은 내 남편보다 다미씨한테 더 치명적일
    거에요. 우리 나라는 아직 남자 바람에/당사자 뺀 다른 이들은 대
    체로 관대한 분위기에요.

은수   E 반면에 유부남 훔친 여자는 모든 여자들의 공공의 적이죠.

다미   욧점이 뭐에요.

은수   인기 먹고 사는 사람이 대중 상대로 두 번씩이나 기자회견 형식
    으로 새빨간 거짓말을 천연덕스럽게 했어요. 그건 사기였죠?

은수   E 순진하게 믿어줬던 사람들..다미씨한테 관심있거나 없거나

/어떻게 받아들여줄까요.

다미 ……계속해요.

은수 둘 다를 위해서 이다미씨 사랑 놀음 이쯤에서 스톱해요.

다미 무슨 놀음? 내가 지금 놀이하는 줄 알아?

준구 ?? 너 왜 반말해.

다미 기다려.

은수 (오버랩)전화만이라두 받아달라구?

다미 (오버랩)됐잖아.

은수 (오버랩) 내가 허락 못해. 둘이 좋다가 하나가 돌아서면 그 관
계는 끝인 거야.

다미 오빠가 돌아선 거면 당신 왜 여기 와 그딴 개소리해. 자신없어?
자신없으니까 온 거잖아. 형/ 바보는 아니네. 우아한 사모님 연기
더 해보시지 왜 안되겠어? 겨우 그거였어? 당신 여자 나 여자 어차
피 우리/ 바닥은 똑같아. 오빠가 돌아서? 천만에 이 악물고 참고 있
을 뿐이야. 난 알아. 내가 그거 모를 줄 알아?

준구 다미야!!

다미 우리 얼마나 좋았는데. 얼마나 뜨거웠는데/당신이랑 결혼하
구두 방콕에서 우리 거의 밤 새면서

은수 (갈겨버리고)

준구 왜 이래애!!(은수에게 달려 붙는다)

다미 ???

준구 무식하게/ 미쳤어? 이게 무슨 몰상식이야. 당신 이런 여자였어?

은수 ???(준구 보며)

다미 흥··호호호호··한대쯤 맞아줬다 그래. 오은수 망가지는 거 보는

제25회 587

재미 좋은데?

준구 야아아아!!!

다미 (오버랩)빨리 데리구 꺼져. 나 대사 외야 해.

준구 나가‥가자구.

은수 (오버랩)이거 놔‥

준구 나가잔 말야아/

은수 이거 놔아아!!

준구 ‥‥‥(노려보며 놓아주고)

은수 (부들부들 나직이)어떻게 일말의 양심도 없니. 남에 걸 훔쳤으
면서

다미 (오버랩)니가 훔쳤지. 도둑 맞은 건 나야 알아? 오빠 와이프 디
게 뻔뻔하다엉?(휙 빠르게 들어가 버리고)

은수 ???‥‥(머엉)

준구 ‥‥‥뭐랬어‥당신/ 상대 안된됐잖아.

은수 ???(준구 보며)‥‥‥

S# 다미 침실

다미 ‥‥‥(입 꾸욱 물고 걸터앉아 있다가 ‥‥‥대본 날려 던져버리고 쓰러지
며 우는)‥‥‥‥

S# 다미 아파트 현관 앞‥

　　[나오는 두 사람‥ 은수 잠깐 쓰러질 듯하고 준구 잡아주려/ 은수‥‥손
밀어내고 앞에 세워진 자동차로‥]

준구 (리모컨으로 차 문 열고 은수 타는 것 보고 운전석으로 타고)

S# 출발해 나가는 자동차‥‥‥‥

S# 차 안‥

은수   (고개 창 쪽으로 돌리고)⋯⋯⋯(머엉하니)⋯⋯

준구   ⋯⋯(운전하면서 눈치 보는)⋯⋯

은수   ⋯⋯⋯(눈물 뚜르르르르)⋯⋯

S# 슬기의 방

채린   (아주 재미없게 빠르게 책 읽어주고 있는)

슬기   (눈 감고 있다가 슬며시 눈 뜨고 잠시 보다가 채린이 보자 얼른 눈 감
       는다)

채린   빨리 자⋯

슬기   ⋯

채린   그러니까 낮잠을 너무 많이 자면 안되는 거야⋯알겠어?

슬기   (등 돌리면서)그냥 잘게요⋯

채린   안돼⋯잠 들 때까지 읽어주께.(읽기 시작)

슬기   (얼굴 짓으로 디게 못 읽네)⋯⋯

S# 현수의 원룸

현수   (쭈쭈 뽀뽀 안고 누워서)⋯⋯⋯

S# 주하 오피스텔

       [승강기 쪽에서 들어오는 인태와 주하.]

       [현관 앞에서]

주하   이제 가세요.

인태   들어가세요.

주하   이렇게까지 안해두 된다니까⋯

인태   불행은 예고없이 찾아들어요⋯이래야 안심이 돼요.

주하   집에 들어가면 전화하세요.

인태   예⋯그럼 ⋯

주하　네에..

인태　(승강기로 가면서 웃는 얼굴로 한번 돌아보고)

주하　(손 흔들어주고/ 인태 사라지자 전자 키 누르고 들어가는)

S#　주하 오피스텔 거실

주하　(들어오며 전체 등 켜고 옷 벗으며 침대 방으로)

　　[전화벨.]

주하　(주머니 뒤져 전화 /보고/오버해서)어 하아아이.

현수　F 뭐하냐.

주하　엉..(옷 벗으며)지금 그음방 들어왔어..옷 벗는 중이야.

현수　F 다시 걸어?

주하　아냐아냐 그럴 거 없어. 말해.

현수　F 어디 갔다 와?

주하　데이트으..뭘 물어야.

현수　F 진짜 괜찮아서 만나는 거냐?

주하　응 사골같은 남자야.

S#　현수 침실

현수　뭔 소리야?

주하　F 끓이면 끓일수록 진국 나오는 남자. 디이게 박식하다 너? 오
늘은 잉카 문명에 대해서 쭈우우욱 얘기해줬는데? 어쩌면 아는 게
그렇게 많냐? 난 무식하잖아. 물론 중간쯤부턴 지루하구 재미없
어지기는 했지만

S#　주하 침실

주하　그렇다구 무식한 티 낼수 있냐? 어머머 아아 그렇군요…아아
네에에에 머리로는 딴 생각하면서 무지막지 애썼다 하하..세계사

에 관심있대..여행가이드로 써도 좋겠어. 넌 오늘 뭐했니.

현수　F 그냥...바다 잠깐 보러 나갔다 왔어.

주하　...(같이였을 건 뻔하고)겨울 바다 좋지이이이. 잘했다야.

현수　F 괜찮아?

주하　뭐가.

현수　F 안 무서워?

주하　.....

현수　F 뭐해

주하　말짱한 땐 괜찮아. 한밤중에 깨면 좀 그렇지만 뭐 괜찮아아아.
　　인태씨가 현관에 잠금장칠 서개나 달아줬는데 뭐. 아 잊어먹었다..
　　잠거야지(현관으로 뛰어 잠그면서)불만 안나면 돼.

S# 현수 침실

주하　F 불이 왜 나겠니 하하

현수　개스 관리 잘 해.

주하　F 어엉

현수　씻어야지.

주하　F 엉.

현수　끓구 씻어.

S# 주하 침실

주하　왜 축 쳐졌냐?

현수　아냐아.

주하　나 그리워서?

현수　F 응..

주하　으흐흐흐 내가 그런 사람이야. 옆에 있으면 어수선하구 귀찮은데 없으면 그리운 사람.

현수   F 맞다‥자자‥

주하   머리 비우구 자‥너는 생각이 많은 게 탈이야. 생각많아봤자 골만 아퍼야.탕탕 비워.

현수   F 알았어 끊어.

주하   어엉‥(끊고)‥‥‥(있다가 홀렁홀렁 벗기 시작)

S# 현수 침실

현수   ‥‥(전화 내려다보고 있다가) 쭈쭈뽀뽀 굿나잇 키스‥키스키스.

(강아지들과 뽀뽀하는)

S# 준구의 침실

[준구와 은수 등 돌린 자세로 걸터앉아./실내복.]

준구   (한 손에 와인 병 한 손에 글라스)‥‥‥(따라 벌컥벌컥)‥‥‥

은수   ‥‥‥‥

준구   고집이 자랑 아냐‥내 말 들었으면 오십점은 됐어‥ 망신이나 당하구…

은수   ‥‥‥‥

준구   (따르며)알아서 할텐데 사람 못 믿구 왜 그렇게 감정적이야. 감정적이다 보면 실수가 많은 법이야. 누구보다 이성적인 사람인 척하더니. 체

은수   ‥‥‥

준구   얼굴 화끈거릴거다 아마‥

은수   (대답처럼 일어나 냉장고에서 물 꺼내는데)

[노크‥]

은수   (돌아보는)

준구　E 네에에.

도우미　E 회장님 들어오셨습니다아..

준구　예 알았어요.(들고 있던 것 놓고 나가며)잔다 그럴게.

은수　·····(잠시 있다가 물병 도로 집어넣는)

S# 계단 거실

준구　(빠르게 내려와 현관으로)

회장　(두 여인 앞세우고 들어오는)

준구　아..(늦게 알려주면 어떡하나/뒤에 선 도우미 잠깐 돌아보고)들어
　　오셨어요.늦으셨네요.

이모　(앞서며)노마님이 나 붙잡고 늘어지는 바람에 나때매 늦었다.

준구　네에..

이모　아줌마 나 국화 차 좀 줘.

도우미　네에..

　　[거실로 움직이면서]

준구　이 사람은 자요 아버지(하는데)

은수　(나타나며 여일하게)식사 좋으셨어요 아버님어머님?(준구 아내
　　보고??)

회장　오냐아

준모　(오버랩)그댁이 원래 맛있단다

은수　네에..

S# 거실

준모　(남편 따르며)생강편 몇조각 갖구 오렴. 아버지 비린내 올라 올
　　라 그러신다.

은수　네에..이모님은 국화차요?

이모	(소파에 벗은 겉옷)오냐.
은수	(주방으로/도우미 먼저 들어갔고)
이모	조용히 나오지. 니가 깨웠나부다.
준구	쓸데없이 잠귀가 밝아요.(하는데 저도 모르게 뿌우)
이모	?? 왜 그래..
준구	예?
이모	왜 볼멘 소리야.
준구	아닌데요.
이모	아닌데 말투랑 얼굴이 왜 그래.
준구	잠깐 말다툼 했어요 이모. 얼마나 기가 쎈지 보기하구 영 다른 사람이에요.
이모	앉어봐.
준구	…
이모	앉으라구.
준구	(앉고)
이모	보기하구 다르다니 뭐가..
준구	아 저기…한 마디두 안져요 이모님..제가 져요.
이모	(오버랩)그래서 그런 실순 하는 게 아냐 인석아.(소리 좀 죽여) 믿음이 있구 존경이 있어야 져주구 양보하구 싶지. 표깬 남편한텐 그거 해주기 싫은 게 여자야. 니가 생각해두 전후가 달라졌지?
준구	…네..
이모	감수 해. 인과응보야..
준구	피곤해요.
이모	자초했으니 어떡해. 더구나 임신중이야. 임신하면 대체로 예민

해지는 게 보통이야. 신경 안정 마음 안정이 무엇보다 중요해. 좋은 자식 바라거든 미련하게 굴지 말구 비위 맞춰줘. 알았어?

준구 네에(하며 생강편 들고 나와 안방으로 가는 아내 돌아보는)

이모 쯔쯔쯔즈즈(국화차 나오고)

은수 (침실 앞에서)어머니임?

준모 (문 열고 받아들이고)

은수 (쟁반 들고 되돌아와 기다리는 도우미한테 주며)부탁해요 아주머니.

도우미 안녕히 주무세요.

은수 이모님 저 차 드시는 거 친구해 드려요?

이모 아니아냐 올라가올라가.

은수 네 그럼 안녕히 주무세요..

이모 잘자라아아.

은수 네에..(계단으로)

이모 (차 마시며 기다렸다가 은수 사라지자 찻잔 든 채 일어나며)빨리 올라가.

준구 주무세요(부은 채)…(같이 일어난)

이모 다독여다독여.

준구 네에..(계단으로)

이모 너 상투 잽힌 놈이야 인석아..

준구 네에에…

이모 (자기 방으로)

S# 준구의 방

준구 (들어오는/은수 없고)….(잠옷으로)…….

S# 드레스 룸

은수　(가운과 속옷 챙겨들고 욕실로)

S# 욕실

은수　(가운 걸어놓고 속옷 적당히 놓고 수전 틀어 욕조에 물 받기 시작하
　　　는)……(멍하니 쏟아지는 물 보면서)……

S# 태원의 침실

태원　(부부 기대어 앉아서 와인 잔 부딪치고 각각 마시는)……

채린　행복해애애애..

태원　…(웃어주고)

채린　침대에서 같이 와인 마시고 싶댔더니 당신 그거 안 잊어버리
　　　고 이렇게….역시 내가 맞았어..너무너무 고맙구 좋아요오오

태원　뭐얼..그렇게 어려운 일도 아닌데….

채린　당신 사랑해요.

태원　흠흠.고마워요..

채린　아 내가 이말을 이렇게 편하게 할 수 있는 것만해도 얼마나 큰
　　　발전인지 몰라.. 얼마나 많이 자주 하고 싶은데 당신이 항상 저만
　　　큼 떨어져 있는 거 같으니까 말이 목 안에서 오그라들어 안나왔
　　　는데…

태원　(웃으며 그냥 마시고)

채린　담달 첫 토요일에 대학 동창 부부모임 있대요.

채린　E　(보는 태원) 나간다 그랬어요.

채린　우리가 밥 사야해요.

태원　아..다른 일 없나 체크해 볼께요.

채린　토요일인데요?

596

태원 주말에도 간간이 약속이 있으니까

채린 (오버랩)안돼요..그날은 나한테 줘야해요.

태원 보께요.

채린 바꾸면 되잖아요.

태원 그럴수 없는 선약이면 곤란해요.

채린 어디 무슨 약속인가 봐야지..(와인 잔 놓고 태원 핸드폰 집는)

태원 (뺏으려)

채린 무슨 약속인가 보자구요오오..(핸드폰 잠금 화면 보고)어..해제 해 줘요 (전화 내밀며)

태원 (받으면서)내가 할께요....(일정에 들어가 확인하는)....후배 결혼 식이 네시군요. 그럼 모임 가능해요.

채린 아아 좋아라. 동창 모임 끝나구 그럼 나두 결혼식 가요 태원씨.

태원 뭐..그것도..(마시는데)

채린 (가슴에 퍽 누우면서)아아 좋아라아아아아..

태원 (그냥 한옆으로 마시는)......

S# 거실

태모 (그으윽 그윽 트림하면서 가슴 때리면서 거실을 왔다 갔다 하면서) 이눔게 왜 이렇게 안 내려가. 그윽극

임실 (욕실에서 씻고 나오다 서 보는/머리 싸 감고)....안 내려가나 보 네요.

태모 자꾸 궤 올라오면서 목 줄기가 타는 거 같아.

임실 약을 한번 더 자시쇼.

태모 약 먹는 시간은 지켜줘야 하는 법이야.. 끄으꼭.

임실 좀 두들겨 주까요잉.

태모 어디 그래 봐.(계단으로 앉고)

임실 (계단으로/ 등 두드리는데 퍽퍽)

태모 아 눈 튀어나오겠어..뭐 타작 마당 두두려?!!

임실 엄매..벨로 씨게하지두 않았구먼.

태모 아 놔둬어...(가슴 두드려 내리는)

임실 가만. 김치 국물을 좀 마셔봅시다..나는 소화제보담 김치 국물이요 그거 한번 해 봅시다(부지런히 주방으로)

S# 주방

임실 (들어와 김칫국 꺼내면서 중얼거리는)밥이 체한 게 아니라 욕심이 체했지잉. 욕심이욕심..그란디 김치국물이 욕심도 삭힐랑가는 모르겠네잉....

S# 거실 계단

태모 (앉아서).........(맥 떨어져 머엉하니)......

F.O

S# 친정 골목(오전)

[광모의 자동차 골목 끝에서 들어와 멎는]

S# 마당

자부와 자모 (마당 치우고 있는)....

광모 (들어오는)안녕하세요 아버님 어머님.

둘 ??(보고)

자부 어어..현수 안 왔는데.

광모 (오버랩)예 좀 괜찮으세요? 마스크 아직 하고 계시네요.

자모 으으응.

자부 (오버랩)안에서는 안 써. 찬바람 이가 시렵다구 썼어. 그런데 웬일야 자네.

광모 (오버랩)예 저 긴히 드릴 말씀이 있어서요‥들어가서 말씀드릴
께요‥어머니 들어가세요 들어가세요.

자모 (광모에게 밀리듯 하며)??(남편 보고)

자부 ??(의아한 채 들고 있던 청소 도구 적당히 치우는)

S# 마루

광모 (납죽 절하고 무릎 꿇고 앉으며)현수하고 저 결혼합니다 아버지
어머니.

부부 ????

S# 패턴실(재단실)

[둘 다 앞에 노트 놓고 볼펜 들고 / 앞에 땡땡이 원단 조금 / 완성된 샘
플 옷 두어 벌 놓여 있고 / 강아지 옷 종이 패턴 앞에 놓여 있고 / 한참
얘기하는 중인]

현수 (아이패드 그림 보여주고 있는 중)얘는 이 가방하고 시리즈로 내
보낼 거예요. 여기 보시면 리본에다 고무줄을 박았어요. 그럼 저
절로 셔링이 잡히잖아요.

실장 (화면 보며)아 레인코트처럼 하잔 거죠.

현수 맞아요.허리에 이렇게 똑같이 넣되/ 앞부분을 평면벨크로 처
리할 건지 리본을 묶을지 정해야 하구요.

실장 이건 허리 아래쪽이 날개처럼 퍼져서 보기가 안좋을 것 같
은데…

대표 (하나와 들어오며 오버랩)굿모닝모닝모닝.

현수 ?(들은 척도/ 실장은 잠깐 꾸뻑)그러니까 실장님께서 허리선 아
래로 양쪽 라인을 잘 잡아 주셔야 해요.

실장　적당하게 퍼지게 만들어 치마처럼 만들잔 얘기구나

현수　맞아요.

대표　(둘 사이에 끼어들며)오현수.

현수　(돌아보는)

대표　내가 누구지?

현수　지금 얘기중이에요.

대표　니가 대표지.(하나 뭔가 일 준비하며 킬킬거리고)

현수　실장님 저기요.

대표　(오버랩)커피? 커피?

현수　이거 말예요

대표　(오버랩)하나야 커피이이

현수　아아아(대표님)

대표　(소리 내어 웃으며 빠지는)

현수　무슨 얘기했죠?(하는데)

　　　[전화벨]

현수　라인을 어느만큼 어떻게 잡냐가 관건인데요

실장　전화 먼저 받아요.(오버랩)

현수　에이 (귀찮아)‥(전화 꺼내 보고 받는)아빠 왜요…에에에???

S#　회사 앞 거리

현수　(튀어나와 택시 잡으려 펄쩍펄쩍)택시이 택시이이‥

　　　[택시 잡아타고 출발하는 택시]

S#　택시 안

현수　(핸드백 뒤져 전화 꺼내 통화 시도)

　　　[벨 가는‥‥]

S# 광모 오피스텔

광모   (사온 햄버거 반으로 자르다가 울리는 전화받는)그래 나다.

현수   F 너 무슨 짓을 한 거야아!!!!

광모   (찡그리며 귀에서 전화 떼는)

　　　[뗀 전화에서 현수 악쓰는]

현수   F 너 소야??!! 소새끼야?!! 나 소귀에 경읽었어어?!!

S# 택시 안

현수   너 왜 이렇게 니 멋대루 맘대루야 이 새끼야아아!!!

기사   (돌아보고)

현수   나 싫댔잔어 나 안한댔잖어어어어!!!?? 어.이게 끊어어어? (통
　　　화 시도)어 이게 껐어어어어???

기사   진정하세요 아줌마아.

현수   ????

기사   하하 진정하세요..

현수   아줌마 아니에요.

기사   아들 야단치는 거 아니었어요?

현수   에에?

S# 친정 골목 대문 앞·····

S# 마당·····

S# 마루

현수   신경쓰지 마요 헛소리에요.

자부   ·····(딸 보며)

자모   (딸 보며/마스크 벗고 아직 멍은 남아 있는)···

현수   저 혼자 잠꼬대야..

자부 (오버랩)옛날옛날부터

자모 (오버랩)(중얼거리는)십오년…

자부 그래 십오년 전부터 너혼자 좋아했다는 건 뭐야.

현수 ……

자부 어엉?

현수 …

자부 그거두 헛소리야?

현수 아니에요…사실이야.

자모 ???(입 벌어지고)니가아아?

현수 ……

자부 (그저 딸 보는)……

자모 아니 사람이 없어서 개를…니 입으루두 뭐냐 쓰레기 통 뒤지구
다니는 거 모양 여자만 밝히는 한심한 애라 그러구는 니 성격에 어
떻게 그런 애를

자부 (오버랩)지금 사귀구 있다는 건 뭐야..사실야 아냐..

현수 ……(한 손으로 목뒤 문지르며)……

자부 어어?

자모 말해애애 답답해애애.

현수 맞어..

자모 사실야? 사귄다구?

자부 그런데 왜 결혼은 싫대.

현수 이제 뭐하러어…다 늙어서.

자부 뭐어?

현수 아 뭐..(아무렇게나)지금이 편하구 좋아.나 아닌 딴 인간한테

신경쓰며 살기 귀찮아.

자부   .....(보는)

자모   아니 결혼은 하기는 해야지 현수야. 하기는 해야 하는데 그런
데 광모는 싫여 얘. 나는 싫여.

현수   (오버랩)안한다니까? 걱정말라구.

자부   (오버랩)현수야

현수   (오버랩)결혼은 필수가 아니라 선택이야 아빠 하고 싶은 사람
은 하고 하기 싫은 사람은 안하고 그건 자유야. 나는 결혼이 별로
야. 믿음직하지가 않어.

현수   E 엄마아빠 빼고 써억 좋아보이지두 않아. 매앤 헤어진 사람
들이야 내 동창 일곱에 넷이 이혼녀야. 우리 집에두 하나 있잖어.

현수   두 번 하는 줄 알었다가 주저앉은 은수..지금 과연 행복할까?

자부   (오버랩)얘.

현수   (연결)광모 엄마 이혼한 분이야 우리 회사에두 셋이 이혼에 하
나 할까말까래. 거의 대부분이 남자 딴짓이 직접적인 이유야..

현수   E 이혼 안하구 살어두 반은 지겨워하구 반은 싸우면서래. 아
니면 소 닭보듯 하구.

현수   그러구 살 바에야 혼자 사는 게 백번

자부   (오버랩)왜 나쁜 결혼만 문젤 삼아..괜찮은 결혼 좋은 결혼두
얼마든지 있어.

현수   아빠.

자부   (오버랩)너 뭘 겁내는 거야..

현수   ....(보는)

자부   땅 꺼질까봐 어떻게 걸어는 다녀. 지붕 무너질까봐 어떻게 이

러구 앉았어.

현수   결혼은 아빠 낙엽처럼 시들 수 밖에 없어.

자부   열심히 돌보지 않으면 그렇게 돼.결혼은 나무 키우는 거랑 같
    다구 생각하면 돼. 정성들여 열심히 돌보면 건강하게 보람차게
    자라.

현수   .....(보며)

자부   광모가 어떠냐 문제 삼는 건 모르겠는데 결혼 자체에 부정적
    인 건 글쎄뭐...각자 자유긴 하지만

자모   난 싫어 광모 싫어 현수야.

현수   (오버랩)정신 차렸어.

자모   ?? 한다구?

현수   누가 한대?

자부   현수야.

현수   (오버랩)십오년 기다렸다 결혼하는 거 치사하잖어.

자부   기다린 거 너야. 누가 기다리랬어?

현수   ??...(보다가 벌떡 일어나며)가요.

자모   ???(남편 봤다 딸 봤다 일어나려)현수야 현수야..

자부   (오버랩)놔둬..

자모   ??

S# 마당

현수   (부어터져 나오는).....

S# 대문 밖

광모   ....(차 갖고 와 기다리고 있고)......

현수   (나와서 보는)??

604

광모   울 엄마 한숨두 안 재우고 볶아서 허락받았어……하자‥

현수   (조수석으로 퍽퍽)‥‥(타고)

광모   (운전석으로)

S#   출발해 나가는 자동차……

제26회

S# 태모의 방

채린 사귀는 데까지 오래 걸려 그렇지 한번 사겨노면 평생 변할줄
모르는 아들이다. 걱정마라 조금만 기다려주면 무슨 말인지 알거
다 안 그러셨어요?

태모 그래 그랬다.

채린 너는 그저 태산같은 나만 믿으면 된다 안 그러셨어요?

태모 ???

채린 안 그러셨어요?

태모 너 나 문초하냐?

S# 준구의 방

은수 (녹음하고 있는/다른 동화로 넘어가 있다/ 열심히 최선을 다해 녹음
하고 있다가 갑자기 울음 터지며 녹음기 끄고 입 가리고 울기 시작하는)
....

준구 (들어오다 보고)????

S# 다미 거실

606

정수 놓아주기 원하는 사람 /놓아주는 거두 사랑이야. 놓아달라는
데 안 놔주고 너처럼 이러는 건…사랑이 변질된 집착이야. 집착은
병이다.

다미 알아.(시선 내리며)

S# 현수 원룸

[싸움 붙어 있는 현수 광모]

현수 (벗은 옷으로 소파 후려갈기듯)싫은 이유 백가지두 더 돼. 한 번
읊어봐? 혼자 있고 싶을 때 커어다란게 왔다갔다 방해하는 거 싫
어. 말하기 싫을 때 말해야 하는 거두 싫어. 애 낳아야하는 숙제도
부담스러. 나는 나 자신으로 나 생긴대로 자연스럽게 살다 죽고 싶
단 말야.

S# 다미 거실

은수 내 생각에는 그 폭탄은 내 남편보다 다미씨한테 더 치명적일
거에요. 우리 나라는 아직 남자 바람에/당사자 뺀 다른 이들은 대
체로 관대한 분위기에요.

은수 E 반면에 유부남 훔친 여자는 모든 여자들의 공공의 적이죠.

다미 욧점이 뭐에요.

은수 인기 먹고 사는 사람이 대중 상대로 두 번씩이나 기자회견 형
식으로 새빨간 거짓말을 천연덕스럽게 했어요. 그건 사기였죠?

S# 태원 침실

채린 당신 사랑해요.

태원 흠흠.고마워요··

채린 아 내가 이말을 이렇게 편하게 할 수 있는 것만해도 얼마나 큰
발전인지 몰라·· 얼마나 많이 자주 하고 싶은데 당신이 항상 저만

큼 떨어져 있는 거 같으니까 말이 목 안에서 오그라들어 안 나왔
는데…

S# 타이틀

S# 현수 회사 근처 대로⋯

S# 화사 앞에 와서 멎는 광모의 차

광모 (내려서 문 열어주려는데)

현수 (벌써 내려 들어가려는)

광모 (팔 잡으며)현수야.

현수 (오버랩 거칠게 쳐내고 아주 빠르게 회사로)……

광모 …(잠깐 보다가 열받아)야 한 마디는 하구 들어가라한마디는. 너
     수유리서 여기까지 한/ 마디도 안했어. 입에 본드 발랐냐? 너무 한
     거 아냐?

현수 (휙 돌아보는)

광모 계에속 나 혼자 주절거렸잖아. 무시해두 너무 무시한다 진짜

현수 ….(쏘아보는)

광모 (현수 쪽으로 다가들며)현수야.

현수 (오버랩)우리 엄마가 너 싫대.

광모 ??

현수 절대로 싫대. 죽어도 싫대. (못 박듯)

광모 왜애.

현수 (박은 못 또 박는)하늘이 무너져도 싫대.(휙 돌아서는)

광모 현수야현수야..

현수 (오버랩)(휙 다시 돌아보며)전화하지 마. 문자치지 마. 나 바뻐 알
     었어? (들어가는)

608

광모   ……(보면서)엄마가 왜애애애..

S# 현수 사무실

현수   (들어오는데)

하나   실장님이 찾으세요.

현수   (백 적당히 놓고 빠르게 패턴실로/동작 빠르게 늘쩡거리지 말 것)

S# 패턴실

현수   (들어오며)네..

실장   어 이거(현수가 만들어준 스크랩북 집어 디자인 그림 손으로 짚으며)이거요.

현수   ?우리 작년 봄에 만들었던 거 기억나시죠. 이번엔 오가닉으로 만들어 볼려구요. 핑크, 그린 들어가는 걸로 해서 팬츠로요.

실장   핑크, 그린…(메모하는)

현수   셔츠는 소매 털 달린 걸로할 거구요, 얘는 거의 스팽글로 해서 (스크랩북에 고양이 얼굴 모양으로 만들어 붙여놓은 보석과 스팽글 장식 보여주며)이렇게 들어갈 거예요.

실장   음..이쁘네요.

현수   아랫단은 이거요.(망사 같은 천)

실장   ?이거 얇아서 이중으로 하던지 주름을 잡던지 뭔가 해야 할 것 같은데요

현수   ?네 그래서 (옆에 펼쳐진 아동복 잡지책 당겨 보여주며)이런 식으로… 망사를 겹치고.. 그 위에 반 정도만 레이스로 덮을까 생각 중예요.(에서)

S# 어느 카페

은수   (레몬 티 마시고 있는)………(다소 충분하게 시간 주었다가)…(핸드

폰 집어 시간 확인하는데)

태희　(들이닥치듯 빠르게 와 앉으며)아아 주차장이 얼마나 난린지 차 빼 오는데 이십분은 걸렸을 거야. 결혼식 있는 날은 거기가 그래. 본의 아니게 오래 기다리게 했다.

은수　괜찮아요 형님.

태희　오랜만이다? 근데 왜 얼굴이 좀 안됐어보여? 아아 임신했다 지 참. 깜박했네. 입덧은?

은수　..시작했어요.

태희　힘들겠다..(다가온 종업원)아메리칸요.(대답하고 아웃하는 것과 상관없이)오늘은 봄같다.. 햇빛이랑 바람 냄새가 벌써 응?

은수　네. 따듯해요.

태희　슬기 어떻게 지내나 궁금해서?

은수　그것두 궁금하구

태희　(오버랩)보름에 한번은 보잖아.

은수　아빠 생신날 봤어요.

태희　문자랑 통화두 하구. 슬기가 뭐라 그래?

은수　그건 아닌데 눈치가.. 새엄마하구 그렇게 편해보이지는 않아 서 신경이 좀 쓰여요.

태희　....(보며)

은수　저번에는 나랑 전화하려구 고모방에 내려오다 주스 엎질렀다 그러는데...왜 고모 방이냐 했더니 고모 방에는 그 여자가 안 들어 온다 그래서..태원씨한테 똑바로 하라고 화냈었어요.

태희　(오버랩)애가 지나치게 예민한 거두 있어. 태원이랑 저 밖에 없 다가 둘 사이에 새엄마 들어와 뭔가 좀 그럴 거구/ 채린이 입장에

610

서는 워낙 보통 부녀사이가 아니라 비집구 들어가기 만만찮아 좀 그럴 거구/과정 아니겠어? 첨부터 새엄마새엄마 슬기야슬기야 그게 오히려 부자연스러.(커피 와 놓이고)

은수 (찻잔 집으며)그렇죠?(그럴 수도/과민한 걸수도)…

태희 태원이 내가 채린이래두 열받을 정도로 잘하구 있어. 또 나두 카버하구 아줌마 슬기라면 껌벅 넘어가구.

은수 (마시고 내리며)다행이에요‥그런데…

태희 ??

은수 애 아빠가 잘 때 책‥안 읽어줘요?

태희 ?? 왜‥안 읽어준대?

은수 (백 옆에 놓아두었던 작은 봉투 집어 탁자에)슬기가 녹음해달래 서 만들었어요‥

태희 (시선 봉투에)

은수 E 우선 네시간 정도 돼요. 고모가 녹음기 작동법 가르쳐 주시 고 어머니 아시면 안되니까 주의하라구…

은수 아마 그 여자도 좋아 안할 거에요‥ 만들기는 만들었는데‥애가 간수를 어떻게 할 건지 좀 걱정돼요‥ 애 아빠한테 전할까도 했는 데‥그럴려면 만나야하구‥그일 공모자 만드는 거두 그렇구요.

태희 (봉투 집으며 오버랩)그래서 나한테 공범 되라구?

은수 만일 문제가 됐을 때 애아빠 그 여자한테도 곤란할 거구요.

태희 알았어. 내가 맡을게. (커피 잔 들어 마시는)

은수 ‥‥‥(보며)

태희 (커피 내려놓으며)자식 떼어 놓구 재혼하는 건 아니다 그치? 자 식이나 엄마나 할 짓이 아냐.

은수   ....네··

태희   혼자 사는 집두 아닌데 네시간 씩이나 어떻게 만들었니····

은수   다행이··혼자 있는 시간이 많이 생겼어요.

태희   임신 때문에?

은수   네··

태희   그쪽 시어머니는 우리 엄마같지는 않은가보구나.

은수   (쓴웃음)··

태희   늬들 울릉도로 토끼지만 않았어두 그렇게까지 심하게는 안했을 거래. 니가 엄마 깔아 뭉개고 바로 태원이 꿰차고 도망간 게 너무너무 분해서 살 떨리게 니가 싫었대.

태희   E 물론 자기 변명이 반이겠지만 반은 어쩌면 그랬을 수도 있다 싶다.

태희   나두 이런 싸가지 없는 기집애가 있어 그랬으니까.

은수   (커피 잔 내려다보며)····

태희   노인네 진 빼면서 버티지 왜 그렇게 성급했냐··

은수   (보며 쓴웃음)별로 달라졌을 거라 생각 안해요··그리구 울릉도··내가 끌려갔다 그랬는데 형님도 아직 안 믿네요.

태희   엄마 말이 그렇다는 거야.

은수   어머니 진 빠지실 때까지 기다릴 걸 그런 생각은 해본 적 없어요. 그냥··둘이 다른 나라로 튀었으면 좋았을 걸하는 생각은 한 적 있었어요.

태희   ········(보며)

은수   그리구····(봉투 하나 내놓으며)아주머니께 좀 전해 주세요··슬기 잘 돌봐주셔서 감사하다는 맘 이렇게 밖에 표할 방법이 없네요.

태희　……(봉투 보고)그래‥돈이 젤 생색나지. 알았어.(챙기며)아줌마가 자격있어. 전해줄게.(에서)

S#　수유리로 가는 대로 풍경……사이 좀 두었다가……

은수　E 순간순간 선택에 따라 다른 그림이 그려지는 게 삶인 거 같아요. 결혼 전 슬기 아빠를 포기할 수도 있었는데 안했어요. 그때 포기했더라면 다르게 살았겠죠.

S#　운전하는 은수

은수　E 재혼 안했으면 슬기 떼어놓을 일도 없었을 거고 동화 책 녹음 하면서 마음 아플 일도 없었겠죠‥ 옳다고 믿었던 게 늘 잘못한 선택이었던 거…

S#　은수의 자동차 /다른 차 속에 달리는

은수　E 되돌릴 수도 다시 살수도 절대 없는 거…그런 일들의 되풀이가 삶인 거 같아요……그런 생각이 들어요…‥…

S#　슬기 피아노 학원 앞

채린　(차 밖에서 통화 중)응‥그이 다른 약속 캔슬하구 우리 모임 나간댔어. 모임 끝나구는 후배 결혼식 같이 가야해…응?……(듣다가) 얘 아냐‥난 전실 자식이란 생각 털끝만큼도 안 들어. 그런 생각들면 결혼 못하지. 애가 얼마나 이쁘게 구는데에‥우리 너무너무 잘 지내… 그러엄‥얼마나 따르는지 몰라. ‥어 나 피아노 학원에서 아이 나올 때 기다려‥다 됐어 금방 나올 거야…그래 장소 결정되면 전화해.응 (잠깐 듣다가)까르르르르 그래 응 행복해‥응 안녀엉 (끊는)

S#　어느 카페 앞에 대어지는 인태의 자동차

　　[인태와 주하 동시에 내리는/인태는 주하 문 열어줄 참으로]

주하　(내리면서)십분이면 됐댔으니까 넉넉잡아 십오분요 인태씨.

　　심오분 안 넘길께요(벌써 카페로)

인태　걱정말구 천천히 하세요.

주하　(뒤로 손 들어 보이고)

인태　일어나면서 전화하세요··

주하　네에에에(들어가는)

인태　(자동차로)

S# 카페 안

주하　(들어오며 찾는)

천　　E　(엉뚱한 방향에서)얘 얘.

주하　(휙 돌아보고 웃으며 그쪽으로)안녕하세요 어머니. 금방 왔죠?

천　　그래 금방이라더니 정말 금방이구나.

주하　(픽 앉으며)이태원 쪽 미술관 치구 과천 현대미술관 출발하는

　　참이었거든요.

천　　데이트?

주하　하하 네 그런 거죠. 그런데 어머니 저 왜 보자 그러셨어요?

천　　으응(찻잔 들며)내가 하두 /뭐냐 내 상식으로는 도저히 이해할

　　수가 없는 일이 벌어져 아무래두 너한테 확인이 필요해서.

주하　?? 뭔데요?

천　　(찻잔 도로 내려놓으며)너 우리 광모랑 현수 일 알고 있니?

주하　?? 아 아아 네 알아요. 어머니 아셨어요? 광모두 저두 까맣게

　　몰랐는데 현수가 옛날옛날부터 광모 좋아했었대요 그 전기가 이

　　제야 광모한테 통해서 지금 불붙어 타구 있어요.

천　　·····(보며)

614

주하 그런데요?

천 너 아무렇지두 않어?

주하 아아..첨엔 엄청 쇼크 먹었어요. 그런데 알구 보니까 제가 가해
자였을 수도 있구 또 저한테는 벌써 끝난 잔치구 뭐 어때/그렇게
정리했는데요?

천 ……(보는)

주하 ???(보는)

천 걔들 결혼한다는 거두 알아?

주하 ??

천 그건 모르는구나.

주하 아직 거기까지는요. 한대요?

천 광모자식이 목을 조르는 바람에 니맘대로 하라 그러기는 했는
데 걔들/ 너 괜찮겠니?

주하 (오버랩)당연히 해야죠 어머니. 저/ 광모자식 현수한테 장난치
면 가만 안둔다 그랬는데요? 정말요?

천 내가 너무 오래 사나부다. 어떡하면 좋으니 난 늬들을 정말 모
르겠다.

주하 으흐흐흐 꼭 알려구 하지 마세요 어머니. 진짜 결혼하기로 했
대요?

천 광모 혼자 그런다. 현수는 안한대.

주하 ?? 왜요?

천 광모녀석은 너무 갑작스러 놀래서 그러는 거라구 신경쓰지 말
라더라.

주하 아아 ..

천   그러니까 넌 아무 상관없다는 거지?

주하   ?? 아 네..상관없어요 상관없어요..

천   (오버랩)아이구 얘 너 차도 안시켰구나. 여보세요오.

주하   아뇨아뇨아뇨. 괜찮아요 어머니 저 바빠요. 기다리는 사람 있
어서(핸드백에 손)저 그만 일어나야해요. (에서)

S# 카페 앞을 떠나 큰길로 접어드는 인태 자동차·········

S# 차 안

주하   (전화 거는)

[(통화 메시지) 전원이 꺼져 있어….]

주하   (전화 내리는)·····

인태   (운전)안 받아요?

주하   꺼놨어요··

인태   ·····무슨 일이에요?

주하   어..아아…나중에 적당한 타이밍에 얘기할께요. 어 우리 햄버
거 사야죠 참.

인태   (웃으며)지금 햄버거 사러 가는 중이에요.

주하   아아 하하하하하 (하고 다시 통화 시도해보는)

[같은 메시지.]

S# 현수 사무실

[테이블 위 현수 전화]

현수   ? E 이걸 모티브로 이거 비슷하게 하나하고

현수   (스크랩북 대표에게 보여주며/하나도 /모델이 가슴팍에 털로 장식
된 드레스 입고 있는 사진)또 하나는 망토로 가 볼까 해요.

대표   괜찮네··그런데 이런 건 해 본 적 없잖아요.

현수 ?네.사람 옷이 아니라 아이들 안 불편한 디자인 생각하고 있고, 망토는 부우해져서 아래쪽이 안이쁘게 나올 거든요. 그래서 아래쪽을 좀 뭘로 잡아주면서 만들어야 할 것 같은데‥

하나 작년에 아랫단 잡아주는 디자인 그거 반응 괜찮았었는데‥‥

현수 ?그 생각했는데요 이게 원단이 두꺼워서 모양이 제대로 나올까 싶어서요.

대표 가능할 것도 같은데‥‥실장하고 의논해봐‥하나야 나 오늘 안 들어온다.(나가며)

하나 네에에‥(현수에게)점심 사께요 선생님.

현수 ?? 왜요?

하나 인생상담.

현수 점심은 상담료?

하나 흐흐 네에.

현수 내 인생두 골 때리는데 뭘.(에서)

S# 친정 마루 주방

자모 (점심 준비하면서 궁시렁거리는)나는 싫어.정말 싫어. 왜 하필 그 녀석이야‥ 여자 갈어치우기를 뭐같이 한다는 녀석이 지가 무슨 자격있다구 /허이구 기막혀 사람 죽겠네‥‥‥‥(뭔가 하다가 다시)그뿐이야? 주하가 둘도 없는 친구 아냐. 아 개랑 결혼식까지 했던 녀석이/하다가 엎어버렸어두 암튼 반은 한 거 아냐. 그런 놈이 뻔뻔스러두 분수가 있지 제 정신 아닌 놈이야 그놈이‥

S# 태원 거실

채린 (실내복/계단 내려오는데)

태모 (찍찍이 만 것 거울 보고 이리저리 보다가 일어나 자기 방으로)

채린 금방 점심 드셔야하는데요 어머니.

태모 (그냥 움직이며)부르면 될 거 아냐‥

채린 ‥‥(잠깐 보다가 주방으로)

S# 주방

채린 (들어오며 쫑알거리는)안 나가실 거면서‥

임실 (큰 대접에 오므라이스 달걀 풀면서 힐긋 보는)

채린 밥은 다 된 거에요?

임실 다 됐소. 상이나 보시오. 나 할 건 다 해놨으네께‥

채린 (찬장으로/ 오므라이스 접시 세 개 꺼내 식탁에)

임실 김치 꺼내서 랩은 벗기지 말고요.

채린 (냉장고 김치 꺼내면서)기사 두고 왜 꼭 내가 가야하냐구.

임실 ?? 시방 슬기 학원 배달때매 그라는 거요?

채린 기사 없는 날은 어쩔 수 없지만 기사 그냥 놀리면서

임실 (오버랩)아따‥전화하는 게 들으니께 시케줄이 오후로 바끼는 가 봅디다. 아 그라고 기사는 사장님 기사지 새며느님 기사 아니잖 소잉.

채린 애 기다리고 있는 동안이 얼마나 바보같구 지루한지 알아요?

임실 ??

채린 운동 삼아 걸어다녀두 되는데 꼬옥

임실 (오버랩)자기가 난 새끼라도 그렇겄소?

채린 ??

임실 계모로 들어왔으면 될수 있는대로 계모 표시 안내고 성의껏 맘껏 살아야지 어째 그렇게 내놓고 표를 낸다요?

채린 아줌마.

618

임실 나가 입을 꼬매구 사니 망정이지 새며느님 이라는 거 일일이 옮기면 어쩔라구 이라요? 참말로 뭔 생각을 하구 사는 사람인지 알거 같으면서도 모르겠네.

채린 아줌마 지금 공갈쳐요?

임실 나가 조폭이요 공갈치게? 아니 이 겨울에 어린 것이 타박타박 걸어댕기게 하고 싶으요? 춥고 바람불고 자동차 댕기는 길에 아가를 저 혼나서/아고오오 아고/ 못 들은 걸로 하겠소잉. 그라고 내 백살꺼정 살면서 자기 아가 나 어떻게 키우는지 똑똑히 볼것이요잉.

채린 난 아이 이렇게 안 키워요.

임실 어이구?(어럽쇼)어디 두고 봅시다.

채린 아줌마 귀도 어두우면서 어떻게 들어야할 소리는 못 듣구 안 들어야할 소린 그렇게 잘 들어요.

임실 나도 고것이 신기한 일이요잉.

슬기 (들어오며)할머니 오무라이스 아직 안됐어요?

임실 오야오야오야 금방 그음방 돼. 밥 만 비비고 달걀만 부치면 끝나.(주방으로)와서 밥 좀 비비면 쓰겠네요.

채린 아줌마가 하세요.

임실 옴마?

채린 슬기 손 씻었어?(상냥하게)

슬기 (안 보며 의자에 앉으며/슬기는 집에서 입는 옷 털 달린 것 입히지 마세요. 너무 두꺼운 옷 입히지 마시구요)네에

임실 ???(보며)

채린 (슬기에게 다가가 머리 쓰다듬으며)밥 먹구 뭐할래?

슬기 영화볼 거에요. 포카 혼타스.

채린 아줌마랑 같이 보자.

슬기 (안 보며 끄덕이는)

태모 (들어오며)금방이라더니 왜 안 불러.

채린 (쪼르르 주방으로)네 어머니. 아줌마 빨리 하세요.

임실 ???

S# 친정 마루 주방

자모 (수선거리 만지면서)세살 버릇 여든까지랬는데 노름쟁이 노름
병 바람쟁이 바람병 죽어야 고치는 병. 타고 나기를 그렇게 타구난
건데 그걸 아이구 아이구우우(궁시렁/작은 소리)

은수 (들어오며)엄마아아‥

자모 ??

은수 (조각 케이크 작은 상자와 주스 봉지 양손에 들고 들어와)?? 엄마
나야. 왜 그렇게 멍해?

자모 웬일이야?(일감 든 채)

은수 (싱크대에 놓으며)잠깐 들려 들어갈려구.(찡그리며)무슨 냄새야?

자모 어 김치 깔구 고등어. 아빠 점심 먹으러 들어온대서.(일감 놓으며)

은수 (오버랩)으윽(입 막고 개수대로)

자모 ?? 아이구 어떡해. 치우께치우께.(부지런히 움직이며)

은수 됐어됐어‥ 내가 피할게‥괜찮아.

자모 (행주로 냄비 싸 집으며)(오버랩)(괜찮아)나중에 먹으면 돼. 문
좀 열어‥안 춰. 문 열어.(냄비 들고 다용도실 쪽으로 아웃)

은수 (가스 불 끄며)괜찮다니까아아아……(엄마 대답 없고)‥(컵 꺼내 주
스 따르는)……

S# 마루

은수 ??(케이크 입으로 가는 동작 생략하고 입에 넣으려다 스톱한 상태)
....으으응?(뭐라구?)

자모 아 아빠랑 마당 치우는데 녀석 와서 할말있다더니 넙죽 절부
터 하구서는 대짜고짜 니 언니랑 결혼한대. 나는 꿈인가 그랬어.

은수 (오버랩)언니는.

자모 저 혼자 들이닥쳐 그러더라니까?어쨌거나 현수 말도 들어봐
야 한다구 아빠가 니언니 불러 들였어.

은수 언니 한대? 뭐래.

자모 저혼자 잠꼬대래. 싫대.

은수 ?? 왜애.

자모 (오버랩)아구 얘 그런데 니 언니가 광모를 십오년 짝사랑했다
는데 그게 말이 되니?

은수 그거 맞어 엄마.

자모 ???

은수 맞어 나 알구 있었어.

자모 ??? 진짜아?

은수 그런데 언니 왜 싫대.

자모 귀찮대 혼자 산대 아니 그게 정말이란 거야?

은수 아빠는 뭐라셔.

자모 설마 아닐 거야 얘. 광모 근석이 괜한 소리 한 걸 거야. 아니 언
니가 광모를 뭐랬는데 걸레랬어 걸레.걸레라 그러면서 짝사랑이
말이 돼?

은수 (오버랩)엄마 세상에 꼭 말 되는 일만 있는 건 아냐.

자모   ....(잠시 보다가)아무리 그래두 지 입으루 그랬는데 그런 놈을 어쩌구 했다는 게 /아으 아냐아아 아닐 거야아.

자부   E 은수 왔네?

자모   (일어나며)엉 어엉 여보..(주방으로)당신 애하구 얘기 좀 해. 내가 광모녀석 잠꼬대하구 갔다 그랬어.

자부   그건 현수가 한 소리지이(은수 일어나고)

자모   암트은.

은수   언니는 아니라 그런다면서요.

자부   (상의 벗으며)그러기는 하는데 녀석을 좋아하는 건 맞는 거 같어.

은수   (아빠 벗은 옷에 손 내밀며)맞어 아빠 언니 옛날부터 광모오빠 좋아했어.

자모   (상 차리면서 오버랩)제 정신 아냐..

자부   (은수에 연결. 벗은 옷 바닥에 놓으며 앉는/오버랩)금방 입을 건데 놔둬.

은수   (앉으며 오버랩 기분)엄마는 황당한가봐. 아빠두 그래?

자부   뭔지 좀 그렇긴 했어. 최근에 꼭 근석 차 얻어타구 댕기더라.

은수   (웃으며)언제 그렇게 됐지?

자모   (주방에서)뭐가 그렇게 돼. 그렇게 된거 아무 꺼두 없어.

은수   엄마 왜 그래애애.

자모   다 그만두구 남자가 진실해야지/주하까지 집적거렸던 애가 뻔뻔하게 우리 현수를 건드려? 그게 말이 돼?

자부   주하하구는 정리끝나서 주하가 양해했다잖어.

자모   나는 그말두 이해가 안돼. 그게 양해할 일이야?

자부 주하가 광모한테 니 언니한테 잘하라는 부탁까지 했대.(은수에게)

자모 그거두 이상해. 주하 걔 쓸개 없어? 광모가 꾸며낸 얘길 거라니까.

은수 언니한테 안 물어봤어?

자부 물어볼 새 없이 지 할말만하구 갔어. 바쁜 모양이더라.

자모 (오버랩)안한대 싫대. 싫다는데 뭘.

자부 현수가 좀 다르잖아. 결혼에 별로 뜻이 없는 놈일지도 몰라.(아내 돌아보며)그러니까 딴 사람 찾을 생각두 안하구 그냥 그렇게 세월을 보냈겠지..결혼이 중요한 거였으면 여태 저러구 있었겠어?

자모 아 결혼은 해야지이이..안하면 어떡해.(다 차린 밥상 들려 하며)

자부 (오버랩)놔둬…(일어나 상 들고 마루로 옮기면서)싫으면 안해두 상관없어.

자모 이이가? 늬 아빠 이래서 내가 질색하겠다니까아?

은수 (아빠와 함께 일어나 있다가)안하구 싶으면 안해두 돼 엄마.

자모 ???

은수 (웃으며 아빠와 함께 앉는)지금이라면 나두 결혼같은 거 안하구 연애만하겠어.

자모 (주방에서 국 냄비 들고 나오면서/아이구 그건)니가 첨에 너무 데어서 그런 거야.

은수 두번 째는 심장에 동상입었구.

자모 한번 실수는 잊어. 시부모는 좋으시잖어.다 백점은 없어.. 이제 자식두 태어나는데 정신 차렸을 거야..광모녀석같은 걸레는 아니잖어..

자부   (오버랩)먹자.

은수   어 난 케익 먹어 아빠‥(작은 상에서 먹던 케이크 접시 집으며)

자부   (먹기 시작하며)어때.

은수   ?? 엉 아빠‥괜찮아.

자부   (먹으며)안 먹어?

자모   나 입맛이 오만리 도망간 거 같애. 나는 개 싫어 여보.

자부   지가 알어 하게 놔둬어.

　　　[집전화 울리는‥]

자모   (전화로 움직여 받는)네에에‥

천   F 저기 혹시 현수 어머니신가요?

자모   ?? 예 예 그런데요‥

천   F 아 예에 저 광모 어머니되는 사람이에요.

자모   ??(전화 송화기 막고)근석 어머니래 여보.

자부   ??(은수도 돌아보고)

자모   당신 받어 받어받어.

자부   받어어‥아버지면 내가 나서지만 어머니라면서.

천   F (수화기에서)여보세요‥‥‥여보세요?

자모   (당황)예 예예‥

S# 광모 오피스텔

천   뭐 바쁘신가요?

자모   F 아니아니 바쁠 건(없어요) 그런데 무슨 일루우…

천   (침대에 드라이 씌우개 쓴 옷들 서너 벌 장에 걸면서)?? 아니 우리
애가 인사드리구 왔다던데 무슨 일이라뇨. 사부인.

S# 친정 마루

624

자모 ???(송화기 얼른 막고)사사사사부인이래 여보. 나한테 사부인이래.

자부 당황하지 말구 제대로 받어어..

자모 나 사부인 안하구 싶은데 사부인이라니까아.

자부 나아 참..(아내 옆으로/전화받어서)안녕하세요. 저 현수 애비되는 사람입니다.

천　F 아..네에 안녕하세요오

자부 예 집사람이 좀 숙맥이라 당황해서 전활 저한테 넘기네요. 과히 실례 아니면 저한테 말씀하셨으면 합니다만.

천　F 네에 뭐 상관없습니다.

S#　광모 오피스텔

천　(침대 걸터앉으며)당황스럽기는 저도 마찬가지랍니다. 어쨌거나 우리 아이 의지가 확실하니 부모로서 서로 인사부터 나눠야 하는 게 아닌가 싶어서 전화드렸어요..

S#　친정 마루

자부 예에..저기 그런데 즈이는 아직 아이 의사를 제대로 못 들어서요.

천　F 현수가 말씀 안드렸나요?

자부 아니..광모 다녀가구 잠깐 보기는 했는데 회사일이 바쁜지 급하게 나갔어요. 그래서

자모 (오버랩)아니라 그래애 싫단다구 해애애.

자부 (오버랩)애하구 얘기하구 그리구 즈이 쪽에서 연락을 드리겠습니다 예.

자모 여보오(오버랩)

천   F (오버랩)예 그럼 그러시죠. 실례가 많았습니다.

자부   아 천만에요.

천   F 그럼 안녕히 계세요‥

자부   예 안녕히 계십시오(끊는데)

자모   여보오오.

자부   (오버랩)아 현수하구 얘기 좀 더 해 보구우우. 서둘 거 뭐 있어.
　　세월이 좀 먹어?

자모   여태 안가구 있다 왜 그녀석이야아아

은수   뭘 걱정해 언니 안한다 그런다면서.

자모   그런데 할 거 같으니까 그렇지이.

자부   그럼 하면 되구

자모   나 싫다니까아?

자부   당신한테 가라는 거 아니잖아.

자모   으으으응?(뭐라구?)

S# 광모 진료실

광모   (샌드위치 먹으며 전화 듣고 있는)…

천   F 너 뭐해애.

광모   듣고 있어.

S# 광모 오피스텔

천   (현수)괜히 그래보는 거라더니 이거 너 혼자 칼춤추는 거 아니
　　냐구. 아니면 내가 만나자는데 걔 부모 태도가 어떻게 그렇게 애매
　　할 수가 있냐 말야‥‥‥야 너 뭐해!!

광모   F 아 엄마 나 점심 먹어‥나혼자 칼춤 추게 미친 놈이야? 아무
　　걱정말구 끊어. 나 체하겠어.

천   (오버랩)얘. 걔 부모가 나한테 뻐실 상황이야? 늙어빠진 딸 팔 어넘길 횡재하는데

광모 F (오버랩)아 엄마

S# 진료실

광모 늙긴 누가 늙었어어..현수가 왜 늙어 개 안 늙었어. 나하구 달라. 걔 손 하나 안타구 아주 깨끗하구 싱싱한 아이야아(에서)

S# 현수 사무실

현수 (테이크아웃 커피 들고 들어와 의자에/ 컵 놓고 테이블에 두었던 전화 집어 전원 켜는)……

[주하 부재중 전화 다섯 통. 메시지 한 통.]

현수 (메시지로)

주하 E 광모 엄마 보자 그러셔서 뵀어. (현수 ??)늬들 결혼한다며? 나 괜찮냐구 체크하시다라. 저언혀 상관없어. 축하한다.

S# 과천 국립현대미술관

[햄버거 먹고 있는 중인 주하와 인태.]

인태 다행이 고기가 다 식지는 않았네요.

주하 에 그렇죠? 왜 춥지를 않죠? 작년에는 무지막지 췄었는데.

인태 이러다 꽝꽝 얼어붙을 거에요. 아직 겨울 한 가운덴 걸요.

주하 (오버랩)아 잠깐만요.(전화 꺼내 부지런히 카톡 찾으며)…어디 갔지? 지워졌나? 왜 지워졌지? 아으으으으

인태 뭔데요.

주하 제자가 보내준 건데‥미국에 어느 아빠가요? 딸이 너무 짧은 숏팬츠 입고 다니는 게 싫어서 입지마라아입지마라 해도 딸이 말 안들으니까/ 자기 청바지 잘라 숏팬츠 만들어 입고 딸이랑 외식

갔다 왔더니 딸이 다시는 숏팬츠 안 입는대요.

인태　하하하하하하하하

주하　(오버랩)아빠 숏팬츠 사진 너무 웃겼는데에에..(지워져버렸어
어어)

인태　하하하하하하

　　　[주하 핸드폰 메시지]

주하　아..(전화 보는)

현수　E 저녁에 보자. 여섯시 전에 들어가 있을 거야.

주하　(답장 하며)오케이.

S#　현수 사무실

주하　E 필요한 거 있음 말해.

현수　E (문자)없어.

현수　(전원 다시 꺼놓고 책상 위 디자인 종이들 챙겨드는 데서)

S#　태원의 거실

　　　[애니메이션〈포카혼타스〉시작 부분.]

슬기　(다리 흔들면서 보고 있는데)‥‥

채린　(과일 들고 나와 놓으며)다리 왜 그래? 버릇 돼. 하지 마.

슬기　(다리 멈추고 눈은 화면에)‥‥

채린　(리모컨 집어 소리 줄이면서)너무 커..할머니 뭐라 그러셔..

슬기　‥‥

　　　[슬기 전화 문자 들어오는]

슬기　(보는)

은수　E 통화할 수 있어?

슬기　(영화 스톱 걸어놓고 일어나 소파 빠져나가는)

채린　누구야?

슬기　(돌아보는)

채린　누군데?

슬기　….(그냥 돌아서 태희 방으로)

채린　…쟤 좀 봐..왜 대답 안해..어른 한테 너 그거 나쁜 버릇이잖아.
　그러는 게 어딨어.

슬기　(돌아보는)…

채린　니 엄마구나….맞지?

슬기　네..

채린　…..(보는)

슬기　(태희 방으로 들어가는)

채린　……(잠시 있다가 빠르게 태희 방 쪽으로 움직이는데)

태모　(외출 차림으로 나오는)

채린　나가세요?

태모　보면 몰라? 나가세요가 뭐야 출타하세요 그러는 거다.

채린　(따르며)네에..

태모　슬기는 올라갔어?

채린　아니 지 엄마하구 전화하러 고모 방에요.

태모　??(보는)

채린　문자 받구요..뻔히 알구 묻는데두 대답을 안해요.

태모　그런데 넌 어떻게 알어.

채린　마지 못해 대답했어요..

태모　(현관 쪽으로)

채린　내버려둬도 돼요 어머니?

태모   …

채린   어머니 왜 이랬다저랬다하세요.

채린   E (돌아보는 태모)제가 어떡해야할지 모르겠어요.

채린   외갓집도 지 엄마도 완전히 다 끊어라 하시더니 유야무야/쟤
는 틈만 있으면 눈 속이며 지 엄마하구 문자에 전화에 정말 기분나
빠 죽겠어요.

태모   (오버랩)애!!!

채린   아으 깜짝야 놀랬어요 어머니.

태모   내가 눈 감구 있는데 니가 왜 난리야. 니 남편 하는 소리 못들
었어? 손톱만한 어린 거 놓구 뭐얼 기분이 나쁘니 좋으니/너 새끼
없이 왔으니 망정이지 너두 새끼 있었으면 떼어놓구 여기 들어와
있어야 하는 거야. 천륜이 뭐냐.천륜 모르는 건 인간이 아니야. (임
실 ?? 해서 나와보고)

채린   그렇지만 어머니 제 입장에서는

태모   (오버랩)측은지심을 가져라 어엉? 측은지심이 무슨 뜻인줄은
아냐?

채린   저 바보 아니에요.

태모   아닌데 왜 바보 멍텅구리처럼 굴어.

채린   어머니이이(어떻게 그런 말을)

태모   불난데 부채질하는 게 바보 아냐? 어떡하라구. 다 태워먹구
말어?

임실   (태모 옆에/오버랩)고만하시구 나가 일 보세요. 새며느님이 너
머어 물정모르구 어린애 모양 그저 순진하기만 해서 그런 거니까
이해하시오.어이 /어이 나가시오 어이.

태모 <u>끄으으응</u>…(나가는)

임실 돈 마안이 벌어오시오오(현관문 열고 내다보며 한마디 하고 들어 오는데)

채린 아니이 이랬다 저랬다 어느 장단에 춤을 춰야하는 건지 (알 수가)

임실 (오버랩)이라면 이 장단에 맞추고 저라면 저 장단에 맞춰가며 사시오.(주방으로)

채린 ??

임실 E 그 장단 맞출 사람 천지에 하나두 없을뗑께.

채린 아줌마는 어떻게 살아요.

임실 내가 저 노인네한테 전생에 빚이 엄청 많은 모양이요.(들어가 며)웬수요 웬수.

채린 (잠시 서 있다가 태희 방 앞으로 가 귀 기울이는)

  [아무 소리도 안 들린다…]

채린 ??

S# 태희의 방

채린 (가만히 문 열고 들여다보면)

슬기 (태희 침대 이불 속에 폭 머리까지 쓰고)응··응 알았어···응···응···· 괜찮아···괜찮아··할아버지 할머니만 보면 되지 뭐(하면서 답답해 이불 젖히며 일어나다가 채린 보고)????

채린 ····(보며)

슬기 끊어 엄마··응 얘기 다 했어···응··(끊고 안 보며)·····(가만히)

채린 너 참 이상하다? 답답하게 이불 뒤집어쓰구/비밀 얘기야?

슬기 ····

채린 응?

슬기 (안 보는 채)아줌마 싫어하니까‥조용히 얘기할려구‥‥

채린 ‥‥(보며)뭘 그렇게 길게 했어?

슬기 길게 안 했어요‥ 조금 전에 걸었어요.

채린 너 아까 들어왔잖아.

슬기 할머니 소리 들려서 나갈 때까지 기다렸어요‥

채린 ‥‥‥(보다가)영화 안봐?

슬기 (침대 내리는데)‥

태희 E 슬기야아아 정슬기이이‥

슬기 ???(튀어 나가는)

S# 거실

태희 (나오는 슬기)어 내 방에 있었어?(하며 시선 채린에게)올케두? 둘이 뭐했어?

채린 아 영화 보자 그러던 참이에요.

태희 (슬기 손잡고)무슨 영화?(제 방 쪽으로)

슬기 포카 혼타스

태희 아아 좀 있다 나두 같이 보자.

슬기 네에(둘 태희 방으로)

채린 (거실로 움직여 티브이와 디브이디 플레이어 *끄는*)‥‥

S# 친정 슬기의 방

은수 (앉아서 좀 전에 끊은 전화 무릎에…내려다보며)…

자모 애 애…안가아?(문 여는)

은수 가야지‥(일어나 옷과 백 챙기는)갈려는 참이야. 슬기하구 잠깐 통화했어.

자모 그러는 거 같았어‥

632

은수   (옷 입으며)광모오빠 나쁜 사람은 아니야 엄마.

자모   아으 싫어 글쎄.

은수   (그냥 웃고 엄마가 열고 있는 문으로)

S# 대문 앞 골목

[나오는 모녀.]

자모   (따라 나오며)그저 이 생각 저생각 다 접구 뱃속에서 크구 있는 새끼 생각만해‥입맛없어두 속 비워두지 말구 그저 뭐든지 찾아 먹어야 해‥그저어어 잘 먹어줘야 해.

은수   걱정마 엄마. 나 괜찮아.

자모   미운 사람 떡 하나 더 주랬다구 김서방한테두 잘해줘어어‥

은수   으응‥들어가.(운전대로/문 열고)가아.(나가요)

자모   어엉‥

[은수 타고 출발하는‥‥‥‥]

자모   ‥‥‥(차 꽁무니 보고 서서)‥‥‥‥나쁜 놈‥(혼잣소리)‥‥

S# 태원 거실

슬기   (태희 방에서 나와 주변 신경 쓰며 쪼르르르 계단으로/계단 올라가는 빠르게 배를 두 손바닥으로 감싸듯 하고)

채린   (주방에서 머그잔 들고 나오다 슬기 보고) 영화 안봐?

슬기   나중에요오.(사라지고)

채린   (소파로)‥‥(부루퉁한)

S# 슬기의 복도

슬기   (나타나 한 손 배에 대고 문 열고 들어가는)

S# 슬기 방

슬기   (들어와 배 부분 옷 안에서 녹음기 꺼내 놓고 책꽂이의 상자 하나 옮

겨놓고 잡동사니 속에서 서랍 열쇠 찾아내 서랍에 녹음기/이어폰 넣고
닫고 열쇠 채우고)후우우우우(입 오므려 숨 뱉어낸다)……(딴에는 긴
장했다)….

S# 태원 거실

태희 (옷 갈아입고 나오며)아줌마아아 뭐 먹을 거 없어요?(하다 채린
보고)엄마한테 이랬다저랬다 헷갈린다 그랬다면서?

채린 ?? 아니 어느 새에

태희 (주방으로 움직이며 오버랩)주차하다 전화 받았어.

채린 아으 참.

태희 말하기 전에 생각 좀 해. 좋은 대학 나왔다면서 왜 그래. (주방으
로 아웃)

채린 ……(주방 쏘아보는)

S# 준구 거실

은수 (들어와서)저 들어왔습니다‥

이모 (보며)잠깐이라더니 좀 걸렸구나.

은수 네에‥집에 들려왔어요 이모님

준모 (차 따르며)홀몸일 때 처럼 긴 시간 외출은 좀 그렇구나.

이모 (오버랩)(변명처럼)조심해야지. 니 어머니 신경쓰인대.

은수 네.죄송합니다 어머니.

이모 사부인은 그래 좀 나아지셨든? 너 니어머니 맘쓰여 갔다 온 거
아냐.

은수 네 이모님 좋아지셨어요‥

준모 친정 들릴 거면 그런다구 말을 했어야지. 잠깐 나갔다 온다 그
러구 나가 잠깐이 아니니 신경쓰일 수 밖에.

634

은수   잘못했습니다 어머니..그냥 나간 김에....

이모   (오버랩)어이 올라가 옷 바꿔입구 쉬어라..

은수   (목례하는데)

준모   적당히 얘기하구 나가 늦어지는 일 다시는 하지 마라..

은수   네에..

이모   (오버랩)올라가 올라가.

은수   (다시 목례하고 계단으로)

이모   (찻잔 들며 준모 보는)..

준모   (문득 보고)왜요.

이모   누가 뭐래? (나직이/마시는)

준모   (찻잔 들면서)..전화를 하던지..전화두 없이...(나직이)아이 가졌
다구 적당히 풀어져두 된다 생각하게 하면 안돼요.

이모   어쩌다 그럴 수두 있는 거지

준모   (오버랩)놔두면 어쩌다가가 늘상 그래두 되는 건 줄 알게 돼요.

이모   아 그래 알어.

S# 준구 침실

은수   (천천히 들어와서 침대에 걸터앉는).........(앉아서)

은수   E 마감 끝났어?

S# 어느 레스토랑(작년 초가을쯤)

   [은수와 태원 레스토랑으로 들어오면서]

태원   거의. 모레는 마지막 넘겨야 해. 창간사 쓰기 정말 힘들다.

은수   (돌아보며)?? 아직 붙잡고 있는 거야? (안내 기다리느라 서서)

태원   워낙 글재주가 메주라 고치고 고쳐도 여엉 마음에 아니야.

은수   (좀 까불듯/가르치듯)그냥 편안하게 써어. 멋있을려구 고치구

고친글 죽은 글이야.

태원　말은 날아가 사라지지만 글은 남는단 말야. 몇 달만에 폐간돼
　　　도 책은 어딘가는 굴러다니면서 남아있을 건데 최소한 허접하지
　　　는 말아야지.

은수　허접한 사람 아닌데 왜 허접한 글이 나오겠어. 쓸데없는 걱정을
　　　다한다.(안내받아 움직이며)

태원　흠흠 당신 /어머나 이렇게 허접한 사람이었어? 그럴까봐 신경
　　　쓰여

은수　깔깔 설마아 아닐 거야..

태원　얼굴 보는 게 얼마만이지?

은수　뭐얼..지난 토요일 하루 못 봤는데.

태원　그러니까..오늘 금요일이니까 얼사흘 만이야..

은수　세고 있었어?

태원　(은수 의자 빼주며)무슨 데이트가 그렇게 이른 시간부터야.

은수　(앉으며)어엉..지방에 공장 완공식하는데 따라 갔었어.

태원　아아(자기 자리로)

은수　그 사람 공장 아니구 아버지네 공장.

태원　(앉으며)인사드렸어?

은수　아니이..난 딴데서 행사 끝나는 거 기다렸어.

태원　…(보며)

은수　슬기/ 감기기 있다구 엄마가 데리구 못나가게 했다면서?

태원　(오버랩)전화두 안하더라..

은수　당신두 안하대?

태원　나는.. 데이트 끼어들기 그렇잖아. 전남편인데 …

S# 현재 /드레스 룸

은수   (옷 갈아입었고 벗은 옷 개켜 정리하면서 연결)

은수   E 상관없어. 속이구 만나는 거두 아닌데 뭐.

태원   E 암튼 내 쪽에서는 거북한 일이야.

은수   E 응 그럴 수도.

태원   E 당신은 왜 안했어..혼자였던 시간 있었다면서.

은수   E 딴 생각했어..생각할 게 좀 있었어..

태원   E 묻지마?

은수   E 응 좀 있다 내가 얘기할게.

은수   (침실로 나와 피시시 옆으로 눕는)……(잠시 있다가 바로 누우며)
　　….(눈 뜬 채)

은수   E 나.. ….

S# 과거 레스토랑(시간 경과/식사 끝나고 나와 있는 차와 디저트)

태원   (커피 잔 젓다가 보는)…말해애.

은수   정식 프로포즈 받았어.

태원   ???….(보며)

은수   결혼하재.

태원   …..(잠시 보다가 스푼 접시에)예스했어?

은수   아직…예스 하기 전에 당신한테 알려야 할 거 같아서.

태원   나한테 뭐….내가 노오하면 안하나?

은수   당신이라면 나한테 먼저 말 안해줄 거 같아?

태원   가만..생각 좀 해보구….(좀 있다 보며 웃는)음 나두 할 거 같다.

은수   그렇지?

태원   …예스할 참이구나.

은수　응··그럴려구··

태원　·····(보다가 찻잔 들며)잠깐···나한테 십초만 시간을 줘··어떤 말
　　을 해야 팬찮은 전남편인가 생각 좀 하구··(하고 마시는)·····

은수　·····(보며)···

태원　···(한 모금 더 마시고 내려놓으며 안 보는 채)그럴만큼 좋아해? 물
　　론 좋아하니까 만나겠지만 결혼할만큼이냐는 말이야(보는)

은수　너무 좋아서 결혼하구싶은 건 아니야. 그건 당신때 해봤구 실
　　패로 끝났잖아.

은수　E 그냥 여러 면으로 팬찮은 사람같아. 으음··부모님 점잖으신
　　분들 같구 자기 일 잘하는 것 같구

은수　성격 명쾌하구 박력있고 정확하구 이해심 있구 머리 안 나쁜
　　거 같구

태원　E (오버랩)건강하구?

은수　?? 그러엄··건강해. 운동두 열심히 해.

태원　평생··· 당신한테 성실할 사람같아?

S#　준구의 침실(현재)

은수　E 그건 기본 아냐?··

태원　E 그럼 됐어. 만점이야. 그럼 슬기는

은수　E (오버랩)어 슬기 나랑 같이 가. 그러기로 했어··아니면 안한
　　다 그랬어.

태원　E 우리 어머니 허락 안하실텐데··

은수　E 당신이 해결해줘. 부탁해····· 꼭 부탁해.

은수　(한 손등 눈으로 올라가며)바아보.(혼잣소리)······(사이 좀 두었다가)

S#　레스토랑 앞(밤, 과거)

[레스토랑에서 나오며]

은수 (한 걸음 앞에 나오며 뒤돌아보는)어쩐지 배신감이야. 충격받을 줄 알았는데 너무 덤덤하다 뭐.

태원 (웃으며)얼마쯤 준비하고 있었으니까.

은수 나...미안 안해두 돼?

태원 아니..당신이 행복할 수 있으면 난 괜찮아. 손뼉치면서 야호 그러진 못하지만.

은수 슬기문제 부탁해.(멈추고 보며)

태원 알았어. 해볼게.

은수 사무실 들어가야 한다면서.

태원 응...가..

은수 주차장까지 안 바래다 줘?

태원 (웃는)미안해..직원들 기다려.

은수 알았어.. 들어가..

태원 그래...어서 가..

은수 (손 내밀며)고마워.

태원 (손잡아주며)뭐가.

은수 다시 태어나 만나자는 약속 깨버려서.

태원 그건 살아있는 거 아냐?

은수 ?? 그런 거야? 난 무효되는 건 줄 알았지.

태원 난 그러구싶지 않은데.

은수 아 그럼 다시 태어나 다시 만나 사는 거/ 그냥 살려두자.

태원 (웃어주고)가..넘어지지 말구..높은 신발 참 맘에 안든다.

은수 <u>호호호호</u>..가.

태원   (손 들어 보이고)….

은수   (주차장 쪽으로 카페 앞 뜨는)……..(몇 걸음 걷다가 돌아보면)

태원   (그 자리 그대로 서 있고)…….

S# 주차장에서 빠져나와 거리로 합류하는 은수 자동차(일 년 몇 개월 전 자
　　 동차)….

S# 대로의 은수의 차 안

은수   (문득 카페 쪽 보면)

태원   (그 자리에 그대로 우두커니 서 있는/은수의 창으로)…….(보이는)

은수   ……

S# 준구의 욕실(현재)

은수   (변기에 구부리고 구역질하며 울고 있는)…..

S# 준구 사무실

　　 [자사 제품들]

　　 [재킷 입다가]

　　 [스피커폰으로 내선 누르는 / 신호 가고]

　　 F 네 김호영차장입니다.

준구   차장님, 우리 신제품 펌웨어 업그레이드는 어떻게 진행돼 가고
　　 있죠?

차장   F 네 출시전에 전제품 업그레이드해 내보낼 예정으로 바쁘게
　　 움직이고

준구   (오버랩)출시일에 차질없도록 야근을 해서라도 날짜는 맞추
　　 셔야 합니다.

차장   F 예 사장님.

준구   (끊고 옷 마저 입는)…

S# 광모의 병원 앞

현수 ....(성질 나 기다리고 있고)

광모 (병원에서 나오는)

현수 너 뭐하는 거야아아!!

광모 뭐어어.

현수 니 엄마 주하두 만나시구 울 엄마 만나자 전화하셨대. 집에 들어가다 엄마 전화 받구 나 완전 뚜껑 열렸어. 너 왜 일을 이렇게 확대시키냐 말야아!!!

광모 쇠뿔 단김에 빼라는 말 너 몰라?

현수 나 싫댔잖아!!

광모 너 또라이야? 너랑 나랑 지금 결혼말구 할 게 뭐 있는데. 우리가 스물 다섯 살이냐? 너 나 좋아하구 나 너 좋아하구 됐잖아아. 후딱후딱 해 치우구 한 집에서 같이 자구 같이 깨면서

현수 (오버랩)난 결혼이 싫어. 이 말을 몇 번이나 더 해야 하는 건데.

광모 아 그래 너 이러는 걸루 나한테 복수하구 싶은 기분 알 거 같아 그래. 내가 결혼하잔다구 허겁지겁 자존심 상해서 뻐티는 거두 이해해 충분히 이해해.(하며 현수 손잡고)들어가 얘기하자 춰춰. 너 감기 들어.

현수 (손 뿌리치며)들어갈 거 없어 나 싫어.

광모 (거의 강제로 끌어들이면서 오버랩)알았어. 지금 이 순간부터 니 이름 오싫어로 불러주께‥

현수 왜 이래 놔아아.

광모 들어가 들어가자구우!!!

S# 병원

광모　(끌어들이며)힘으로 나 당할 수 있어? 체력낭비하며 쓸데없는 용은 왜 써.

현수　(모질게 광모 손 때려 떼게 하고)나가서 얘기 해.

광모　여기서 해.

현수　나와 나오라구!!

광모　(잡으며)춥다니까아아. 너 감기 든다구우우

현수　(먼저 휙 나가고)

광모　아아 나 참…(문으로 움직이는데)

간호사　(조금 전부터 계단에서 내다보고 있다가)선생님 수술인데요오오

S#　근처 카페

　　[같이 들어와]

현수　(먼저 백 던져놓고 퍽 앉는)

광모　(따라 들어와 현수 앉을 때까지 서서 보다가 앉으며)현수야.

현수　(오버랩)앉어.

광모　(앉으며)나 울 엄마 설득하느라구 별 소릴 다하구 별 쇼를 다 했어 너. 너랑 못하면 증발해서 객지에서 죽는단 소리까지 했단 말야.

현수　(오버랩)소리 낮춰.

광모　(소리 낮춰서)그랬는데 니가 이렇게 나오면

현수　(오버랩)너 진지하게 심각하게 제대로 들어.

광모　……그래 어디 해봐.

현수　이의도 달지 마‥난 결심했구 결정했어. 너랑 상관없이 내 결정 안 바꿔.

642

광모 해보라구.(해볼 테면 해봐 자세 좀 느슨하게 기대는)

현수 똑바로 앉아 너어.

광모 ??....(자세 고치며)무섭게 왜 이러냐.

현수 어렸을 때는 그래 나혼자 너랑 결혼하는 꿈/꾼 적도 있어.

광모 그래애 그러니까 그 꿈이 현실이 되는 거야. 현실로 만들자구.

현수 (오버랩)지금은 결혼이라는 건 간단하게 구속이구 속박이라
는 결론이야 우리 피차 결혼이라는 수갑 차구 채우구 구속당하구
구속하는 거 하지 말자.

광모 ???

현수 여러 말 생략하구 그냥 이렇게 지내기 싫으면 너 결혼할 여자
찾아.

광모 너 그걸 말이라구

현수 (오버랩)결혼이라는 형식으로 너는 내꺼 나는 니꺼/ 그거 하지
말자..그거 쓸데없는 바램이구 어리석은 욕심이야. 우리 모두 결혼
으로 일심동체 어쩌구 하는데

현수 E 그런 결혼 흔치않어. 나는 결혼으로 나 자신을 마모시키구
너도 마모되길 요구하고 그런 게 싫어. 그냥 지금처럼 보고싶으면
보고 혼자 있고 싶으면 혼자구 그렇게 살자.

광모 나는 너를 이해할 수가 없다..

현수 십오년쯤 지나서…따로따론 거 보다 같이 지내는 게 낫겠다는
생각이 들며 그때 하자.

광모 봐봐 너 복수복수지 그래. 복수하겠다 그거지 엉? 내가 맞잖어
어어.

현수 …..(보며)

광모   솔직해 야 복수하는 거잖아아아아.(문자 들어오는/꺼내 보고)수

　　술 들어가야 해. 나중에 얘기하자.(일어나며)

현수   (일어나는)나중에 할 얘기 없어. 너 늬 엄마 해결해.

광모   아 시끄러워어어‥

S# 친정 골목 대문 앞(밤)

　　[택시 들어와 멎고]

현수   감사합니다아아(택시에서 내려 빠르게 마당으로)

S# 마루

자모   (냄비 싸들고 주방에서 안방으로 움직이는데)

현수   (뛰어드는)

자모   (돌아보며)어이 빨리 들어와 밥 먹자. (안방으로)여보 문 좀 열어.

자부   (문 열어주며)왔어?

현수   네에.

S# 안방

　　[들어오는 모녀‥엄마 찌개 상에. 아빠 방 문 닫고 현수 그냥 픽 앉으며

　　나가려는 엄마에게]

현수   엄마 뭐.(하러)

자모   밥 갖구 와야지

현수   (오버랩)약속있어. 할 말 있어. 앉어요.

자모   그래? 집 밥 먹지이이‥(앉는)

자부   김치찌개야?

자모   어엉.(냄비 뚜껑 여는데)

현수   엄마 나 결혼 안하니까 걱정하지 마.

자모   그런데 니 아빠는 내 생각하구는 다른 거 같아.(뿌우)

644

자부 지가 결정할 일이지 내가 무슨 상관이야.

현수 (오버랩)나 ....그냥 동거 비슷한 거 해볼래.

자부모 ???

현수 그거두 한 집에서 같이 쭈욱 사는 거 아니구 하루 이틀 뭐 어떤 때는 사나흘 이쪽저쪽 되는대로 같이 지내는 거.

자모 (오버랩)아니 얘가 이게 무슨 소리야아아.

현수 뭐어..그렇게 이상한 거 아냐 엄마.

자모 이상한 게 아니라니 얘가 진짜..여보 당신 말 좀 해애애..

자부 (오버랩)광모두 그렇게 하재?

자모 (오버랩)아 그게 무슨 소리야아!!

현수 아직 합의된 건 아냐 아빠. 그렇지만 지가 별 수 있어? 하자면 하는 거지.

자모 (오버랩)동거가 무슨 그런 걸 왜 해. 그러는데가 어딨어.

현수 엄마

자모 아 결혼식두 안하구 같이 사는 법이 어딨어. 부모없이 막 큰 아이두 아니구 당신 왜 가만 있어어어

자부 (오버랩)그래야하는 이유가 뭐야.

현수 으으으응....

자모 결혼식 할 돈이 없어 그냥 살기부터 하는 거두 배먼저 불러 그런다는 거두 아니구 차라리 결혼을 해 애!! 해해 결혼해.

현수 결혼이라는 틀 안에 갇히는 게 답답해. 엄마는 못 알어들을 거야.

자모 그래 나는 무슨 소린지 몰라. 엄마 무식해.

현수 그런 말 아냐아아

자모 해 해 결혼해··반대 안하께 하라구.

현수 (오버랩)아빠.

자부 (먹으며/오버랩)더 생각해··더 생각해 보구 니가 살구 싶은대로 살어.

자모 여보오오!!

자부 (오버랩)공부 할만큼 했구····모자라지두 않구··혼자 지낸 시간두 많은 애니까 생각이라는 거두 많이 했을테구···너는 은수하구 많이 달라··그거 알어··

자모 (오버랩)여보

자부 (오버랩)엄마는 보통 엄마니까 경끼하는 거 당연해. 솔직히 나두 그리 반가운 소리는 아닌데··자식이래서 내가 살아온 방식대로 살아 달라구···하구 싶지는 않어··

자모 이이가 미쳤나봐.미쳤어미쳤어

자부 (아내 보며)뭐 해준 게 있어야 이래라저래라 옳다 틀렸다 하지. 우리하구 생각이 다를 수 있어··이 자식 하루 몇마디 안하구 집에만 틀어박혀 있던 거에 비하면 사람됐는데 뭘··그거만으로도 나는 고마워죽겠어.

자모 ·····(입 벌리고 보는)········

S# 룸살롱

정수 (송기자에게 술 따르면서)우리가 다 사람 아닙니까.송기자님도 사람 나도 사람 김준구도 사람 하하하.사람끼리 안 통할 얘기가 어딨어요 안 그렇습니까?

송 (술잔 들고)그 말씀이 왜 그쪽은 사람 나는 사람 아닌 연예부 기자 그렇게 들리죠?

정수　그러세요? 하하하하

송　그러네요. 기자 옷 벗고 사람으로 상대하고 싶다는.

정수　예리하십니다 허허허허(하는데)

　　[노크와 함께]

준구　(들어오고)

정수　어 왔구나 (일어나고)

송　나도 일어나야하나요?

준구　(오버랩)아니 괜찮습니다. 김준굽니다.

송　(일어나며)일어나야겠네. 송선홥니다.(손 내밀고)

준구　(잡으며)일전엔 실례했습니다.

송　머..그럴 수도 있는 거죠,

정수　(오버랩)앉어라. 앉으시죠.

송　아.(앉고)

준구　(옷 벗는데)

S# 준구의 주방

　　[식탁 손보면서 기다리는 준모와 이모.]

이모　내 어리굴젓 따로 줘요.

도우미1　E 네에..

준모　어떻게 해로운 것만 찾을까.

이모　살만큼 살았으니 먹구싶은 거 먹다 갈란다.

회장　(들어오며)기다리게 해 죄에송합니다..먼저 드시죠 왜.(은수 따
　　라 들어오고)

이모　들어와 드실 거면 미리 좀 알려나 주세요. 밥 먹을려구 수저 들
　　다 났습니다.

회장 허허 예 잘못 했습니다. (앉으며)앉어라.

은수 네에‥(앉고)

회장 참 사람 한치 앞 모르구 사는 거라군 하지만 양회장이 그렇게 갈줄 누가 알었어요. 작년 (식사 시작)가을 라운딩할 때만 해도 완벽한 건강이라구 그렇게 자랑을 했는데.

이모 건강 자랑하는 사람이 그렇게 급사하는 일두 많어요.

회장 글쎄 말입니다‥

준모 뭐 스트레스 심한 일 있었나요?

회장 직접 들은 거 아닌데 부인이 이혼하자 그랬다는 말이 있어요/

이모 ?? 무슨 디자이너 누구 빌딩 지어줬다는 게 그럼 사실인가?

준모 무슨 소리에요?

이모 저번에 얘기해줬잖아.(너한테)

준모 (오버랩)아이 듣는데(쫏)

이모 참다아참다 더는 못 참었나부지. 양회장 재산이 그게 거의 부인 꺼 아니에요?

회장 처가 꺼였으니까요‥양회장 주식은 얼마 안돼요.

이모 참 분수두 모른다‥나무 관세음보살.

준모 (오버랩)아가야.

은수 (국만 떠먹고 있다가)? 네 어머니.

준모 안 먹히면 앉아 벌쓸 거 없이 올라가.

은수 괜찮아요 어머니

준모 아줌마 얘 돌솥밥 앉혔죠?

도우미1 네에 지금 밥물 앉힙니다 사모님.

준모 우리도 안 편해‥올라가‥

은수 네 그럼..(일어나며)죄송합니다 아버님.

회장 어어 괜찮다..

은수 (조용히 주방 나가는)

회장 애가 왜 기운이 없어보여요.

준모 몸이 전같지 않으니까요.

회장 신경은 써주고 있는 거에요?

준모 ??

이모 (회장에 연결)씁니다..많이 쓰고 있습니다아아..

S# 계단 오르는 은수……

S# 한복집/(앞에 나왔던 곳)

허   (차 따르면서)늦어두 좀 심하게 늦네요 이사람..전화 한번 더 해 볼까요?

태모 놔둬요. 올 때 되면 오겠지.

허   차 드세요.(앉으며)

태모 아 붕어두 아니구 물 배 채워 저녁은 어떻게 먹어요.

허   호호호..네에..제가 이렇게 생각이 모자라답니다..(찻잔 비켜놓으며)올 사람은 안오구 드릴 건 없구해서요.

태모 (비켜놓는 찻잔 집으며)약속은 뭐하러 하는 거야. 약속이 무슨 의미야.

허   길이 복잡한 시간이에요오. 새며느님 너무 마음에 드신다구 파다아하던데 한시름 더 셨겠어요. 잘하구 있나요?

태모 그러엄. 잘하다마다..아주 나무랄 데 없이 완벽하게 딱 떨어지는 애에요. 내가 아주 두 다리 쭈욱 뻗구 잠이 잠이 그렇게 달수가 없어요.

허   아우 축하드려요. 그러셔야죠 그럼..

태모   (문득 오버랩)아 저번 혼인 때 내가 한복을 다른 집에서 한 거 때문에 혹시 오해했을지 모르는데

허   (오버랩)아우 아니에요 사모님. 저 안 그래요..이 솜씨두 입어 보시구 저 솜씨두 입어보셔야죠. 제 옷이 싫증나실 때두 됐어요.

태모   응 잠깐 바람 좀 펴봤는데 역시 구관이 명관이더라 응?

허   호호 그러셨어요? 고맙습니다아아(하는데)

중매   (들어오며)아으으 오늘따라 길이 난장판이네요.(50대 세련된 양장/미인 계통)

허   (들어오자 일어나며 오버랩)그래두 어른하구 약속인데 좀 심하게 늦었네 현식엄마.

중매   죄송해요 최사장님.

태모   (웃으며)뭐 그럴수도 있지요. 허선생은 자리 좀 피해주구요웅?

허   네그럼 전 퇴근합니다.말씀 나누세요.

태모   일간 내 또 나올께요..응?

허   네에에(하고 퇴장하는데)

태모   (중매 올려다보며)앉아요 민여사.

중매   ....(화가 안 풀린/숄 벗어 내리며 앉는/다소 거만하다)시간이 별로 없어요. 남는 거 없이 몸 바빠서

태모   (오버랩)민여사아.

중매   네..

태모   민여사가 나를 오해하는 거 같아서 그건 풀어야겠다 싶어서 좀 보자구 했어요.

중매   오해는 사장님이 하구계신 거죠오오.

태모 글쎄 서로 말을 하다보면 말이 말끼리 꼬여서/그래서 생기는 게 바로 오해가 되는 거 아니겠수? 알다시피 내가 밥 못먹구 사는 사람두 아니구 설마 상속재산에 눈이 멀어 싫은 아이를 며느리로 들였겠어. 그런 인간은 말종중에 말종이지 안 그래요?

중매 사장님이 먼저 저를 사기꾼이라 그러셨어요.

태모 ?? 아니 내가 언제.

중매 저두요. 신용하나로 밥 먹는 사람이에요. 물론 일을 성사시키려면 얼마쯤 부풀리기는 해도 작정하고 사기를 치지는 않아요.

태모 (오버랩)내가 성격이 원래 불같아서 뭐가 뻿긋하면 소리부터 지르는 사람이라 민여사가 많이 섭했을 수두 있는데/그런 뜻은 전혀 일전어치도 없었으니까 마음 풀어요. 우리 며느리 아주 참하구 착해애. 바로 내가 원했던 며느리라니까? 그래서 민여사한테 얼마나 고마운데에‥

중매 (보며)‥‥

태모 뭐냐‥응…(핸드백에서 교환권 봉투 하나 꺼내놓으면서)그래 고맙다는 뜻에서 내가 핸드백 하나 준비했지요‥이거 교환권이니까 응?

중매 이러지 않으셔두 돼요 사장님.

태모 (오버랩)아으아으 사양하지 마시구우우‥사람 성을 무시하면 쓰나아아아. ㅎㅎㅎㅎㅎ.

S# 한복집 앞(밤)

　　[두 여인 나오고 태모 자동차 와서 대어지고]

태모 같이 저녁이라도 할라 그랬는데 바쁘다니 아쉽네요 민여사.

중매 네 저두요 사장님.(좀 풀렸다)

태모　(기사가 열어주는 문)그럼..나 먼저..

중매　네 안녕히 들어가세요..

S# 차 안

태모　(타고 문 닫히자)사기쳤지 안쳤어?(중얼거리는)

　　　[기사 타고]

태모　(기사 벨트 채우는데)가자…

　　　[출발하는 차 유리 내리고]

태모　(웃으며 손 흔들어주고)

중매　(보고 있다가)도둑년/(내뱉는)

S# 현수 원룸

　　　[먹다 남은 군만두/소주 마시면서…]

주하　(잔 비우고 내려놓고 현수 보며)……

현수　(따라주다가 보고)?? 왜.

주하　아니 너 이해할려구 노력 중이라구.

현수　(병 놓으며)노력할 거 없어. 우리가 뭐 다른 사람 다 이해하면서 사냐?

주하　좋아는 하는데 결혼은 싫다…

현수　….

주하　바람필 거 뻔한 놈이라 믿을 수 없어 싫다두 아니구.

현수　어떤 놈은 백프로 믿을 수 있냐?

주하　나한테 미안해서두 아니구.

현수　아 그런 거 아니라니까? 그냥 싫어. 귀찮아. 남 다하는 결혼/뻔한 결혼생활/언제 깨질지 모르는 계약/그걸 굳이 해야할 이유를 모르겠다구.

652

주하 튄다··튀는 앤 줄 일찍이 알구 있었지만 응.

현수 니 얘기나 해··

주하 그런데 너 광모/ 지금은 아직 아니겠지만 걔 엄청 피곤하다?

현수 ??

주하 나 디게 피곤했었어·· 여자한테 밖에 관심없는 애잖아. 일초일 분 그 자식 눈치보구 냄새맡구 감시하는 거 장난 아니더라.

현수 그런데 결혼할라 그랬어?

주하 미쳤지. 미쳤었던 거 같아. 암튼 일단 내꺼 만들어 놓고 보자 그 랬거든.

현수 ····(보며)

주하 보고 있으면 기분이 좋잖아. 약 먹은 거지 뭐.

현수 (훌쩍 마시는)···

주하 지금은 아아 용케 피했다싶어. 그 자식 귀뚜라미한테 고마워. 닷 시는 그런 놈한테 안 빠질 거야. 내가 아주 결/심을 했다. 내가 홀린 놈보다 나 좋다는 놈이 정답이다.

현수 (안주 먹는)

주하 E (연결)그래두 뭐 후회는 없어. 미치게 좋아서 헬렐레했던 경 험도

주하 피가 되고 살이 됐고 응? 또 /그 자식 아니었으면 정답이 뭔가 알았겠니? 으흐흐

현수 김인태 선생은 뭐야.

주하 엉. 정답에 가까워. 순수해. 남자냄새 전혀 안 풍겨. 그냥 내가 좋은가봐. 아빠처럼 나 챙겨줘. 우리 아빠는 그런 사람 아니지만. 아무 것도 아닌 얘기에도 재미있어해줘··잘 웃어줘.

현수 그 뒤에 또 울지는 않았니?

주하 하하하 아니? 와이프 아프기 시작하면서부터 사년 몇 개월 동안 아무 생각없이 웃어본 적이 없대. 거짓말 아냐. 늘 혼자서 책보고 있다 수업 들어갔다 나오고 늘 혼자였거든‥

현수 (제 잔에 따르는데)

주하 현수야.

현수 ??(보는)

주하 이게 뭐니‥그 남자한테 자신감을 불어너주구 싶은 이거.

현수 ‥‥(보는)

주하 나 그 사람 엄마가 되고 싶은가? 깔깔깔깔‥

S# 친정 안방

　　[부부 손가락 만져주고 있는/]

자모 ‥‥‥(뿌우 있다가)아무리 생각해두 그건 아냐‥

자부 ‥‥‥

자모 아냐아냐. 그건 아냐‥

자부 여보.

자모 ??(보는)

자부 세상은 변해.

자모 그래서 해가 서쪽에서 떠?

자부 호호호

자모 하늘이 땅이구 땅이 하늘이야?

자부 사람 /생각두 변해가구 달라져 가.

자모 아 몰라. 어느 집 딸이 결혼 안하구 그냥 산다아 그럼 그게 아이구 그래요 축하할 일이네요 그러나?

654

자부　우리가 뭐 유명인사두 아니구 소문 날 게 뭐있어.

자모　소문이 별거야? 시장 아줌마가 큰따님은 좋은 소식 없어요? 그럼 나 뭐라 그래‥십년 넘게 본 아줌마들 다아 친한데 ‥심심하면 물어보는데‥ 예 우리 큰딸 결혼 안하구 동거해요 그래?

자부　허허허

자모　웃을 일 아니라니까. 이이 바본가봐아‥

자부　지 주변에 바람직한 결혼 별루 없기두 하구 근석이 좋기는 한데 믿을 놈은 못돼서 결혼은 아니다 그런 걸 거야.

자모　그럼 연애만하지 동거는 왜해.

자부　그게 그거지 뭐‥

자모　아 나 진짜 당신 마음에 안들어‥이혼해.

자부　뭐? 허허허허허허

S#　룸살롱

　　　[밴드 들어와 있고]

준구　(요란한 춤추는 정수와 송기자 보며 웃고 있는)……(시계 한번 보고 시선 춤추는 둘에게)…??

다미　(들어오고 있다)

준구　???

다미　언니이 나왔어어어(소리치듯)

송　어어어어(손 흔들어 보이고)

정수　(춤 멈추고 밴드 스톱시키며)너 웬일이야.

송　(다미 손 잡아끌며)내가 불렀어요. (자리로)생각보다 빨리 끝났다?

다미　어 진행이 좋았어 언니. 내가 여얼심히 했거든.

송　여기 달려올라구?

다미　그렇겠지? 깔깔.(두 여자와 정수 자리에/정수는 나는 아니라는 사인)

다미　어?? 준구오빠두 있네? 언니 왜 말 안했어?

송　그랬던가?

준구　(술병 집으며)연기하지 마라. 여기 녹화장 아냐.

다미　(술잔 들며)흐흐. 녹화중인 줄 알었지.

준구　(따르며 보는)···

다미　(받으며 보는)언니랑 얘기 잘 됐어?

송　어 허심탄회하게 다 텄다 다미야.

다미　말이 통해?

송　나는 통했다구 생각하는데?

다미　(훌쩍 마시고 내려놓으며)내일 일 없어. 마시자 오빠··술 줘.(잔 내밀고)

준구　(쏘듯이 보며 술 따르는)····

S# 준구의 침실

은수　(누워서 뒤척이는)·······

S# 슬기의 방 앞

태원　(막 들어왔다)···(노크)····(대답 없고)슬기 벌써 자?····아빠 들어 왔는데에에···(문 열려 하면 잠겨 있는)····어···(채린 돌아보고)

채린　?? 왜 문을 잠겄지?··

태원　무슨 일 있었어요?

채린　아뇨 아무 일도··저녁 먹구 고모랑 다같이 영화보구 올라갔는 데·· 방금 전에 책 읽어준댔더니 그냥 지가 읽다 잔다구 해서요/벌써 잠들었나?

태원 그래 그럼 잘자아..(자기 방으로)

채린 (따르며)어머나 슬기 벌써 사춘긴가봐요 태원씨.

태원 ??

채린 아이가 방문 잠그기 시작하면 사춘기래요.

태원 (좀 웃듯)내일 물어볼께요..(들어가는 둘)

S# 슬기 침실

[불 꺼진 방]

슬기 (이어폰 끼고 엄마 동화 듣고 있는).....

은수 (E 책 읽어주는 소리········)

S# 준구 거실

은수 (주방에서 수정과 한 공기 따르는데)

준모 (들어오는)

은수 네 어머니..

준모 너두 수정과니?

은수 네..

준모 아버지도 찾으신다..

은수 (부지런히 그릇 두 개 챙기는)

준모 아냐 하나면 돼..뭐 좀 먹었어?

은수 네..어머니 (공기 하나/ 따르는)

준모 얘가 늦는구나.

은수 좀 늦을 거라 그랬어요.

준모 접대라는 게 그렇단다..니 아버지두 오륙년 전까지만 해두 일
주일에 사나흘은 열두시 넘기는 거 보통이었단다..

은수   네에··

준모   (수정과 들고 나가려)

은수   안녕히 주무세요 어머니.

준모   오냐 (잠깐 돌아보며)까막까막 기다리지 말구 졸리면 자.잠 모
자라면 안돼.

은수   네에.

준모   (나가며)하나마나한 소리긴 하지만····

은수   ···(잠시 사이 두었다가 수정과 마시는)······

S#   준구 침실··

은수   (누워 책 보다가 핸드폰 집어서 보는)

[11시 22, 23분.]

은수   (전화 놓고 보던 책 배에 엎으며 눈 감는)····

S#   룸살롱

[블루스 추고 있는 다미와 준구···정수와 송···]

[다미와 준구 꽤 취한 상태·······]

다미   (춤추며 키스하는)·····

준구   ·······(그냥 놔두는)······

658

제27회

S# 태원 주방

채린 아줌마 지금 공갈쳐요?

임실 나가 조폭이요 공갈치게? 아니 이 겨울에 어린 것이 타박타박 걸어댕기게 하고 싶으요? 춥고 바람불고 자동차 댕기는 길에 아가를 저 호냐서/아고오오 아고/ 못 들은 걸로 하겠소잉. 그라고 내 백 살꺼정 살면서 자기 아가 나 어떻게 키우는지 똑똑히 볼것이요 잉.

S# 친정 마루

자모 설마 아닐 거야 애. 광모 근석이 괜한 소리 한 걸 거야. 아니 언니가 광모를 뭐랬는데 걸레랬어 걸레.걸레라 그러면서 짝사랑이 말이 돼?

은수 (오버랩)엄마 세상에 꼭 말 되는 일만 있는 건 아냐.

S# 진료실

광모 늙긴 누가 늙었어어··현수가 왜 늙어 개 안 늙었어. 나하구 달라. 개 손 하나 안타구 아주 깨끗하구 싱싱한 아이야아(에서)

S# 광모 병원 앞

현수   나 싫댔잖아!!

광모   너 또라이야? 너랑 나랑 지금 결혼말구 할 게 뭐 있는데. 우리가 스물 다섯 살이냐? 너 나 좋아하구 나 너 좋아하구 됐잖아아. 후딱후딱 해 치우구 한 집에서 같이 자구 같이 깨면서

현수   (오버랩)난 결혼이 싫어. 이 말을 몇 번이나 더 해야 하는 건데.

S# 한복집 안

태모   글쎄 서로 말을 하다보면 말이 말끼리 꼬여서/그래서 생기는 게 바로 오해가 되는 거 아니겠수? 알다시피 내가 밥 못먹구 사는 사람두 아니구 설마 상속재산에 눈이 멀어 싫은 아이를 며느리로 들였겠어. 그런 인간은 말종중에 말종이지 안 그래요?

중매   사장님이 먼저 저를 사기꾼이라 그러셨어요.

S# 룸살롱

　　　[다미와 준구 꽤 취한 상태……]

다미   (춤추며 키스하는)……

준구   ……(그냥 놔두는)……

S# 타이틀

S# 준구네 정원(오전 7시 반경)

　　　[정원사들 마당 치우고 있는…]

도우미2   (보온병과 머그잔 사람 수대로 들고 나오며)오세요오..커피 드시구 하세요오오..

S# 주방

회장   (들어서며)안녕히 주무셨어요?(은수 따라 들어오고)

이모   예에..굿모닝이에요.

회장   (은수가 빼주는 의자)놔둬라 그거까지 할 건 없다.(은수 좀 웃는

660

듯/앉으며)얘 벌써 나갔어요?

준모   좀 늦게 나간다네요.

이모   (오버랩)새벽 세시 넘어 고주망태가 기어 들어오더랍니다. 이
차 삼차/접대가 아주 뿌리를 뽑았나봐요.

회장   술 좋아하는 상대들 만나면 그렇게 되기 십상이에요.

준모   누구 닮아서 늦는다는 전화 한통두 안했대요.(상 보면서)

회장   (은수 돌아보며)전화 안했냐?

은수   접대 있어 좀 늦을 거라는 전화는 했었어요 아버님

회장   했다는구먼.

준모   보통 늦는 게 아니면 한번 쯤 더 했어야죠.

회장   놔둬요. 중요한 술자리에서 일일이 그런 보고하면서 그렇게
안돼요.

준모   기다리는 사람이 있어요.

이모   (오버랩)아이두 생겼겠다 간만에 편안하게 마시구 놀았겠지.
그동안 지딴에는 애 많이 썼어.

준모   (앉으며)그냥 올라갈래?

은수   네 저는 나중에··

준모   응 그래 올라가··

은수   죄송합니다 아버님.

회장   오냐아··(수저 들고)

은수   (조용히 빠지는)

S#   준구의 침실

준구   (누워서 눈 뜨고 머엉하다)······(사이드 테이블에 찻주전자와 찻잔)

S#   다미 침실

다미   (등 돌리고 잠들어 있는 벗은 상반신의 준구 팔에 한 손 대고 눈 뜨고 있는)·····(팔 내놓지 말 것)

준구   (잠들어 있는 듯)·····

다미   (다미 더 달라붙으면서 준구 등에 가만가만 키스하기 시작한다)

준구   (그대로인 채 문득 눈 뜨는)·····

다미   ·······

준구   (시트 접히고/일어나 앉는)·····(아래 보면서)····

다미   (같이 일어나 앉으며 보는)·····

준구   ······

다미   ··오빠.

준구   (오버랩)입 다물어····(나직이)····한마디도 하지마····가만 있어.

다미   후회하지 마.

준구   (오버랩)입 다물라구.(하며 침대 내려서는)

다미   (씁쓸한 미소로 보며)

준구   (바닥의 가운 집어 입는)····

다미   (보며)·······

S# **다미 욕실**

준구   (거울 속 제 얼굴 보며)·········

S# **준구 침실(현재)**

   [문소리]

준구   (눈 감는다)·······

은수   (들어와 잠시 준구 보고 욕실로)······

준구   (욕실로 들어가는 소리에 눈 뜨는)·····

S# **다미 침실**

다미　(준구가 벗어 팽개친 바지며 와이셔츠 / 넥타이·챙겨들고 있는데)···

준구　(나와서 다미 들고 있는 옷 빼내 입기 시작)····

S#　**다미 거실**

다미　(앞서 나와 거실로. 적당히 걸쳐놓은 준구 상의 집어 들고 돌아보면)

준구　(따라 나와서 보는)······(생각이 안 나지는 않는)

　　　[소파에 퍼져 자고 있는 송선화와 어지러진 탁자/안주 술병 술잔·······]

준구　(다미 돌아보는)····

다미　생각안나?

준구　내가 결국은···· 너 때문에 망쪼가 들 거다.

다미　꼭 가야 해?

준구　(대답처럼 다미 들고 있는 옷 잡아채 현관으로)

다미　·····(보며)

S#　**심야 거리를 달리는 준구의 차·····**

S#　**차 안(대리운전)**

준구　(눈 감고 기대어)····

선화　E 다미 안됐잖아요?········불쌍하잖아요?·····사랑이 죈가요 김
　　　준구씨?

S#　**준구 침실(현재)**

준구　(눈 감고 있는)·····

은수　(욕실에서 나와 화장대에···손에 로션 바르는)·····

S#　**현수의 원룸 거실··**

현수　(강아지들과 랑랑이한테 아침 주며)오늘은 엄마 안 나가. 종일
　　　우리 쭈쭈뽀뽀 랑랑이랑 놀 거야. 일도 안할 거야. 머리가 말라붙
　　　었어. 아이디어 고갈 됐어. 그냥 놀래. 엄마 그래두 괜찮지웅?(하

는데)

　　　[전자 키 버튼 소리]

현수　(돌아보는)··

광모　(해장국 싸들고 들어오는/뿌우)

현수　(일어나며)뭐야?

광모　해장국.

현수　술 펐어?

광모　할게 뭐 있어. 너는 전화 생까구.

현수　·····(봉투 빼내 식탁에 꺼내는/ 해장국 둘 밥 둘 김치 하나/종이 냅킨
　　　등)···

광모　(서랍 수저 꺼내 세팅하며)일찍 잤어?

현수　주하 왔었어.

광모　왜.

현수　왜는 뭐 왜야··걔 여기 오면 안되는 집이야?

광모　왜 퉁명이야··그냥 한 말인데.

현수　너두 퉁명이잖아.

광모　청혼 거절 당하구 기분 날아갈 인간이 어딨냐.

현수　···(대꾸 없이 대접 두 개 꺼내 해장국 옮기려)

광모　그냥 먹어. 뭘 옮겨 식기만 하지.

현수　나는 옮겨··뜨거운 거 스치로폼 그릇에 담아 논채 먹어?

광모　·····(부어터진 채 옮기는 것 돕는)·····밥은(밥은 어떡해)

현수　(큰 접시/가운데 좀 오목한 것/하나 꺼내 통 놓는)····

광모　(힐끗 보고)그래서 어디 깨지겠니?(쥐어박는)

현수　오지를 말던지 왜 샘트집이야.

광모 누가 할말인데. 줄 서 기다리다 사왔는데 너 귀찮아 죽겠다는 얼굴루.

현수 내가 언제.

광모 너 그러구 있잖어. 입 풀룩 내밀구.

현수 니가 부어터진 얼굴루 들어왔잖아.

광모 너 웃지두 않았어.

현수 너 웃으면서 들어왔어?

광모 닭이 먼저냐 달걀이 먼저냐 결론 안나니까 그만두자.

현수 그래 그만둬‥

　　　[둘 다 입 다물고…상 차리는]

S# 같은 주방 식탁/시간 경과

　　　[해장국 먹으면서‥둘 다 말없이……잠시 사이‥]

현수 (선지 골라 광모 그릇에)……

광모 …(잠깐 보고)…(있다가)내가 한 짓이 있으니까 나를 믿는다는 게 아마 미친 짓 같을 거야. 이해하구두 남아.

현수 ……

광모 그런데 사람 일 알수 없는 거기는 하지만 지금 내 마음/내 결심은 절대 너한테 나쁜 짓 안하고 진실하고 성실한 남자로 니 버팀목/울타리/보호벽이 돼 주겠다는 거야.

현수 ……

광모 듣고 있는 거냐?

현수 들어.

광모 결혼하자구.

현수 사람은 변해.

광모 나 안 변해애애.

현수 그 장담은 더구나 너는 해서는 안되는 거구 …너는 안 변하는데 내가 변할 수도 있어.

광모 야 난 그건 믿어. 너 그럴 애 아냐.

현수 결혼에 묶여서 헤어지고 싶은데 못 헤어지고 참고 사는 거 자신 없어.

광모 헤어지고 싶으면 헤어지면 돼.

현수 ….

광모 너 애가 왜 그렇게 촌스럽냐.

현수 그냥 좋은 동안 좋게 지내다가 싫어지면 그만두면 돼.

광모 야 자식두 낳아야 할 거 아냐. 자식 안 낳아? 우리 늦었어 야.

현수 ….

광모 그러지 말구 생각을 바꿔 현수야. 우리 엄마 반포 아파트 나 스물 여섯에 사논 거 서른 둘에 새걸루 바꿔놨어. 전세 기한이 삼월이래. 우리 거기 들어가 살면 돼.

현수 싫어

광모 현수야

현수 싫어

광모 …참 힘들게 한다.

현수 (오버랩)싫어

광모 야아아 나두 한번 진실하게 살아보자. 기회를 줘어.

현수 (오버랩)싫어.

광모 ….(보며)…..

S# 슬기의 방

슬기 잠깐마아안(후다다닥 튀어 내려 이어폰 매달린 녹음기 서랍에 처 넣고 열쇠 잠그고/방문 열어주는)

태원 (방 밖에 있다가 들어오며)굿모닝.

슬기 굿모닝.

태원 (데리고 침대로)문은 왜 잠근 거야. 아빠 굿나잇 못해서 섭섭했 었어.

슬기 응.

태원 (같이 침대에 걸터앉는)그냥 응으로 끝이야?

슬기 기다려두 안 들어와서 그냥 잤어.

태원 그런데 왜 방문 잠갔어?

슬기 ....(보며)

태원 아줌마가 너 사춘기 시작된 거 아니냐 그래. 무슨 비밀이 생겼어?

슬기 아니.

태원 방문을 잠그는 건 비밀로 하고 싶은 게 있을 때 하는 행동 아냐?

슬기 으응 그렇겠지?

태원 무슨 비밀이야?

슬기 ...(보는)

태원 아빠한테두 비밀이야? 말 못해? 하기 싫어?

슬기 그냥 아무도 내 방에 들어오지 말라구.

태원 ?? 왜애. 뭣 때문에?

슬기 내 방에 누구 들어오는 거 싫을 때가 있어.

태원 ....아빠두?

슬기 응.

태원 야아아아 진짜 섭섭한데에에? 아빠 눈물 날려구 해.

슬기　(조금 웃으며 보는)

태원　고모두?

슬기　응.

태원　정말 큰 비밀인가 보구나..좋아 더 안 물을께..그런데 뭐가...마음이 이상해?

슬기　그게 무슨 소리야?

태원　뭐냐 마음이...아냐..그런데 아빠는 방문 잠그지 말고 그냥 혼자 있고 싶을 때는 혼자있고 싶어요 말로 하는 게 좋을 거 같아. 아니면 얘가 방문 잠그고 혼자 뭐하는 걸까 식구들이 궁금하잖아.

슬기　(오버랩)응 잘 때만 잠그면 돼.

태원　뭐 무서운 상상이나 그런 게 돼?

슬기　...(보며)

태원　집에 도둑이 들어온다든지 도둑이 니 방에까지 들어온다든지

슬기　(오버랩)응 한번씩은 무서워.그래두 아빠 방에 가면 채린아줌마 싫어하잖아. 고모 방에두..고모가 잠을 푹 못잔대.

태원　도둑같은 거 안 들어와 걱정할 필요없어.

슬기　응 알았어.

S# 태모의 방

태희　아침부터 왜 짜증이야아아

태모　(의자에 앉아 마신 찻잔 소리나게 놓으면서)짜증이 나는 걸 어떡해.

태희　......(보는)

태모　(혼잣말처럼)중매 여편네.... 핸드백 교환권 갖다 바치면서 달래 놓구 들어왔는데 여엉 찜찜해.

태희　말이 안 먹혀?

668

태모 말은 뭐‥뒷소리 안하는 게 즈이들 금과옥조라 그러는데 흥‥아
무데나 문자 끌어다 부치면 저절이 고질되나 그 소리 믿을 등신이
어딨어. 크게 논 여편네라 그런지 그걸 앵겼는데두 눈하나 깜짝 안
하구 사양두 안하구 고맙다는 한 마디두 안해.

태희 암튼 잘했어. 어쨌든 전혀 모른 척 하구 있는 거 보다는 날 거
야. 자기두 받아먹은 게 있으니까 열마디 험담할 거 다섯마디루 줄
어는 들겠지.

태모 벌써 쟤 엄마한테두 한 소리 안한 소리 중상모략 다 한 거 같
어. 관상을 보면 알아‥내가 누군데. 내가 귀신인데‥괜히 돈만 풀
순 거 같아.

태희 지르는 김에 확 지르지 그랬어왜. 입이 딱 벌어지게.

태모 ???

태희 그랬으면 화들짝 놀라서 허둥지둥 자기 뱉어논 말 쓸어담아 줄
지두 모르는데.

태모 돈이 썩어? 그 돈두 아까워 배 아픈데. 깨진 물독에서 쏟아진
물이랑 한번 내 뱉은 말은 천하 없어두 다시 못 쓸어담는 법이야.

태희 아으 신경쓸 거 없어. 할테면 해보라 그래. 누가 뭐라면 엄만 그
냥 사람잡는다구 거품 물고 펄펄 뛰어. 거꾸로 신용 못할 여자 만들
면 돼.

태모 그건 벌써 하구 있지 가만 있을 내야?(일어나며)아으 짜증나 아
으아으.

채린 E (노크와 함께)어머니이이이‥

태모 (문에 대고 인상 한번 긁고)오냐아아아 나간다아아아‥

채린 고모 여기 있어요?

태희　(따라 나가며)네에에 고모 여기 계세요오오오

S# 주방

[들어오는 세 여인. 태모 들어오자 태원 일어나고]

슬기　(마시던 물컵 내리며)할머니 안녕히 주무셨어요?

태모　오오냐아아그래 내 새끼(앉으며)국 뭐 끓였냐.(채린에게)

채린　아줌마 그게 뭐랬죠?

임실　메생이 메생이 굴국.(국 뜨며)

태모　잘했군··슬기야.

슬기　네

태모　메생이 국은 자알 식혀 먹어야지 급하게 먹으면 입 데에응?

슬기　네에.

임실　(국 쟁반 갖고 와 하나씩)

태희　(국그릇 받다 문득 채린 보는)얼굴이 왜 그래?

채린　머리카락 뭉친 거 같아서 나는 별로에요.

임실　입맛 떨어지는 소리 말고 맛을 보시오.피부에도 좋고 나이 든
　　　사람 원기회복에 좋고 향은 또 얼마나 좋은데

태모　(오버랩)총각김치는 왜 안 내놔 요즘.

임실　내 놔도 안 자시길래

태모　(오버랩)없으니까 안 먹지요.

임실　안 자셔서 안 놨구먼…(자기 자리로 가며)

태모　늬집은 이거 안 먹니?

채린　저는 생전 처음봐요.

태희　왜애 한정식 집에서두 잘 나오는데?

채린　밖에서 한정식 거의 안 먹어봤어요.집에서 매일 먹는 게 한식인

670

데 돈 내구 한식 먹는 거 좀 어리석지않어요?

태희 올케네 집에서는 매번 한정식 차려 먹어?

채린 그게 아니라

태모 (오버랩)애비야

태원 네··

태모 신문 보고 늬 장인한테 전화인사는 드렸어?

태원 네 그럼요··

태모 채린이 데리구 다녀오지 그러냐.

태원 아 그럴려구 했는데

채린 (오버랩)즈이 엄마 아버지 어제 여행 떠나셨어요 어머니.

태모 ??

태원 E (채린에 연결)그렇잖어두 찾아뵙겠다구 말씀드렸는데

태원 바쁜 일 많으시다구 다녀오셔서 보자구 하셨어요 어머니.

태모 그럼 너 공항에 나갔어야 하는 거 아냐.

채린 기름 한방울 안나는 나라 국민이 기름 낭비하면서 무슨 마중이구 배웅이냐구 원래 아버지 회사 직원 한둘 말고는 가족은 공항 못 나오게 하셔요.

태모 그렇게 모아서 그런 큰 기부를 하시고 참 우리같은 사람은 감히 그 앞에 입도 못 벌리겠구나 애비야.

태원 예.어머니.

태모 참으로 존경스러운 분이라고 내가 그러더라구 전해다우.

채린 네. 아버지 평생 목표셨으니까 꿈을 이루신 거죠 뭐.

태모 그래두 여행은 가시는구나.

채린 엄마하구 일년에 서너차례 여행은 다니셔요.

태모　서너차례 씩이나아?

채린　엄마한테 서비스 여행이에요.

태모　으으응..(그렇구나)그래 이번에는 어디루 가신다든?

채린　아프리카요.

태모　너두 여행은 꽤 했겠구나.

채린　호호 저는 결혼해서 남편 돈 쓰라구 안 데리구 다니셨어요.

태희　진짜아아?

채린　용돈 모아 친구들하구 동남아 며칠 갔다오구 태원씨랑 허니문 갔다온 게 다에요.

태희　첫결혼땐 허니문 안갔어?

채린　???(태희 보는)

태희　??(채린 보고)뭐 비밀 아니잖아아아

S#　준구의 침실

은수　(통화 중/침대에 들어가 앉아서 책 보고 있다가 책 엎어놓고 전화)

　　[신호 가는 소리]

현수　F 어엉..

은수　언니 얘기 들었는데 어제는 기운없어 전화 안했어. 그런데 진짜 안 할 거야?

S#　현수 원룸 침실

현수　(누워 있다 일어나 옆에 물잔 집으며)엉.

은수　F 엄마 걱정 많이 하던데..

현수　전화두 못할 정도로 기운이 없냐?

은수　F 응 맥이 풀려서..뭔지 자꾸만 기분이 가라앉구 그러네.

현수　먹는 건.

은수 F 이것저것..걱정마. 허기 안 질 정도 먹구 있어..정말 안해?

현수 허기 문제가 아니라 아이하구 두몫 먹어줘야 하는 거 아냐?

은수 F 내애기 말구 언니 애기 해.

현수 글쎄..하기가 싫다.너무나 뻔할 뻔.뭐하러 하냐.

S# 준구 침실

은수 광모오빠 미덥지 않지?

현수 F 그거 때문아니라 그냥 결혼이라는 게 나한테 안 어울려. 난 언제나 자유롭고 싶은데 결혼하면 보기 싫을 때두 봐야하구 말하기 싫을 때두 말해야하구 나하구싶은 거 포기해야 할 일이 많잖어.

은수 너무 많지이.

현수 F 간섭이 싫다. 간섭받는 거두 간섭하는 거두 귀찮아.

S# 현수 원룸 침실

현수 의무도 권리도 없이 강요없는 상태가 좋아.

은수 F 알아들어 언니..

S# 준구 침실

은수 나 알아들어..결혼은 많은 부분을 나 아닌 나로 살아야 해. 자고싶을 때 자고 먹고싶을 때 먹을 수 있는 자유가 얼마나 큰 건지 몰라. (들어오는 준구/아침 먹고)더 얘기하고 싶은데 끊어야 해. 이게 결혼이야.

준구 (보는)…

은수 응..나중에 얘기해.끊어.(끊으며 안 보는 채)커피까지 마셨어?

준구 갖다 달라 그랬어.

은수 (침대 내려서려)

준구 그냥 있어. 갖구 올 거야.

은수   마시구 올라오지 뭐하러

준구   (오버랩)내려질 때까지 기다리기 싫어서. 괜찮아 그래두 돼.

은수   내가 아줌마면 싫을 거야.

준구   (침대 걸터앉으며)처형?

은수   응‥

준구   무슨 얘기야.

은수   몇시에 들어왔는지 알아?

준구   세시.

은수   기억해?

준구   어머니가. 어렴풋이 시간 체크했던 거 같기도 하고

은수   그냥 쓰러질 줄 알았는데 샤워는 하고 자더라.

준구   어‥샤워도 못할 정도까진 아니었나부지.

은수   그래서 취한 척 하는 거 아닌가 했어.

준구   …(잠시 보다가 씩 웃는)굉장하다. 사실은 그랬어. 당신한테 미
안해서.(하며 다리 걸친 채 가로 누워버리는)

은수   나쁜 짓 안하구 술만 마셨으면 뭐가 미안해.

준구   너무 심하게 늦었으니까아아‥(한 손등 이마에)아아‥이대로 잤
으면 좋겠다.

은수   …(보며)

준구   (몸 뒤집어 엉금엉금 제자리로)나 한시간만 더 잘게.(픽 엎어지듯)

은수   이 다미 어떡하구 있어.

준구   …‥

은수   응?

준구   그거 좀 이제 그만합시다.

은수   연락 없어? 조용해?

준구   조용해.

은수   내가 이 다미 뺨 때렸을 때 당신 걔 편들었지.(차분하게)

준구   ··내가 언제··

은수   나한테 소리쳤잖아. 미쳤냐구. 무식하구 몰상식하다구··내 팔 아프게 움켜쥐고··

준구   ·····

은수   이다미가 나 비웃을 때는 구경만하고 있더니 웅?

준구   (오버랩)그냥 뒀다간 당신 더 망가질 거 같아 당신 카바하느라 그랬어.

은수   ···(가만히 보며)

준구   (일어나 앉으며)당신 제 정신 아니었어. 어떻게 따귈 때려. 걔가 달려들면 어쩔려구. 정말 둘이 머리 채 잡구 딩구는 꼴을 내가 봤어야 해? 그거 막느라 그런 거야.

은수   (오버랩)왜 날 막아 그앨 막지.

준구   나한테 중요한 사람은 걔가 아니라 당신이야.

은수   그래서 나한테 고함쳐 이다미 편들어줬어?

준구   무슨/ 누가 누구 편을 들었단 거야.

은수   걔가 그렇게 할소리 해선 안되는 소리 건방질 수 있는 거/당신이 준 자신감이겠지.

준구   (오버랩)오해야 당신 멋대로 생각하지 마. 내가 걔한테 뭘 줘. 걔 우울증 치료 받았던 애야. 지 맘대로 내키는대로 구는 애/ 신경 쓸 거 없어.

은수   (오버랩)그런데 (쓰게 웃는)안 잊어버려지네··그게 뭘까··(책 집어 드는)그럴 수 있는 걸까..

준구 아무 것도 아냐 아아무 것도. (제자리로 누우려 하며)분석하지 마. 피곤해..

은수 분석하는 사람도 피곤해.

준구 잔다구.

은수 자..

부부 .....(잠시 두었다가)

S# 다미의 주방

다미 (설거지하는데)

송 (침실에서 목욕 가운 차림으로 나오면서)커피 냄새 죽인다..

다미 잘 잤어?(고무장갑 벗으며)

송 김준구 언제 갔냐.

다미 세시 다 돼서.

송 화장실 간다 한 사람 들어가고 또 한 사람 따라 들어가더니 둘 다 안 나오더라.

다미 (커피포트 집으며)언니 기억해?

송 아무 것도 모른다 그럴 걸 그랬나?

다미 으흐흐흐흐(따라 머그잔 내주고 제 것도 따르는)

송 기다려도 안 나오길래 응 다미가 해치우는구나 그러구 퍼져버 렸지. (마시는)

다미 언니 고마워.

송 술 모자란다구 김준구 팔끼구 끌어들여서?

다미 내가 그랬으면 안 왔을 거야.

송 울고 싶은 아이 때려준 거지 뭐. 나 별로 한 거 없어. 취사가 끝났

676

습니다 밥솥 뚜껑 열어준 거 뿐이니까.(마시는)

다미 개르르르르.

송 (머그잔 내리며)어떤 얼굴로 갔니.

다미 어어…자기는 결국 나 때문에 망쪼들 거라구…그러구 갔어.(머그잔 드는)

송 그래 김준구는 망쪼가 무서워 버티고 있는 거 맞아. 그 자리에서 망쪼…무섭지, 그건 니가 이해해라.

다미 이해하니까 거짓말 밥먹듯 하구 미친 년 소리 듣지.

송 그런데 늬들 여기는 위험해.

다미 (보는)….

송 입주자 비밀 보호 철저한 데긴 하지만 그거 다 믿을 수 없어. 김준구 드나들다 꼬리 밟히면 끝이야.

다미 그 사람 얼굴 아는 사람 거의 없어.

송 거의 없는 거랑 하나도 없는 건 엄청난 차이야.

다미 회사에 이사시켜 달랄까?

송 그게 대안이 되겠니?

다미 (오버랩)몰라 생각 안할래.

송 나 가야하는데 너 어떻게 /종일 술들이부며 지낼래?

다미 아냐..안 그럴 거야. 아래 내려가 운동하구 맑은 정신으로 대사 월래..그럴 거야.

송 어어..다시 태어난 기분이라구?

다미 까르르르르…

S# 준구의 침실

준구 (등 돌리고 눈 감고 있는)

다미　　E　(흐느끼면서)미안해 오빠··사랑해··

S#　다미의 침실

다미　　(눈 감고 있는 알몸 준구 등에 손바닥 붙이고 눈물 뚝뚝 떨어트리면
　　　　서)흑흑···고마워···미안해···사랑해···행복해···(등에 엎드리며)죽고
　　　　싶어··

S#　준구 침실

다미　　E　죽고싶어어.(찢어지게 흐느끼는)·······

준구　　(눈 뜨고 잠시 있다가 고개 틀어 보면)···

은수　　(보던 책 가슴에 둔 채 설핏 잠들어 있는)···

준구　　(일어나 앉는)·····

은수　　(깨서)어··좀 잤어?

준구　　응··내가 깨웠구나.

은수　　어 살짝···자는 거두 안 자는 거두··(일어나 앉으며)자주 그래··잠
　　　　이··살얼음 같아··

준구　　그대로 있어··혼자 챙겨입구 나갈게··

은수　　슈트입어?

준구　　아냐··가볍게.

은수　　(침대 내려서는)

준구　　(드레스 룸으로)놔 두라니까··

은수　　(상관없이 옷 고르러)···

준구　　(욕실로 들어가려)혹시 갖고 싶은 거 없나?

은수　　?? 나?

준구　　누구겠어.

은수　　없는데··

678

준구 나가기 전에 말해.사다 줄게.

은수 없어..

준구 생각해 봐.(들어가려)

은수 나한테

준구 ??(돌아보는)

은수 (웃으며)성실한 남편.

준구 참 집요해 당신.

은수 (웃으며 중간에서 옷 떼어내 맨 가장자리로 옮기는)정말이야‥그 거 말구는 원하는 거 없어.

준구 (들어가 버리고)

은수 (웃음기 사라지며)…(옷걸이 손보는/ 양복들 가지런히)…․

S# **태원의 거실**

채린 (약 먹을 물 들고 태모 방으로)

　　[노크.]

태모 들어와라.

S# **태모의 방**

태모 (외출 준비 중/채린 들어오고/잠깐 돌아보며)거기 좀 앉어라.

채린 ??

태모 할말이 있어. 앉으라구.

채린 네..(물잔 적당히 놓고 의자로)

태모 (동시에 의자로 움직이는데)

채린 (무심히 먼저 앉고)

태모 애.

채린 네.

태모 늬 어머니는 도대체 널 뭘 가르치셨냐 엉? 어른 앉구 난 뒤에 앉는 거두 못 배웠어?

채린 (오버랩/발딱 일어나며) 아 어머니. 제 잘못이에요. 제가 깜빡했어요.

태모 (앉으며) 그건 깜빡할 수 있는 게 아니다. 자동적이 돼 있어야 하는 거지‥앉어.

채린 네‥(앉는)

태모 뭐냐‥내가 좀 신경에 걸리는 게 있어서 그러는데 너 혹시 / 내가 너한테 태도가 변한 이유가 어쩌구저쩌구 따지고 들었던 거 / 그 얘기 혹시 니 부모한테 했냐?

채린 어머니 아니라 그러셨잖아요.

태모 그걸 묻는 게 아니야. 니 부모한테

채린 (오버랩) 아뇨 안했어요 어머니.

태모 그래. 잘 했다‥그런 얘기는 사실이구 아니구 간에 / 그런 말이 오갔다는 거조차 절대 친정에 하는 거 아니야. 사람이라는 게 무슨 말을 들으면 기든아니든 신경이 쓰이게 돼 있구 잘못하다가는 크은 오해가 만들어지기두 하는 법이야.

채린 저두 그런 분간쯤은 할 수 있어요 어머니

태모 ‥‥(보는)

채린 걱정마세요.

태모 됐다.(일어나고)

채린 (일어나며) 약 드세요.

태모 ‥‥(물컵 있는 쪽으로)

채린 E 그거요 어머니.

680

태모 (돌아보는)

채린 제가 어머니 오해했던 얘기요

태모 그래.

채린 사실은 아줌마가 오해하게 만들었어요.

태모 ??? 뭐야?

S# 주방

임실 ??(봉투 보며)이게 뭐요?

태희 (에이프런 주머니에 구겨 넣어주며)슬기 엄마가 전하라는 거에요(소리 확 죽여)얼른 아줌마 방에 감춰두구 나오세요. 죽을 때까지 비밀이구요.

임실 아으 뭘 이런걸..이런 걸 뭐하러

태희 (오버랩)어서요 아줌마.

임실 (봉투 꺼내면서)이렇게 안해도 내가

태희 (오버랩/꺼내려는 손 막으며)왜요오오 빨리 치우라니까아?

임실 아 그래도 속이 궁금하잖소 (주방으로 가며)

태희 흐흣 나도 궁금하긴 해요(주방 쪽으로 가는데)

채린 E 이러지 마세요 어머니 어머니이.

둘 (돌아보며 임실은 얼른 꺼내던 봉투 도로 쑤셔 넣는)

태모 아줌마.

임실 예..에에..(식탁 쪽으로)

태모 내가 얘 재산 날아간게 배아파 구박하는 게 맞댔어?

임실 ??(태희??)

태모 했어 안했어 왜 대답을 못해.

채린 (오버랩)어머니 저기 어머니

태모 (채린이 잡는 팔 뿌리치며) 했어 안했어.

임실 아니 이 고것이이

태모 (오버랩) 했어 안했어.

임실 (채린에게 오버랩) 아니 뭐라고 했길래 사장님이 나한테

태모 (오버랩) 했어 안했어어!!!

임실 ?? 혈압오릉께 그라지 마쇼 사장님.

태모 (오버랩) 했구먼 했어 응 했어/

태희 (오버랩) 엄마 조용히조용히 (엄마 양팔 잡고) 혈압 올리지 말구 그냥 들어 들어보라구

태모 (오버랩) 뭐? 돈욕심이 머리끝까지 차서 뭐가 어쩌구 어째?

임실 (오버랩) 아 했소. 하긴 했소.

태모 뭐야? (태희 엄마엄마 엄마아아)

임실 저 사람이 날 붙잡고 하소연 늘어지게 합디다. (태모 두 주먹 움켜쥐고 식닥거리고) 결혼 전에는 그으렇게 이뻐라이뻐라 하더니만 사장님이 홱 바뀌었다고.

임실 E 먼저 슬기 엄마가 못사는 집 딸이라 그으렇게 싫어했다는데 자기 친정에서 물려받을 거 없어져 그러는 거 같다고.

임실 (채린에게) 그랬소 안그랬소. 매알간 얼굴로 고러구 있지 말고 말을 하시오.

채린 아줌마가 어머니 돈 욕심이

임실 (오버랩) 아 돈욕심 머리끝까지 그거는 했지라. 그라고 돈 욕심 없는 사람 어딨나 소리도 했어.

채린 어머니 변한 거 그거 때문이라구 했잖아요.

임실 옴머머머. 사람 잡네. 나 그렇게 안했소. 욕심 없다는 사람도

섭섭할텐데 욕심많은 사장님 섭섭 안하다면 거짓말이지 그랬소.

채린　그래서 구박받는 거라구 했어요.

임실　말이 아다르구 어 다른 건데 어째 이란단냐? 섭섭하니까 자연
이 말이 곱게 안나가겠지 그랬구면 엉?

태모　그게 그거지 뭐야!!

태희　(오버랩)엄마 좀 달라.

태모　(오버랩)낮살 먹은 사람이 애 데리구 그게 할 소리야?

임실　(포기하는/궁시렁)애가 낮살 먹은 이사람 붙잡고 눈물 쪽쪽 짜
길래 이 늙은이가 그 꾀에 넘어가부렸소잉.내가 잘못했소. 그만두
시오.

태모　십년이 넘게 한솥밥 먹으면서 며느리 붙잡구 내 험담이나 하구
도대체 누굴 믿구 살아. 믿을 사람이 누구야.

채린　어머니이

태모　(오버랩)그래 나 욕심 많어.. 돈 욕심 많어 그래. 그래서 내가 누
구 돈 들치길했어 날치길 했어 아줌마 월급을 떼먹었어엉?!!!

태희　(오버랩)나가 나갑시다 나가.

태모　(채린에게 돌아서며)너 이거 무슨 이간질야 엉?

채린　?? 어머니

태모　저 늙은이 한건 했다는 사람이야. 너 왜 니맘대루 보태구 빼서
쏘삭질야. 어디서 배워먹은 버르장머리야!!

채린　어머니이.(하는데)

태원　(들어와 채린 손목 잡고 나가는)‥

모두　???

S#　거실

태원   (채린 잡고 나와 계단으로).....

채린   (손잡혀 올라가는)

S# 태원의 방

채린   (잡혀 들어와 두 손으로 얼굴 가리며 울음 터뜨린다)....

태원   ....(보며)

채린   (울며 태원 허리 안는)나 어떡해요 태원씨. 사면초가예요.누구
      한사람 내 편이 없어요. 나혼자 물에 뜬 기름/외로운 섬이에요.
      웅웅..

태원   (팔 돌려주며).....

채린   (상체 떼고)구경만 하지 말고 어떻게좀 해 줘요. 어머니 이럴
      줄은 정말 몰랐어요.어떻게 손바닥 뒤집은 거 처럼 이럴 수가 있
      어요.

태원   (두 팔 잡은 채)내 말 들어요.

채린   고모는 신경쓰였지만 어머니는 조금도 걱정 안했었어요.

태원   (오버랩)우리 어머니 마음에 드는 사람 아마 천지에 하나두 없
      을 거에요.

채린   너무 이뻐하셨단 말이에요.이제야 마음 딱드는 며느리 본다구
      정말 좋아하셨었어요.태원씨 감정 나 불만이었지만 어머니 믿구
      결혼했어요. 그런데 이제와서 저러시면 어쩌라구요. 태원씨 마음
      도 아직 내꺼 아닌데 나

태원   (오버랩)문제를 만들지 말아요.

채린   ??

태원   아주머니랑 무슨 애길했는지 왜 옮겨요. 어머니 성격 아직도 몰
      라요?

684

채린　…(보며)

태원　없었던 것처럼 덮어두고 잊으랬죠. 왜 그랬겠어요. 그건 채린씨 입장,어머니 입장 똑같이 그리 유쾌할 수 없는 문제기 때문이에요. 채린씨 의구심·· 이해해요. 우리 어머니 변심/ 알만해요.다 알아요. 그러니까 제발 문제 일으키지 말구 조용히 가만히 좀 있어요. 부탁합시다.

채린　태원씨

태원　(오버랩)결혼하자 그러면서 채린씨가 현명한 사람이라면 거절해야 마땅하다 그랬어요. 나 재혼 생각 없는거 채린씨 안다면서 그래두 자신있다 하고싶댔어요. 그래서 했구 우리 부부에요.

채린　(오버랩)결혼을 후회한다는 거 아니에요. 어머니가 힘들다는 거에요.

태원　어머니/힘들어요 나도 알아요.

채린　(가슴에 실리면서 껴안는/오버랩)후회 안해.절대 안해.안해애. 다른 생각하지 말아요.

태원　……(잠시 두었다가 안아주는)····

S#　거실

태모　(인상 벅벅 쓰며 안방에서 나와 현관으로)

태희　(따라 나오며)대충 보구 일찍 들어와엄마.

태모　(그냥 움직이는데)

임실　(주방에서 나오며 오버랩)나좀 보시오 사장님.

태모　(획 돌아보며)뭘 봐.

임실　아무래도 새며느리가 나 쫓아낼라고 공작꾸민 거 같소.

태모　꾸미긴 뭘 꾸며. 안한 소리 했어?

임실   하기는 했소만 물귀신 모양 날 끌어들인 것이

태모   (오버랩)천지분간 안되는 애하고 짝자꿍/뒷구멍에서 내 욕이
        나 하구 참 한심지사다한심지사..(나가고)

임실   (뭐라 대꾸하려는 걸)

태희   (당겨 세우고)병원 들려 영양제 하나 맞던지이이..(태모 나가고
        태희 돌아서는데)

임실   (쭝얼거리는)상감도 먹는 뒷구멍 욕인데 뭘.

태희   (오버랩)아줌마.

임실   ??

태희   채린이 들어오구부터 아줌마 왜 부쩍 말이 많아졌어요?

임실   식구가 늘었으니 말 상대도 늘어 그런거 아닌가잉.

태희   그런 말 아니구 혼자 꿍얼꿍얼 들리지두 않게 중얼거리다 말
        더니 갑자기 말문 터져 주체를 못하겠는 거처럼 왜 그러냐구요.

임실   아 고때는 우울증이었어라우.

태희   에에?

임실   (그냥 들어가고)

태희   어으참(기막혀 하며 주방으로)

S# 주방

태희   (들어오며)조심해요. 괜히 노인네 염장지르다 모래를 씹어먹
        지 더는 못 봐준다 쫓겨나지 말구.

임실   ….(뭔가 하려다 돌아보는)

태희   (커피 준비하며)쫓겨나면 그 나이에 어쩔 거에요.

임실   내가 답답헐거 없소잉.구파발 조카눔 감자탕집 가면 되니께

태희   어련하시겠어요.

임실 슬기때매도 내가 어디 못가요. 포크렌으로 떠내도 안갈 것 이요.

태희 아 슬기 엄마 참 얼마나 넣었어요?

임실 (뿌우)고개 볼새 없었구먼..(주머니에서 봉투 꺼내고/태희 쪼르 르/알맹이 꺼내는 백만 원짜리 수표 석 장)??? 이게 수표아뇨 고모.

태희 ?? 삼백이네 아줌마.

임실 뭐시라…(수표 펼쳐들고 부들부들)

태희 삼배액. 이거 백짜리에요 아줌마.

임실 (비죽비죽)아이고 으짜꺼나 으짜거나아아아..

태희 ??

임실 나가 한 게 뭐 있다고 요로코롬 큰 마음으을..

태희 슬기엄마 부잣집 며느리에요 아줌마.

임실 암무리 부자라도 누구는 오년전 월급이 고냥 고자린디이이.. 이라면 내가 포크렌 아니라 헤리콥타가 와 집어내도 못 가지이이

태희 깔깔깔깔.

S# 슬기의 방

슬기 (가방에 책이랑 스케치북 챙겨 넣다 멈춘)??? 아빠가 가면 안돼?

태원 아줌마가 간대. 너랑 친할려구 그러는 건데 아빠도 좋은 생각 같아.

슬기 아줌마 할머니 집 모르는데?

태원 주소 찍어 줬어..네비 안내 받으면 돼..

슬기 아빠는 뭐할 건데.

태원 있다가 오후에 헬스 다녀와 책 볼 거야.

슬기 그럼 아빠두 같이 가면 안돼?

태원 으으음..아줌마하구 가. 데리러는 아빠가 갈게.

슬기 ....

태원 아줌마한테 잘해줘 슬기야..아줌마 마음 부칠데가 없나봐..안 됐잖아.

슬기 엄마는 오늘 안 온댔어.

태원 어 그래?

슬기 집에 무슨 일이 있나봐.

태원 무슨 일.

슬기 안 물어봤어. 그냥 집에 있어야할 거 같다 그랬어.

태원 옷 입자..뭐 입을 거야.

슬기 (꺼내놓은 옷으로/뿌우우)

태원 그러지 말구우우. 아빠 미안하잖아아.

  [노크]

태원 네에.

채린 (나갈 준비하고 들어오며)어 아직 옷 안 입었어?

태원 자자 옷 입자(태원이 옷 집어 드는데)

채린 (오버랩)내가 할께요.(백 놓고)자 입자아아아..

슬기 (별수 없이 팔 꿰는데)

채린 간식거리 뭐 살까. 차타구 생각해 슬기야

슬기 할머니네두 먹을 거 있어요.

태원 떡볶이만 안 먹으면 돼 떡볶이만.

슬기 ??(아빠 보고)

태원 흐흐흐..너무 매운 거니까.

슬기 (가방 집어 들고)

688

채린   해주께..있어..(가방 메어주는)

슬기   (가방 메자 곧장 나가고)

채린   (따라 나가려는 태원 잡아 세우고 가벼운 뽀뽀)갔다 올께요..

태원   부탁해요..

S# 계단 거실

슬기   (통통 내려와 고모 방으로/노크하면서)고모오.

태희   E 들어와아아..

S# 태희 방

슬기   (들어와 문 닫고)...(보는)

태희   (장에 옷 꺼내 놓고 정리하다가 문득 보고)어 너 외갓집 가지 참.

슬기   채린이 아줌마가 데려다 준대요.

태희   ?? 왜애?

슬기   나랑 친해지구 싶대요.

태희   어어엉..노력이 가상하다.

슬기   (문 잠깐 돌아보고 소리 죽여)아빠랑 아줌마 있어서 엄마 동화
　　　 못 꺼냈어요. 갖구 갈라 그랬는데..

태희   엇참 (소리 죽여)엄마가 읽어주니까 잠 잘 오대?

슬기   (웃으며)엄마는 너무 잘 읽어서 오히려 잠이 안 와요.

태희   에?

슬기   너어무 재밌게 읽으니까요.

태희   어 어어어어

태원   E 슬기야아아

슬기   어어엉.

S# 지하 주차장

태원 (슬기 데리고 나와 차에 태우기 전에)자 뽀뽀.(쪽쪽 뽀뽀하고 태우는데)

채린 (운전대 옆에서)태원씨 나두우.

태원 (웃고 채린에게 가서 가벼운 뽀뽀하는데)

S# 차 안

슬기 (입 비쭉거리는)

S# 출발해 나가는 자동차 뒷유리로 슬기 손 흔드는‥

태원 (손 흔들어주는)…

S# 태원 거실

태원 (다소 침울하게 들어와 주방으로)….

S# 주방

태원 (들어오며)아주머니.

임실 (냉장고 문 닦다가)??(일어나는/뭔가 찔리는)…

태원 (임실 앞으로/임실 좀 눈치 보듯)….죄송해요 아주머니. 여러면으로 미숙한 사람이지만 너그럽게 봐 주세요.

임실 아고 그게에 슬기엄마 반에 반만 따라가두 내가

태원 (오버랩)아주머니.

임실 요소리는 하는 게 아니구만참.

태원 (임실 두 손 잡는/임실 보고)…아주머니 속사정 다 아시는 분이시죠‥아주머니만이라도 저 사람 …철없는 막내딸처럼 생각해주세요.

임실 (보는)

태원 많이 힘들어해요. 부탁드려요네?

임실 알겠구만알었소 슬기아빠.알어 들었으닝께‥

태원   (웃어 보이고 나간다)

임실   ‥‥(태원 사라지자)어이구우우우‥쯔쯔쯔쯔쯔(냉장고로)

S# 거실

태원   (태희 방 노크)

태희   E 네에에

S# 태희 방

태희   (팩 붙이려고 펼쳐 떼어들고 있는 참)

태원   (들어오는)

태희   …왜.

태원   나 또 이혼할 순 없어요 누나.

태희   아 좀 지나면 엄마 포기될 거야. 엄마 이해해라. 누우렇게 익은 벼가 몽땅 쭉정이였으니 얼마나 낙망이 크겠어 낄낄.

태원   웃을 일이에요?

태희   웃을 일이지 그럼 울어?

태원   부끄러운 줄 알아요누나.

태희   그런 사람인 걸 어떡해.누구도 못 고쳐.

태원   (오버랩)그래서 어머니 거들어 그사람까지 희생양 만들 거에요?

태희   너 말 이상하게 한다? 내가 언제에!

태원   ‥‥(미워서 보는)

태희   (이마에 붙이며)애는 왜 안 생기니. 생겨두 되잖아.

태원   ‥‥‥(보며)

S# 신호등에 멈추는 채린의 차

S# 차 안

채린   (백미러로 보면)

슬기 (뒷자리에서 핸드폰 게임하고 있는)

채린 그게 그렇게 재미있니?

슬기 ….

채린 슬기야.

슬기 (보는)

채린 아줌마랑 얘기 좀 해. 너 계속 게임만 하구 나 심심하다 얘.

슬기 할 얘기가 없어요.

채린 우리 화해하자 그랬는데 너는 화해 안했어 맞지?

슬기 괜찮아요.

채린 뭐가 괜찮아?

슬기 신경쓰지 마시라구요.

채린 아줌마 싫어?

슬기 ….

채린 싫어?

　　[신호 바뀌어 뒷 차 빵.]

슬기 파란 불이에요.

채린 아. 어 (출발하는)‥

S# 친정 골목으로 들어오고 있는 채린의 차‥‥

　　[목적지에 다 왔다는 네비 안내.]

채린 E 세상에 이런 골목이 아직 있구나아‥‥‥나가는 길은 있어? 차
　　돌려야 해?

S# 차 안

슬기 있어요. 큰 길에 내려달랬는데…

채린 아냐. 괜찮아.

692

슬기　저기 저기

채린　으응 저기이..

S# **대문 앞에 멈추는 자동차**

슬기　(내리면서 가방 꺼내고)..

채린　(차에서 내려 집 구경하듯)....

슬기　안녕히 가세요(인사하며 곧장 들어가려)

채린　애 애 잠깐(슬기 돌아보고)할아버지할머니한테 아줌마 인사해
　　　야지. 이리 와.(슬기 손잡고)여기까지 와서 그냥가는 건 예의가 아
　　　니야.

슬기　....(어째야 하는 건지 채린 올려다보며)

채린　안 그래?

S# **마당. 현관**

자부　(플라스틱 그릇에 세탁기 돌린 빨래 들고 나오는데)

슬기　E 할아버지(채린이 때문에 환호하는 할아버지가 아니다)

자부　?? 어 어 슬기 (채린 보고)?? 왔구나..??(슬기 쪼르르르 할아버지
　　　옆으로)

채린　(몇 걸음 다가와 인사)안녕하세요 저 슬기 새엄마에요.

자부　아 아예..안녕하십니까.아빠는 바쁘냐?

슬기　(고개 흔드는데)

채린　(얼른)네에 저더러 데려다 주라 그래서요 할아버지.집도 알아
　　　둬야하구 앞으로도 제가 데려오기로 했어요.

자부　아 예 고맙습니다..(빨래 그릇 적당히 놓고 일어나 슬기 머리에 손
　　　올리면서)우리 슬기 모쪼록 자알 부탁합니다. 부탁합니다.(목례)

채린　(마주 목례)네에 슬기 아주 영리해서 문제없이 잘 지내요 할아

버지 걱정마세요.

슬기　(돌아서 현관으로)

채린　쟤 좀 봐. 슬기야 안녕두 안하구?

슬기　(꾸뻑하고 현관으로)

채린　(잠깐 샐쭉했다가 돌아보고 있는 자부에게)저 그럼‥

자부　아 아‥에 그럼.(채린 나가는 것 보다가 돌아서며 중얼거린다)내가
　　　자기 할아버진가.

S#　마루

슬기　(들어오며)할머니이이‥(대답 없고)···(안방 문 열었다 닫고/좀 부
　　　어서 가방 놓고 주방으로/ 물 꺼내서 컵에 따라 마시는)···

자부　(들어오며)슬기야아‥

슬기　(물컵 들고 나서는)

자부　어 거깄었어? 할머니 나갔어‥들어와 너 오무라이스해준다구
　　　준비해 놨어.

슬기　어디 가셨어요?

S#　어느 카페

자모　그게에‥(이런 카페가 불편한/ 어딘지 쪼그라든 자세)우리 아이두
　　　결혼할 생각이 없다 그러구

천　(찻잔 들고 보며 오버랩)그 소린 저한테두 했어요. 그런데 광모말
　　　은 그게 아니구요.

자모　??···

천　(한 모금 마시고 내리면서)주하 문제두 있구 그래서

자모　(오버랩)그렇죠오오 주하때문에두 그건 안되는 거지요오오

천　뭐 즈이끼리 말끔히 해결봤다는데 어쩌겠어요.

694

자모　그러기는 하는데…사실은 저는 반대했어요.

천　??

자모　E 광모를 우리가 어디 모르나요. 우리 애가 고개를 흔들정도로 여자 가 많았던 앤데 …그런 애랑 결혼이라니 얼투당투 않다 그랬 는데

천　(오버랩)저는 좋다 그랬겠어요? 많구 많은 여자 중에 왜 하필 현수냐 주하문제 제쳐놓구두 저는 현수가 반가왔겠어요? 솔직히 우리 아들은 이십대 신붓감도 수두룩 해요. 현수랑 결혼한다 소리 듣구 제가 기절 안한 게 다행이에요.

자모　아니 뭐 기절까지…

천　우리 아들이 좀 놀구다닌 건 임자를 못 만나서구 방황했던 거 구 또 애가 워낙 훤칠하니까 여자들이 가만 놔두지를 않아서에요.

자모　(입 벌리고 보는)

천　E 오히려 현수네서 반댈했다니 참 유구무언이네요.

자모　아니/아니 우리 애가 어디가 어때서요. 우리 애는 학교 다닐 때는 학교 밖에 몰랐던 애구 회회회사 다니면서는 회사 밖에 몰 랐던

천　(오버랩)지금 나이가 얼만데요. 그리구 걔 성격에 문제 있는 거 모르세요?

자모　나나나이는 나이는 뭐 광모보다 위두 아니구..성격은…태생이..

천　(오버랩)여자가 아니죠오. 그렇다구 남자두 아니구요.

자모　….(멍해서 보다가)그런데 광모가 죽자사자 목을 맨다지 않 어요.

천　(할 말이 궁하다)그래서 내자식이지만 참 그렇답니다.

자모 ....(보며)

천 어쨌거나··저는 포기했으니 피곤하게 더 이상 왈가왈부않겠어요. 저는 성격이 그래요. 포기하면 포기한 순간부터 군소리 없어요. 결혼 시키십시다 사부인.

자모 그럼요 시켜야죠 그럼요그럼요그럼요.

S# 운동장에서 볼 차고 있는 광모⋯⋯⋯(너무 짧지 않았으면)

S# 주하 오피스텔

　[식탁에 바게트 바구니/와인과 글라스/피클과 할라피뇨, 스푼과 포크 냅킨.]

인태 (스파게티 프라이팬에서 섞고 있는/서툰 손놀림이 아니다 배울것)⋯⋯(준비되어 있는 스파게티 접시)

　[현수와 주하 /현수가 사갖고 온 꽃 항아리 화병에 꽂고 있는/현수는 인태 흘끔거리면서⋯]

주하 (돌아보며)배고파요오오오

인태 아 다 됐어요··(스파게티 접시에 담기 시작)앉아서 와인으로 식욕을 돋구세요.

현수 같이 시작해야죠오오

인태 네에 다 됐습니다.(접시 두 개 제자리에 놓아주며)앉으세요··주하씨 어서 앉아요.

주하 네에··(화병 들고 놓을 자리로)

현수 (서둘러 꽃꽂이 쓰레기 받쳐놓았던 종이 모아 싸서 휴지통으로)

S# 식탁/

인태 (서서 두 여자 글라스에 레드와인 따라주면서/현수 먼저)제법 괜찮은 와인이에요.

주하　집에서 갖구 왔어. 와인 셀러가 있대.

현수　아아‥와인 잘 아세요?

인태　(주하 글라스)아니에요‥ 그저 한두잔씩 즐기는 정도에요.

주하　요리가 취미. (속삭이듯)방학 때 마다 학원다녔대.

현수　(입 삐쭘)

주하　E 아들이 스파게틸 제일 좋아한대. 아들 해 먹일라구.

인태　(제 잔에 따르면서)방학 때 애 엄마가 떠났는데 미치겠더라구
　　요. 책두 머리에 안 들어오구 뭔가 다른 게 필요했어요(앉는)

현수　아아‥

인태　남자가 요리학원 볼상사납다구 어머니 싫어하셨는데 아들은
　　찬성했어요. 나중에는 어머니두 좋아하시구요.

주하　(오버랩)자아아‥건배.

　　[셋 잔 들고.]

주하　인태씨 한마디 해요.

인태　주하씨가 해요.

주하　니가 할래?

현수　어 나 아냐 얘.

인태　그럼… 제가 해두 될까요?

현수　아 그러세요 하세요.

인태　‥‥‥(잔 띄워 든 채)‥‥‥

주하　(기다리다가)‥‥‥인태씨‥

현수　가만 있어‥

주하　‥‥‥(인태 보는)

인태　박주하 선생에게 아픔없는 미래를.

주하 ??

현수 박주하에게 아픔없는 미래를(잔 인태에 부딪치고 주하에게 내 밀면)

주하 엉..나에게 아픔없는 미래를(부딪치고 마시는데)

인태 주하씨는 천삽니다.

주하 ??(인태 얼굴에 정통으로 와인 품으며)아하하하하하. 아 미안 미 안 미안해요 인태씨 미안해요오오(달라붙으며)

인태 (닦으며)하하 괜찮아요 괜찮아요 주하씨 정말 괜찮아요 하하

현수 (둘 보며)……

S# 친정 마루

슬기 (포크로 딸기 찍으며)할아버지는 왜 안 잡쉬요?

자부 할아버지 마안이 먹었어. 안 먹구 싶어.

슬기 너무 많이 먹으면 오무라이스 맛없는데.

자부 뭐얼 몇 개 안돼. 괜찮아 다 먹어.

자모 (들어오며)아구 슬기 왔네?

슬기 할머니이..

자모 아구구구구 내 강아지내강아지.(조손 서로 안고 뽀뽀하고)언제 왔어? 잘 있었어? 안 아팠어?

슬기 으으응 안 아팠어요.

자모 배고프지 할머니 어얼른 밥 해주께. 오늘은?

슬기 오무라이스.

자모 으흐흐흐 할아버지가 벌써 말씀하셨구나. 비밀할라 그랬는데..

자부 별게 다 비밀이구먼. 얼른 옷 갈아입어 배고파.

자모 응 …응.. 알었어어..(부지런히 안방으로)

S# 안방

자모 (들어와 서둘러 옷 갈아입을 움직임)·····

자부 (들어오며)에미는 오늘 안 온다 그랬대.

자모 ?? 왜.

자부 눈치 보이나부지 뭐. 어떻게 얘기가 됐어.

자모 아이구 한마디 했다가 열 마디 들었어. 사람이 내 흉은 모른다
던데 그게 맞나봐. 자기 아들이 너머 잘 생겨 여자들이 가만 안놔둬
그렇대. 오면서 생각하니까 엄마는 그렇게 생각할 수두 있겠어.

자부 그래서.

자모 결혼시키재. 그러자구 했어.

자부 안한다잖어. 동거한다 소리 안했어?

자모 ?? 그 소릴 하면 어떡해 애애애··당신 가만 있어··모르는 척 해.

자부 ····(보다가)슬기 새엄마 왔었어.

자모 ??(갈아입다)

자부 슬기하구 친해지라구 애비가 대신 보냈대.

자모 어떻게 생겼어?

자부 이뻐.

자모 ····우리 은수보다 이뻐?

자부 다르게 이뻐. 그런데 눈치보니까 그 사람은 잘 하는 거 같은데
슬기가 별로 받아주질 않는 거 같어.

자모 잘하는 거 같어?

자부 엉.

자모 왜 그럴까. 그럼 못쓰는데··저번 저 혼자 왔던 거 그럼 그 여자
때문 아닌 거야?

자부　아닌 거 같아.

자모　괘앤히 오해했네‥벌 받겠다.(옷 입으며)

　　　[밖에 슬기 전화벨]

둘　(돌아보고)

슬기　E　응 엄마‥

S# 마루

슬기　(가방 챙겨들고 제 방으로)어 왔어‥‥조끔 아까‥ 딸기 먹었어‥

S# 준구의 침실

은수　어 엄마두 방금 전에 딸기 먹었는데. 딸기 맛있지 슬기야‥응 엄
　　마 아저씨 속옷 다림질 하구 조금 쉬고 있는 중이야‥점심 뭐 먹었
　　어?‥아직? 배안고파? 할머니 왜 뭐 바쁘셔?‥‥‥어디 나가셨었대?(몰
　　라) 아참 내 정신‥엄마 책 읽은 거 들어봤어?

S# 슬기 방

슬기　엉그러엄‥(어땠어?)엄마는 배우를 해도 될 거 같아‥응 칭찬이
　　야‥그런데 내가 고모한테 말했어. 엄마가 너무 잘 읽어서 오히려
　　잠이 안온다구.

S# 준구의 침실

은수　?? 그게 무슨 말이야아‥‥‥아아 그럼 새로 만드는 건 좀 졸리게
　　읽어야겠다‥‥‥<u>으흐흐흐</u> 알았어 엄마 농담이야‥?? 그랬어?

S# 슬기 방

슬기　응‥아빠가 친해지래.자꾸 말 시켜서 귀찮아 죽을 뻔했어.

S# 준구의 침실

은수　그럼 안되지 슬기야. 슬기 착한 소년데 왜 그래‥?? 내가 뭘 몰
　　라?‥슬기야 엄마가 뭘 몰라?

700

S# 슬기 방

슬기 응 그게…그게에에…아빠 뺏어갈라 그러니까 나두 싫어.

S# 준구 침실

은수 어어어 그래서? 슬기 질투 나는구나…그러지 마. 질투가 많으면 내 마음이 괴로워.누가 뭐래두 아빠한테는 슬기가 첫짼데 니가 인심 좀 써줘어. 그러는 게 니가 편해지는 길이야.알아 들어?··그래됐어··저기 그런데 슬기야··너 동생 갖고 싶지 않어?

S# 슬기의 방

슬기 내가 싫어해두 동생 생길텐데 뭐…·응 아빠가 동생만 이뻐하면 어떡해.그냥 그런 생각이 들어. 응 난 질투많은 소녀야 갤갤.

S# 준구의 침실

은수 (복잡하게 웃으며)그러네 알구보니 질투많은 소녀였네. 엄마 백설공주 읽어야겠다. 질투 많은 왕비가 얼마나 고약한 사람인지 어떻게 벌 받는지 응?…그래애(맞어)너 벌써 아는 얘기지만 내가 더어 실감나게 더어 휴웅칙하게 읽어서 니가 아아 질투 안해애애 그러게 만들 거라구.(하다 문득 돌아보면 준모 들어와 있고/일어나면서)나중에 또 얘기해. 그만 끊어야해…응··응 그래 안녕(끊는)

준모 (전복 찜 소복하게 담아서/밥 한 공기)…(탁자로)이모님이 너 먹인다구 찜 만드셨다.니가 잉어즙을 잘 안먹는다면서

은수 네 저··

준모 역할 수 있어 그래··식기 전에 먹어. 다 먹어··간 따로 안했어도 좀 짤테니까 밥하구 같이.

은수 네에··

준모 노크 소리 못들었니?

은수 네..(죄송)

준모 그런 거 같더라..

은수 죄송합니다 어머니.

준모 그래..(몇 걸음 나가다가 돌아보며)너무 집안에만 있지말고 한낮
에 정원 좀 거닐어 주는 거두 좋잖을까 해. 햇볕 부족하면 안돼.

은수 네...

준모 외출 더러 해두 흐린 날두 있구 겨울 햇볕이니까 따로 더 신경써
나쁠 거 없겠지.

은수 네 어머니.

준모 (나가고)

은수 (전복 쟁반으로 가는데)

　　　[메시지 들어오는]

은수 (전화로 /준구가 보낸 사진)

　　　[사진 키우면/보석 팔찌 두 점.]

　　　[전화벨 /준구]

은수 네에.

준구 F 봤어?

은수 응.

S# 백화점 커피숍

준구 (정수와 함께 들어오며)당신 팔찌 좋아하지. 어때. 둘 중에 하나
골라⋯⋯뭐해.

은수 F 하지 마. 안 그래두 돼.

준구 하나 고르라구. 둘 다 해?

은수 F 김준구씨.

702

준구 어 왜.(정수 먼저 앉고 준구 앉으며)

은수 F 그런 거 나한테 의미없어. 돈 쓰지 마.

준구 (김새서 정수 보며)정수가 하래. 걘 임신할때마다 사다 바쳤대···· 당신 좀 좋아라 하면 안돼?

S# 준구의 침실

은수 생일 때 받은 거두 있잖아··마음은 고마운데 나중에 더 좋은 거 줘.

준구 F 약소해?

은수 아니 황송해. 그런데 사양할래.

S# 준구 사무실

준구 (좀 기대면서)첫아이 임신하고 받은 거다 스토리 있구 좋은데 왜 그래.

은수 F 나중에··아들 낳으면 집 사줘.

준구 뭐?

정수 ???

S# 준구 침실

은수 (웃으며)크게 받을래··너무 시시해···응··시시해··맡겨둘게 보 태서 집 사줘.응 고마워··(끊으며 웃음기 사라지고)

S# 커피숍

정수 뭐라는 거야. 싫대?

준구 집 사달란다.

정수 뭐? 허허허 쎄게 나온다. 사대독자라 그거지.

준구 그런 뜻이겠냐. 얍삽하게 굴지 말구 정신 차리라는 거지.

정수 ····(보며)

준구 (안 보는 채)넌 좋겠다. 와이프가 안까다로와서.

정수 좀 아둔하지 흠흠..(그리구)난 너처럼 질척대질 않잖아. 게다가 내가 또 능청맞게 잘 하거든.

준구 ....

정수 낄낄..협박은 간간이 한다..애 셋 데리구 번개탄 피운다구.은근히 겁난다야. 그런 여자가 더 무서울 수두 있어.

준구 ....

정수 간단하게 끝내라구 했었잖아..들은둥만둥 하더니 츳..

준구 찢어지게 울더라...내가 무슨 짓을 한 건가..내 이기심이 애를 완전히 망가뜨려놨구나...복잡했어.... 복잡해.

정수 결혼을 왜 그렇게 서둘렀어

준구 손에 잡혀주질 않아서 초조했었어. 빨리 붙잡아다 놔야할 거 같아서.

정수 다미는.

준구 정리될 줄 알았지. 정리했었구.

정수 ...(보며)

준구 방콕에서 밀어냈어야해..그걸 못했어...참 대책없다.

정수 애가..묘하지...엉겨붙으면 나두 뿌리칠 자신없어.

준구 응..술 같아..마약같아...

정수 ...(보며)

S# 다미 아파트 침실

다미 (준구 베었던 베개 껴안고 눈 감고 있는)...

S# 침대에서 다미 얼굴 싸쥐고 미친 듯한 키스 퍼붓고 있는 준구...

S# 현재 침대

704

다미   (눈 뜨고 머엉하니)……

  [메시지 들어오고]

다미   (전화 집어 들어 체크)송선화 언니.

  [화면 룸살롱에서 밀착돼 춤추는 다미와 준구 사진/핸드폰 촬영.]

다미   (넘기고 넘기고 넉 장)…??..(전화 거는)

  [벨 가는··]

송   F 받았어?

다미   언니 이거 왜 찍었어?

송   F 그림이 좋아서.

다미   (오버랩)설마 언니 이거 나쁘게 쓸려구 찍은 거 아니지.

송   F 약속했잖아. 얘가 왜이래. 나 기분 나쁠라 그런다?

다미   언니 믿지만 혹시라도 누가 보면 어떡해.

S# 어느 카페

송   남편두 자식두 없는데 내 핸폰 볼 사람이 어딨냐.

다미   F 그래두 몰라 언니. 지워. 빨리 지워.

송   참 일편단심 눈물난다. 알았어 지울게.

다미   F 지금 당자앙.

송   알았다구. 얘 끊어 나 취재나왔어. 지금 자료 보던 중야.(노트북)
  안녕.(끊고)

S# 다미 침실

다미   (전화 내리고 사진 다시 불러내 보다가)……(사진 앨범으로 집어넣
  는)…

S# S# 준구의 침실

은수   (동화 녹음하고 있는/『백설 공주』)……

S# 서울 야경

S# 태원 거실

태희 태원 (뭔가 영화 보고 있는)····

태희 난 연애 얘긴 취미없어.(리모컨 들고 픽 돌리는)

태원 여태 보다가 돌리면 어떡해요.

태희 너때매 참은 거야. 안봐두 손해없어.

태원 나참.

채린 (주방에서 나오며)준비 다 됐어요.

태희 어엉. 밥 먹으란다.(일어서며)

태원 잠깐요.(리모컨 집어 좀 전 채널 찾는)몇번이었지?

태희 사랑에 심장 팍 썩었으면서 그래두 아직 사랑얘기가 땅기냐?

태원 조용해요오오

채린 (시모 방 앞)어머니이이. 저녁 준비 다 됐어요오오··

태모 E ·····

채린 저 문 들어가두 돼요오오?

태모 E 아니다··(나오며)먹자아아.(한결 친절해진)

채린 네에··(따르면서)아줌마 토란국 끓였어요 어머니 잘 드신다면
서요?

태모 잘 생각했구먼··어찌됐거나 열심히 궁리해 바치는 거 하나는 신
통하지.

채린 네에에··(태희 태원도 주방으로)

S# 주방

태모 (들어와 먼저 앉고 태희 태원도)

채린 (임실에게 가서)주세요 내가 할게요.

706

임실 (힐끗 보고)겨드랑이 딱 부치고

채린 아으 알았어요오오.(국 쟁반 받는데 무거워서 잠깐 흔들리고) 아으.

임실 (놀라 붙잡아주는)

채린 왜 이렇게 무거워요?

임실 아 국대접이 니개나되니까(퉁명스럽게 시작했다가 얼른 바꾸는) 호호호 공주님이 따로 없구만잉.귀하디귀하게 큰 건 확실허요. 괜찮겠소잉?

채린 네에에..(쟁반 들고 식탁으로/ 놓고 집으려다 뜨거워 흠칫)

태모 아줌마 와요오오··

임실 (식탁으로)

태모 뜨거운 것도 들어봐버릇 했어야지 놀래기부터 하나 원 으흐흐흐

임실 그렇지요오 잉 그렇지그렇지..으흐흐흐(태모에게)

채린 ??(좀 이상하고)

태원 (국그릇 받으며)고맙습니다.아주머니.

임실 갈비고기가 아주 맛있어요. 슬기 아빠 마안이 드시오.

태원 네에··

태희 (국 받으며)아줌마 나 토란 안 먹는 거 까먹었죠.

임실 건져서 사장님 디리쇼오

채린 토란 왜 안 먹어요?(앉으며 태희에게)

태희 미끈덩미끈덩

태모 (오버랩)야!!(시끄러 밥맛 떨어져)

채린 깔깔깔깔.동감이에요 호호호호.(국 대접 앞에 놓여지는)

임실 호호호 딱 뭐같기는 허지이이 (주방으로)

태희 으흐흐흐

태모 그만 못해?

태원 (빙긋이 웃으며 토란 건져 올리는)···

S# 광모 오피스텔

천 (광모가 열어주는 문으로 들어오며) 현수 엄마 애 어수루우욱 해 보
이는 거 하구는 다르더라.

광모 엄마가 어떻게 알아. (자다 일어난)

천 책 한 줄이라두 읽지 지금이 잘 시간이야?

광모 아 잠깐 졸던 참이야..현수 엄마 어떻게 알아.

천 결혼식 올리기 전에 인사는 닦는 거랬잖어.

광모 결혼 안할 건데 우리.

천 ??

광모 지금 당장은 안할 거야. 안 서둘기로 했어.

천 이게 무슨/죽어두 당장 해야겠다면서어.

광모 생각이 바뀌었어.

천 뭐?

광모 동거부터 시작할라구. 애하나 낳구 결혼할 거야.

천 ?????

광모 그게 현명한 거 같어 엄마. 진짜 결혼할만한 상댄가 우선 살아
보면서 맞춰보구/맞춰보나마나 우린 잘 맞을 거야 그건 틀림없어.
그렇지만 만사 불여튼튼 돌다리도 두들겨 보고 건넌다 그래서 일
단 동거부터

천 야아아아!!!!

과모　아아 엄마. 그러다 성대결절 생겨어‥소리 좀 지르지 마아아‥

천　이런(소파에 쿠션 집어 들고 달려들어 때리며)미친 놈 같으니라
구/뭐 어쩌구 어째? 뭐가 어째애애??

S#　준구 현관 밖‥

은수　(나와 서 있고)

준구　(꽃 한 다발 들고 들어오는)‥‥(앞에서)나오지 말랬지. 왜 말 안들어.

은수　아버님 어머님 같이 계셨어. 어떻게 그냥 있어.

준구　(꽃다발 안겨주며)고마워.

은수　(웃는)정수씨 코치 받았어?

준구　좀 모르는 척 하시오.(웃으며 현관으로 어깨 안아 들이는)

S#　거실

준구　들어왔습니다‥

회장　(경제지 스탠드 아래/보면서)으음‥

이모　꽃 받았구나.

은수　네에‥

준모　(벌써 일어나며)상 내가 볼테니 올라가 옷 받아줘라.

은수　네에‥(따라가는)

이모　꽃은 언제 받아두 좋지이이. 꽃받아들면 마음두 꽃처럼 아름
답게 활짝 펴주니까‥

은수　네에에.(잠깐 돌아보며)

회장　부처님 모시면서 멀쩡한 모가지 뚝뚝 끊어 만드는 꽃선물이 좋
다니 모순 아니신가요?

이모　저 꽃들은 저렇게 만들어져 우리한테 기쁨을 안기는 걸 목적
으로 키워진 거에요. 시들때까지 몇날며칠 눈 호사하면서 울적한

마음 지루한 마음도 추슬리게요.

회장   허허허 그두 그럴듯합니다..

이모   내 입에서 나오는 말은 전부다 그럴법합니다아.

회장   허허허허

S# 준구의 침실

준구   (들어오는 은수 다가들어 안으려)

은수   아 꽃 망가져..

준구   (꽃 빼내 적당히 치우고 다시 안으며)여자들 사랑한다는 말 좋아
하지..사랑해 당신.

은수   코치받구 들어온 거 표나.

준구   애 취급하지 마. 김새.

은수   옷 벗어.

준구   (주머니에서 봉투 꺼내며)…팔찌 싫대서.

은수   ….(봉투 보며)집 한 채 값?

준구   야아 기죽이지 마 여보.

은수   (받으며)이건 받을래. 팔찌보다 이게 더 좋아.

준구   뭐에 쓸려구.(옷 벗으며)

은수   쌈짓돈 만들려구.

준구   용돈 부족해?

은수   아냐아..

준구   어떻게 지냈어.

은수   잘 지냈어.(옷 들고 드레스 룸으로)

준구   뭐 좀 먹었어?

은수   잘 먹었어..전복을 다섯 마리나 먹었어.

S# 광모 오피스텔

  [광모가 열어준 문으로 들어오는‥]

현수 ……

천 (와인 벌컥벌컥 마시고 있는)……

현수 ……(광모 보는)

광모 (뿔 엄청 났다는 제스처)

현수 (입 내밀고 천여사 쪽 보는)……

〈3권에서 계속〉

김수현 드라마 전집 15
세 번 결혼하는 여자 2

1판 1쇄 인쇄	2021년 5월 17일
1판 1쇄 발행	2021년 6월 21일

지은이	김수현
펴낸이	임양묵
펴낸곳	솔출판사

책임편집	임우기
편집장	윤진희
편집	최찬미, 윤정빈
디자인	오주희
마케팅	이원지
경영관리	김태영, 박정윤

주소	서울시 마포구 와우산로29가길 80(서교동)
전화	02-332-1526
팩시밀리	02-332-1529
홈페이지	www.solbook.co.kr
이메일	solbook@solbook.co.kr
출판등록	1990년 9월 15일 제10-420호

© 김수현, 2021

ISBN	979-11-6020-135-2	04680
	979-11-6020-120-8	세트